全国高等学校体育教学指导委员会审定教材

大学体育

主　编	袁　雷	袁　吉		
主　审	迟　化			
副主编	梁永桥	卢景波	孙　一	柳　钢
	李红双	陈春阳		
编　委	郭玉莲	迟　化	董玉峰	王祥全
	李英春	程湘南	孙　彦	孙东辉
	邹　然	薛瑞坤	夏忠岩	柳　钢
	裘　鹏	董新伟	毕海波	张晓宾
	陈春阳	权　杉	刘广君	吴　杰
	熊为民	侯艳丽	何思淼	李维希
	王明辉	李廷奎	张　苏	贾　玥
	苗　杰			

图书在版编目(CIP)数据

大学体育/袁雷,袁吉主编.—长春:吉林大学出版社,2013.5
ISBN 978-7-5677-0039-0

Ⅰ.①大… Ⅱ.①袁… ②袁… Ⅲ.①大学体育－高等学校－教材
Ⅳ.①G807.4

中国版本图书馆CIP数据核字(2013)第102617号

书　名:大学体育	
作　者:袁雷　袁吉　主编	

责任编辑:董贵山　责任校对:卢婵　　　　　　　　　　　封面设计:刘瑜
吉林大学出版社出版、发行　　　　　　　　　　　　　　长春市惠天印刷有限责任公司印刷
开本:787×1092 毫米　1/16　　　　　　　　　　　　　2013年5月　第1版
印张:19.25　　字数:380千字　　　　　　　　　　　　2015年6月　第3次印刷
ISBN 978-7-5677-0039-0　　　　　　　　　　　　　　　定价:26.00元

版权所有　翻印必究
社址:长春市明德路501号　　邮编:130021
发行部电话:0431-89580026/28/29
网址:http://www.jlup.com.cn
E-mail:jlup@mail.jlu.edu.cn

前　言

2013年,有一个词在中国最为响亮、最为耀眼、最为振奋,那就是"中国梦"。这个梦是国家的梦,民族的梦,也是大学生的梦。在"梦里"如果没有体质和健康的元素,这个梦注定是缺失的梦。我们体育工作者的责任就是不让学生的梦成为缺失的梦。

体育教学是学校体育教育的核心工作和基本内容,是实现大学生健康梦和体质梦的基本途径。为了使梦"更理性"、"更精彩",我们组织精干教师编写了这部普通高等学校公共体育课教材《大学体育》。本教材具有以下特点:

第一,注意吸纳国内外体育教学改革取得的新成果、新经验,同时继承和弘扬民族传统体育,体现出时代性、多元性、民族性和地域性特点;第二,突出了我校普通公共体育课已经形成和正在形成的特色教学项目,如滑冰、无痛苦跑步、橄榄球、体育保健、铁人三项、越野行走与越野滑雪等;第三,与时俱进,增加了《学生体质健康标准》、软式排球、田径等项内容;第四,增加了体育锻炼与品格修养,该部分把单纯的体育锻炼提升了高度;第五,绝大部分图片由现场真人拍摄,具有动作标准、清晰、连续、真实的特点,在同类考核中堪称典范。

全书共分17章,第一章至第四章主要从体育的基础知识、科学锻炼的方法、学生体质健康标准以及运动损伤预防与紧急处理的一些常识方面来介绍;第五章至第十六章主要是在大学生中开展较为普及的运动项目,例如田径、太极拳、篮球、羽毛球等等,从运动项目的概况到基本练习方法,再从易犯错误及纠正到简要规则都做了详细讲授;最后第十七章是15个项目的集成,学生可以从中了解某些锻炼项目,也可以体验书中所述的内容和方法。

本教材由吉林大学体育学院袁雷教授、袁吉教授任主编,30多位教师执笔编写,最后由迟化教授统一修改定稿。

本教材在编写时,参阅、引用了大量相关著作,并得到许多专家、学者的大力支持,在此谨向各位专家学者表示衷心的感谢。由于水平和能力所限,书中不妥之处在所难免,敬请读者提出宝贵意见。

2013年5月

目　　录

第一章　概　论 ... 1
第一节　体育与竞技 ... 1
第二节　东西方体育比较 ... 2
第三节　世界各地健身项目精选 ... 4
第四节　体育锻炼对人体的作用 ... 6
第五节　体育锻炼的注意事项 ... 9
第六节　健康、体质、体能、身体素质 ... 11
第七节　体育锻炼与品格修养 ... 12

第二章　科学自我锻炼 ... 15
第一节　体育锻炼的基本原理 ... 15
第二节　体育锻炼的基本原则 ... 16
第三节　自我锻炼的方法 ... 17
第四节　如何评价自我锻炼效果 ... 18
第五节　如何制订锻炼计划 ... 19

第三章　学生体质健康标准 ... 21
第一节　《学生体质健康标准》简介 ... 21
第二节　《标准》实施办法 ... 23
第三节　测试目的解读 ... 25
第四节　《标准》评分表 ... 28

第四章　运动损伤的预防 ... 34
第一节　运动损伤概述 ... 34
第二节　常见运动损伤及处理 ... 36
第三节　运动损伤的预防 ... 38

第五章　田径运动 ······ 40
第一节　田径项目简介 ······ 40
第二节　竞技跑与健身跑 ······ 43
第三节　竞技跳与健身跳 ······ 45
第四节　竞技投掷与健身投掷 ······ 46

第六章　简化太极拳 ······ 49
第一节　太极拳简介 ······ 49
第二节　动作名称 ······ 49
第三节　动作说明 ······ 50

第七章　三路长拳 ······ 66
第一节　三路长拳简介 ······ 66
第二节　动作说明 ······ 68

第八章　篮球运动 ······ 81
第一节　篮球运动简介 ······ 81
第二节　基本技术与练习方法 ······ 86
第三节　基本战术 ······ 96
第四节　简要规则 ······ 103

第九章　足球运动 ······ 106
第一节　足球运动简介 ······ 106
第二节　基本技术 ······ 109
第三节　基本战术 ······ 119
第四节　简要规则 ······ 127

第十章　排球运动 ······ 129
第一节　排球运动简介 ······ 129
第二节　基本技术与练习方法 ······ 131
第三节　基本战术 ······ 140
第四节　简要规则 ······ 143

第十一章 网球运动 ·············· 145
- 第一节 网球运动简介 ·············· 145
- 第二节 基本技术与练习方法 ·············· 148
- 第三节 基本战术 ·············· 154
- 第四节 简要规则 ·············· 158

第十二章 乒乓球运动 ·············· 160
- 第一节 乒乓球运动简介 ·············· 160
- 第二节 基本技术与练习方法 ·············· 165
- 第三节 基本战术 ·············· 180
- 第四节 简要规则 ·············· 182

第十三章 羽毛球运动 ·············· 187
- 第一节 羽毛球运动简介 ·············· 187
- 第二节 基本技术 ·············· 189
- 第三节 基本战术 ·············· 201
- 第四节 简要规则 ·············· 203

第十四章 轮滑运动 ·············· 205
- 第一节 轮滑运动简介 ·············· 205
- 第二节 速度轮滑技术 ·············· 208

第十五章 健美操 ·············· 215
- 第一节 项目简介 ·············· 215
- 第二节 基本动作与练习方法 ·············· 217

第十六章 速度滑冰 ·············· 224
- 第一节 项目简介 ·············· 224
- 第二节 基本技术与练习方法 ·············· 226

第十七章 健身项目介绍 ·············· 232
- 第一节 徒步走 ·············· 232

第二节 健身跑 …………………………………………………… 234

第三节 无痛苦跑步 ……………………………………………… 238

第四节 游　泳 …………………………………………………… 245

第五节 健美运动 ………………………………………………… 254

第六节 体育舞蹈 ………………………………………………… 261

第七节 跆拳道 …………………………………………………… 263

第八节 软式排球 ………………………………………………… 270

第九节 野外生存 ………………………………………………… 275

第十节 橄榄球运动 ……………………………………………… 278

第十一节 中华传统养生方法 …………………………………… 281

第十二节 台　球 ………………………………………………… 284

第十三节 瑜　伽 ………………………………………………… 287

第十四节 滑雪运动 ……………………………………………… 294

第十五节 越野行走 ……………………………………………… 298

主要参考资料 ………………………………………………………… 302

第一章 概 论

第一节 体育与竞技

一、什么是体育

体育是以身体练习为基本手段,为增强体质,提高运动技术水平,丰富文化生活而进行的一种有目的、有意识、有组织的社会活动。它包括大众体育、学校体育和竞技体育三个方面,是社会文化教育的组成部分。体育还包括体育文化、体育教育、体育竞赛、体育活动、体育设施、体育组织、体育科学、体育经济、体育产业等诸多要素。

二、什么是竞技

竞技也称竞技体育或竞技运动,是体育的重要组成部分。它是以体育竞赛为主要特征,以创造优异运动成绩、夺取比赛优胜为主要目标的社会体育活动。

三、体育与竞技的联系与区别

(一)体育与竞技的联系

1. 学校体育与竞技体育的联系

(1)学校体育是构建竞技体育的基础,数以万计的少年儿童是竞技体育人才发掘的唯一资源。另外,现代竞技体育必须有良好的场地,完善的设施,先进的研究手段等,而这些条件除了高水平运动队具备以外,只有学校具备这样的条件。因此,学校体育是竞技体育的主要基础之一。

(2)竞技体育是一种记录人类创造潜能的运动文化,每项新的运动成绩、新的纪录,都标志着人类在运动能力方面又向前推进了一步。竞技体育中树立的公正、公平、民主、协作、团结、友谊、谦虚、诚实等道德观念,是社会不可缺少的文明特征,对青少年乃至全体社会成员的成长都具有教育意义。而学校则是文明和文化教育的重要阵地,发挥着不可替代的作用。

2. 大众体育与竞技体育的联系

(1)大众体育是竞技体育发展的重要基础之一。一个运动项目参加活动的人数越多,越有可能更快地提高参加这个项目的广大群众的技术水平。

(2)竞技体育是大众体育的延伸。大众体育可以给竞技体育的发展创造良好的文化环境,提供后备人才资源等;竞技体育可以为大众体育的发展提供示范,增强吸引力,探索科学的方法和手段,给予技术性指导和服务。

(二)体育与竞技体育的区别

1. 目的不同。学校体育主要目的是增强学生体质,养成锻炼习惯,学会某种锻炼

方法，为今后的学习和工作奠定身体基础。锻炼内容、方式、手段也与竞技运动有所不同。大众体育的主要目的是提高大众的健康水平，娱乐身心，防病治病。而竞技体育的主要目的是提高运动成绩，争锦标夺金牌。

2. 参加的人数不同。体育具有广泛性，竞技只是少数人。

3. 手段不同。体育是循序渐进，量力而行，因人而异。竞技是挖掘潜力，挑战极限。

4. 投入不同。不同国家虽然有一定的差距，但大体相似。国家都把主要的人力、物力、财力用于竞技体育方面，而对大众体育投入得较少。

5. 回报不同。大众体育的回报是身体和精神，而竞技体育的回报则以金钱为主。

第二节　东西方体育比较

一、东方体育文化

以中国、日本、印度、朝鲜等亚洲国家为代表的东方体育。儒家思想是东方文化的重要组成部分，也是中国传统文化的根基。中国古代的三部重要著作《黄帝内经》《导引术》《吕氏春秋》具有典型的东方传统养生的文化特点。"养心养生""休身养性""五福寿为先""天人合一""阴阳""八卦"等都蕴涵着"中庸"之道的观念，用现代词汇来表达就是"节律""韵律""和谐"等。

日本、印度、朝鲜等国家都有相应的特色，如日本弓、剑道、武道，印度的瑜伽、舞蹈，朝鲜的马术、棋类等，由于长时间稳定的农耕和闭关自守的封建社会的因素影响，使这些国家在古代所形成的兴旺发达的体育状况在近代未得到进一步充分的发展，从而使东方体育进入了一个停滞和衰落的时期。到了 20 世纪 50 年代，东方社会条件发生了根本性的改变，缩小了在经济、文化和科技发展方面与西方的差距，中国、朝鲜、越南等亚洲社会主义国家的崛起和亚洲"四小龙"在经济、文化和科技上的高速发展，使以亚洲各国为代表的东方体育在与西方体育相互交汇和融合中得到迅速发展。就中国而言，经过世代的传承和发展，逐渐形成了自己独特的风格和特质，形成了以养身健体、道德培养为主要目的，并且高度吻合了中国传统文化的基本精神和由这种文化所锻造的民族性格的体育形态。形成了一个结构稳定，区别于世界上其他任何国家体育形态的独立体育文化体系。

二、西方体育文化

西方现代体育的发展大致经历了四个阶段。

第一阶段（古希腊时期），古希腊十分重视对青年的身体训练，公元前 300 多年前教育家柏拉图在他的身心调和论的教育设计中，规划了各种年龄体育活动的内容和要求。古代奥林匹克运动就是在这个时期发展起来的。第二阶段（文艺复兴时期），英国教育家洛克首先提出了"三育学说"，即把教育分为体育、德育和智育三部分。并强调"健全之精神，富于健全之身体"。第三阶段（19 世纪工业革命以后），当时德国体操盛行，与此同时，美国球类运动、法国体育也都迅速发展起来。其主要内容有田径、体操、举重以及各种球类运动等。这些运动特别强调肌肉锻炼和体格健壮。第四阶段（19 世纪末，现代奥林匹克运动繁荣时期），西方体育文化发展的直接结果是产生了现代奥林匹克运动。当我们提到现代奥林匹克运动的时候，必须提到他的奠基人——皮埃尔·德·顾拜旦（Le baron Pierre De Coubertin，1863—1937），他是法国著名教育家、国际体育活动家、教育学家和历史学家、现代奥林匹克运动的发起人。1863年1月1日出生，1896年至1925年，他曾任国际奥林匹克委员会主席，并设计了奥运会会徽、奥运会会旗。由于他对奥林匹克不朽的功绩，被国际上誉为"奥林匹克之父"。现代奥林匹克运动经历了一个世纪的发展，终于成为一个超越体育范畴，影响和波及国际政治、经济和文化的相对独立的社会现象。

三、中西方体育的差别

将体育视为一种文化，这本身就是体育研究的一大独特视角，它摆脱了以往"以教育观体育"的思维束缚，开辟了多层次、多方位研究体育的先河。中西方体育比较研究的不断深化就反映了这一点。

对中西方体育差别的研究中可以概括为以下三个方面：

（一）理论基础。中西方体育在哲学思想、医学基础、审美观念方面有显著差异。中国传统体育植根于"天人合一"、阴阳、八卦、五行理论等之中；而西方体育在西方哲学重外在、分析，重与自然的斗争等观念的指导下形成和发展。

（二）实践依据。中国传统体育观注重人体自身的统一性及自然界的和谐，带有某种经验、直觉、模糊的性质；西方体育是科学实验、解剖学、生理学、现代医学等的综合运用。

（三）形式与内容。中国传统体育重节奏、韵律、神韵、内涵、和谐美，重朦胧、抽象、含蓄美；西方体育重外在形体美，体现阳刚的力量，从挑战自我、挑战极限中体现生命的价值。

四、中西方体育的趋同

（一）体育文化开放趋同

目前，世界文化在互相开放和交往中日益趋同，中西方体育也日渐走向融合。中国传统体育在封建制度中存在和发展，自给自足的自然经济环境形成相对独立和隔绝的体育文化，封闭性、伦理性、民俗性、宗教性、军事性较强。西方现代体育是适应现代社会生产方式存在并发展的，呈现出竞技性、普遍化、个性化、娱乐化等发展趋向。这两种不同时代中产生和发展的体育在人类进入近代社会以后逐渐消除了隔阂。鸦片战争以后，中国传统体育在被动与主动、自觉与不自觉中开始了与西方体育的冲突与交融。

（二）体育文化思想趋同

如今，西方体育的平等竞争等观念也已日渐深刻地影响到中国的体育（包括中国传统体育）。一部中国近现代体育史，实际上就是中西方体育互拒互斥、互渗互融的历史。中国传统武术吸取了西方体育竞赛方式，形成了散手竞技；气功引入了现代科学理论，龙舟、风筝等赋予了现代人的精神需求，这些中国传统项目成为中西皆宜的竞赛和活动方式，它逐渐得到西方人的接受和认可。这表明了中西方体育正在向逐步契合的趋势发展。有研究者指出，以奥林匹克主义为主的西方体育观念"和平与友谊""平等的公平的竞争""体育为大众""重在参与"等逐渐被中国传统体育所吸收。而中国传统体育中的伦理道德观、健康长寿观、自然养生观、形神相关论、动静相关论、人天相关论等构成的整体体育观也被西方体育不同程度地接受。中西方体育在运动形式、方法与手段上也不断趋同，西方的摔跤、举重、拳击被中国接受，网球、橄榄球也被引入。

（三）体育文化内容方面趋同

人类对仅追求胜负与狂热刺激的西方体育竞技日感不满，人们需要更多层面的身心体验和更深邃的高情感活动。东方体育具有注重肉体和精神统一的文化价值特征，在缓解高科技带给人类的不良影响方面，具有划时代的功能效应，成为满足人类精神需求，促进人类身心健康的高情感体育活动。东方的传统生命观、健康观和与此相适应的保健体育，蕴涵着人体生命科学的丰富内容，对指导人类的保健活动具有十分重要的意义。在奥林匹克运动文化风靡世界的今天，东方体育文化以其特有的魅力悄然兴起。

第三节　世界各地健身项目精选

瑜伽

瑜伽一词的原意是"融合""和谐"，在印度已经流传数千年，是印度悠久智慧的结晶。瑜伽的起源最早可以追溯到印度河文明时期，至少可追溯到公元前三千年以前。五千年来，它一直是体现印度文化的一个重要组成部分，意在追求自我和天神的合一。历经时代多次变迁，瑜伽一直充满活力。修炼瑜伽并不是一种致力于追求身体上的高难度姿势和体位的竞技比赛，真正的瑜伽就是一种修身养性的生活方式。现在，在中国的很多都市里，瑜伽就像一种时尚符号，练瑜伽在很多人心目中已经成为走向健康的代名词。

有氧操

英文"AEROBICS"意为"有氧"或"有氧参与的"。其实，有氧运动除了主要由氧气参与供能外，它还要求全身主要肌群参与，连续运动较长时间并且是有韵律的运动。在一节为50分钟左右的课程中，健身者在音乐、灯光、教练的口令以及参与伙伴的鼓励与带动下进行有节奏的、循序渐进的有氧运动。大众健身操可燃烧大量的脂肪，提高参与者的心肺功能，不失为减肥及保持体能、体型的首选。

普拉提

普拉提是 PILATES 的译音，由德国人约瑟夫·普拉提创立并推广。这种新颖的健身方法能够逐渐矫正一般人惯用左边或右边的坏习惯，让身体更为协调平衡。同时，对于一般运动难以锻炼到的地方以及对久坐造成的肩痛、腰酸，或是肌肉不适等问题，都可以通过普拉提运动来改善。它能够塑造腰部、腹部及臀部的肌肉曲线，在美化形体的同时加强机体器官的功能。

有氧舞蹈

有氧舞蹈一方面能消耗较多热量，另一方面能把许多舞蹈动作健美操化，不像健美操动作比较操化，它有许多风格，根据动作、音乐的不同特点分为 AEROBIC DANCE，HIP-HOP，FUNK，SALSA 等有氧舞蹈。通过长时间的舞蹈练习，能够提高气质、保持优雅形体，同时达到健身的目的。

武术

中国武术又称"国术"或"武艺",是中国传统体育项目。其内容是把踢、打、摔、拿、跌、击、劈、刺等动作按照一定规律组成徒手的和器械的各种攻防格斗功夫、套路和单势练习。中国武术不仅是一种中国传统的体育运动形式,而且是一个完整的文化意识形态,它包含了中国古典哲学、伦理学、美学、医学、兵学等中国传统文化的各种成分和要素,渗透着中国传统文化的精髓。武术具有极其广泛的群众基础,是中国人民在长期的社会实践中不断积累和丰富起来的一项宝贵的文化遗产。

器械

健身器材常以训练功能多少来分为单功能和综合型多功能两大类。

单功能器械,常用的有划船器、AMT体适能运动机、椭圆机、健身车、踏步车、跑步机、美腰机等。它们的主要功能是:

划船器:主要用来增强手臂力量、背阔肌和动作协调能力。

椭圆机:平滑流畅的运动轨迹和交叉坡度专利技术让使用者以符合生物力学的姿势锻炼肌肉组,增加了锻炼的多样性和有效性。零阻力的锻炼能减少肌肉劳损的发生。

健身车:锻炼时,像骑自行车一样,主要用来增强腿部力量,增强心血管功能。

踏步车:主要用以锻炼腿、腰、腹部肌肉及心肺功能。

跑步机:主要用以锻炼腿、臀、腰、腹部肌肉及心肺功能。

美腰机:可对腰部、背部做放松按摩。

综合型多功能器:一般都包括扩胸器、引体向上、仰卧推举、仰卧起坐等器械的功能。扩胸器、引体向上、仰卧推举,主要是用来锻炼上肢力量及胸大肌力量;仰卧起坐,主要用来锻炼腰肌群,减少腰腹部多余脂肪。

游泳

游泳运动是男女老幼都喜欢的体育项目之一。古代游泳,根据现有史料的考证,国内外较一致的看法是起源于居住在江、河、湖、海一带的古代人。他们为了生存,必然要在水中捕捉水鸟和鱼类作食物,通过观察和模仿鱼类、青蛙等动物在水中游动的动作,逐渐学会了游泳。现代游泳运动起源于英国。17世纪60年代,英国不少地区的游泳活动就开展得相当活跃。18世纪初传到法国,继而成为风靡欧洲的运动。游泳大致分为:实用游泳、竞技游泳、花样游泳。游泳运动的优点有很多,例如增强心肺功能、增强抵抗力、减肥、健美形体、护肤等。

滑雪

滑雪运动起源并发展于斯堪的纳维亚国家,在世界滑雪运动中居领先地位的国家有斯堪的纳维亚各国,如挪威、瑞典、芬兰,还有西欧的阿尔卑斯山脉周围的国家,法国、意大利、奥地利、德国,以及美国、俄罗斯等。娱乐健身滑雪是适应现代人们生活、文化需求而发展起来的大众性滑雪,受人为因素制约程度不同,男女老幼均可在雪场上轻松、愉快地滑行,饱享滑雪运动的无穷乐趣。由于高山滑雪具有惊险、优美、自如、动感强、魅力大、可参与面广的特点,因此高山滑雪被人们视为滑雪运动的精华和象征,更是旅游滑雪的首选和主体项目。

森林浴

森林浴一词最早来源于德国,并认为最早人工设计森林浴是大约100多年以前,

由德国的赛帕斯坦·库乃普为了解除城市人的许多病痛，提倡在森林场地内把运动和设计水槽进行水浴结合起来，以增进人的身体健康。这种把森林游憩与水浴结合起来的形式，人们形象地称之为"森林浴"。时至今日，森林浴的概念和内涵都有了很大进步，但森林与水两个基本要素仍未改变。早在我国秦汉时期随着皇家宫苑的出现就已萌芽，历经两千多年，其精髓在中国园林建设于山石林之中配以溪、沟、水瀑以增加景色、改善环境的做法中得以体现和发扬。森林浴的作用为：①森林中的清新空气和森林分泌物能防病治病；②森林中空气负氧离子能促进健康、延年益寿；③绿色环境有益于身心调适和恢复视力；④森林环境与气候对人类有庇护功能。

定向越野

19世纪末20世纪初，欧洲北部斯堪的纳维亚半岛广阔而崎岖不平的土地上覆盖着一望无际的森林，散布着无数的湖泊，城镇、村庄稀疏散落，人们的交通主要是依靠那些隐现在林中湖畔的弯弯曲曲的小路。在这样的地理环境中生活，理所当然地要比别的地方更需要地图和指南针，否则，要想穿越那茫茫林海是十分困难的。正因为如此，那些最经常在斯堪的纳维亚半岛山林中行动的人们——军队，便成了开展定向运动的先驱。他们深知，如果不具备在山林地辨别方向、选择道路和越野行进的能力，就不能完成保卫国家的重任。1918年，瑞典一位名叫吉兰特的童子军领袖组织了一次叫作"寻宝游戏"的活动，引起参加者的极大兴趣，这便是定向运动的雏型。由于这个活动的组织方法简便，不仅对提高野外判定方向的能力及学习使用地图有好处，还能够培养和锻炼人的勇敢顽强精神，提高人的智力、体力水平。开展定向运动不需要像其他体育项目那样在场地与器材上支付大量经费，娱乐性与实用性兼备，更主要的是这项活动通常是在环境较好的地方举行，因此日益受到人们的重视。

第四节　体育锻炼对人体的作用

一、体育锻炼对新陈代谢的作用

体育锻炼能促进体内组织细胞对糖的摄取和利用能力，增加肝糖原和肌糖原储存。体育锻炼还能改善机体对糖代谢的调节能力。如在长期体育锻炼的影响下，胰高血糖素分泌表现在对运动的适应，既是在同样强度的运动情况下，胰高血糖素分泌量减少，其意义是推迟肝糖原的排空，从而推迟衰竭的到来，增加人体持续运动的时间。

脂肪是在人体中含量较多的能量物质，它在体内氧化分解时释放出能量，约为同等量的糖或蛋白质的两倍，长期坚持体育锻炼能提高机体对脂肪的动用能力，为人体从事各项活动提供更多的能量来源。

二、体育锻炼对心血管系统的作用

（一）改变心脏形态

美国波士顿的研究人员通过超声心动描记术，对40名耐力项目运动员和24名力量项目运动员在90天分组训练前后的身体状况进行了检查。结果发现，进行耐力训练的运动员左右心室的体积增大，进行力量训练的运动员在左心室出现显著甚至过度增大，但右心室的体积并没有发生变化。这一研究结果也得到了其他相关研究的证实。

但是，改变最明显的要属耐力项目。而从事耐力活动之所以能改变心脏形态，首先要从功能上加以适应，在功能适应的过程中，形态才逐渐发生改变。

（二）改善心脏功能

1. 每搏输出量增加

指一次心搏，一侧心室射出的血液量，简称搏出量。它是评价心血管系统机能状态的一项重要指标。正常人在基础状态下的每搏输出量为 70 毫升（60～80 毫升）。经常参加体育锻炼的人无论在安静还是运动状态下，每搏输出量均比一般正常人高。特别是在运动状态下，每搏输出量的增加就更为明显，这种变化使人体在体育锻炼时有较大的心输出量，以满足机体代谢的需要。体育锻炼增加每搏输出量的原因是：心脏收缩力量增加。经常参加体育锻炼可使心肌细胞内蛋白质合成增加，心肌纤维增粗，使得心肌收缩力量增加，这样可使心脏在每次收缩时将更多的血液射入血管，提高心脏的每搏输出量。

2. 机能节省化

体育锻炼，特别是长时间小强度体育活动可使人体安静时心率减慢，这种现象称为窦性心动徐缓。窦性心动徐缓现象被认为是机体对体育锻炼的适应性改变，心率的下降可使心脏有更长的休息期，以减少心肌疲劳。

（三）血管弹性增加

坚持体育锻炼还能影响血管壁的结构，使动脉血管壁的中膜增厚，平滑肌细胞和弹性纤维增加，从而增加血管壁的弹性。

三、体育锻炼对血液成分的作用

（一）体育锻炼对红细胞数量的影响

红细胞在体内的功能主要是运输氧和二氧化碳。体育锻炼对红细胞数量可产生良好的作用，主要表现在可使红细胞偏低的人红细胞含量增加。研究证实，经常参加体育锻炼的人在安静时红细胞数量比不参加体育锻炼的人略高。但人体内的红细胞数量并不是越多越好，红细胞数量过多，会增加血液的黏滞性，加重心脏负担，对机体也是不利的。因此，体育锻炼可使红细胞数量偏少的人有所回升，但不会使红细胞数量过多。体育锻炼对血红蛋白的影响基本等同红细胞的变化。

（二）体育锻炼对白细胞数量和免疫机能的影响

体育锻炼是否能提高机体的抗疾病能力主要与白细胞数量及免疫蛋白含量有关。研究证实，合理的体育锻炼可以提高白细胞的数量和功能，特别是可以提高白细胞分类中具有重要作用的淋巴细胞的数量，这对于提高机体的抗疾病能力是至关重要的。另外，体育锻炼还可以提高体内的免疫球蛋白水平，亦可有效地提高机体抗病、防病的能力。

四、体育锻炼对呼吸系统的作用

（一）肺活量增加

肺活量是青少年儿童生长发育和健康水平的重要指标。经常参加体育锻炼，特别是做一些伸展扩胸运动，可使呼吸肌力量增强，胸廓扩大，有利于肺组织的生长发育和肺的扩张，使肺活量增加。另外，体育锻炼时，经常性的深呼吸运动，也可促进肺活量的增大。大量实验证实，经常参加体育锻炼的人，肺活量值高于一般人。

（二）肺通气量增加

体育锻炼由于加强了呼吸力量，可使呼吸深度增加，以有效地增加肺的通气效率。因为在体育锻炼时如果过快地增加呼吸频率，会使气体往返于呼吸道，使真正进入肺内的气体量反而减少。适当地增加呼吸频率，从而使运动时的肺通气量大大增加。研究表明，一般人在运动时肺通气量能增加到 60 升/分左右，有体育锻炼习惯的人运动时肺通气量可达 100 升/分以上。

（三）氧利用能力增加

体育锻炼不仅可以提高肺的通气能力，更重要的是可以提高机体利用氧的能力。一般人在进行体育活动时只能利用其氧最大摄入量的 60% 左右，而经过体育锻炼后可以使这种能力大大提高，体育活动时，即使氧气的需要量增加，也能满足机体的需要，而不致使机体过分缺氧。

（四）呼吸深度加深

一般人的呼吸浅而急促，安静时每分钟大约呼吸 12~18 次。经常参加体育锻炼的人，呼吸深而缓慢，每分钟约 8~12 次。这就使呼吸肌有较多的休息时间。这种差别在运动的时候表现得更为明显。例如，在运动负荷相同的条件下（轻微运动），一般呼吸可增加到每分钟 32 次左右，每次呼吸量只有 300 毫升，每分钟呼吸总量 9600 毫升（300 毫升×32）。而经常进行体育锻炼的人呼吸每分钟 16 次左右，但每次呼吸量可达 600 毫升，每分钟呼吸总量 9600 毫升（600 毫升×16）。从呼吸总量来看，虽然是相等的，但实际上气体交换量却不相同。因为每次呼吸都有 150 毫升空气留在呼吸道内，不能进入肺泡进行气体交换，一般人实际换气量是 4800 毫升，经常进行体育锻炼的人实际换气量是 7200 毫升。

五、体育锻炼对神经系统的作用

通过体育锻炼，能使神经系统得到锻炼，提高神经工作过程的强度、均衡性、灵活性和神经细胞工作的耐久力；能使神经细胞获得更充足的能量物质和氧气的供应，从而使神经系统在紧张的工作过程中获得充分的能量物质保证。据研究表明，当脑细胞工作时，大脑耗氧量占全身耗氧量的 20%~25%。体育锻炼能使大脑的兴奋与抑制过程合理交替，避免神经系统过度紧张，可以消除疲劳，使头脑清醒，思维敏捷。

随着神经系统机能的改善，有机体内各器官系统尤其是运动系统的控制和调节能力也可得到不断提高和完善。经常参加体育锻炼的人，神经系统的兴奋性和灵活性的提高，使各种各样的动作达到协调一致，不必要的多余动作就会消失，对外界刺激反应会更快、更准确；能够有效地节省体力和减少体能的消耗，使之从容不迫而又迅速地完成各种动作。

六、体育锻炼对人体运动系统的作用

运动系统由骨（软骨）、关节和肌肉等组成，其功能是运动、支持和保护。

（一）对骨的良好影响

人体长期从事体育锻炼，通过改善骨的血液循环，加强骨细胞的新陈代谢，使骨径增粗，骨质增厚，骨质的排列规则、整齐，并对骨形态结构有良好影响，表现在骨的抗折、抗弯、抗压缩等方面的能力有较大提高。

人体进行体育锻炼的项目不同，对人体各部分骨的影响也不同。经常进行以下肢活动为主的项目,如跑、跳等,对下肢骨的影响较大;而进行以上肢活动为主的项目,如举重、投掷等,对上肢骨的影响较大。体育锻炼的效果并不是永久的,当体育锻炼停止后,对骨的影响作用也会逐渐消失,因此体育锻炼应经常化。同时,体育锻炼的项目要多样化,以免造成骨的畸形发展。

(二)对关节的影响

科学、系统的体育锻炼,既可以提高关节的稳定性,又可以增加关节的灵活性和运动幅度。体育锻炼可以增加关节面软骨和骨密度,并可使关节周围的肌肉发达、力量增强,关节囊和韧带增加。

(三)对肌肉的影响

体育锻炼对肌肉的良好影响,主要表现在以下三个方面:

1. 肌肉体积增加。运动员特别是举重等力量性项目运动员的肌肉块明显大于一般正常人,这说明体育锻炼和运动训练可以使肌肉体积增大。体育锻炼对肌肉体积的影响非常明显,一般只进行力量训练就可以使肌肉体积增加,而且练什么肌肉,什么肌肉的体积就增大。

2. 肌肉力量增加。体育锻炼可以增加肌肉力量已被大量实验所证实,而且体育锻炼增加肌肉力量的效果也是非常明显的,数周的力量练习就会引起肌肉力量的明显增加。在这方面健美运动员的肌肉就是很好的例子。

3. 肌肉弹性增加。有良好体育锻炼习惯的人,在运动时经常进行一些拉伸性练习,从而可使肌肉的弹性增加,这样可以避免人体在日常活动和体育锻炼过程中由于肌肉的剧烈收缩而造成各种运动损伤。

七、体育锻炼对心理健康的作用

有关国际组织已经把心理健康列为人体健康的重要内容。从而把健康定义为身体的、心理的、社会的三个层面。

(一)体育锻炼可以转移注意力,放松身心,使紧张的学习能够得到调整。

(二)可增加神经递质,出现欣快感(如:运动流畅状态、运动者高潮)。

(三)可使负面能量及时宣泄。相反,不积极地进行体育活动,不良情绪得不到彻底宣泄,对心理健康会有负面影响。这一点对大学生来说十分重要。

(四)增强成就感的体验,体会正面积极的情绪,有利于自信心的建立。

(五)健美的身材或较强的运动能力能提高人的自信。

(六)锻炼后免疫力增强,有更多的精力做自己喜欢的事情。

(七)体育锻炼可增加与人的良性互动,改善人际关系,从而有更多的积极体验。

第五节 体育锻炼的注意事项

一、热身运动

顺序上应先做慢跑,然后再进行拉伸为主的伸展运动。慢跑一般应不少于3分钟(约300~500米的距离),做到身体微微发热即可。热身活动的最后一段跑步应将速度提至中等速度,目的是使心肺功能更好地适应将要进行的运动。伸展运动的时候,要将颈、腰、大腿后部、肩等重要部位活动开。热身运动结束与基本运动的衔接不能太久，一般可在3～5分钟内，时间太久会减少热身活动的作用。

二、采用口鼻呼吸法

人体在进行体育锻炼时，氧气的需要量明显增加，所以仅靠鼻子实现通气已不能满足机体的需要。因此，人们常常采用口鼻同用的呼吸方法，即用鼻子吸气，用口呼气。活动量较大时可同时用口鼻吸气，口鼻呼气。这样一方面可以减小肺通气阻力，增加通气量。在采用口鼻呼吸的同时，还要有意识地加大呼吸深度，提高换气效率。另一方面，通过口腔增加体内散热。有研究证实，采用口鼻呼吸方式可使人体的肺通气量较单纯用鼻子呼吸增加一倍以上。在严冬进行体育锻炼时，开口不要过大，以免冷空气直接刺激口腔黏膜和呼吸道而产生各种疾病。

三、运动量的增减要循序渐进

人体的器官结构十分精密，对运动的适应就如同我们发动汽车一样，如果我们在发动汽车过程中，直接从1档加至5档，汽车不但跑不起来，反而会熄火。同样，当我们的身体对运动的适应还处在较低的水平时，突然加大运动负荷，身体就会感到不适应，严重时还会使身体受到伤害。因此，锻炼者在锻炼过程中，不能急于求成，要遵循机体对运动的适应规律，运动量安排要由小到大，运动的持续时间、距离、次数、速度、频度和强度等要逐渐增加，锻炼的内容和方法也要由易到难，从简到繁，逐步提高。

四、剧烈运动之后不要马上坐下来休息

当人体在停止运动后，如果停下来不动或是坐下来休息，静脉血管失去了骨骼肌的节律性收缩作用，血液会由于受重力作用滞流在下肢静脉血管中，导致回心血量减少，心输出量下降，造成一时性脑缺血，出现头晕、眼前发黑等一系列症状，严重者会造成休克。因此，对于体育锻炼者来说，体育锻炼后应做一些放松的走或跑或其他调整活动，这样一方面可以避免头晕等症状的发生，另一方面还可以通过改善血液循环，尽快消除疲劳，提高锻炼效果。

五、运动饮水要少量多次

运动中补充水分分为三段：运动前，运动中，运动后。应在运动前20分钟补充300毫升的水，运动中每20分钟补充一次，因为每次补充的水分到被吸收的过程约20分钟，一次性补充太多胃很难吸收，饮水过量还可以造成水中毒。随时补充水分，不要等渴了再喝，如果有明显的口渴感觉，说明你身体已经严重缺水，尽量喝带镁离子、钠离子的运动饮料和矿泉水或自制饮料，春、秋、冬季尽量喝温热的水，切忌喝凉水。

六、锻炼项目要有所侧重

体育锻炼不同于运动员的专业训练，其目标是追求身心全面协调发展，使身体形态结构、生理功能、运动能力等各种身体素质以及心理素质得到全面协调发展。有人认为在锻炼方式的选择上应注意全面性，避免长期使用单一的方式进行锻炼。例如，长期只进行力量练习，心肺功能和耐力素质就不会得到较大的提高；长期只从事长跑锻炼，虽然会获得良好的耐力素质，而速度、力量素质的发展会相对较差；长期以某一侧肢体活动，则会影响整个机体的匀称发展。这个观点有其正确性的一面，但是大学生的具体情况是时间有限，不能面面俱到，如果面面俱到就等于"蜻蜓点水"。大学生必须在有限的时间里投入到自己喜欢的项目中去，这样才能使身心得到收获，为日

后打下基础。

七、运动后应吃碱性食物

人们在剧烈的体育运动后，会感到腰腿或全身肌肉酸痛、疲惫不堪，有的还感到饥渴难耐。此时，有的人端起可乐大饮特饮，有的大嚼巧克力，有的大吃鸡、鱼、肉，他们哪里知道越是这样食用，肌肉酸痛和疲劳感越会加重。原因在于，体内的酸碱平衡不但不能正常维持，相反身上的体液偏酸而使疲劳症状加重。平常我们的食物可分为酸性食物和碱性食物。判断食物的酸碱性，并非根据人们的味觉，也不是根据食物在水中的化学性质，而是根据食物进入人体后所生成的最终代谢物的酸碱性而定。蛋白质、脂肪、糖类食物含氮、磷等非金属元素较多，为酸性食物；而蔬菜、水果、豆制品等含钠、钾、钙、镁等金属元素较多，为碱性食物。

第六节 健康、体质、体能、身体素质

一、健康

健康，1990年世界卫生组织（WHO）对健康的定义："一个人在身体健康、心理健康、社会适应良好和道德健康四个方面都健全"才算健康。前三个方面我们都比较熟悉，道德健康是后引入到健康范畴的。所谓道德健康指具有分辨是与非、善与恶、美与丑、荣与辱的能力，在行为上能掌握自我，并在现实生活中止恶扬善。WHO报告指出，健康是由四个元素组成的，遗传占15%，社会环境和自然环境分别占10%和7%，医疗条件占8%，个人生活方式占60%。在健康面前有四种不同态度的人，一是聪明人，他们注重健康，投资健康，结果健康增值；二是明白人，他们关注健康，储蓄健康，结果健康保值；三是普通人，他们漠视健康，随心所欲，结果健康贬值；四是糊涂人，他们透支健康，提前死亡，生命浓缩。

二、体质

体质，简要地说，是指人体自身的质量，是人体在形态、生理、生化和行为上相对稳定的特征。体质可以反映人体的生命活动、运动能力的水平，因此是选择健身运动的依据。身体运动是人的自然属性，同时又是生命活动得以充分发展的必要条件，反映着人的社会属性。

"体质"和"健康"的概念是不同的。同样是健康的人，其体质却千差万别，评价一个人的体质强弱要从形态、功能、身体素质、对环境气候适应能力和抗病能力等多方面进行综合评价。

体质的综合评价指标包括以下几个方面：

（1）身体形态发育水平：即体格、体型、姿势、营养状况及身体组成成分等。
（2）生理生化功能水平：即机体的新陈代谢功能及各系统、器官的工作效能。
（3）身体素质和运动能力水平：即身体在运动中表现出来的力量、速度、耐力、灵敏性、柔韧性等素质及走、跑、跳、投、攀等身体运动能力。
（4）心理发展状态：包括本体感知能力、个体意志力、判断能力。
（5）适应能力：例如对外界环境条件的抗寒、抗热能力和对疾病的抵抗力。

影响体质强弱的因素是多方面的，它与遗传、环境、营养、体育锻炼等有着密切

的关系。遗传只对体质的状况和发展提供了可能性或前提条件，体质的强弱则有赖于后天环境、营养、卫生和身体锻炼等因素。因此，有计划、有目地进行科学的锻炼，是增强体质最积极有效的手段。

三、体能

体能，也称体适能，是一种满足生活需要和有足够的能量完成各种任务活动的能力。

体能包括两个层次：一是健康类体能，包括心肺功能、肌肉耐力、肌肉力量、柔韧性和身体成分；二是竞技运动体能，包括速度、力量、灵敏性、神经肌肉协调性、平衡、反应。

四、身体素质

身体素质，是人体为运动的需要所储存的身体能力要素，通常指的是人体肌肉活动的基本能力，是人体各器官系统的机能在肌肉工作中的综合反映。身体素质主要包括力量、速度、耐力、灵敏、柔韧等。身体素质经常潜在地表现在人们的生活、学习和劳动中，自然也表现在体育锻炼方面。一个人身体素质的好坏与遗传有关，但与后天的营养和体育锻炼的关系更为密切，通过正确的方法和适当的锻炼，可以从各个方面提高身体素质水平。

五、相互区别

体质与健康的关系。从研究角度和表现的角度来看，体质侧重于体格、体型、身体素质、运动能力等，而健康则侧重于研究人体的心、肝、脾、肺、肾及血管组织结构和生理功能的疾病（如在医院进行的某项或综合健康检查）、异常和寿命长短。体质是从"外观"上研究人体，健康是从"内部"研究人体。体质是人体的质量，健康则是体质状况的反应和表现，所以在评价体质和健康状况时，有些指标很难说成是纯属检测体质的指标，另一些指标也很难说成纯属健康检查的指标。

体能与身体素质的关系。体能与身体素质密切相关，并互相依存。但体能涵盖的范畴比身体素质广，体能包括了身体素质。此外，体能更倾向于潜在的能力和绝对的能力（比如，在耐久力的项目上，更容易体现出人的体能），而身体素质则体现为短时的能力和相对能力。体能和身体素质在后天的练习中都能获得较大的提高。受人们研究角度，研究方法及部分社会历史因素的影响，人们对体能、体质、身体素质的认识存在一定的偏差，但总体上趋于一致。

第七节　体育锻炼与品格修养

一、品格修养对体育锻炼的重要性

（一）品格修养是人类发展的需要

人类社会由低到高，走的是一条文明之路。而敌视、杀戮和战争只能导致人类文明的倒退。品格修养代表了人类文明达到某种程度，是人类社会任何发展阶段的主流品德。良好的品格修养需要教育和传承。下面是一项很有趣的报告：根据美国耶鲁大学、加州大学和密西根大学多名专家的一项历经14年的调查表明，善恶影响人寿命。研究人员在以"社会关系如何影响人的死亡率"为课题的研究中惊讶地发现：一个乐于助人且和他人相处融洽的人，其预期寿命显著延长，在男性中尤其如此；相反，心怀恶意，损人利己，和他人相处不融洽的人其死亡率比正常人高出1.5~2倍。至于原因在哪里，研究人员发现经常行善，有益于人体免疫系统的健康。

（二）品格修养是体育运动的需要

奥林匹克是体育运动的最高殿堂，它在全世界范围内的影响巨大。它能把不同国家、不同年龄、不同性别、不同种族、不同信仰的人们吸引在自己的周围，并成为世界文明的一个动力，这有赖于奥林匹克的明确宗旨："奥林匹克的宗旨是，通过没有任何歧视，具有奥林匹克精神——以友谊、团结和公平竞争的精神相互理解的体育活动来教育青年，从而为建立一个和平的更美好的世界作出贡献。"从大的方面来说，当代世界各国面临着诸多要靠共同协作才能解决的问题，如环境、难民、地区冲突、体质下降问题等。奥林匹克运动试图架设沟通各国人民之间联系的桥梁，增进不同民族、不同文化的人们之间的相互了解，促进世界和平，减少战争的威胁；从小的方面来说，运动成绩和金牌固然很重要，但是在竞争的同时，更要体现出奥林匹克宗旨对年轻人的教育力量：让参与运动的人们有崇高的理想，要有顽强的竞争意识，努力拼搏，胜不骄、败不馁，遵守规则、尊重裁判、尊重对手，依靠实力去竞争，要有团队精神、合作意识等等。只有人们更好地提高品格修养，奥林匹克的精神才能更加发扬光大，体育运动才能更加文明。

（三）品格修养是青少年身心发展的需要

培养什么人的问题是根本问题，我们要培养能够担负起中华民族伟大复兴历史使命的一代新人。当前，从大学生所处的社会环境看，一方面当代大学生正处在发展社会主义市场经济和对外开放的历史条件下，正置身于利益主体多元、思想道德多元和价值取向多元的历史背景中。另一方面，目前社会上出现的拜金主义、享乐主义、个人主义等资产阶级腐朽思想及各种社会丑恶现象和封建迷信思想都对青少年的健康成长带来许多负面影响。对此我们要有一个清醒的认识，不仅要从治理社会大环境入手，为大学生的健康成长提供一个良好的社会环境，而且要在同学们日常参加的体育活动中加强品格修养的宣传和教育工作，树立崇高的理想，形成正确的人生价值观；加强素质修养，提高道德水平；追求高尚人格，不断完善自身。

二、如何在体育锻炼中培养良好的品格修养

思想品格是现代人不可缺少的一项重要素质。随着现代社会的发展，社会各个领域的竞争加剧，对人的思想品格的要求也越来越高。思想品格不被大众认同的人，很难在竞争如此激烈的社会中立足，更难在事业上有所作为。

（一）克服困难磨炼意志

意志品质指一个人的自觉性、果断性、坚韧性和自制力，以及勇敢顽强和独立主动的精神，是一个人行为特点的稳定因素的总和。意志品质需要在克服困难的实践过程中培养。体育锻炼本身就是要不断克服客观困难（气候条件的变化、自身惰性、动作的难度或外部障碍等）和主观困难（如胆怯和畏惧心理、疲劳和运动损伤等），才能取得成功。体育锻炼的参与者应努力克服主、客观方面的困难，培养自身良好的意志品质。任务越困难，对个体的意志锻炼的作用越大，而良好的意志品质对于人的活动（尤其是体育锻炼）效果具有重要的意义。从广义上来讲，各项运动都能培养意志品质,但是有些运动项目对意志品质具有更佳的效果,如耐力性项目就是如此。毛泽东的《体育之研究》一文中说道:"凡各种之运动持续不改,皆有练习耐久之益,若长距离之赛跑,于耐久之练习尤著……意志也者,固人生事业之先驱也。"意思是:凡是各种运动,能够坚持不间断,都有练习耐久的好处。像长距离赛跑,对练习耐久尤其有显著效果。……意志实在是人生干事业的先驱啊。

(二) 遵守规则

比赛中遵守规则,尊重对手,尊重裁判,既是体育运动客观要求,也是参加者锻炼自我约束力、自制品质的有效平台。这是日后走向社会遵守社会公德的重要基础。不服从裁判、不遵守规则的人不仅无法在体育的道路上走得更远,你的同伴最终也无法与你合作,如果走向社会,会受到社会行为规范准则的约束,单位和企业都有自己的规章制度,你不去遵守就会四处碰壁。

(三) 自我意识与集体精神

体育锻炼既是能充分展现自我意识自我能力的舞台,同时又必须有集体合作的精神。自我意识使你可以尽情施展才华和能力,在这其中,你能体会到成功与成就感,由于你的个人能力,这个项目、这个集体显得与众不同。但是,你再有能力,没人陪你练,没人指导你,没有团队的密切合作,没人为你提供训练场地,甚至没人组织比赛,试想你能成功吗?这就是集体的作用,这就是合作的力量。因此,身为集体中的一员,你应时时刻刻想着为集体做事,为集体争光。

(四) 克服"极点"与目标高远

"极点"在长跑活动中被视为最大的障碍。例如:在长跑出现"极点"时,有人放弃,有人屈服。要知道这恰恰是最重要的考验。通过"我一定能坚持"等语言暗示自己坚持到底;在坡度较陡的高山滑雪时,通过"我能行""大胆一点"等语言激励自己,挑战自我,所有这些都有利于自信心的形成,有利于自我目标向更高更远的方向发展。

(五) 正视挫折

挫折是个体在从事有目的的活动过程中由于遇到阻碍或干扰,致使个人动机不能实现、需要不能满足时所产生的情绪状态,如比赛失利、裁判错判、观众误解、对手小视等,有可能产生消极、排斥、懊恼、沮丧等不良情绪。再比如,练习了一段时间以后,成绩不前、疲劳、身体不适、受伤等都是挫折。面对挫折,大学生首先要有挫折的意识和准备。没有一个人是一帆风顺的,活在世上的人都经历过挫折,做任何事情都有成败两方面,即使成功也有可能遇到挫折。其次要有应对挫折的对策与方法。应该认识其积极的一面,使自己更快地成熟起来。要懂得失败时心态平和,从主客观两个方面去分析挫折的原因,并采取积极的对策去应对。

思考题

1. 简述大众体育与竞技体育的区别?
2. 简述体育锻炼对人体的作用?
3. 简述东西方体育的主要特点的区别?
4. 简述大学生在体育锻炼中应怎样加强品格修养?

第二章　科学自我锻炼

第一节　体育锻炼的基本原理

体育应该是一个确有实效，而又能不断提高的实践活动；体育锻炼则应是人们所进行的、有效的、合理的身体活动。而要使这种身体活动有效、合理，就必须遵循一定的依据，这种依据就是所谓的体育锻炼的原理。因此可以说，体育锻炼原理只是从体育锻炼实践中产生出来的具有原则意义的理论。

一、用进废退

人的各种运动能力，人体各组织、器官、系统的生理机能，无一不遵循着"用进废退"的自然法则。就拿我们大、中、小学体育教材中都有的"前滚翻"动作来说，其实这是还不会走路的幼儿在床上很容易做出的动作。然而，在大学的体育课上，却有些学生做不出这一简单动作。我国著名体育教育学者毛振明将现在学生体质状况总结为：软、硬、笨。即肌肉无力，韧带硬，动作不协调。这不能不使我们吃惊地看到，人的各种原本就有的运动能力，是能够在不使用、不锻炼中渐渐消退的；相反，这些能力又能在经常的锻炼中得到惊人的提高和发展。

二、刺激与适应

体育锻炼实际上就是对身体施加的一种运动刺激。在运动刺激的作用下，引起了机体的多种反应，并随着刺激次数的增加与时间的延续、负荷量与强度的增长，使人体在形态、机能、素质、体能等方面，产生适应性的变化。原则上讲，有了这种刺激，人体才可能产生这些变化；没有这种刺激，人体就不可能产生这些变化。

三、运动疲劳与疲劳恢复

体育锻炼的过程就是：运动—疲劳—休息—恢复。有人讲"没有疲劳，就没有锻炼"，这话是有一定科学道理的。运动中只有出现疲劳，才可能通过休息使体力得以恢复，进而提高身体对疲劳的耐受力。例如，在长跑锻炼中，一个人在开始的一段时间里跑一千多米就感到体力不支，而他通过一个时期的锻炼，能跑两三千米仍不感到十分疲劳。可见，人的体力及各种运动能力，必须通过运动所产生的疲劳锻炼才能得以增强和提高。这种现象在运动生理学中叫作"超量恢复"。所谓超量恢复，是指人体通过一定量与强度的运动刺激，使机体出现疲劳，而在休息之后，机体的代谢能力与体力状况，可以恢复到比运动前更高的水平之上（图2-1）。人的各种运动素质与体能，就是在这种"超量恢复"的多次出现与重复中提高起来的。超量恢复理论不仅适合于有机体运动过程，同样也适合体内能量物质的消耗与合成过程。因此，运动后就必须注意营养物质的补充，这样才能使体内的机能代谢逐步提高到新的水平上。这不仅能够加强人体对营养物质的吸收和利用，而且可使体质的增强得到充分的物质保障。

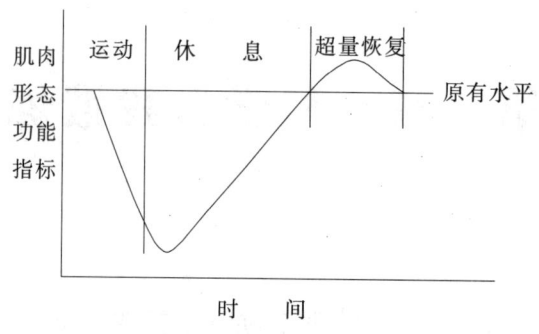

图 2-1 超量恢复示意图

第二节 体育锻炼的基本原则

体育锻炼的原则主要是体育锻炼客观规律的反映，是体育练习者进行体育锻炼实践，达到理想效果所必须遵循的基本原则。在体育锻炼的过程中，只有正确地理解和运用体育锻炼的原理，才能使体育锻炼获得最佳效果。

一、自觉性原则

有很多主观或客观的因素在经常影响锻炼者的行为决策，此时必须有意识地加强锻炼自觉性。自觉性原则是指体育锻炼者应有明确的锻炼目的，要想达到体育锻炼的预期效果，必须以主动积极的态度，自觉地坚持锻炼才能达到持久。只有自觉锻炼，才能符合国家和社会的要求，才能为家庭担负责任，才能为事业提供健康支持。

贯彻自觉性的原则，应注意以下几点：一是，要做到自觉锻炼，首先必须明确锻炼的目的，并从主观上努力克服外界干扰，强化内心的锻炼动力；二是，应充分认识体育锻炼的特点和作用；三是，要使锻炼更具自觉性，还应经常检验锻炼的效果。

二、循序渐进原则

循序渐进原则是指体育锻炼的内容、方法和运动负荷等，必须根据人对事物的认识规律、动作技能形成规律和生理机能的负荷规律，由小到大、由易到难、由简到繁、由低级到高级逐步地进行。因此，进行体育锻炼时，学习动作要由易到难，运动量由小到大，运动强度（刺激强度）应由弱到强。同时，还应根据年龄、性别、身体素质水平，因人而异地安排练习的内容，这样才能收到良好的效果。

三、全面性原则

全面性原则是指身体锻炼应全面发展身体的各个部位、各器官系统的机能、各种身体素质和活动能力追求身心的和谐发展。从体育项目对人体锻炼的作用来看，也是有所侧重的。如短跑主要是发展速度，投掷、举重主要是发展力量，长跑则侧重于发展耐力，球类则以发展灵敏性、协调性为主。所以进行全面锻炼就能使身体素质获得全面发展，使其能更快地掌握运动技术和技能，增强体质。

四、经常性原则

经常性的原则是指身体锻炼必须持之以恒，使之成为日常生活中的重要内容。运动技术的形成和提高，人体各组织系统机能的改善，是肌肉活动多次反复强化的结果。

不经常锻炼，后一次锻炼时，前次锻炼的痕迹已经消失，失去了累积性的影响作用，因此效果也就很小，甚至不起作用。同时，运动技能的形成，人体结构、机能的改善，身体素质的提高，都受着生物界"用进废退"规律的制约。不经常锻炼，已取得的效果也会逐渐消退。

上述锻炼身体应遵循的几项原则是互相联系、互相制约的。只有科学地、有目的地、全面地贯彻这些原则，才能不断增强体质，取得预期效果。

第三节　自我锻炼的方法

一、发展身体素质的方法

身体素质练习包括：力量、速度、耐力、柔韧和灵敏性五大方面。其中力量、速度、耐力尤为重要。有效地发展身体素质，能提高基本活动能力，促进内脏器官的功能，增强体质。

（一）发展力量的因素及发展力量的方法

1. 负荷

实践证明，开始练习时以身体最大负荷的60%～70%进行练习，增长力量效果最好，随着练习水平的提高，负荷量应不断增加。

2. 动作速度

在力量练习中，动作速度不同，练习效果也不同。如投掷需要爆发力，短跑需要快速力量，它取决于肌肉收缩的力量与速度。这就宜采用较少的负荷做快速的运动。

3. 训练间隔

开始训练时以隔日训练为好。实践证明，隔日训练的力量增长为77%，而每日进行力量训练增长只有47%。每次练习间隔以3～5分钟为宜。

发展力量的内容（手段）很多，常见的有投掷重物、举重、引体向上、双臂屈伸、俯卧撑、跳跃、负重下蹲、负重跳等。

（二）发展速度的方法

1. 提高步频。主要是通过加快运动中枢兴奋和抑制的转换速度来提高的。

2. 增加髋关节柔韧性和腿部力量的训练来加大步幅。其练习内容有高抬腿跑、小步跑、加速跑、跨步跑、后踢跑、折返跑、斜坡跑等。

（三）发展耐力的方法

进行耐力练习应注意以下几个因素：

1. 心、血管的负荷量

为了提高耐力，使身体处于较长时间的运动状态下而不产生疲劳，首先应提高心、血管的机能，赋予心、血管系统一定的负荷和持续时间。在体育锻炼中应使负荷量达到心、血管系统最大功能的70%，并要求至少持续5分钟。

2. 运动时应有一定的间隔时间

每次负荷之间的间歇时间，一般是以脉搏频率恢复到120～130次/分，再进行下次负荷练习为宜（通常需要3～4分钟）。动作速率，即跑的速度，一般说进行中速运动或者是匀速跑步而脉搏保持在150次/分的训练对耐力的增长较为有效。其练习内容

有定时跑、折返跑、中长距离跑、马拉松跑、越野跑和爬山等。

（四）发展灵敏的方法

一是提高神经系统的功能，即通过信号刺激的训练提高大脑皮层的反应能力。二是增加力量素质，肌肉力量强大可使动作迅速、灵敏。三是熟练地掌握运动技能，消除动作的紧张和僵硬，达到动作灵敏而协调、精确、省力。发展灵敏素质应采用多种方法练习。

二、技术动作练习方法

（一）明确动作要领和注意事项

通过老师的讲解、示范、图书、录像、教材、现场观察等形式明确动作要领。了解练习此动作应该注意什么问题以及怎样注意。

（二）在头脑中勾画出动作程序

即先干什么，后干什么，哪个是主要的，哪个是次要的。

（三）具体练习

1. 原地分解练习。通过多次重复来逐渐掌握。
2. 合成练习。把几个分解动作合成在一起。
3. 请教老师或动作技术较好的同学，请他们给予指点。
4. 某项动作的练习应在一段时间内集中练习，有利于尽快掌握。
5. 增加练习难度与对抗性。

（四）参与比赛

在比赛中检验动作并强化动作。针对在比赛中的某项不足，继续练习。

第四节　如何评价自我锻炼效果

个体对自己思想、愿望、行为和锻炼结果等方面的判断和评价。

一、评价的目的与意义

（一）目的

1. 养成良好的生活方式。
2. 促进学生整体意识形成。
3. 培养学生分析判断能力。
4. 培养学生实事求是的态度。

（二）意义

有利于找出问题，改进不足。有利于加强兴趣，可以鞭策自己更好的提高。国内外研究表明：身体活动和运动锻炼能使参加者产生积极的身体自我评价，或是心理自我良好感与运动正相关。总之，进行自我评价的积极意义大于消极意义。

二、评价原则与方法

（一）评价原则

1. 客观性原则。
2. 全面性原则。
3. 发展性原则。

(二）评价方法

1. 自我感觉

自我感觉是指一段时间以来，在身体上和精神上的有无不适的感觉或异常的反应。应注意和记录的自我感觉包括：是否头晕、恶心、发烧、疲劳不堪、胸闷、腿部有浮肿；食欲是否下降，有无腹泻、腹痛或便秘现象；精力是否充沛、情绪是否饱满、心情是否舒畅等等。如果在身体上和精神上感觉到了上述的不良感觉，一种可能是由于锻炼时运动负荷过大，而产生了过度疲劳；第二种可能是选择的运动项目难度过大或不符合自己的运动兴趣；第三种可能是自身的某些疾病和你选择的锻炼内容不相适应；第四种可能是在锻炼期间，身体患病导致不良反应发生。上述各种可能应该用排除法逐一加以排除，保留可能性最大的因素，并制订对策有针对性的进行调整。

2. 形态、结构方面的变化

参加体育锻炼一段时间，部分脂肪被瘦肉组织取代，腰腹部肌肉增加，肌肉发达健美，四肢以及躯干轮廓更加清晰。经过 X 光透视可见心肌增厚、心室容积增大，四肢骨骼都有不同程度的增粗变化。

3. 生理机能的变化

（1）肺活量增加。与锻炼前相比，经过一段较长时期的系统锻炼后，肺活量有比较明显的增加。

（2）运动性心动徐缓。与锻炼前相比，经过一段较长时期的系统锻炼后，安静时的心率呈现逐渐下降的趋势。

4. 运动能力和运动成绩

通过锻炼，身体素质和运动能力提高，体魄强健，学习和体育锻炼时不易感到疲劳；身体素质测试成绩和运动成绩较原来有所提高。

5. 运动后的疲劳恢复

通过一段时间的锻炼，运动时的身体各器官进入工作状态快，不适感觉没有或较轻，运动后虽有一定的疲劳感，但疲劳感消失较快。平时有充足的精力投入到学习和各项活动。而缺乏锻炼的人，其运动后的疲劳感消失得较慢。

6. 心理状态

自信心是否提高，焦虑情绪是否有所减少，锻炼欲望是否有所加强，人际交往意识和能力是否在提高。经常锻炼的人，由于体质增强，身心健康，生活、工作和学习时会感到精力充沛、情绪饱满。

7. 找出不足

是否实现了定期目标，为什么没实现，问题和原因在哪里，如何解决，解决的周期需要多长时间等等。

第五节　如何制订锻炼计划

制订锻炼计划是为了保证锻炼更具有科学性，更符合实际，克服锻炼的盲目性和随意性，做到有步骤、有系统地锻炼。同时也为了检验锻炼的方法和效果，总结经验教训。此外，按计划锻炼也是对自己的一种约束，可以督促自己坚持锻炼，不断提高锻炼的质量和水平，达到预期的目的。

一、明确锻炼的目的

根据华南师范大学的一项调查显示：7.2%的同学从来不参加课余体育锻炼，49.5%的同学每周只参加1~2次的体育锻炼，能坚持每天进行锻炼的只占5.5%，课余体育锻炼是"随机安排"的占了58.3%，"一时兴起"的占了24.2%，"有计划"的只占了17.5%。这一方面说明大学生锻炼的意识和坚持性不够，另一方面也说明大学生体育锻炼缺乏计划性。

在准备锻炼之前，要有一个大致的规划和设想，明确锻炼项目和锻炼的目标（阶段目标或长远目标）以及基本要求。例如，想提高某项运动技术或能力；把锻炼作为调解紧张学习的手段，活动一下筋骨，调整一下心理状态；为了健身达到改善体型的目的；为了参加体育比赛；为了减肥等等。目的不同，计划各异。

二、正确认识兴趣与能力的关系

兴趣是人的一种心理现象，是指一个人认识与掌握某种现象、事物或参与某项活动具有积极情绪的一种心理倾向。兴趣离不开具体的对象，在体育锻炼中选择与确定锻炼内容十分重要。因为任何人都不可能对所有的体育项目都产生兴趣。当锻炼者对体育活动产生兴趣时，就会逐步爱好该项活动，从而容易养成锻炼习惯。但是学生不具备一定的体育能力，兴趣就会慢慢地消退，虽有锻炼的习惯，也会因体育能力欠缺而影响效果。心理学研究表明，能力是掌握知识、技术与技能的必要前提，也是影响一个人活动效果的基本因素。能力总是和某种活动联系在一起的，只有通过活动才能发展一个人的能力。兴趣、习惯、能力是相互联系，互为促进的。兴趣是前提，能力是可以在锻炼中发展提高的，而能力的发展又可以强化兴趣，提高锻炼的效果。

三、掌握自己的基本情况

主要包括身体健康状况、身体素质水平、体型类别（身高和骨骼的粗细、体重与瘦胖）、个性特点与毅力、学习状况与空余时间。全面分析一下自己参加锻炼的可行性，使制订的计划更符合个人的实际情况。此外，掌握学校的实际情况，包括学校的场馆设施情况，周边环境情况，对于锻炼计划的制订也相当必要。

四、制订锻炼计划应考虑的基本因素

（一）计划种类。单项练习计划、综合发展计划、阶段计划、学期计划、年度计划、中长期计划。

（二）锻炼的负荷。锻炼什么项目，每周锻炼几次，每次多长时间，与谁一起锻炼。

（三）达到什么目的。

（四）是否有重点，如何突出重点。

（五）某次锻炼时或连续几天因特别的情况不能完成计划怎么办，如何克服在实施计划过程中遇到的各种困难（包括锻炼与学习的关系、锻炼后如何洗澡或休息等）。

（六）对锻炼效果的评价。包括评价手段与方法，评价指标。

思考题

1. 制订锻炼计划应考虑哪些基本因素？
2. 你如何为自己制订一个两周的锻炼计划（不少于300字）？

第三章 学生体质健康标准

第一节 《学生体质健康标准》简介

一、什么是《学生体质健康标准》

《学生体质健康标准》（以下简称《标准》），是国家为了促进学生积极参加体育锻炼，养成良好的锻炼习惯，提高学生体质健康水平而制定的对不同年龄段学生体质健康方面的基本要求。适用于全日制小学、初中、普通高中、中等职业学校和普通高等学校的在校学生。

二、《标准》的由来及演变

新中国成立以来，党和国家一直非常关心和重视广大学生的身体健康，原国家教委、原国家体委等有关部门从鼓励和推动学生积极参加体育锻炼，增强学生体质的目的出发，在不同时期先后制定了体育锻炼或健康标准测试制度，这些制度的制定和实施，对于增强学生体质，促进我国学校体育工作具有积极作用，其具体制度如下。

（一）《劳卫制》

1950年8月，中国体育访问团赴苏联，全面考察和学习了苏联体育（包括学校体育）的经验，引进了《劳卫制》，从1951年开始在部分地区试行。1954年，在借鉴苏联经验的基础上，根据在部分地区试行的情况，政务院批准并发布了《劳卫制》暂行条例，经过试行和反复修改于1958年由国务院正式公布实施《劳动卫国体育制度条例》及相关项目标准和测验规则，其第一条明确指出：劳卫制是国家根据社会主义建设事业需要，对人民在体育锻炼上的基本要求而制定的，其目的在于鼓励人民积极参加体育锻炼，促进体育运动的广泛开展，提高运动技术水平，使人民身强力壮，意志坚强，更好地为社会主义建设和保卫祖国服务。1964年《劳卫制》改名为《青少年体育锻炼标准》。

（二）《国家体育锻炼标准》

1975年经国务院批准，国家体委公布了《国家体育锻炼标准》，要求在学校广泛实施。此后，在1982年进行了修订。

（三）对《国家体育锻炼标准》的修订

1990年有关部门对《国家体育锻炼标准》又进行了修订，改名为《大学生体育合格标准》《中学生体育合格标准》《小学生体育合格标准》，这一标准沿用至2001年。

（四）《学生体质健康标准》

2002年学生体质健康监测结果显示，学生速度、爆发力、力量等素质呈逐年下降趋势；反映肺脏功能的肺活量测试继续呈下降趋势；超重及肥胖学生明显增多，已成

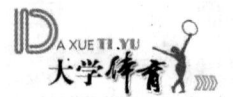

为城市学生重要的健康问题。为了解决这些问题，适应社会发展以及人们对健康的迫切需要和对生活质量的不断追求，必须从青少年儿童的健康抓起。2002年7月由教育部、国家体育总局联合下发了《学生体质健康标准（试行方案）》。此后教育部、国家体育总局根据《学生体质健康标准》试行5年来的实际情况和调研中所发现的问题，对《学生体质健康标准》进行了修订和完善，并定名为《学生体质健康标准》，于2007年正式颁布实施。

三、实施《学生体质健康标准》的重要意义

（一）贯彻落实《体育法》

我国的体育锻炼制度（包括《劳卫制》《国家体育锻炼标准》《学生体质健康标准》等）是经国务院批准实施的，目的在于鼓励广大儿童和青少年自觉积极地锻炼身体，促进身体的正常发育和全面发展。

（二）贯彻落实"健康第一"的指导思想

《学生体质健康标准》是积极贯彻落实《中共中央国务院关于深化教育改革全面推进素质教育的决定》所提出的"健康体魄是青少年为祖国和人民服务的基本前提，是中华民族旺盛生命力的体现，学校教育要树立健康第一的指导思想，切实加强体育工作，这一思想的重大举措，也是深化学校体育教学改革、推进素质教育的重要步骤。

（三）满足社会发展对人体健康的需要

现代文明在带给人们充分物质享受的同时，也给人类的健康带来了新的威胁。由于精神紧张、营养过剩、运动不足、环境污染等因素所引发的非传染性疾病在全球不断蔓延，处于"亚健康状态"的人群不断扩大。关爱生命，追求健康是现代人渴望的目标。实施《标准》对于唤起学生的健康意识、改变学生不良的生活习惯和生活方式、促进学生健康的成长必将起到积极的作用。

（四）发展和完善学生体质健康评价体系

学生体质健康评价是学校体育工作中的重要环节，也是学校教育评价体系中的重要组成部分。正确、合理地对学生进行体质健康评价，对于促进学校体育和教育工作有着重要的意义。《标准》是在继承了《劳卫制》《国家体育锻炼标准》的成功经验，认真总结了《标准》试行工作的基础上，根据当前学校体育工作中的有关问题，特别是学生体质调研发现的肺活量水平继续呈下降趋势，速度、爆发力、力量耐力、耐力素质水平进一步下降，肥胖检出率继续上升等问题，参考国际上有关研究的成功经验和先进做法，对《学生体质健康标准》进行了修改和完善，定名为《国家学生体质健康标准》并正式颁布实施。《标准》对于评价学生的体质健康状况，引导学生积极锻炼都有了新的发展。《标准》从建立和完善我国学校教育评价体系的目标出发，体现了学校体育的价值。

四、《标准》的特点

（一）可靠性

可靠性是指在同等条件下，对同一批受试者重复测量时，测量结果的一致程度。从理论上讲，在相同条件下（受试者本身不发生变化），对同一受试者进行两次测量，应该得到相同的测量结果。然而，即使最严格地保证标准化的测量条件，使用最精密的仪器，测量结果总会存在一定误差。这种误差的大小在很大程度上决定了测量的可

靠性的高低。如果存在测试者没有熟练掌握测量方法的技巧和要领、使用不合格的仪器、受试者不配合、测试项目本身的技术要求高等因素，都会降低测量结果的可靠性。例如急行跳远，需要准确地踏在起跳线后才能取得好成绩，如果碰了起跳线或过了线都属犯规，不能计量成绩，如果离起跳线很远起跳，则影响了跳远的成绩。相比之下，立定跳远就不存在上述的问题，因此可以说立定跳远这一测试项目比急行跳远的可靠性高。

（二）客观性

客观性指不同的测试人员，按照统一的测试方法对同一批受试者实施测试时，测量和评价结果的一致程度。我国地域辽阔，各地的发展水平不同。为了保证能够得到可靠的数据，不同的地区、不同测试者只要按照统一的要求进行测量即可，《标准》所设置的测评项目都是规范化的项目，只要依照规定的测量程序和方法，测量结果就能准确定量。

（三）连贯性

《标准》所采用的测试项目均适合受试者的能力，采用的评价指标既能适应不同年龄、性别特点，又使之尽可能一致，以便进行纵向和横向研究，使测量数据不仅能反映个体差异，而且不同阶段测量结果能较准确地反映出被测者体质与健康水平的动态变化。《标准》的测试对象涵盖了从小学到大学的 16 个年级（年龄段），测试项目保持了一定的连贯性。通过每次测试结果的上报，国家有关主管部门就可以把握各地区、各年级学生的体质健康状况，能够根据学生的体质健康状况采取科学的干预措施，制定符合实际情况的可行的政策和法规。

（四）标准化

《标准》采用的测试项目和评价指标，尽可能选用国际上通用的指标，以利于研究和比较。

（五）可代表性和操作性

《标准》采用的测试项目简便易行，测试项目具有一定的代表性，基本上能反映学生的体质健康状况。在选择测评项目时从我国历年学生体质健康调研和《国家体育锻炼标准》的指标群中精选了部分具有代表性又便于操作的项目作为《标准》的测评项目，做到少而精。

（六）可选择性

《标准》依据我国不同地区学校和学生的特点，适当增加了部分备选项目，旨在为各级各类学校结合学校特色和地域特色，选择适宜的测试项目并提供方便。也为扩充学生课余锻炼项目、引导学生积极锻炼及科学健身提供指导。

第二节　《标准》实施办法

一、《标准》的实施工作在教育部、国家体育总局的领导下，由各级教育行政部门管理，体育行政部门指导，学校组织实施。

二、《标准》的组织实施工作在校长领导下，由学校体育教研部门、教务部门、校医院（医务室）、学工部门、辅导员（班主任）协同配合共同组织实施。《标准》的测试应与学生的健康体检有机结合，避免重复测试。学生的《标准》测试成绩按评定等

级记入《学生体质健康标准登记卡》，小学列入学生成长记录或学生素质报告书，初中以上列入学生档案（含电子档案），作为学生毕业、升学的重要依据。学校对达到及格以上成绩的学生颁发证章。《标准》的实施工作记入教师的教学工作量。

三、学生《标准》测试成绩达到良好及以上者，方可参加三好学生、奖学金评选；成绩达到优秀者，方可获体育奖学分。《标准》成绩不及格者，在本学年度准予补测一次，补测仍不及格者，则学年《标准》成绩为不及格。普通高中、中等职业学校和普通高等学校学生毕业时，《标准》测试的成绩达不到50分者按肄业处理。

四、因病或残疾学生，可向学校提交免予执行《标准》的申请，经医疗单位证明，体育教学部门核准后，可免予执行《标准》，并填写《免予执行<学生体质健康标准>申请表》，存入学生档案。对确实丧失运动能力、免予执行《标准》的残疾学生，仍可参加三好学生、奖学金、奖学分评选，毕业时《标准》成绩可记为满分，但不评定等级。

五、认真上好体育课、积极参加体育活动、每天锻炼时间达到1小时者，奖励5分，计入学年《标准》总成绩。

六、属下列情况之一者，其《标准》成绩记为不及格，该学年《标准》成绩最高记为59分。

1. 评价指标中400米（50米×8往返跑）、1000米跑（男）、800米跑（女）、台阶试验的得分达不到及格者；

2. 体育课无故缺勤，一学年累计超过应出勤次数1/10者。

七、各地、各学校在实施《标准》时要树立"安全第一"的指导思想，健全各项安全保障制度，落实安全责任制，加强对场地、器材、设备的安全检查。要认真做好学生的体检工作，对生病学生实行缓测或免测。

八、全国各级各类学校每年直接将本校各年级《标准》测试数据，通过中国学生体质健康网（网址中文域名：中国学生体质健康网，英文域名：www.csh.edu.cn），报送至教育部"学生体质健康标准数据管理系统"，上报数据的时间为每年9月1日至12月31日，上报测试数据的工具软件，由学校在中国学生体质健康网上免费下载使用。

九、高职、高专类学校参照有关要求执行。

十、教育部每年公布各省、自治区、直辖市实施《标准》的基本情况；每学年对教育部直属高校本科新生《标准》测试结果，按生源所在地进行统计，并以省、自治区、直辖市为单位进行公布。

十一、各地教育、体育行政部门对本地各级各类学校实施《标准》的情况，要认真检查监督。要将《标准》的实施情况纳入各级政府教育督导内容和评估指标体系，并作为对各级各类学校进行评优、表彰的基本依据。对弄虚作假、徇私舞弊者，给予通报批评，情节严重者，给予行政处分。

十二、为保证《标准》测试数据的科学性、准确性，各地、各学校招标、选用的《标准》测试器材必须是经国家认证认可监督管理委员会批准的相关认证机构认证合格的产品。

十三、本办法由教育部负责解释。

第三节　测试目的解读

一、身高标准体重

身高标准体重是将身高和体重综合起来,以每厘米身高的体重分布,确定学生的体形匀称度,可反映学生是营养不良、正常体重,还是超重或肥胖。它以大规模调查的统计数据为依据,以学生的每厘米身高为单位,利用标准差,增减间距为1厘米,制定了对身高、体重进行综合评价的评分表。

二、台阶试验

台阶试验是一项定量负荷机能试验,主要用以测定心血管系统的功能,也可以间接推断机体的耐力。由于台阶的高度和频度是固定的,因此相对于每个受试者来说,台阶试验是在固定时间(180秒)内完成固定的负荷,根据恢复期心跳频率的恢复情况来计算指数并反映心脏对运动负荷的承受能力,在运动负荷相对等同的情况下来判定心功能的优劣。在完成同样运动负荷时,动用心输出量潜力越多,心跳频率(脉搏频率)越快,指数越低,心功能水平也越低,反之越高。

经常进行长跑、足球、篮球、游泳、滑冰等项目的锻炼能够明显地使心血管系统的机能得到改善,提高体质健康水平。具体表现为心室容量增大,每搏输出量增多,心搏徐缓和血压降低。在完成定量负荷时心血管机能具有以下特点:运动开始后动员快,能够迅速动员心血管系统进行活动,以满足运动的需要;运动后恢复期短,能够很快恢复到安静状态的水平。因此经常参加体育锻炼,尤其是耐力项目的锻炼能改善心肺功能,加快运动后心率的恢复,提高台阶试验的成绩。另外,心率恢复的快慢受体内激素、血管内感受器等很多因素的影响,也会出现个别运动素质好的学生,台阶试验的指数并不高的特例。

《标准》所使用的评分表中台阶试验是整数,因此计算台阶试验指数时只保留整数进行评分。

表3-1　《标准》的测试项目与评价权重

测试对象分组	测试项目	权重系数
大学生	身高标准体重	0.1
	肺活量体重指数	0.2
	1000米跑(男)、800米跑(女)、台阶试验(选测一项)	0.3
	坐位体前屈、掷实心球、仰卧起坐(女)、引体向上(男)、握力体重指数(选测一项)	0.2
	50米跑、立定跳远、跳绳、篮球运球、足球运球、排球垫球(选测一项)	0.2

三、400米跑、50米×8往返跑、1000米跑(男)、800米跑(女)

中学和大学的1000米跑(男)、800米跑(女)既测试有氧耐力,也测试无氧耐力的水平。由于耐力是衡量人的体质健康状况和劳动工作能力的基本因素之一,是从事各项运动必不可少的一种运动素质,因此测试耐力水平对于评价学生体质健康状况有着非常重要的意义。从表 3-1 中可见，长跑与台阶试验各占 30%，比其他项目都高，就充分说明了管理层对此方面的重视。

中国学生体质与健康调研组 2001 年的调查发现 89.6% 的学生不愿意参加长跑锻炼。在不愿意参加长跑锻炼的原因方面，76.7% 的学生认为太累，30.4% 的学生认为枯燥。在某种程度上反映了我国学生对长跑认知的真实现状。有专家指出：要想阻止学生的运动素质下降的趋势，首先要阻止耐力素质的进一步下降。同时，过去多发生在老年期的心、脑血管疾病，现在正在向低年龄的青壮年蔓延，有的青少年已患上心、脑血管疾病。造成这种趋势的原因是多方面的，一方面人们饮食中的脂肪摄入量过多，血液中脂类物质大大增加，这些物质逐渐沉淀到血管壁上，诱发心、脑血管疾病；另一方面，运动不足可能也是重要的原因之一。低强度、长时间的运动，如长跑，能充分地促进体内脂肪分解供能，有效提高机体分解和利用脂类物质能力，促进身体健康。而且长跑测试既可以反映肌肉耐力，又可以反映呼吸系统和心血管系统的机能水平，测试方法简单易行，具有其他测试项目不可替代的作用。更为重要的是，《标准》中的长跑项目还可作为一种锻炼手段，用以引导学生更多地关注自己的耐力和心肺功能，使学生明白怎样用适宜的运动负荷控制跑的速度和持续时间，怎样用多种方法发展自己的耐力，从而更加主动积极地参加长跑等体育锻炼，发展体能，增强耐力，提高体质健康水平。我们相信，通过《标准》的引导，教师正确的指导，科学地安排教学方法，学生不愿意跑长跑的现状是可以改变的，耐力水平持续下降的趋势是可以得到扭转的。

四、肺活量体重指数

肺活量是指在不限时间的情况下，一次最大吸气后再尽最大能力所呼出的气体量；是反映人体生长发育水平的重要机能指标之一。肺活量因性别和年龄而异，男性明显高于女性。在 20 岁前，肺活量随着年龄增长而逐渐增大，20 岁后增加量就不明显了。体育锻炼可以明显地提高肺活量，如中长跑运动员和游泳运动员的肺活量可达 6 000 毫升以上。应鼓励学生积极地参加长跑等耐力项目的锻炼，改善心血管和呼吸系统的功能。肺活量是小学五六年级及初中、高中、大学各年级学生的必测项目，肺活量的大小与身高、体重、胸围的关系密切，故在评价时应充分考虑这些因素对肺活量大小产生的影响，因此，对学生进行评分时采用了肺活量体重指数来进行评价。

肺活量体重指数＝肺活量÷体重

五、50 米跑、25 米×2 往返跑

50 米跑是国际上通用的测试项目，通过较短距离的高强度跑来测试速度素质。速度素质的测试可以反映人体中枢神经系统的机能状态和神经与肌肉的调节机能，也可以综合地反映人体的爆发力、灵敏、反应、柔韧等素质。速度素质有明显的性别和年龄差异。男性在 20 岁前、女性在 18 岁前一般是随着年龄增长而提高，体重过大或肥胖都会影响速度。25 米×2 往返跑是 50 米跑的替代项目。主要适用于场地条件有限，缺乏 50 米跑道的部分学校。

六、立定跳远

立定跳远是测试爆发力的项目，爆发力要求在最短时间内发挥最大的力量。爆发力的大小不仅取决于力量，而且取决于力量和速度的结合。立定跳远的测试多年来一

直被广泛使用,一方面是由于它在人们日常生活、劳动中有重要的意义和作用,另一方面体育锻炼对于提高立定跳远成绩效果明显,有利于促进学生体育锻炼。《标准》中立定跳远的测试和评价以米为单位,保留两位小数。例如1.584米,按1.58米查表评分。

七、坐位体前屈

坐位体前屈是用于反映人体柔韧性的测试项目。柔韧性是指人体完成动作时,关节、肌肉、肌腱和韧带的伸展能力。柔韧素质的好坏,取决于关节的解剖结构和关节周围软组织的体积大小及韧带、肌腱、肌肉及皮肤的伸展性。柔韧素质与健康的关系极为密切,柔韧性的提高,对增强身体的协调能力,更好地发挥力量、速度等素质,提高技能和技术,防止运动创伤等都有积极的作用。通过体育锻炼能提高关节的灵活性,改善关节周围软组织的功能以及肌肉、韧带、肌腱的伸展性,而当人们缺乏体育锻炼时,会导致体质下降,很多体质下降都是从柔韧素质的下降开始的。

八、握力、握力体重指数

《标准》在小学五六年级和初中、高中、大学各年级都设置了握力的测试,该项目用于反映被测者的力量素质。有研究表明一个人的握力与其全身力量呈高度相关,还有研究表明握力能够间接反映一个人的健康状况,握力增长或维持在较高水平时,健康状况就好,握力下降时健康状况就不好。所以《标准》中将握力列入了测试项目。

握力的大小与体重有关,一般来说,一名身材魁梧的学生与体形瘦小的学生相比,握力会存在很大的差异,为了公平起见,《标准》采用了握力体重指数进行评分。

握力体重指数=握力÷体重×100

《标准》规定计算握力体重指数时,握力的单位为公斤。

九、仰卧起坐

仰卧起坐是测试腹肌力量和耐力的一个项目。测试方法简单易行,多年来在学校体育的锻炼和测试中一直受到重视。仰卧起坐的测试,可促使学生在青少年时期积极地发展腰腹肌力量。因此,《标准》设置了仰卧起坐作为小学三至六年级男女学生和初中、高中、大学各年级女生的测评项目。

《标准》规定仰卧起坐的测试和评价以次为单位,测试值直接查表评分。

十、引体向上

引体向上是反映男生肩臂最大力量和力量耐力的典型指标。多年来,一直是我国学生体质与健康调研、体育考试的重要项目。近20年来,我国男生引体向上成绩平均下降4.02次,这表明男生肩臂最大力量和力量耐力与20年前相比已出现质的差异。在本次《标准》修订中,将该项目纳入学生体质健康标准的指标体系,旨在增加学生参加锻炼和测评的选择性,促进学生积极参与锻炼。

《标准》规定引体向上的测试和评价以次为单位,测试值直接查表评分。

十一、投沙包、掷实心球

《标准》规定受试者参加上述两项测试时,需原地投掷,不得助跑,沙包或实心球须从肩上方投出。投沙包或掷实心球均以米为单位,测试时保留1位小数。

十二、跳绳

跳绳是综合反映学生跳跃能力和上下肢协调配合能力的项目,同时也能在一定程

度上体现力量、协调、灵敏等多项素质的水平,属于反映综合身体素质和运动能力的测评项目。由于该项目器材简便,较少受场地影响,锻炼效果良好,练习安全性高等特点,不仅是学生锻炼健身的良好项目,也成为对学生素质进行评价的重要指标。因此,在本次《标准》修订中,该项目也成为新增评价指标之一。

《标准》规定跳绳的测试和评价以次为单位,测试值直接查表评分。

十三、踢毽子

踢毽子是反映小学生灵敏和协调素质的运动能力指标。该项目具有良好的健身价值,它要求心到、眼到、脚到,需要精力高度集中,对于增强小学生注意力的稳定性和注意力迁移的灵活性具有重要的锻炼价值。此外,该测评项目还具有器材简便、场地选择灵活、方便多人集体练习等项目特点,易于在学生中营造良好的锻炼氛围。因此,踢毽子被纳入到小学一二年级学生身体素质和运动能力的指标体系中。

《标准》规定踢毽子的测试和评价以次为单位,测试值直接查表评分。

十四、篮球运球、足球颠球、足球运球、排球垫球

篮球、足球、排球均是在学生中开展非常广泛的项目,以上四个指标属于反映综合身体素质和运动能力的指标。这三类运动项目所反映的运动能力,是人体在运动中掌握和有效地完成专门动作的能力,是由知识、技术、技能和智力构成的一种个性身心品质的综合体。诸多研究表明,球类运动在学生中受众广泛,参与率高。在指标体系中加入该类项目的测量和评价,旨在促进学生提高全面锻炼身体能力,并增加不同地区和学校项目选择的灵活性。

上述四项球类测评指标的内容均为反映相应球类项目的基础运动能力的连续性简单动作组合。如篮球的测试内容为篮球蛇行运球,足球的测试内容为足球颠球(小学五六年级)或足球运球过杆(初中、高中和大学各年级),排球的测试内容为排球垫球。综合来看,仍以反映学生的协调、灵敏身体素质为主。篮球运球、足球运球的测试和评价均以秒为单位记录测试成绩。足球颠球、排球垫球的测试和评价以次为单位,测试值直接查表评分。

第四节 《标准》评分表

一、男大学生身高标准体重评分表(表3-2)

表3-2 大学一年级—大学四年级男生身高标准体重　　　　　(体重单位:公斤)

身高段(厘米)	营养不良 50分	较低体重 60分	正常体重 100分	超重 60分	肥胖 50分
144.0~144.9	<41.5	41.5~46.3	46.4~51.9	52.0~53.7	>=53.8
145.0~145.9	<41.8	41.8~46.7	46.8~52.6	52.7~54.5	>=54.6
146.0~146.9	<42.1	42.1~47.1	47.2~53.1	53.2~55.1	>=55.2
147.0~147.9	<42.4	42.4~47.5	47.6~53.7	53.8~55.7	>=55.8
148.0~148.9	<42.6	42.6~47.9	48.0~54.2	54.3~56.3	>=56.4

续表

身高段（厘米）	营养不良 50分	较低体重 60分	正常体重 100分	超重 60分	肥胖 50分
149.0～149.9	<42.9	42.9～48.3	48.4～54.8	54.9～56.6	>=56.7
150.0～150.9	<43.2	43.2～48.8	48.9～55.4	55.5～57.6	>=57.7
151.0～151.9	<43.5	43.5～49.2	49.3～56.0	56.1～58.2	>=58.3
152.0～152.9	<43.9	43.9～49.7	49.8～56.5	56.6～58.7	>=58.8
153.0～153.9	<44.2	44.2～50.1	50.2～57.0	57.1～59.3	>=59.4
154.0～154.9	<44.7	44.7～50.6	50.7～57.5	57.6～59.8	>=59.9
155.0～155.9	<45.2	45.2～51.1	51.2～58.0	58.1～60.7	>=60.8
156.0～156.9	<45.6	45.6～51.6	51.7～58.7	58.8～61.0	>=61.1
157.0～157.9	<46.1	46.1～52.1	52.2～59.2	59.3～61.5	>=61.6
158.0～158.9	<46.6	46.6～52.6	52.7～59.8	59.9～62.2	>=62.3
159.0～159.9	<46.9	46.9～53.1	53.2～60.3	60.4～62.7	>=62.8
160.0～160.9	<47.4	47.4～53.6	53.7～60.9	61.0～63.4	>=63.5
161.0～161.9	<48.1	48.1～54.3	54.4～61.6	61.7～64.1	>=64.2
162.0～162.9	<48.5	48.5～54.8	54.9～62.2	62.3～64.8	>=64.9
163.0～163.9	<49.0	49.0～55.3	55.4～62.8	62.9～65.3	>=65.4
164.0～164.9	<49.5	49.5～55.9	56.0～63.4	63.5～65.9	>=66.0
165.0～165.9	<49.9	49.9～56.4	56.5～64.1	64.2～66.6	>=66.7
166.0～166.9	<50.4	50.4～56.9	57.0～64.6	64.7～67.0	>=67.1
167.0～167.9	<50.8	50.8～57.3	57.4～65.0	65.1～67.5	>=67.6
168.0～168.9	<51.1	51.1～57.7	57.8～65.5	65.6～68.1	>=68.2
169.0～169.9	<51.6	51.6～58.2	58.3～66.0	66.1～68.6	>=68.7
170.0～170.9	<52.1	52.1～58.7	58.8～66.5	66.6～69.1	>=69.2
171.0～171.9	<52.5	52.5～59.2	59.3～67.2	67.3～69.8	>=69.9
172.0～172.9	<53.0	53.0～59.8	59.9～67.8	67.9～70.4	>=70.5
173.0～173.9	<53.5	53.5～60.3	60.4～68.4	68.5～71.1	>=71.2
174.0～174.9	<53.8	53.8～61.0	61.1～69.3	69.4～72.0	>=72.1
175.0～175.9	<54.5	54.5～61.5	61.6～69.9	70.0～72.7	>=72.8
176.0～176.9	<55.3	55.3～62.2	62.3～70.9	71.0～73.8	>=73.9
177.0～177.9	<55.8	55.8～62.7	62.8～71.6	71.7～74.5	>=74.6
178.0～178.9	<56.2	56.2～63.3	63.4～72.3	72.4～75.3	>=75.4
179.0～179.9	<56.7	56.7～63.8	63.9～72.8	72.9～75.8	>=75.9

续表

身高段（厘米）	营养不良 50分	较低体重 60分	正常体重 100分	超重 60分	肥胖 50分
180.0～180.9	<57.1	57.1～64.3	64.4～73.5	73.6～76.5	>=76.6
181.0～181.9	<57.7	57.7～64.9	65.0～74.2	74.3～77.3	>=77.4
182.0～182.9	<58.2	58.2～65.6	65.7～74.9	75.0～77.8	>=77.9
183.0～183.9	<58.8	58.8～66.2	66.3～75.7	75.8～78.8	>=78.9
184.0～184.9	<59.3	59.3～66.8	66.9～76.3	76.4～79.4	>=79.5
185.0～185.9	<59.9	59.9～67.4	67.5～77.0	77.1～80.2	>=80.3
186.0～186.9	<60.4	60.4～68.1	68.2～77.8	77.9～81.1	>=81.2
187.0～187.9	<60.9	60.9～68.7	68.8～78.6	78.7～81.9	>=82.0
188.0～188.9	<61.4	61.4～69.2	69.3～79.3	79.4～82.6	>=82.7
189.0～189.9	<61.8	61.8～69.9	69.9～79.9	80.0～83.2	>=83.3
190.0～190.9	<62.4	62.4～70.4	70.5～80.5	80.6～83.6	>=83.7

注：身高低于表中所列出的最低身高段的下限值时，身高每低1厘米，实测体重需加上0.5公斤，实测身高需加上1厘米，再查表确定分值。身高高于表中所列出的最高身高段时，身高每高1厘米，其实测体重需减去0.9公斤，实测身高需减去1厘米，再查表确定分值。

二、女大学生身高标准体重评分表（表3-3）

表3-3 大学一年级—大学四年级女生身高标准体重　　　　（体重单位：公斤）

身高段（厘米）	营养不良 50分	较低体重 60分	正常体重 100分	超重 60分	肥胖 50分
140.0～140.9	<36.5	36.5～42.4	42.5～50.6	50.7～53.3	>=53.4
141.0～141.9	<36.6	36.6～42.9	43.0～51.3	51.4～54.1	>=54.2
142.0～142.9	<36.8	36.8～43.2	43.3～51.9	52.0～54.7	>=54.8
143.0～143.9	<37.0	37.0～43.5	43.6～52.3	52.4～55.2	>=55.3
144.0～144.9	<37.2	37.2～43.7	43.8～52.7	52.8～55.6	>=55.7
145.0～145.9	<37.5	37.5～44.0	44.1～53.1	53.2～56.1	>=56.2
146.0～146.9	<37.9	37.9～44.4	44.5～53.6	53.8～56.7	>=56.8
147.0～147.9	<38.5	38.5～45.0	45.1～54.3	54.4～57.3	>=57.4
148.0～148.9	<39.1	39.1～45.7	45.8～55.0	55.1～58.0	>=58.1
149.0～149.9	<39.5	39.5～46.2	46.3～55.6	55.7～58.7	>=58.8
150.0～150.9	<39.9	39.9～46.6	46.7～56.2	56.3～59.3	>=59.4
151.0～151.9	<40.3	40.3～47.1	47.2～56.7	56.8～59.8	>=59.9
152.0～152.9	<40.8	40.8～47.6	47.7～57.4	57.5～60.5	>=60.6
153.0～153.9	<41.4	41.4～48.2	48.3～57.9	58.0～61.1	>=61.2

续表

身高段（厘米）	营养不良 50分	较低体重 60分	正常体重 100分	超重 60分	肥胖 50分
154.0~154.9	<41.9	41.9~48.8	48.9~58.6	58.7~61.9	>=62.0
155.0~155.9	<42.3	42.3~49.1	49.2~59.1	59.2~62.4	>=62.5
156.0~156.9	<42.9	42.9~49.7	49.8~59.7	59.8~63.0	>=63.1
157.0~157.9	<43.5	43.5~50.3	50.4~60.4	60.5~63.6	>=63.7
158.0~158.9	<44.0	44.0~50.8	50.9~61.2	61.3~64.5	>=64.6
159.0~159.9	<44.5	44.5~51.4	51.5~61.7	61.8~65.1	>=65.2
160.0~160.9	<45.0	45.0~52.1	52.2~62.3	62.4~65.6	>=65.7
161.0~161.9	<45.4	45.4~52.5	52.6~62.8	62.9~66.2	>=66.3
162.0~162.9	<45.9	45.9~53.1	53.2~63.4	63.5~66.8	>=66.9
163.0~163.9	<46.4	46.4~53.6	53.7~63.9	64.0~67.3	>=67.4
164.0~164.9	<46.8	46.8~54.2	54.3~64.5	64.6~67.9	>=68.0
165.0~165.9	<47.4	47.4~54.8	54.9~65.0	65.1~68.3	>=68.4
166.0~166.9	<48.0	48.0~55.4	55.5~65.5	65.6~68.9	>=69.0
167.0~167.9	<48.5	48.5~56.0	56.1~66.2	66.3~69.5	>=69.6
168.0~168.9	<49.0	49.0~56.4	56.5~66.7	66.8~70.1	>=70.2
169.0~169.9	<49.4	49.4~56.8	56.9~67.3	67.4~70.7	>=70.8
170.0~170.9	<49.9	49.9~57.3	57.4~67.9	68.0~71.4	>=71.5
171.0~171.9	<50.2	50.2~57.8	57.9~68.5	68.6~72.1	>=72.2
172.0~172.9	<50.7	50.7~58.4	58.5~69.1	69.2~72.7	>=72.8
173.0~173.9	<51.0	51.0~58.8	58.9~69.6	69.7~73.1	>=73.2
174.0~174.9	<51.3	51.3~59.3	59.4~70.2	70.3~73.6	>=73.7
175.0~175.9	<51.9	51.9~59.9	60.0~70.8	70.9~74.4	>=74.5
176.0~176.9	<52.4	52.4~60.4	60.5~71.5	71.6~75.1	>=75.2
177.0~177.9	<52.8	52.8~61.0	61.1~72.1	72.2~75.7	>=75.8
178.0~178.9	<53.2	53.2~61.5	61.6~72.6	72.7~76.2	>=76.3
179.0~179.9	<53.6	53.6~62.0	62.1~73.2	73.3~76.7	>=76.8
180.0~180.9	<54.1	54.1~62.5	62.6~73.7	73.8~77.0	>=77.1
181.0~181.9	<54.5	54.5~63.1	63.2~74.3	74.4~77.8	>=77.9
182.0~182.9	<55.1	55.1~63.8	63.9~75.0	75.1~79.4	>=79.5
183.0~183.9	<55.6	55.6~64.5	64.6~75.7	75.8~80.4	>=80.5
184.0~184.9	<56.1	56.1~65.3	65.4~76.6	76.7~81.2	>=81.3

续表

身高段（厘米）	营养不良 50分	较低体重 60分	正常体重 100分	超重 60分	肥胖 50分
185.0~185.9	<56.8	56.8~66.1	66.2~77.5	77.6~82.4	>=82.5
186.0~186.9	<57.3	57.3~66.9	67.0~78.6	78.7~83.3	>=83.4

注：身高低于表中所列出的最低身高段的下限值时，身高每低1厘米，实测体重需加上0.5公斤，实测身高需加上1厘米，再查表确定分值。身高高于表中所列出的最高身高段时，身高每高1厘米，其实测体重需减去0.9公斤，实测身高需减去1厘米，再查表确定分值。

三、男大学生各测试项目评分标准（表3-4）

表3-4 大学男生各测试项目评分标准

等级	单项得分	肺活量体重指数	1000米（分·秒）	台阶试验	50米跑（秒）	立定跳远（米）	掷实心球（米）	握力体重指数	引体向上（次）	坐位体前屈（厘米）	跳绳（次/分钟）	篮球运球（秒）	足球运球（秒）	排球垫球（次）
优秀	100	84	3'27"	82	6.0	2.66	15.7	92	26	23.0	198	8.6	6.3	50
	98	83	3'28"	80	6.1	2.65	15.2	91	25	22.6	193	9.0	6.5	49
	96	82	3'31"	77	6.2	2.63	14.4	90	24	22.0	186	9.6	6.9	46
	94	81	3'33"	74	6.3	2.62	13.6	89	23	21.4	178	10.3	7.3	44
	92	80	3'35"	71	6.4	2.60	12.5	87	22	20.6	168	11.1	7.7	41
	90	78	3'39"	67	6.5	2.58	11.5	86	21	19.8	158	12.0	8.2	38
良好	87	77	3'42"	65	6.6	2.56	11.3	84	20	18.9	152	12.4	8.5	37
	84	75	3'45"	63	6.8	2.52	10.9	81	19	17.5	144	12.9	8.9	34
	81	73	3'49"	60	7.0	2.48	10.5	79	18	16.2	136	13.5	9.3	32
	78	71	3'53"	57	7.3	2.43	10.0	75	17	14.3	124	14.3	9.9	29
	75	68	3'58"	53	7.5	2.38	9.5	72	16	12.5	113	15.0	10.4	26
及格	72	66	4'05"	52	7.6	2.35	9.3	70	15	11.3	108	15.6	10.7	25
	69	64	4'12"	51	7.7	2.31	8.9	66	14	9.5	101	16.6	11.2	23
	66	61	4'19"	50	7.8	2.26	8.5	63	13	7.8	94	17.5	11.7	21
	63	58	4'26"	48	8.0	2.20	8.0	59	12	5.4	85	18.8	12.3	18
	60	55	4'33"	46	8.1	2.14	7.5	54	11	3.0	75	20.0	12.9	15
不及格	50	54	4'40"	45	8.2	2.12	7.3	53	9	2.4	71	20.6	13.3	14
	40	52	4'47"	44	8.3	2.09	7.0	51	8	1.4	64	21.6	13.8	12
	30	51	4'54"	43	8.5	2.06	6.7	49	7	0.5	58	22.5	14.3	10
	20	49	5'01"	42	8.6	2.03	6.2	47	6	-0.8	49	23.8	15.0	8
	10	47	5'08"	40	8.8	1.99	5.8	44	5	-2.0	40	25.0	15.7	5

四、女大学生各测试项目评分标准（表3-5）

表3-5 大学女生各测试项目评分标准

等级	单项得分	肺活量体重指数	1000米（分·秒）	台阶试验	50米跑（秒）	立定跳远（米）	掷实心球（米）	握力体重指数	引体向上（次）	坐位体前屈（厘米）	跳绳（次/分钟）	篮球运球（秒）	足球运球（秒）	排球垫球（次）
优秀	100	70	3'24"	78	7.2	2.07	8.6	74	52	21.1	190	11.2	7.3	46
	98	69	3'27"	75	7.3	2.06	8.5	73	51	20.8	184	11.5	7.8	44
	96	68	3'29"	72	7.4	2.05	8.4	72	50	20.3	175	12.0	8.6	41
	94	67	3'32"	69	7.5	2.03	8.2	71	49	19.8	166	12.6	9.4	38
	92	65	3'35"	64	7.7	2.01	8.0	69	47	19.2	154	13.3	10.5	34
	90	64	3'38"	60	7.8	1.99	7.8	67	45	18.6	142	14.0	11.5	30
良好	87	63	3'42"	59	7.9	1.97	7.7	66	44	17.7	137	14.6	11.9	29
	84	61	3'46"	57	8.0	1.93	7.6	63	43	16.3	130	15.6	12.5	27
	81	59	3'50"	55	8.2	1.89	7.5	61	42	15.0	122	16.5	13.2	25
	78	57	3'54"	52	8.3	1.84	7.4	58	40	13.1	112	17.8	14.0	23
	75	54	3'58"	49	8.5	1.79	7.2	55	38	11.3	102	19.0	14.9	20
及格	72	53	4'03"	48	8.6	1.76	7.1	53	37	10.1	98	19.8	15.6	19
	69	51	4'08"	47	8.7	1.72	7.0	50	35	8.3	92	20.9	16.7	17
	66	49	4'13"	46	8.8	1.69	6.8	48	33	6.5	86	22.0	17.8	15
	63	46	4'18"	44	8.9	1.63	6.6	44	31	4.1	78	23.5	19.3	13
	60	43	4'23"	42	9.0	1.58	6.4	40	28	1.7	70	25.0	20.8	10
不及格	50	42	4'30"	41	9.1	1.56	6.2	39	27	1.5	66	25.8	21.2	9
	40	41	4'37"	40	9.3	1.53	6.0	38	26	1.3	59	26.9	21.9	8
	30	39	4'44"	39	9.5	1.50	5.7	36	25	1.0	53	28.0	22.5	7
	20	37	4'51"	38	9.8	1.46	5.4	34	23	0.6	44	29.5	23.4	6
	10	35	5'00"	36	10.0	1.42	5.0	32	21	0.2	35	31.0	24.3	4

思考题

1. 《标准》规定大学生应测试哪几个项目？
2. 《标准》中大学生1000米（男）和800米（女）跑合格标准是多少？
3. 结合自身情况，简述如何能通过练习达到《标准》规定的要求？
4. 你是否同意"耐久力素质是《标准》的核心要素"的说法？根据什么原因？

第四章 运动损伤的预防

第一节 运动损伤概述

体育运动过程中发生的损伤,称为运动损伤。某些运动损伤与运动项目、技术动作特点密切相关。对运动损伤的发生原因、发病规律、预防措施、治疗效果和康复时间的研究,有利于改善运动条件,改进体育教学和运动训练的方法,提高运动成绩,使体育锻炼更好地起到促进身心健康的效果。

一、运动损伤的分类

(一) 按损伤部位和组织划分

肌肉肌腱损伤、滑囊损伤、关节囊和韧带损伤、骨折、关节脱位、内脏损伤、脑震荡、神经损伤等。

(二) 按有无创口与外界相通划分为开放性与闭合性损伤

按有无创口与外界相通分为开放性与闭合性损伤。伤部皮肤或黏膜破裂,创口与外界相通,有组织液渗出或血液自创口流出,称为开放性损伤。如:擦伤、刺伤等。伤部皮肤或黏膜完整,无创口与外界相通,损伤后的出血积聚在组织内,称为闭合性损伤。如:关节韧带扭伤、肌肉拉伤等。

(三) 按发病的缓急区分

瞬间遭受直接或间接暴力而造成的称为急性损伤。特点为:发病急、病程短、症状骤起。因局部长期负担过度,由反复微细损伤积累而成的称慢性损伤。其发病缓慢,症状渐起,病程较长。此外,还可因急性损伤处理不当或伤后过早恢复运动而转变为慢性损伤。

(四) 按损伤程度划分

按损伤的程度可分为轻度损伤和重度损伤,如手指挫伤、小腿肌肉拉伤、皮肤表面擦破等均属轻度损伤。膝关节十字韧带损伤、跟腱断裂、脑部受损、椎体受损都属严重损伤。

二、运动损伤的原因

1. 思想上不够重视

运动损伤的发生,常与体育教师、教练员和体育锻炼者本人对预防运动损伤的意义认识不足,思想上麻痹大意及缺乏预防知识有关。他们多存在着某些片面认识,平时不重视安全教育,在体育教学、运动训练和比赛中没有积极采取各种有效的预防措施。

2. 缺乏合理的准备活动

准备活动的目的是促进中枢神经系统的兴奋性，增强各器官系统的功能活动，使人体从相对的静止状态过渡到紧张的活动状态。据国内有关调查资料分析，缺乏准备活动或准备活动不合理，是造成运动损伤的首位或第二位的原因。

3. 技术上的错误

由于违反了人体结构功能的特点及运动时的力学原理而造成损伤，这是初参加运动训练的人或学习新动作时发生损伤的主要原因。例如，踢足球时用脚尖触及球，而引起大脚趾挫伤；排球传接球时，因手形不正确而引起手指扭挫。

4. 运动负荷

安排运动负荷时，没有充分考虑到锻炼者的生理特点，运动负荷超过了锻炼者可以承受的生理负担量，尤其是局部负担过重，引起微细损伤的积累而发生劳损，这也是专项训练中造成运动损伤的主要原因。

5. 身体功能和心理状态不良

在睡眠或休息不好、患病受伤或伤病初愈阶段，以及疲劳时，肌肉力量、动作的准确性和身体的协调性显著下降，警觉性和注意力减退，反应较迟钝，此时参加剧烈运动或练习较难的动作，发生损伤几率明显增高。

6. 组织方法不当

在教学训练中，不遵守循序渐进、系统性和个别对待的原则，以及比赛的年龄分组原则；在组织方法方面，如学生过多，教师又缺乏正确的示范和耐心细致的教导，缺乏保护和自我保护；在非投掷区练习投掷或任意穿越投掷区；组织性纪律性较差；以及比赛日程安排不当，比赛场地和时间任意更动；允许有病或身体不合格的人参加强度较大的长跑或比赛等。

7. 动作粗野或违反规则

在比赛或练习中不遵守比赛规则，逞强好胜，藐视他人，动作粗野，故意犯规等，这是篮球、足球运动中发生损伤的重要原因。

8. 场地设备的缺点

运动场地不平，有小碎石或杂物；跑道太硬或太滑；地板不平；器械年久失修，表面不光滑或有裂缝；器械安装不牢固或安放位置不妥当，器械的高低、大小或重量不符合锻炼者的年龄、性别特点，缺乏必要的防护用具（如护腕、护踝、护腰等）；运动时的服装和鞋袜不符合运动卫生要求等。

9. 不良气象的影响

气温过高易引起疲劳和中暑；气温过低易发生冻伤；或因肌肉僵硬、身体协调性降低而引起肌肉韧带损伤；潮湿高热易引起大量出汗，发生肌肉痉挛或虚脱；光线不足，能见度差，影响视力，使兴奋性降低和反应迟钝而导致受伤。

第二节 常见运动损伤及处理

一、常见运动损伤及处理方法

（一）肌肉韧带拉伤

原因：1. 被动拉伤。如"压腿""劈叉"，或跨栏时摆动腿（前腿）前伸再突然弯腰，或短跑"屈膝向前""摆腿"时，都易被动地拉伤相应肌肉或韧带。2. 主动用力拉伤，主要是屈肌用力收缩时的突然猛力所致。

症状：发生时或有明显的痛感。伤后患部疼痛，不敢用力。

处理方法：24 小时为急性期，停止运动、冷敷、包扎、抬高受伤部位。24 小时后为恢复期，配合按摩、微动、康复或恢复性锻炼。

（二）关节扭伤

原因：由于手指受到侧向的外力冲击或手指受到暴力作用使关节过伸所致。如球类运动手指受到球的撞击等原因发生掌指（间）关节的扭伤；运动时因踩踏或落地不稳导致脚踝扭伤也常见，严重时可致韧带断裂（图 4-1）。

症状：疼痛、肿胀、外翻。

处理方法：24 小时为急性期，停止运动、冷敷、包扎、抬高受伤部位。24 小时后为恢复期，配合按摩、微动、康复或恢复性锻炼。

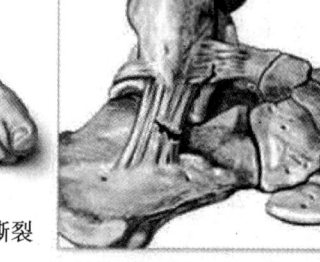

图 4-1 踝关节外侧韧带扭伤

（三）重力休克

原因：剧烈运动后，如果立即站立不动，使下肢的毛细血管和静脉失去肌肉收缩时产生的挤压作用，血液由于重力作用而淤积于下肢扩张的静脉和毛细血管里，使大脑缺血。

症状：头晕、眼发黑、心难受、脸苍白，手发凉，严重时晕倒。

处理方法：让患者平卧、脚垫高、头低于脚，从小腿顺大腿按摩。

（四）运动腹痛

原因：1. 准备活动不充分；2. 身体情况不佳、劳累，精神紧张；3. 运动时呼吸节奏不好，速度加快太过突然，运动前食量过多或饥饿状态下参加剧烈训练和比赛。

症状：胃部、腹部、肝脾区不适或疼痛，呼吸受阻，用手轻轻压迫痛感会有所减轻。

处理方法：减慢运动速度，加深呼吸，调整运动呼吸节奏，手按疼痛部位，实在不行停止运动，口服缓解痉挛药物（阿托品、十滴水）。

（五）脱臼

原因：运动创伤或由于先天性身体组织松弛造成关节组织不稳所致。

症状：关节的功能丧失。患处肿胀、关节外部变形或出现剧烈疼痛。严重时可伴有血管、神经损伤。

处理方法：动作要轻巧，不可乱伸、乱扭。可以先冷敷，扎上绷带，保持关节固定不动，再请医生矫治。

（六）骨折

原因：直接原因多由于主动用力牵拉或暴力所致；间接原因主要是年龄、性别、职业、疾病等原因。

症状：疼痛、肿胀、青紫、功能障碍、畸形及骨擦音等为主要表现。

处理方法：首先应防止休克，注意保暖，止血止痛，然后包扎固定，送医院治疗。

（七）胫腓骨疲劳性骨膜炎

原因：胫腓骨疲劳性骨膜炎是因跑跳练习过多而引起小腿骨疼痛的一种常见损伤。初参加体育训练特别是青少年患者较多，具有典型的运动史、发病史和反复疼痛史。

症状：1. 小腿胫腓骨疼痛，大运动量后疼痛加剧，手触、走路支撑时均有疼痛感，个别患者夜间痛，多为隐痛、牵扯痛，严重的有刺痛和烧灼痛。2. 肿胀，局部软组织有轻度凹陷性水肿。

处理方法：早期症状较轻的病例，无需特殊治疗，仅用弹力绷带将小腿裹扎，并调整训练计划，即减少下肢运动量或少做下肢活动的运动项目，休息时抬高患肢，多可痊愈。经常疼痛或运动后疼痛较重的病人，应休息并用弹性绷带裹扎小腿、抬高患肢，可配合中药熏洗或外敷、针灸、按摩、碘离子导入或微波治疗等。伤愈后重新参加运动训练时，运动量必须逐渐增加，以免复发。

二、运动损伤处理的一般原则

（一）休息或制动

要求伤者停止受伤部位的运动。休息可以控制肿胀和炎症，可以把出血控制在最小范围内。如果过早运动，可加重伤势，不利于恢复。

（二）冷敷

冷敷在应急处置中的效果最为明显，因为冷敷即可以减轻疼痛和痉挛，又可以使血液的黏度增加，减少流向患部的血流量，便于更快的恢复。

将冰敷袋置于受伤部位，受伤后48小时内，每隔2~3小时冰敷20~30分钟。冰敷时皮肤的感觉有四个阶段：冷→疼痛→灼热→麻木，当变成麻木时就可以移开冰敷袋，在受伤部位以弹性绷带紧迫包扎并抬高受伤部位。

使用冰敷袋的注意事项：

1. 冰敷袋每次使用不要超过30分钟，因为可能会发生冻伤或神经伤害。
2. 不要让冰袋直接接触皮肤，以湿润的弹性绷带或冰毛巾保护皮肤。
3. 不要太早停用冰敷袋而转用热敷，太早使用热敷会引起肿胀与疼痛，伤后二日内每天使用冰敷至少3~4次，较严重伤害建议在使用冰敷三日后且肿胀有明显消退才考虑使用热敷。
4. 在非常冷的环境下，不使用湿的弹性绷带或湿毛巾。

（三）压迫

即加压包扎。压迫可预防患部出血、肿胀，减轻疼痛感。通常以贴布或弹性绷带包扎，略紧压迫即可。如过度紧绷会使血液循环不良，组织坏死。皮肤发紫时表示太紧，太松则会脱落，压迫效果失效。压迫固定的目的，是预防微血管继续出血或骨折移位，所以用贴布或弹性绷带包扎压迫固定。包扎压迫时，从伤处之下开始往上包，大约以一半左右做螺旋状重叠，以平均而加点压力的方式逐渐包上，但经伤处则较松些。

（四）抬高

抬高伤部加上冰敷与压迫，减少血液循环至伤部，避免肿胀。伤处应高于心脏部位，且尽可能在伤后 24 小时内，抬高伤部。当怀疑有骨折时，应先固定夹板后再抬高，但有些骨折是不宜抬高的。

第三节 运动损伤的预防

一、预防对策

（一）学习运动损伤的预防知识，克服麻痹思想。

（二）讲解运动损伤对学校、教师、伤者、伤者家庭的后果，提高重视程度。

（三）加强医务监督，提高自我保健意识。

（四）加强身体全面训练，提高机体对运动的适应能力。

（五）加强易损伤部位的训练。平时多加强易损伤部位和个体相对较弱部位的训练，可以有效地提高机体功能，是一种预防运动损伤的积极手段。例如：为预防髌骨劳损，可用"站桩"的方法以提高股四头肌和髌骨的功能。为预防腰部损伤而加强腰腹肌训练，提高腰腹肌的力量等。

二、预防方法

（一）遵守纪律，听从指挥，做好组织工作，采取必要的安全措施。如：检查运动场地和器材，穿着合适的服装与鞋子。

（二）仔细了解学生的身体情况。首先，对有疾病史、外伤史、外伤正在恢复之中的学生要做到了解、登记、适量安排，区别对待。其次，要了解身体机能状况和心理状态不佳的学生。是否存在休息或睡眠不好，患病带伤或伤病初愈阶段以及长期过度疲劳的情况下，生理机能和运动能力相对下降，这时参加剧烈运动，将会因肌肉力量弱，反应迟钝，身体协调性差，致使局部负担过重而导致运动损伤。

（三）要做好充分的准备活动。很多损伤都是因为准备活动不到位所导致。做准备活动的目的是提高中枢神经系统的兴奋性，加强各机体内部器官的活跃性，加速血液循环，使肌肉得到充分的血液，以增加其力量和弹性，并恢复因休息而减退了的条件反射性练习，为正式活动做好充分准备。在进行准备活动时需要注意以下几点：第一，准备活动的量，应根据个人实际情况而定。若机体兴奋性较低或外界气温较低时，准备活动应加强，一般认为，以身体感到发热，微微出汗为宜。第二，准备活动的内容要有全面性、针对性，既有一般性准备活动，又要有专项准备活动。准备活动应先做肌肉动力性或静力性力量练习，后增加肌肉伸展性练习，最后要与正式运动的内容紧密联系，对正式运动中负担较大、易损伤部位，要特别加强活动，对已伤部位的准备活动要谨慎小心。据相关研究资料：准备活动结束与正式运动开始间的间隔时间为 1~4 分钟为宜。

（四）合理安排教学训练和比赛。在教学和训练中要遵守循序渐进和区别对待的原则，对学生要有正确的示范和耐心细致的指导，这样不仅有助于学生快速准确地掌握教学内容，提高教学质量，同时还能有效地预防运动损伤的发生。此外教师要根据学生的身体情况，合理地安排课堂练习的运动量，在组与组练习之间要注意适当的间隔放松，使学生有一定的时间能够更快地消除肌肉疲劳，防止由于局部负担过重而出现的运动损伤。

（五）注意保护自己也不要伤及他人。跑步、跳高、滑冰、打球等要讲究正确的姿势，不要用力过猛，防止脚掌内外翻，要使整个脚掌平着落地。一旦发生摔倒时，要团身顺势而为。在有身体接触的项目中，不要用蛮力，要遵守规则和体育道德，也不要因为动作过猛给对方带来不必要的伤害。

思考题

1. 简述准备活动对预防运动损伤的重要意义？
2. 肌肉拉伤后怎样处置？
3. 踝关节扭伤后，怎样处置？

第五章 田径运动

第一节 田径项目简介

一、起源与发展

田径运动包括走、跑、跳、投掷和由走、跑、跳、投掷的部分项目所组成的全能运动。比赛项目分为田赛和径赛,以时间计算成绩的竞走和跑的项目称为"径赛",以高度和远度计算成绩的跳跃、投掷项目称为"田赛",田径运动是径赛、田赛和全能比赛的总称。

田径运动是在人类长期社会实践中发展起来的,最初人们为了获得生活资料,在和大自然及禽兽的搏斗中,经常长途跋涉、突袭或奔跑,跳过各种障碍,投掷石块和使用各种捕猎工具,在劳动中不断地重复这些动作,便形成了走、跑、跳跃和投掷的各种技能。随着社会的发展,人们有意识地把走、跑、跳跃、投掷作为练习和比赛内容。

公元前776年,在古希腊奥林匹克村举行了第一届古奥运会。从那时起,田径运动就是正式比赛项目之一。1894年,在法国巴黎成立了现代奥运会组织。1896年在希腊举行的第一届现代奥运会上,田径的走、跑、跳跃、投掷等项目被列为大会的主要项目。至今举行的各届奥运会中,田径运动都是主要比赛项目之一。

四年一届的奥运会是促使田径运动成绩不断提高和改进训练方法的动力。许多优秀的田径运动员经过刻苦训练,他们的先进技术和训练方法通过奥运会又推广到世界各地。如:采用大运动量训练的捷克选手拉脱培克,在第15届奥运会上取得5000米、10000米和马拉松三项冠军后,变速跑的方法立即被推广到世界各地;1960年第17届罗马奥运会上采用马拉松式训练法的新西兰运动员斯奈尔、马吉等在800米、5000米、10000米上取得好成绩后,新西兰的马拉松训练法又得以推广;在1968年的墨西哥奥运会上,美国运动员福斯贝里采用背跃式跳高取得冠军后,在世界各地仅2~3年时间里便取代了俯卧式跳高技术。诸如此类事例在历届奥运会中不胜枚举,它对田径运动的技术和训练方法起到了推陈出新的作用,促进了全世界田径运动的不断发展。除了奥运会以外,还有田径世界锦标赛、世界杯赛以及各种大奖赛,可谓赛事繁多,这些比赛推动着世界田径水平不断向新的高度迈进。

我国的田径运动是经外国传教士于本世纪初带入的,当时只在教会创办的学校之间开展,后来逐渐扩展到各级国立、私立学校。新中国成立后,田径运动得到迅速普及,技术水平快速提高。1956年,跳高运动员郑凤荣以1.77米打破了当时的1.76米世界纪录；1983 年，朱健华以 2.38 米的成绩创造了世界跳高纪录；20 世纪 90 年代随着"马家军"的崛起，培养了一批女子中长跑世界冠军，其中王军霞还赢得了"亚洲神鹿"的称号。刘翔在 2004 年雅典奥运会男子 110 米栏比赛中，以 12 秒 91 的成绩平了由英国选手科林·杰克逊 1993 年创造的世界纪录，并打破 12 秒 95 的奥运会纪录。这枚金牌是中国男选手在奥运会上夺得的第一枚田径金牌。此后又于 2006 年以 12 秒 88 的成绩打破世界纪录。虽然我国田径项目竞技水平不断提高，但是与世界田径强国仍有明显差距。可以说，建设体育强国，提高田径运动水平十分重要，可谓任重道远。

二、健身价值

（一）增强人的基本活动能力，促进身体素质的全面发展

田径项目中的走、跑、跳跃、投掷等是人们最基本的活动形式，经常参加走、跑、跳跃、投掷等练习，能够巩固和提高人的基本活动能力，保持和增强人体在生活和工作中的适应能力。由于田径健身锻炼项目多，各个项目都有其自身的特点。因此，参加田径运动能全面发展人的身体素质。如：短跑能发展速度，提高爆发力，提高灵敏、协调等身体素质；长跑可以发展人的耐久力，改善心血管功能；跳跃项目发展弹跳力，能够增强腿部力量，提高灵活性和协调性；投掷项目可以有效发展人体四肢和躯干的力量以及速度、灵敏和协调等身体素质。

（二）提高人体各器官系统的机能

首先，从事田径健身锻炼能够使神经系统得到锻炼，促使大脑皮层神经细胞得到发展，促进神经系统机能不断改善。人们在参加田径健身锻炼时，都是在大脑皮层形成各种条件反射，在神经系统兴奋、抑制相互交替过程中支配肌肉的收缩和放松。经常参加田径健身锻炼可以使神经系统对各器官的调节作用不断改善，从而使各器官、系统的活动更加灵活、协调，因而能够提高人们运动和工作的效率以及对外界环境的适应能力。其次，经常从事田径运动增强骨质，使骨骼更加结实，并加快血液循环，促进新陈代谢，增加骨骼生长所需要的营养物质。再次，人们在参加田径健身锻炼时，由于体内能量消耗增加，代谢产物增多，因此必须加快血液循环，使心肌得到更多的营养物质，使心肌逐渐增强，心壁增厚，心脏容量增加。这样就使田径运动参与者的心脏工作出现"节省化"现象，不易疲劳，而且恢复较快。第四，长期参加田径健身锻炼可以改善和提高呼吸系统的机能，增强气体交换时人体对氧的摄取能力。从事田径运动有利于呼吸肌的锻炼和增强，肺活量增大，呼吸机能提高，工作耐久性强，不易疲劳。

（三）提高人体对环境适应能力和抗病能力

由于人们在从事田径健身锻炼时，基本上都是在户外进行，因此在锻炼过程中人体更多地接触到空气和日光等自然条件的刺激，从而可以提高人体自身的调控能力，增强人体对自然环境的适应能力和对疾病的抵抗能力。

（四）对青少年身心健康发展的促进作用

青少年参加田径健身锻炼，能加速血液循环，增加对骨骼和肌肉的血液供应，使骨骼和肌肉获得比平时更多的氧气和营养物质。同时，田径运动的走、跑、跳、投、掷等动作还能对骨骼和肌肉的生长起到全面良好的刺激，促进他们的身体健康成长。

大量的调查表明，经常参加田径健身锻炼的青少年儿童身高、体重、胸围的发育指标均超过不参加体育锻炼的同年龄组少儿，同时，青少年在参加田径健身锻炼时，还要以坚强的意志抵抗各种"生理障碍"，因此田径运动有助于培养青少年勇敢、坚韧、顽强的意志品质。

三、场地器材

（一）古代奥运会场地标准

古代奥林匹克运动会是在希腊的雅典举行，当时的田径场地是长方形的直跑道，长度不一。终点线是绳子，手抓住绳子就算到达终点。后来演变为马蹄形场地，这种场地一直沿用到现代第1届奥林匹克运动会。

（二）现代奥运会场地标准

20世纪初，田径场又演变成半圆式场地，这种场地一直沿用至今。目前世界各国都采用半圆式田径场地。最初半圆式田径场地的周长不统一，直到第7届现代奥运会才确定为400米，两个半圆的半径有36米的，有37.898米的，目前国际田联建议标准田径场地两个半圆的半径最好修建成36.50米。径赛标准场地为400米场地，每条跑道宽1.22米（包含右侧分道线），分道线宽5厘米。跑进的方向为左手靠内场。分道编号以左手最内侧分道为第1分道，即按逆时针方向进行，环形跑道从内向外依次是第1至第9跑道。400米及400米以下（包括4×100米和4×400米接力的第一棒）各径赛项目的起跑必须采用蹲踞式起跑。其他径赛项目的起跑采用站立式起跑姿势。

（三）跨栏架标准

男子110米跨栏跑栏架高度为1.067米；男子400米跨栏跑栏架高度为0.914米；女子100米跨栏跑栏架高度为0.840米；女子400米跨栏跑栏架高度为0.762米。3000米障碍跑比赛距离为3000米，全程须越过35个障碍架，高度为0.914米，其中7个附有水池。每圈设5个障碍架，障碍架均匀分布，栏间距约为79米，第4个栏架后设有水池。比赛时水池灌满水，水面与跑道地面齐平。

（三）跳远、三级跳远、撑竿跳场地与器材

跳远、三级跳远比赛助跑道宽1.22米，长至少40米。跳远起跳板前沿至沙坑远端的距离至少10米；三级跳远起跳线至沙坑近端的距离男子至少13米，女子至少11米。坑内沙面与起跳板表面在一个水平面上。起跳板长1.22米，宽20厘米，漆成白色。起跳板前有一块橡皮泥显示板（通用是暗红色），用来帮助裁判员判断运动员是否犯规。跳高落地区至少长5米，宽3米。助跑道长度不限，最短为15米。跳高架应该有足够的高度，须配稳定放置横杆的横杆托，两立柱之间距离为4.00~4.04米。撑竿跳高的落地区，至少5米×5米，重大比赛为6米×6米。落地区和穴斗（插撑竿用的）两边铺海绵包。助跑道宽1.22米，长最少40米。插斗埋入地下，上口与地面齐平。撑竿跳高架两立柱或延伸臂之间距离应不少于4.30米，不超过4.37米。

（四）铅球、铁饼、链球标枪场地与器材

国际田联认定的比赛，铅球，男子7.26公斤，女子4公斤；铁饼，男子2公斤，女子1公斤；链球，男女与铅球相同；标枪，男子800克，女子600克。比赛中，运动员都是在投掷圈中站立开始投掷。投掷圈外围是金属镶边，顶端涂白。投掷时，运动员不能接触铁边的顶端或者投掷圈以外的地面。铅球和链球的投掷圈直径 2.135 米，铁饼的投掷圈稍大一点，直径 2.5 米。圈内地面由水泥材料构成，高度略低于地面高度。铅球投掷圈的正前方放置一个木质的抵趾板，用来防止运动员滑出圈外。运动员可以碰抵趾板的内侧，但不能碰抵趾板的顶部。标枪投掷区是一条宽 4 米，长约 30～36.5 米的助跑道。在助跑道两边有两条宽 5 厘米的边界线，边界线的顶端是一个金属或者木质的弧形投掷弧，线宽 7 厘米，投掷者必须在投掷弧后面将标枪掷出。在所有投掷比赛中，落地区都是草坪或者其他能留下印记的平坦扇形区域。每一个扇形区由 5 厘米宽的白线分开（白线 5 厘米宽不包括在落地区之内）。铅球、链球和铁饼比赛的落地区的扇面角度是 34.92°，标枪比赛为 29°角。

第二节 竞技跑与健身跑

一、竞技跑

跑的田径项目包括短距离跑、中距离跑、长距离跑、公路跑、越野赛跑、跨栏跑、障碍跑、马拉松以及接力项目等。短距离跑简称短跑。短跑是人类与生俱来的基本能力，自古以来就是一种比赛形式，几乎每个国家的文献中都有描述。公元前 776 年古希腊奥运会短跑是唯一的竞技项目，距离为 192.27 米。现代短跑起源于欧洲，最早被列入正式比赛是在 1850 年的牛津大学运动会上，当时设有 100 码、330 码、440 码跑项目。19 世纪末，为规范项目设置，将赛跑距离由码制改为米制。现代短跑奥运会比赛项目包括男、女 100 米跑、200 米跑和 400 米跑。短跑是用最快的速度跑完规定的距离。短跑技术是一个不可分割的完整体，它分为起跑和起跑后的加速跑、途中跑及终点跑三部分。速度是影响短跑成绩的重要因素。发展绝对速度，必须注重步长和步频的最佳组合。发展步频侧重于提高肌肉的快速收缩速度，应加强对神经系统兴奋与抑制过程的灵活性进行训练，提高肌肉快速收缩力量和肌肉的放松能力。步长能力的大小主要取决于跑时的后蹬力量、后蹬角度、摆动力量、摆动速度，以及髋关节的灵活性等。发展步长着重发展大腿的伸肌、屈肌的力量和髋关节的灵活性。就短跑的实力来说，美国和牙买加占绝对统治地位。

短跑技术发展趋势：技术动作规范化；动作结构合理化；步幅、步频同步化；加速时间和距离延长化。总的要求是起跑反应快，加速能力强，途中跑维持高速度时间长，最后冲刺技术合理，整个动作轻松、协调，节奏快，向前效果好。

中距离跑简称中跑。最初项目是 880 码跑和 1 英里跑，从 19 世纪中叶开始，880 码跑和 1 英里跑项目逐渐被 800 米跑和 1500 米跑项目所替代。长距离跑简称长跑。最初项目为 3 英里、6 英里跑，从 19 世纪中叶开始，逐渐被 5000 米跑和 10000 米跑替代。中、长距离跑是中距离跑和长距离跑的合称。中、长跑是发展耐长久的项目，长时间连续的肌肉活动，有氧供能是这个项目的特点。它一方面要求尽量减少能量的消耗，维持一定的跑速，另一方面要求在全程跑中能根据比赛的情况合理分配体力，并具有一定加速跑的能力。所以，运动员在跑的全程中，正确地掌握技术和合理地分配体力是非常重要的。要求跑得轻松协调，重心移动平稳，直线性强，有良好的节奏；尽量提高肌肉紧张和放松的协调能力，既讲究动作效果，又注重节省体力。

为了适应和更好地利用塑胶跑道的弹性，中长距离跑技术有了新的发展，跑时摆动腿更加积极地前摆，强调摆腿速度加快，摆动方向更向前，落地更积极主动，并且落地后的支撑阶段脚后扒有力，减少后蹬力量的消耗，从而形成"重心高、步频快、步幅小，身体重心起伏小"的技术特征，以及在"经济性"和"实效性"两大特点的基础上向节省化发展。

二、健身跑

（一）健身跑练习的作用

第一，提高心血管系统机能。经常从事健身跑锻炼，可以使心肌力量得到发展，心腔增大，增加每搏输出量，心脏的舒张期延长，心肌可以得到更多的休息，工作能力更加持久；同时随着心血管系统功能的增强，使人体的毛细血管增粗，拓宽血液的通道，增加供血量，使各肌肉组织有足够的供氧，提高骨骼肌的耐力，不易疲劳。

第二，促进呼吸系统机能。在进行跑步时，不断加深呼吸，呼吸肌在运动中得到锻炼。呼吸肌能力增强，肺活量不断提高，加大了呼气深度，呼气次数减少，呼气系统的功能得以提高。

第三，对肝功能的作用。人们在跑步时，由于能源物质——糖的消耗增加，肝脏的供应加强，使肝脏的机能得到锻炼，经常参加健身跑的人肝脏机能水平高，在动用肝糖原时比一般人更经济；另外，肝脏是一个重要的消化腺，经常进行健身跑锻炼，在肝机能提高的基础上，就更有利于食物的消化。

第四，对消化系统的作用。经常进行健身跑锻炼能提高肠胃的消化功能，健身跑时加强肌肉运动，除了需要心血管系统和呼吸系统输送给氧气外，还需要肠胃供给营养物质，这样消化腺分泌的消化液增多，消化管道的蠕动更强，肠胃的血液循环得到改善，就使食物的消化和营养物质的吸收更加顺利和充分。另一方面，由于呼吸的加快加深，使膈肌大幅度地上下移动，腹肌也不断地活动，对肠胃能产生一定的按摩作用，增强了胃肠的消化功能。

第五，对神经系统的作用。健身跑运动需要人体各部分肌肉规律而协调地收缩与舒张。长期进行跑的锻炼，能使神经兴奋与抑制、传导与反应等机能得到明显改善；可以使人的精力充沛，动作迅速、准确、有力；使人体对外界刺激的适应能力明显提高。

（二）健身跑的锻炼方法

1. 健身跑方法

健身跑一般有慢跑、快跑、变速跑、原地跑、小步跑、高抬腿跑、后退跑、越野跑、无痛苦跑等。

2. 健身跑动作

不同形式的跑的动作要领，除了身体倾斜姿势、步幅的大小、步频的快慢、两臂摆动的幅度和频率稍有不同，总体上是基本相同的。

3. 健身跑运动负荷

见第十七章第二节、第三节。

第三节 竞技跳与健身跳

一、竞技跳

跳高起源于古代人类在生活和劳动中越过垂直障碍的活动。现代跳高始于欧洲。18世纪末苏格兰已有跳高比赛,19世纪60年代开始流行于欧美国家。1827年9月26日在英国举行的首届职业田径比赛中,威尔逊屈膝团身跳越1.575米,这是第一个有记载的世界跳高成绩。跳高技术经历了跨越式、剪式、俯卧式、背越式等,现在绝大多数运动员都采用背越式跳高技术。比赛时,运动员必须用单脚起跳,可以在规定的任一起跳高度上试跳,但同一高度只有3次试跳机会。男、女跳高分别于1896年、1928年被列为奥运会比赛项目。

撑竿跳高起源于古代人类利用木棍、长矛等撑越障碍的活动。据记载,公元554年爱尔兰就有撑竿越过河的游戏。撑竿跳高原为体操项目,流行于德国学校。1789年德国的布施跳过1.83米,这是目前世界上有据可查的最早成绩。撑竿跳高作为田径运动项目首先在英国开展,19世纪末开始流行于欧洲国家。撑竿最早使用木杆,1905年开始使用重量较轻、有一定弹性的竹竿,1930年出现较为坚固的金属竿,运动员无撑竿折断之虑,可以提高握竿点,加快助跑速度,1948年美国设计制造出重量更轻、弹性更强的玻璃纤维杆。撑竿跳高的横竿可用玻璃纤维、金属或其他适宜材料制成。撑竿的长度和直径不限,但表面必须光滑。运动员一般都自带撑竿参加比赛。比赛时,运动员必须将撑竿插在插斗内起跳,起跳离地后,握竿的手不得向上移动。可以在规定的任一起跳高度上试跳,但每一高度只有3次试跳机会。男、女撑竿跳高分别于1896年和2000年被列为奥运会比赛项目。

跳远起源于人类猎取或逃避野兽时跨越河沟等活动,后来成为军事训练的手段。为公元前708年古代奥运会五项全能项目之一。现代跳远运动始于英国,1827年9月26日在英国举行的第一次职业田径比赛中,威尔逊跳过5.41米的远度,这是第一个有记载的世界跳远成绩。跳远的腾空动作有蹲距式、挺身式和走步式。最初运动员是在地面起跳,1886年开始采用起跳板。起跳板为白色,埋入地下,与地面齐平。起跳板前有起跳线,起跳线前有用于判断运动员起跳是否犯规的橡皮泥显示板或沙台。运动员必须在起跳线后起跳。比赛时,如运动员不足8人,每人可试跳6次,超过8人,则先试跳3次,8名成绩最好的运动员再试跳3次。以运动员6次试跳的最好成绩排列名次。男、女跳远分别于1896年和1948年被列为奥运会比赛项目。

三级跳远起源于18世纪中叶的苏格兰和爱尔兰,两者跳法不同。苏格兰采用单足跳、跨步跳、跳跃,而爱尔兰用的是单足跳、单足跳、跳跃。现规定必须使用苏格兰跳法。最早的正式比赛可以追溯到1826年3月17日首次举行的苏格兰地区运动会,比蒂创造了12.95米的第一个纪录。比赛时,运动员助跑后应连续做3次不同形式的跳跃,第一跳为单足跳,用起跳腿落地;第二跳为跨步跳,用摆动腿落地;第三跳为跳跃,必须用双脚落入沙坑。男子三级跳远于1896年被列为首届奥运会比赛项目,女子三级跳远于20世纪80年代初逐渐广泛开展,1992年被列为奥运会比赛项目。

二、健身跳

（一）健身跳练习的作用

第一，健身跳对运动器官的作用。经常进行跳跃练习，能有效地促进下肢血液循环，增加骨骼的营养，减轻骨质脱钙，防止老年性运动器官损伤；少年儿童经常从事一些跳跃练习，有益于运动机能，尤其是下肢肌肉、骨骼、关节、韧带的协调发展，促进敏捷、灵活的素质，并且对身高增长也有明显的促进作用。

第二，健身跳对心血管系统的作用。健身跳通过人的双足与地面发生冲撞和摩擦，对足底产生一定的刺激，促使足部的血液循环加快，增加了足部的血流量，同时也加快了血液回流速度，从而加强血液循环系统的功能。

第三，健身跳能起到控制体重、防止肥胖的作用。健身跳属于有氧代谢运动，练习的强度和量易于控制和掌握，进行健身跳练习，可促进新陈代谢，消耗大量的能量，减少脂肪的积存。

（二）健身跳的锻炼方法

发展身体素质的健身跳有高度跳和远度跳，高度跳和远度跳又分别包括原地跳和助跑跳，可以徒手跳、负重跳、无障碍跳、有障碍跳。在选用练习时可以根据需要进行组合，如采用原地高度跳时，可以一次纵跳、徒手无障碍，也可以连续、负重障碍跳等，远度跳也是如此。常用的高度练习：如原地跳起摸高或头触高物、原地双脚跳跃障碍、原地收腿分腿跳、提踵跳、弓步换腿跳、单腿蹬台阶跳、快速挺举跳、助跑摸高、助跑跳跃障碍等。常用的远度跳练习：如立定跳远、立定三（五、十）级跳、助跑跨上跳箱（台阶）、多级跳、单脚跳等。另外可以通过游戏、舞蹈、健美操等形式进行健身跳练习。游戏性的健身跳多为少儿采用，但其中有些练习也适合于成年人，常见的练习如跳绳、跳皮筋、跳房子、跳山羊、用脚"猜拳"等。通过舞蹈的健身跳是包含在某些娱乐活动中，如大秧歌、健美操、中老年迪斯科、各种球类活动等，在活动中含有跳跃动作。由于这些跳跃动作的存在，加大了该项活动的运动量和强度，调节了活动的气氛。

第四节 竞技投掷与健身投掷

一、竞技投掷

掷铅球起源于古代人类用石块猎取禽兽或防御攻击的活动。现代掷铅球始于14世纪40年代欧洲炮兵闲暇期间推掷炮弹的游戏和比赛，后逐渐形成体育运动项目。铅球的制作经历了用铁、铅以及外铁内铅的过程。正式比赛男子铅球的重量为7.26公斤，直径11～13厘米；女子铅球的重量为4公斤，直径为9.5～11厘米。早期掷铅球没有固定的方式，可以原地推，也可以助跑推，可以单手推，也可以双手推，还出现过按体重分级别的比赛。技术上最初采用原地掷铅球技术，后来逐渐发展到侧向推、上步侧向推。20世纪50年代，美国运动员奥布赖恩发明了背向滑步推铅球技术，该技术被称为"铅球史上的一场革命"。70年代，苏联运动员巴雷什尼科夫发明了旋转推铅球技术。比赛时，运动员应在直径2.135米的圈内，用单手将球从肩上推出，铅球必须落在落地区角度线以内方为有效。男、女铅球分别于1896年和1948年被列为奥运会比赛项目。

铁饼起源于希腊人投掷石片的活动，公元前708年列为古奥运会五项全能项目之一。铁饼最初为盘形石块，后逐渐采用铜、铁等金属制作。现代奥运会历史上，曾有过双手掷铁饼的比赛项目。掷铁饼技术经历过原地投、侧向原地投、侧向旋转投、背向旋转投几个发展过程。铁饼可用木料或其他适宜材料制作，男子铁饼重2公斤，直径22厘米；女子铁饼重1公斤，直径18.1厘米。比赛时，运动员应该在直径2.50米的圈内将饼掷出，铁饼必须落在角度线内方为有效。男、女铁饼分别于1896年和1928年被列为奥运会比赛项目。

链球起源于中世纪苏格兰，矿工在劳动之余用带木柄的生产工具铁锤进行掷远比赛，后逐渐在英国流行。链球的英语词意即铁锤。19世纪后期，成为英国牛津大学和剑桥大学运动会的比赛项目。掷链球最初采用原地投，后逐渐改进为侧向投，旋转一圈投、两圈投、三圈投，现运动员多采用四圈投。男子链球重7.26公斤，总长117.5~121.5厘米，女子链球重4公斤，总长116.0~119.5厘米。比赛时，运动员必须在直径2.135米的圈内用双手将球掷出，链球必须落在角度线内方为有效。圈外有U形护笼，确保投掷安全。男子链球于1900年被列为奥运会比赛项目，女子链球于2000年列入奥运会比赛项目。

标枪起源于古代人类用长矛猎取野兽的活动，后长矛又发展成为作战的兵器。公元前708年被列为第18届古代奥运会五项全能之一。现代标枪运动始于19世纪的瑞典、希腊、匈牙利和芬兰等欧洲国家。1792年瑞典的法隆开始举行标枪比赛。最初运动员使用的木制标枪前后一样粗，20世纪50年代初，美国标枪运动员赫尔德研究出两端细、中间粗的木制标枪，延长了标枪在空中飞行的时间，因而被称为"滑翔标枪"。60年代瑞典制造出金属标枪，使标枪的滑翔性能更强，大幅度提高了运动成绩。1984年民主德国运动员霍恩以104.80米的成绩打破世界纪录。国际田联为保证看台观众的安全，1986年将男子标枪重心向枪尖方向前移4厘米，以降低飞行性能，1999年又将女子标枪重心向枪尖方向前移3厘米。标枪可用金属或其他适宜的类似材料制作。男子标枪重800克，长260~270厘米；女子标枪重600克，长220~230厘米。比赛时，运动员必须单手将标枪从肩上方掷出，枪尖必须落在投掷区角度线内方为有效。男、女标枪分别于1908年和1932年被列为奥运会比赛项目。

二、健身投掷

（一）健身投掷练习的作用

第一，经常进行投掷练习，可以使人的体格变得健壮，体形变得更健美。因为投掷项目要通过人体肌肉收缩来实现对器械产生的作用力。通过投掷锻炼，原有的肌纤维变得更加粗壮、结实，肌肉增大，肌肉力量得到增强。从而使人的体格变得更加健壮。人体的肩、胸、腹、臀部是脂肪最容易堆积的地方，而各种投掷练习手段，都是用来发展人体各部位肌肉活动能力的。它可以消耗脂肪，降低体脂占体重的百分比，使肌肉质量得到提高，使身材匀称、健美。

第二，能够改善肌肉的协调能力。投掷练习时，为了提高器械出手的速度，要求加大对器械的作用力。作用力来源于肌肉相互间的协调能力，各部位肌肉产生的力量必须通过投掷臂集中到器械上。投掷运动经常刺激神经肌肉快速冲动，使大脑皮层的

兴奋和抑制过程快速转变，肌肉的紧张和放松也相应地交替。肌肉对神经刺激所产生的反应，使身体各部位肌肉的协调配合能力得到提高。竞技性的投掷项目大多是用单手完成动作，两侧肌肉协调用力的能力有一定的差距。如果我们改变投掷练习形式，单手和双手投掷交替进行，这样就能够使神经肌肉的协调能力得到充分的提高。

第三，能够增强关节的灵活性和稳固性。经常进行投掷练习，可使髋关节、肩关节、肘关节、手关节骨密质增厚，关节灵活性和稳固性提高。因为投掷练习需要髋关节、肩关节、肘关节、手关节的活动来完成动作，它可以使肌腱和韧带增粗，在骨附着点处直径增大，胶原含量增加。投掷练习增强了关节周围的肌肉力量，使肌腱和韧带增粗，关节软骨增厚，加大了关节的稳固性。另外，投掷练习可以增大关节囊周围肌腱、韧带和肌肉的伸展性，从而使关节活动幅度增加。

第四，增强肌肉力量，预防身体机能能力退化。肌肉力量是维持全身活动的基本动力，可以帮助人们完成日常生活中很多重要的活动。投掷练习可以明显地使神经系统的调节机能得到改善，肌肉中的毛细血管网增多，肌纤维数量增加，肌肉中蛋白质含量增加，从而增加肌肉的力量，特别能增加肩膀和腰背肌的力量。

（二）健身投的锻炼形式

目前在体育教学过程中，用于投掷练习的器械主要是实心球。在健身投掷活动中，可以使用足、篮、排球等作投掷物，也可以使用其他易于投掷、少有安全隐患的物体作为投掷物。投掷练习可以是投远，也可以是投准。

思考题

1. 简述田径运动项目的锻炼价值。
2. 如何理解田径运动是各项运动的基础？
3. 根据自己的实际情况设计一套跑步健身方案。

第六章　简化太极拳

第一节　太极拳简介

一、起源与发展

太极拳是中国著名武术拳种流派，也是中国优秀传统文化的重要代表。经过千百年的文化锤炼和广大人民群众以及优秀武术家的不断完善，成为锻炼身体、健康身心的优秀方法，受到全世界人民的喜爱。简化太极拳也叫 24 式太极拳，是由 24 个动作组成，是国家体育总局于 1956 年组织太极拳专家汲取杨氏太极拳之精华改编而成。

目前，太极拳作为中国的非物质文化遗产，已传播到 150 多个国家和地区，被世界公认为是最具有养生性、健身性的传统武术运动项目，堪称"世界第一健身品牌"。

二、特点

其动作缓慢、轻柔圆活，处处带有弧形，如行云流水，连绵不断。由于动作数量较少（24 式），比较容易入门。它的练功方法主要是以意识引导动作，把人的意识、动作、呼吸三者融为一体，阴阳开合转换，以意行气，以气运身，内外合一，完整一气。太极拳内涵中也包括了人体"阴阳平衡""天人合一""和谐为本""人与自然的和谐统一"的传统文化理念。不论是健身、技击，还是观赏，太极拳都是以人为核心的运动方式。

三、作用

太极拳对改善人的神经系统、呼吸系统、循环系统、骨骼系统、消化系统、免疫系统等方面都有良好的功能。

太极拳不但能健身防身还能促进心理健康和陶冶情操。"意到形随""内外相合""松静自然"的意境和动作中得到"身心皆修"的良好效果，并且有助于智力开发，使记忆力、反应力、判断力都得到提高。老少皆宜，男女皆适。还可以达到修身养性，改变人的消极个性，使之成为沉稳、豁达、随和乐观之人。能培养坚韧不拔、吃苦耐劳的意志精神，还能起到防病治病的良好作用。

第二节　动作名称

1. 起势
2. 左右野马分鬃
3. 白鹤亮翅
4. 左右搂膝拗步
5. 手挥琵琶
6. 左右倒卷肱
7. 左揽雀尾
8. 右揽雀尾
9. 单鞭
10. 云手
11. 单鞭
12. 高探马
13. 右蹬脚
14. 双峰贯耳
15. 转身左蹬脚
16. 左下势独立
17. 右下势独立
18. 左右穿梭

19. 海底针 20. 闪通臂 21. 转身搬拦捶
22. 如封似闭 23. 十字手 24. 收势

第三节　动作说明

1. 起势

①身体自然直立，两脚开立，与肩同宽，脚尖向前；两臂自然下垂，两手放在大腿外侧；眼向前平看。

要点：头颈正直，下颏微向后收，不要故意挺胸或收腹。精神要集中（起势由立正姿势开始，然后左脚向左分开，成开立步）。

②两臂慢慢向前平举，两手高与肩平，与肩同宽，手心向下。

③上体保持正直，两腿屈膝下蹲；同时两掌轻轻下按，两肘下垂与两膝相对；眼平看前方（图6-1）。

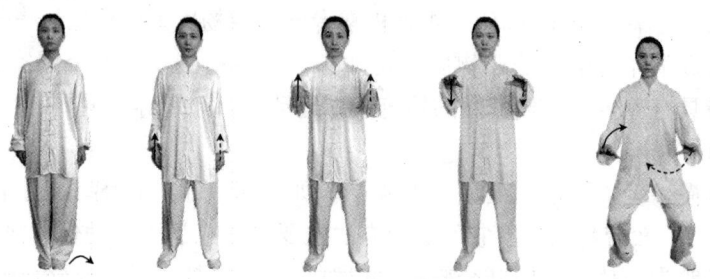

图6-1　起势连续动作

要点：两肩下沉，两肘松垂，手指自然微屈。屈膝松腰，臀部不可凸出，身体重心落于两腿中间。两臂下落和身体下蹲的动作要协调一致。

2. 左右野马分鬃

①上体微向右转，身体重心移至右腿上；同时右臂收在胸前平屈，手心向下，左手经体前向右下画弧放在右手下，手心向上，两手心相对成抱球状；左脚随即收到右脚内侧，脚尖点地；眼看右手。②上体微向左转，左脚向左前方迈出，右脚跟后蹬，右腿自然伸直，成左弓步；同时上体继续向左转，左右手随转体慢慢分别向左上右下分开，左手高与眼平（手心斜向上），肘微屈；右手落在右胯旁，肘也微屈，手心向下，指尖向前；眼看左手。③上体慢慢后坐，身体重心移至右腿，左脚尖翘起，微向外撇（大约45°～60°），随后脚掌慢慢踏实，左腿慢慢前弓，身体左转，身体重心再移至左腿；同时左手翻转向下，左臂收在胸前平屈，右手向左上画弧放在左手下，两手心相对成抱球状；右脚随即收到左脚内侧，脚尖点地；眼看左手。④右腿向右前方迈出，左腿自然伸直，成右弓步；同时上体右转，左右手随转体分别慢慢向左下右上分开，右手高与眼平（手心斜向上），肘微屈；左手落在左胯旁，肘也微屈，手心向下，指尖向前；眼看右手。⑤与③相同，左右相反。⑥与④解同，左右相反（图6-2）。

要点：上体不可前俯后仰，胸部必须宽松舒展。两臂分开时要保持弧形。身体转动时要以腰为轴。弓步动作与分手的速度要均匀一致。做弓步时，迈出的脚先是脚跟着地，然后脚掌慢慢踏实，脚尖向前，膝盖不要超过脚尖；后腿自然伸直；前后脚夹角约成 45°～60°（需要时后脚脚跟可以后蹬调整）。野马分鬃式的弓步，前后脚的脚跟要分在中轴线两侧，两脚之间的横向距离（即以动作行进的中线为纵轴，其两侧的垂直距离为横向）应该保持在 10～30 厘米左右。

图 6-2　左右野马分鬃连续动作

3. 白鹤亮翅

①上体微向左转，左手翻掌向下，左臂平屈胸前，右手向左上画弧，手心转向上，与左手成抱球状；眼看左手。②右脚跟进半步，上体后坐，身体重心移至右腿，上体先向右转，面向右前方，眼看右手；然后左脚稍向前移，脚尖点地，成左虚步，同时上体再微向左转，面向前方，两手随转体慢慢向右上左下分开，右手上提停于右额前，手心向左后方，左手落于左胯前，手心向下，指尖向前；眼平看前方（图 6-3）。

要点：完成姿势胸部不要挺出，两臂上下都要保持半圆形，左膝要微屈。身体重心后移和右手上提、左手下按要协调一致。

图 6-3　白鹤亮翅连续动作

4. 左右搂膝拗步

图 6-4 左右搂膝拗步连续动作

①右手从体前下落，由下向后上方画弧至右肩外侧，肘微屈，手与耳同高，手心斜向上；左手由左下向上、向右下方画弧至右胸前，手心斜向下；同时上体先稍向左再向右转；左脚收至右脚内侧，脚尖点地，眼看右手。②上体左转，左脚向前（偏左）迈出成左弓步；同时右手屈回由耳侧向前推出，高与鼻尖，左手向下由左膝前搂过落于左胯旁，指尖向前；眼看右手手指。③右腿慢慢屈膝，上体后坐，身体重心移至右腿，左脚尖翘起微向外撇，随后脚掌慢慢踏实，左腿前弓，身体左转，身体重心移至左腿，右脚收到左脚内侧，脚尖点地；同时左手向外翻掌由左后向上画弧至左肩外侧，肘微屈，手与耳同高，手心斜向上，右手随转体向上、向左下画弧落于左胸前，手心斜向上；眼看左手。④与②解同，左右相反。⑤与③相同，左右相反。⑥与②相同（图6-4）。

要点：前手推出时，身体不可前俯后仰，要松腰松胯、推掌时要沉肩垂肘、坐腕舒掌，同时须与松腰、弓腿上下协调一致。搂膝拗步成弓步时，两脚跟的横向距离保持约30厘米左右。

5. 手挥琵琶

右脚跟进半步，上体后坐，身体重心转至右腿上，上体半面向右转，左脚略提起稍向前移，变成左虚步，脚跟着地，脚尖翘起，膝部微屈；同时左手由左下向上挑举，高与鼻尖平，掌心向右，臂微屈；右手收回放在左臂肘部里侧，掌心向左；眼看左手食指（图6-5）。

要点：身体要平稳自然，沉肩垂肘，胸部放松。左手上起时不要直向上挑，要由左向上、向前，微带弧形。右脚跟进时，脚掌先着地，再全脚踏实。身体重心后移和左手上起、右手回收要协调一致。

图6-5 手挥琵琶连续动作

6. 左右倒卷肱

①上体右转，右手翻掌（手心向上）经腹前由下向后上方画弧平举，臂微屈，左手随即翻掌向上；眼的视线随着向右转体先向右看、再转向前方看左手。②右臂屈肘折向前，右手由耳侧向前推出，手心向前，左臂屈肘后撤，手心向上，撤至左肋外侧；左脚轻轻提起向后（偏左）退一步，脚掌先着地，然后全脚慢慢踏实，身体重心移到左脚上，成右虚步，右脚随转体以脚掌为轴扭正；眼看右手。③上体微向左转，同时左手随转体向后上方画弧平举，手心向上，右手随即翻掌，掌心向上；眼随转体先向左看，再转向前方看右手。④与②相同，左右相反。⑤与③相同，左右相反。⑥与②相同。⑦与③解同。⑧与③相同，左右相反（图6-6）。

要点：前推的手不要伸直，后撤手也不可直向回抽，随转体仍走弧线。前推时，要转腰松胯，两手的速度要一致，避免僵硬。退步时，脚掌先着地，再慢慢全脚踏实，同时，前脚随转体以脚掌为轴扭正。退左脚略向左后斜，退右脚略向右后斜，避免使两脚落在一条直线上。后退时，眼神随转体动作先向左右看，然后再转看前手。最后退右脚时，脚尖外撇的角度略大些，便于接做"左揽雀尾"的动作。

图 6-6　左右倒卷肱连续动作（两组）

7. 左揽雀尾

①上体微向右转，同时右手随转体向后上方画弧平举，手心向上，左手放松，手心向下；眼看左手。②身体继续向右转，左手自然下落逐渐翻掌经腹前画弧至右肋前，手心向上；右臂屈肘，手心转向下，收至右胸前，两手相对成抱球状；同时身体重心落在右腿上，左脚收到右脚内侧，脚尖点地；眼看右手。③上体微向左转，左脚向左前方迈出，上体继续向左转，右腿自然蹬直，左腿屈膝，成左弓步；同时左臂向左前方掤出（即左臂平曲成弓形，用前臂外侧和手背向前方推出），高与肩平，手心向后；右手向右下落放于右胯旁，手心向下，指尖向前；眼看左前臂。

要点：掤出时，两臂前后均保持弧形。分手、松腰、弓腿三者必须协调一致。揽雀尾弓步时，两脚跟横向距离不超过10厘米。

④身体微向左转，左手随即前伸翻掌向下，右手翻掌向上，经腹前向上、向前伸至左前臂下方；然后两手下捋，即上体向右转，两手经腹前向右后上方画弧，直至右手手心向上，高与肩齐，左臂平屈于胸前，手心向后；同时身体重心移至右腿；眼看右手。

要点：下捋时，上体不可前倾，臀部不要凸出。两臂下捋须随腰旋转，仍走弧线。左脚全掌着地。

⑤上体微向左转，右臂屈肘折回，右手附于左手腕里侧（相距约5厘米），上体继续向左转，双手同时向前慢慢挤出，左手心向后，右手心向前，左前臂要保持半圆；同时身体重心逐渐前移变成左弓步；眼看左手腕部。

要点：向前挤时，上体要正直。挤的动作要与松腰、弓腿相一致。

⑥左手翻掌，手心向下，右手经左腕上方向前、向右伸出，高与左手齐，手心向下，两手左右分开，宽与肩同；然后右腿屈膝，上体慢慢后坐，身体重心移至右腿上，左脚尖翘起；同时两手屈肘回收至腹前，手心均向前下方；眼向前平看。

⑦上式不停，身体重心慢慢前移，同时两手向前、向上按出，掌心向前；左腿前弓成左弓步；眼平看前方（图6-7）。

要点：向前按时，两手须走曲线，手腕部高与肩平，两肘微屈。

图6-7　左揽雀尾连续动作

8. 右揽雀尾

①上体后坐并向右转，身体重心移至右腿，左脚尖里扣；右手向右平行画弧至右侧，然后由右下经腹前向左上画弧至左肋前，手心向上；左臂平屈胸前，左手掌向下与右手成抱球状；同时身体重心再移至左腿上，右脚收至左脚内侧，脚尖点地；眼看左手。②同"左揽雀尾"③，左右相反。③同"左揽雀尾"④，左右相反。④同"左揽雀尾"⑤，左右相反。⑤同"左揽雀尾"⑥，左右相反。⑥同"左揽雀尾"⑦，左右相反（图6-8）。

要点：均与"左揽雀尾"相同，左右相反。

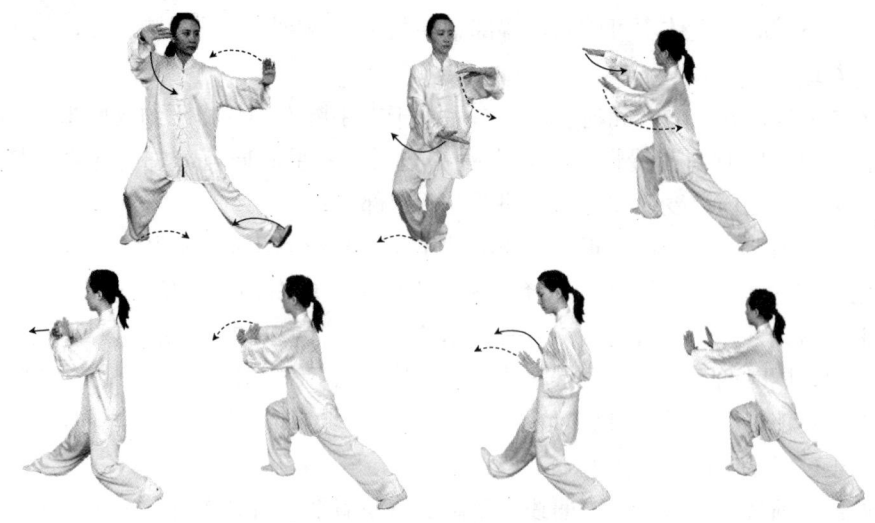

图 6-8 右揽雀尾连续动作

9. 单鞭

①上体后坐，身体重心逐渐移至左脚上，右脚尖内扣；同时上体左转，两手（左高右低）向左弧形运转，直至左臂平举，伸于身体左侧，手心向左，右手经腹前运至左肋前，手心向后上方；眼看左手。②身体重心再渐渐移至右腿上，上体右转，左脚向右脚靠拢，脚尖点地；同时右手向右上方画弧（手心由里转向外），至右侧方时变勾手，臂与肩平；左手向下经腹前向右上画弧停于右肩前，手心向里；眼看左手。③上体微向左转，左脚向左前侧方迈出，右脚跟后蹬，成左弓步；在身体重心移向左腿的同时，左掌随上体的继续左转慢慢翻转向前推出，手心向前，手指与眼齐平，臂微屈；眼看左手（图6-9）。

要点：上体保持正直，松腰。完成式时，右臂肘部稍下垂，左肘与左膝上下相对，两肩下沉。左手向外翻掌前推时，要随转体边翻边推出，不要翻掌太快或最后突然翻掌。全部过渡动作，上下要协调一致。

图 6-9 单鞭连续动作

10. 云手

①身体重心移至右腿上,身体渐向右转,左脚尖内扣;左手经腹前向右上画弧至右肩前,手心斜向后,同时右手变掌,手心向右前;眼看左手。②上体慢慢左转,身体重心随之逐渐左移;左手由脸前向左侧运转,手心渐渐转向左方;右手由右下经腹前向左上画弧,至左肩前,手心斜向后;同时右脚靠近左脚,成小开立步(两脚距离约10~20厘米);眼看右手。③上体再向右转,同时左手经腹前向右上画弧至右肩前,手心斜向后;右手向右侧运转,手心翻转向右;随之左腿向左横跨一步;眼看左手。④同②(图6-10)。

要点:身体转动要以腰脊为轴,松腰、松胯,不可忽高忽低。两臂随腰的转向而运转,要自然圆活,速度要缓慢均匀。下肢移动时,身体重心要稳定,两脚掌先着地再踏实,脚尖向前。眼的视线随左右手而移动。第三个"云手",右脚最后跟步时,脚尖微向内扣,便于接"单鞭"动作。

图6-10　云手连续动作(两组)

11. 单鞭

①上体向右转,右手随之向右运转,至右侧方时变成勾手;左手经腹前向右上画弧至右肩前,手心向内;身体重心落在右脚上,左脚尖点地;眼看左手。②上体微向左转,左脚向左前侧方迈出,右脚跟后蹬,成左弓步;在身体重心移向左脚的同时,上体继续左转,左掌慢慢翻转向前推出,成"单鞭"式(图6-11)。

要点:与前"单鞭"式相同。

图6-11　单鞭连续动作

12. 高探马

①右脚跟进半步，身体重心逐渐后移至右腿上；右勾手变成掌，两手心翻转向上，两肘微屈；同时身体微向右转，左脚跟渐渐离地；眼看左前方。②上体微向左转，面向前方；右掌经右耳旁向前推出，手心向前，手指与眼同高；左手收至左侧腰前，手心向上；同时左脚微向前移，脚尖点地，成左虚步；眼看右手（图6-12）。

要点：上体自然正直，双肩要下沉，右肘微下垂。跟步移换重心时，身体不要有起伏。

图6-12　高探马连续动作

13. 右蹬脚

①左手手心向上，前伸至右手腕背面，两手相互交叉，随即向两侧分开并向下画弧，掌心斜向下；同时左脚提起向左前侧方进步（脚尖略外撇）；身体重心前移，右腿自然蹬直，成左弓步；眼看前方。②两手由外圈向里圈画弧，两手交叉合抱于胸前，右手在外，手心均向后；同时右脚向左脚靠拢，脚尖点地；眼平看右前方。③两臂左右画弧分开平举，肘部微屈，手心均向外；同时右腿屈膝提起，右脚向右前方慢慢蹬出；眼看右手（图6-13）。

要点：身体要稳定，不可前俯后仰。两手分开时，腕部与肩齐平。蹬脚时，左腿微屈，右脚尖回勾，劲儿使在脚跟。分手和蹬脚须协调一致，右臂和右腿上下相对。如面向南起势，蹬脚方向应为正东偏南（约30°角）。

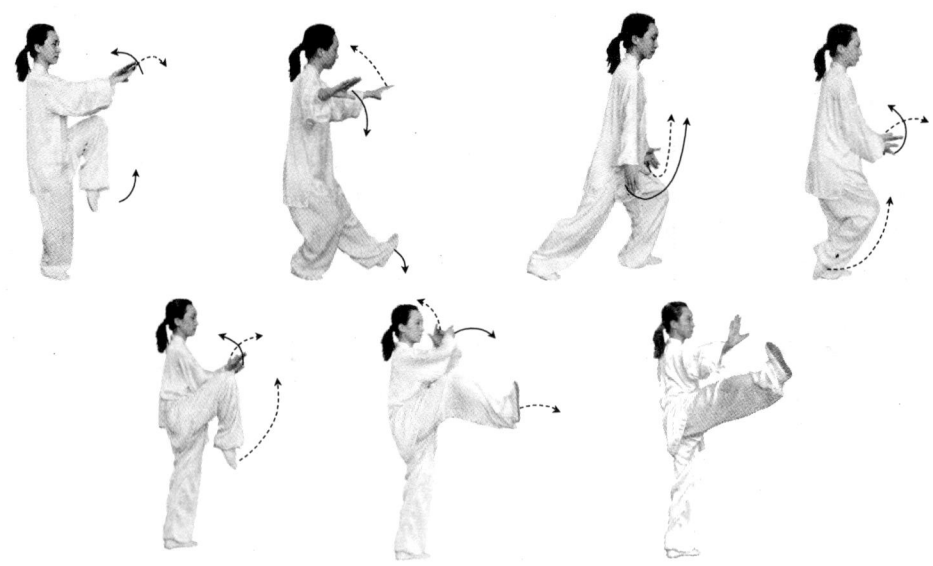

图6-13　右蹬脚连续动作

14. 双峰贯耳

①右腿收回，屈膝平举，左手由后向上、向前下落至体前，两手心均翻转向上，两手同时向下画弧分落于右膝盖两侧；眼看前方。②右脚向右前方落下，身体重心渐渐前移，成右弓步，面向右前方；同时两手下落，慢慢变拳，分别从两侧向上、向前画弧至面部前方，成钳形状，两拳相对，高与耳齐，拳眼都斜向内下（两拳中间距离约10～20厘米）；眼看右拳（图6-14）。

要点：完成式时，头颈正直，松腰松胯，两拳松握，沉肩垂肘，两臂均保持弧形。双峰贯耳式的弓步和身体方向与右蹬脚方向相同。弓步的两脚跟横向距离同"揽雀尾"式。

图 6-14　双峰贯耳

15. 转身左蹬脚

图 6-15　左蹬脚连续动作

①左脚屈膝后坐，身体重心移至左腿，上体左转，右脚尖里扣；同时两拳变掌，由上向左右画弧分开平举，手心向前；眼看左手。②身体重心再移至右腿，左脚收到右脚内测，脚尖点地；同时两手由外圈向里圈画弧合抱于胸前，左手在外，手心均向后；眼平看左方。③两臂左右画弧分开平举，肘部微屈，手心均向外；同时左腿屈膝提起，左脚向左前方慢慢蹬出；眼看左手（图 6-15）。

要点：与右蹬脚式相同，只是左右相反。左蹬脚方向与右蹬脚成 180°角。

16. 左下势独立

①左腿收回平屈，上体右转；右掌变成勾手，左掌向上、向右画弧下落，立于右肩前，掌心斜向后；眼看右手。②右腿慢慢屈膝下蹲，左腿由内向左侧（偏后）伸出，成左仆步；左手下落（掌心向外）向左下顺左腿内侧向前穿出；眼看左手。

要点：右腿全蹲时，上体不可过于前倾。左腿伸直，左脚尖须向里扣，两脚脚掌全部着地，左脚尖与右脚跟踏在中轴线上。

③身体重心前移，左脚跟为轴，脚尖尽量向外撇，左腿前弓，右腿后蹬，右脚尖里扣，上体微向左转并向前起身；同时左臂继续向前伸出（立掌），掌心向右，右勾手下落，勾尖向后；眼看左手。④右腿慢慢提起，成左独立式；同时右勾手变掌，并由后下方顺右腿外侧向前弧行摆出，屈臂立于右腿上方，肘与膝相对，手心向左；左手落于左胯旁，手心向下，指尖向前；眼看右手（图 6-16）。

要点：上体要正直，独立的腿要微屈，右腿提起时脚尖自然下垂。

图 6-16　左下势独立连续动作

17. 右下势独立

①右脚下落于左脚前，脚掌着地，然后以左脚前掌为轴，脚跟转动，身体随之左转，同时左手向后平举变成勾手，右掌随着转体向左侧画弧，立于左肩前，掌心斜向后；眼看左手。②同"左下势独立"②，左右相反。③同"左下势独立"③，左右相反。④同"左下势独立"④，左右相反（图 6-17）。

要点：右脚尖触地后必须稍微提起，然后再向下仆腿。其他均与"左下势独立"

相同，左右相反。

图 6-17　右下势独立连续动作

18. 左右穿梭

图 6-18　左右穿梭连续动作

①身体微向左转，左脚向前落地，脚尖外撇，右脚跟离地，两腿屈膝成半坐盘式；同时两手在左胸前抱球状（左上右下）；然后右脚收到左脚的内侧，脚尖点地；眼看左

前臂。②身体右转,右脚向右前方迈出,屈膝弓腿,成右弓步;同时右手由脸前向上举并翻掌停在右额前,手心斜向上;左手先向左下再经体前向前推出,高与鼻尖平,手心向前;眼看左手。③身体重心略向后移,右脚尖稍向外撇,随即身体重心在移至右腿,左脚跟进,停于右脚内侧,脚尖点地;同时两手在右胸前成抱球状(右上左下);眼看右前臂。④同②解,只是左右相反(图6-18)。

要点:完成姿势面向斜前方。手推出后,上体不可前俯。手向上举时,防止肩上耸。一手上举一手前推要与弓腿松腰上下协调一致。做弓步时,两脚跟的横向距离同"搂膝拗步",保持在30厘米左右。

19. 海底针

右脚向前跟进半步,身体重心移至右腿,左脚稍向前移,脚尖点地,成左虚步;同时身体稍向右转,右手下落经体前向后、向上提抽至肩上耳旁,再随身体左转,由右耳旁斜向前下方插出,掌心向左,指尖斜向下;与此同时,左手向前、向下画弧落于左胯旁,手心向下,指尖向前;眼看前下方(图6-19)。

要点:身体要先向右转,再向左转。完成姿势,面向正西。上体不可太前倾。避免低头和臀部外凸。左腿要微屈。

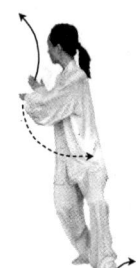

图6-19　海底针连续动作

20. 闪通臂

上体稍向右转,左脚向前迈出,屈膝弓腿成左弓步;同时,右手由体前上提,屈臂上举,停于右额前上方,掌心翻转斜向下,拇指朝下;左手上起经胸前向前推出,高与鼻尖平,手心向前;眼看左手(图6-20)。

要点:完成姿势上体自然正直,松腰、松胯;左臂不要完全伸直,背部肌肉要伸展开。推掌、举掌和弓腿动作要协调一致。弓步时,两脚跟横向距离同"揽雀尾"式(不超过10厘米)。

图6-20　闪通臂连续动作

21. 转身搬拦捶

①上体后坐,身体重心移至右腿上,左脚尖里扣,身体向右后转,然后身体重心

再移至左腿上；与此同时，右手随着转体向右、向下（变拳）经腹前画弧至左肋旁，掌心向下；左掌上举于头前，掌心斜向上；眼看前方。②向右转体，右拳经胸前向前翻转撇出，拳心向上；左手落于左胯旁，掌心向下，指尖向前；同时右脚收回后（不要停顿或脚尖点地）即向前迈出，脚尖外撇；眼看右拳。③身体重心移至右腿上，左脚向前迈一步；左手上起经左侧向前上画弧拦出，掌心向前下方；同时右拳向右画弧收到右腰旁，拳心向上；眼看左手。④左腿前弓成左弓步，同时右拳向前打出，拳眼向上，高与胸平，左手附于右前臂里侧；眼看右拳（图6-21）。

要点：右拳不要握得太紧。右拳回收时，前臂要慢慢内旋画弧，然后再外旋停于右腰旁，拳心向上。向前打拳时，右肩随拳略向前引伸，沉肩垂肘，右臂要微屈。弓步时，两脚横向距离同"揽雀尾"式。

图6-21 转身搬拦捶连续动作

22. 如封似闭

图6-22 如封似闭连续动作

①左手由右腕下向前伸出，右拳变掌，两手手心逐渐翻转向上并慢慢分开回收；

同时身体后坐，左脚尖翘起，身体重心移至右腿；眼看前方。②两手在胸前翻掌，向下经腹前再向上、向前推出，腕部与肩平，手心向前；同时左腿前弓成左弓步；眼看前方（图6-22）。

要点：身体后坐时，避免后仰，臀部不可凸出。两臂随身体回收时，肩、肘部略向外松开，不要直着抽回。两手推出宽度不要超过两肩。

23．十字手

①屈膝后坐，身体重心移向右腿，左脚尖里扣，向右转体；右手随着转体动作向右平摆画弧，与左手成两臂侧平举，掌心向前，肘部微屈；同时右脚尖随着转体稍向外撇，成右侧弓步；眼看右手。②身体重心慢慢移至左腿，右脚尖里扣，随即向左收回，两脚距离与肩同宽，两腿逐渐蹬直，成开立步，同时两手向下经腹前向上画弧交叉合抱于胸前，两臂撑圆，腕高与肩平，右手在外，成十字手，手心均向后；眼看前方（图6-23）。

要点：两手分开和合抱时，上体不要前俯。站起后，身体自然正直，头要微向上顶，下颌稍向后收。两臂环抱时须圆满舒适，沉肩垂肘。

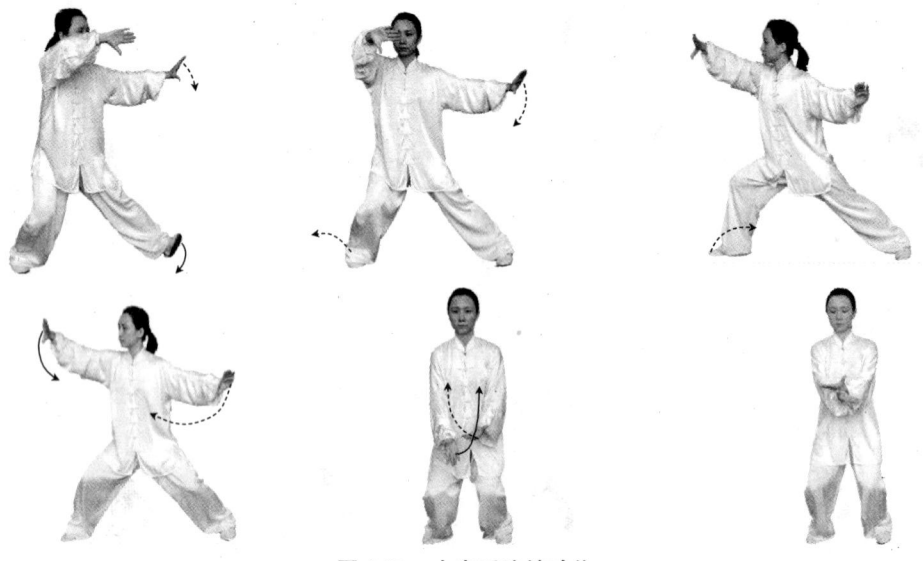

图6-23　十字手连续动作

24．收势

两手向外翻掌，手心向下，两臂慢慢下落，停于身体两侧；眼看前方（图6-24）。

要点：两手左右分开下落时，要注意全身放松，同时气也徐徐下沉（呼气略加长）。呼吸平稳后，把左脚收到右脚旁，再走动休息。

图6-24　收势连续动作

思考题

1. 何为太极拳?
2. 太极拳有什么特点?
3. 太极拳有什么作用?
4. 为什么说太极拳是中国文化的瑰宝?

第七章 三路长拳

第一节 三路长拳简介

一、何为三路长拳

中国拳派之一,一般将查拳、花拳、炮捶、红拳等均列入长拳。三路长拳是武术长拳中第三路长拳套路,也是长拳中基础套路之一。

二、长拳基本特点

(一)以套路为基础

套路运动是武术动作以攻守进退、动静急徐、刚柔虚实等矛盾运动的变化规律编成的整套练习形式。主要内容包括:拳术、器械、对练、集体表演。其中拳术,是徒手练习的套路运动,主要有长拳、太极拳、南拳、形意拳等;器械包括刀、剑、枪、棍等长短器械;对练,是在单练基础上,两人或两人以上,在预定的条件下进行攻防的假设性实战练习,包括徒手对练、器械对练、徒手与器械对练等;集体表演,是以6人以上的徒手或器械集体演练,可变换队形与图案和采用音乐伴奏,要求队形整齐,动作协调一致。

(二)"内外合一、形神兼备"

"外修其身,内修其心"。"外修其身"强调的是修武之人在于利用武术强身健体,通过武术运动的修炼达到促进人体机能水平的提高,适应能力的提高,健康水平提高的目的。武术"内外合一、形神兼备"的特点主要是通过武术功法和技法表现出来的。"内练精气神、外练筋骨皮"是各家各派练功的准则。如太极拳强调身心合修,天人合一;形意拳强调"内三合,外三合";少林拳强调精、力、气、骨、神内外兼修。而以"手眼身法步,精神气力功"八法的变化来锻炼身心是中华武术在漫长的发展过程中受到哲学、医学、美学等方面影响而形成的自己的特点。

"内修其心"讲的是习武之人要有武德和修养。武德,顾名思义就是武术的道德,即习武之人道德品质的修养。武德作为中国传统伦理的一个组成部分,其道德精神表现实质上还是中国传统伦理精神在武术领域内的具体体现。它的内容虽然也随着各个不同时期的发展而不断地补充和丰富,但其本质仍表象为:仁、义、礼、智、信、勇等。

(三)促进人的全面发展

1. 长期从事武术运动对人体健康具有积极的促进作用;
2. 长期从事武术运动能够提高防卫能力;

3. 长期从事武术运动能够磨炼意志、培养道德情操；

4. 丰富社会文化生活，增进交流促进。

三、长拳基本功练习

（一）手型手法练习

1. 手型

拳：拳握紧，拳面平，直腕（图7-1）。

掌：四指并拢伸直，拇指弯曲紧扣于虎口处（图7-2）。

勾：五指第一指节捏拢在一起，屈腕（图7-3）。

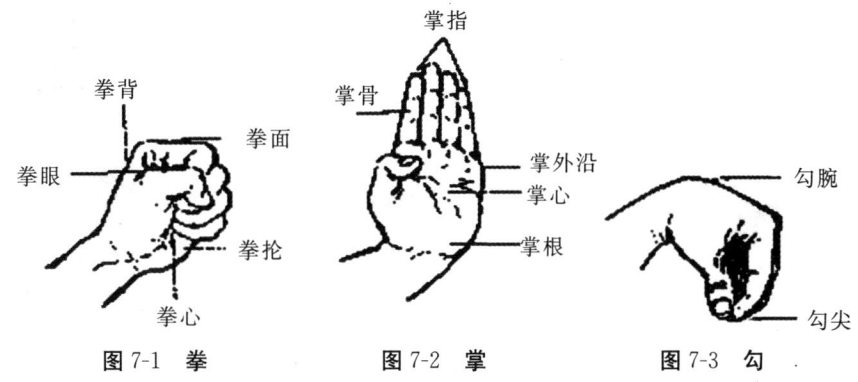

图7-1 拳　　　　图7-2 掌　　　　图7-3 勾

2. 手法

冲拳：出拳要快速有力，要有寸劲，做好拧腰、顺肩、急旋前臂的动作（图7-4）。

推掌：挺胸、收腹、直腰。出掌要快速有力，有寸劲；同时还要做好拧腰、顺肩、沉腕、翘掌等动作（图7-5）。

亮掌：抖腕、亮掌与转头要同时完成（图7-6）。

图7-4 冲拳　　　　图7-5 推掌　　　　图7-6 亮掌

（二）步型步法练习

1. 步型

弓步：前腿弓，后腿绷；挺胸、塌腰、沉髋；前脚同后脚成一直线（图7-7）。

马步：挺胸、塌腰、脚跟外蹬（图7-8）。

虚步：挺胸、塌腰、虚实分明（图7-9）。

仆步：挺胸、塌腰、沉髋（图7-10）。

歇步：挺胸、塌腰、两腿靠拢并贴紧（图7-11）。

丁步：挺胸、塌腰、虚实分明（图7-12）。

图 7-7　弓步　　　　图 7-8　马步　　　　图 7-9　虚步

图 7-10　仆步　　　　图 7-11　歇步　　　　图 7-12　丁步

四、三路长拳动作名称

预备动作

1. 虚步亮掌；2. 并步对拳。

第一段动作

1. 弓步冲拳；2. 弹腿冲拳；3. 马步冲拳；4. 弓步冲拳；5. 弹腿冲拳；6. 大跃步前穿；7. 弓步击掌；8. 马步架掌。

第二段动作

1. 虚步栽拳；2. 提膝穿掌；3. 仆步穿掌；4. 虚步挑掌；5. 马步击掌；6. 叉步双摆掌；7. 弓步击掌；8. 转身踢腿马步盘肘。

第三段动作

1. 歇步抢砸拳；2. 仆步亮掌；3. 弓步劈拳；4. 换跳步弓步冲拳；5. 马步冲拳；6. 弓步下冲拳；7. 叉步亮掌侧踹腿；8. 虚步挑拳。

第四段动作

1. 弓步顶肘；2. 转身左拍脚；3. 右拍脚；4. 腾空飞脚；5. 歇步下冲拳；6. 仆步抢劈拳；7. 提膝挑掌；8. 提膝劈掌弓步冲拳。

结束动作

1. 虚步亮掌；2. 并步对拳；3. 还原。

第二节　动作说明

预备势

两脚并步站立，两臂垂于身体两侧，五指并拢贴靠腿外侧，眼向前视。

1. 虚步亮掌

（1）右脚向右后方撤步成左弓步。右掌向右、左上、向前画弧，掌心向上；左臂屈肘，左掌提至腰侧，掌心向上。目视右掌。

（2）右腿微屈，重心后移。左掌经胸前从右臂上向前穿出伸直；右臂屈肘，右掌收至腰侧，掌心向上。目视左掌。

（3）重心继续后移，左脚稍向右移，脚尖点地，成左虚步。左臂内旋向左、向后画弧成勾手，勾尖向上；右手继续向后、向右、向前上画弧，屈肘抖腕，在头前上方成亮拳（即横掌），掌心向前，掌指向左。目视左方（图7-13）。

图7-13　虚步亮掌

2. 并步对拳

（1）右腿蹬直，左腿提膝，脚尖里扣，上肢姿势不变。

（2）左脚向前落步，重心前移。左臂屈肘，左勾手变掌经左肋前伸；右臂外旋向前下落于左掌右侧，两掌同高，掌心均向上。

（3）右脚向前上一步，两臂下垂后摆。

（4）左脚向右脚并步，两臂向外向上经胸前屈肘下按，掌变拳，拳心向下，停于小腹前。目视左侧（图7-14）。

图7-14　并步对拳

第一段

1. 弓步冲拳

（1）左脚向左上一步，脚尖向斜前方；右腿微屈，成半马步。左臂向上向左格打，拳眼向后，拳与肩同高，右拳收至腰侧，拳心向上。目视左拳（图7-15）。

（2）右腿蹬直成左弓步。左拳收至腰侧，拳心向上；右拳向前冲出，高与肩平，拳眼向上。目视右拳。

图 7-15　弓步冲拳

2. 弹腿冲拳

重心前移至左腿，右腿屈膝提起，脚面绷直，猛力向前弹出伸直，高与肩平。右拳收至腰侧；左拳向前冲出。目视前方（图 7-16）。

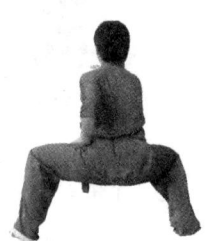

图 7-16　弹腿冲拳　　　　　　　图 7-17　马步冲拳

3. 马步冲拳

右脚向前落步，脚尖里扣，上体左转。左拳收至腰侧，两腿下蹲成马步；右拳向前冲出。目视右拳（图 7-17）。

4. 弓步冲拳

（1）上体右转90°，右脚尖外撇向斜前方，成半马步。右臂屈肘向右格打，拳眼向后。目视右拳。

（2）左腿蹬直成右弓步。右拳收至腰侧；左拳向前冲出。目视左拳（图 7-18）。

5. 弹腿冲拳

重心前移至右腿，左腿屈膝提起，脚面绷直，猛力向前弹出伸直，高与腰平。左拳收至腰侧。右拳向前冲出。目视前方（图 7-19）。

图 7-18　弓步冲拳　　　　　　　图 7-19　弹腿冲拳

6. 大跃步前穿

（1）左腿屈膝。右拳变掌内旋，以手背向下挂至左膝外侧，上体前倾。目视右手。

（2）左脚向前落步，两腿微屈。右掌继续向后挂，左拳变掌，向后向下伸直。目视右掌。

（3）右腿屈膝向前提起，左腿立即猛力蹬地向前跃出。两掌向前向上画弧摆起。目视左掌。

（4）右腿落地全蹲，左腿落地向前铲出成仆步。右掌变拳抱于腰侧，左掌由上向下画弧成立掌，停于右胸前。目视左脚（图7-20）。

图 7-20　大跃步前穿

7. 弓步击掌

右腿猛力蹬直成左弓步。左掌经左脚面后画弧至身后成勾手，左臂伸直，勾尖向上；右拳由腰侧变掌向前推出，掌指向上，掌外测向前，目视右掌（图7-21）。

8. 马步架掌

（1）重心移至两腿中间，左脚脚尖里扣成马步，上体右转。右臂向左侧平摆，稍屈肘；同时左勾手变掌由后经左腰侧从右臂内向前上穿出，掌心均朝上。目视左手。

（2）右掌立于左胸前；左臂向左上屈肘抖腕亮掌于头部左上方，掌心向前。目右转视（图7-22）。

图 7-21　弓步击掌　　　　　　　图 7-22　马步架掌

第二段

1. 虚步栽拳

（1）右脚蹬地，屈膝提起；左腿伸直，以前脚掌为轴向右后转体180°。右掌由左胸前向下经右腿外侧向后画弧成勾手；左臂随体转动并外旋，使掌心朝右。目视右手。

（2）右脚向右落地，重心移至右腿，下顿成左虚步。左掌变拳下落于左膝上，拳眼向里，拳心向后；右勾手变拳，屈肘向上架于头右上方，拳心向前。目视左方（图7-23）。

图7-23 虚步栽拳　　　　　　　　　　　图7-24 提膝穿掌

2. 提膝穿掌

（1）右腿稍伸直。右拳变掌收至腰侧，掌心向上；左拳变掌右下向左向上画弧盖压于头上方，掌心向前。

（2）右腿蹬直，左腿屈膝提起，脚尖内扣。右掌从腰侧经左臂内向右前上方穿出，掌心向上；左掌收至右胸前成立掌。目视右掌（图7-24）。

3. 仆步穿掌

右腿全蹲，左腿向左后方铲出成仆步。右臂不动，左掌由右胸前向下经左腿内侧，向左脚面穿出。目随左掌转视（图7-25）。

顺面示范　　　　　　　　　　　反面示范

图7-25 仆步穿掌

4. 虚步挑掌

（1）右腿蹬直，重心前移至左腿，成左弓步。右掌稍下降，左掌随重心前移挑起。

（2）右脚向左前方上步，左腿半蹲，成右虚步。身体随上步左转180°。在右脚上步的同时，左掌由前向上向后画弧成立掌，右掌由后向下向前上挑成立掌，指尖与眼平。目视右掌（图7-26）。

正面示范　　　　　　　　　　　　　　　　　反面示范

图7-26 虚步挑掌

5. 马步击掌

（1）右脚落实，脚尖外撇，重心稍升高并右移；左掌变拳收至腰侧；右掌俯掌向外捋手。

（2）左脚向前上一步，以右脚为轴向右后转体180°，两腿下蹲成马步。左掌从右臂上成立掌向左侧击出；右掌变拳收至腰侧。目视左掌（图7-27）。

6. 叉步双摆掌

（1）重心稍右移，同时两掌向下向右摆，掌指均向上。目视右掌。

（2）右脚向左腿后插步，前脚掌着地。两臂继续由右向上向左摆，停于身体左侧，均成立掌，右掌停于左肘窝处。目随双掌转视（图7-28）。

图7-27　马步击掌　　　　　　　　　图7-28　叉步双摆掌

7. 弓步击掌

（1）两腿不动。左掌收至腰侧，掌心向上；右掌向上向右画弧，掌心向下。

（2）左腿后撤一步，成右弓步。右掌向下向后伸直摆动，成勾手，勾尖向上；左掌成立掌向前推出。目视左掌（图7-29）。

侧面示范　　　　　　　　　　　正面示范

图7-29　弓步击掌

8. 转身踢腿马步盘肘

（1）两脚以前脚掌为轴向左后转体180°。在转体的同时，左臂向上向前画半立圆。

（2）上动不停，两脚不动，右臂由后向上向前划半立圆，左臂由前向下向后画半立圆。

（3）上动不停，右臂向下成反臂勾手，勾尖向上；左臂向上成亮拳，掌心向前上方。右腿伸直，脚尖勾起，向额前踢。

（4）右脚向前落地，脚尖里扣。右手不动，左臂屈肘下落至胸前，左掌心向下。目视左掌。

（5）上体左转90°，两腿成马步。同时左掌向前向左平捋变拳收至腰侧，右勾手变拳，右臂伸直，由体后向右向前平摆，至体前时屈肘，肘尖向前，高与肩平，拳心向下。目视肘尖（图 7-30）。

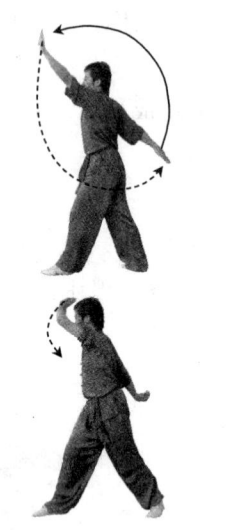

图 7-30　转身踢腿马步盘肘

第三段

1. 歇步抡砸拳

（1）重心稍升高，右脚尖外撇。右臂由胸前向上向右抡直；左拳向下向左，使臂抡直。目视右拳。

（2）上动不停，两脚以前脚掌为轴，向右后转体 180°。右臂向下向后抡摆、左臂向上向前随身体转动。

（3）紧接上动，两腿全蹲成歇步。左臂随身体下蹲向下平砸，拳心向上，臀部微屈；右臂伸直向上举起。目视左拳（图 7-31）。

正面示范　　　反面示范

图 7-31　歇步抡砸拳

2. 仆步亮掌

（1）左脚由右腿后抽出前上一步，左腿蹬直，右腿半蹲，成右弓步。上体微向右转。左拳收至腰侧，右拳变掌向下经胸前向右横击掌。目视右掌。

（2）右脚蹬地屈膝提起，上体右转。左拳变掌从右掌上向前穿出，掌心向上；右掌平收至左肘下。

（3）右脚向右落步，屈膝全蹲，左腿伸直成仆步。左掌向下向后画弧微屈，抖腕成亮掌，掌心向前。头随右手转动，至亮掌肘，目视左方（图 7-32）。

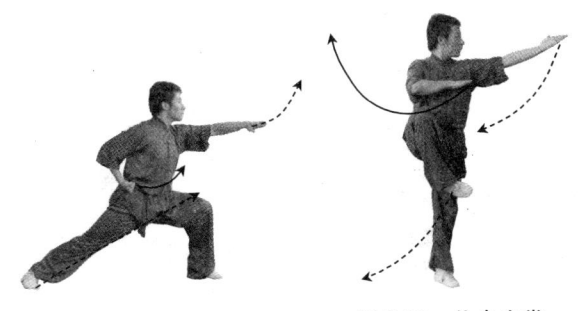

图 7-32　仆步亮掌

3. 弓步劈拳

（1）右腿蹬地立起；左腿收回并向左前方上步。右掌变拳收至腰侧，左勾手变掌由下向前上经胸前向左做捋手。

（2）右腿经左腿前方向左绕上一步，左腿蹬直成右弓步。左手向左平捋后再向前挥摆，虎口朝前。

（3）在左手平捋的同时，右拳向后平摆，然后再向前向上做抡劈拳，拳高与耳平，拳心向上，左掌外旋接扶右前臂。目视右拳（图7-33）。

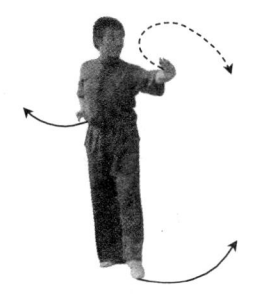

图 7-33　弓步劈拳

4. 换跳步弓步冲拳

（1）重心后移，右脚稍向后移动。右拳变掌，臂内旋，以掌背向下画弧挂至右膝内侧；左掌背贴靠右肘外侧，掌指向前。目视右掌。

（2）右腿自然上抬，上体稍向左扭转。右掌挂至体左侧，左掌伸向右腋下。目随右掌转视。

（3）右脚以全脚掌用力向下震踩，与此同时，左脚急速离地抬起。右手由左向上向前捋盖而后变拳收至腰侧；左掌伸直向下，向上，向前屈肘下按，掌心向下。上体右转，目视左掌。

（4）左脚向前落步，右腿蹬直成左弓步。右拳向前冲出，拳高与肩平；左掌藏于右腋下，掌背贴靠腋窝。目视右拳（图7-34）。

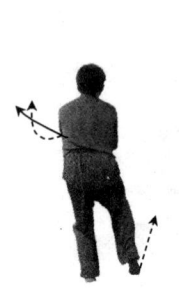

图 7-34　换跳步弓步冲拳

5. 马步冲拳

上体右转 90°，重心移至两腿中间，成马步。右拳收至腰间，左掌变拳向左冲出，拳眼向上。目视左拳（图 7-35）。

图 7-35　马步冲拳

6. 弓步下冲拳

右脚蹬直，左腿弯曲，上体稍向左转，成左弓步。左拳变掌向下经体前向上架于头左上方，掌心向上，右拳自腰侧向左斜下方冲出。目视右拳（图 7-36）。

7. 叉步亮掌侧踹腿

（1）上体稍右转。左掌由头上下落于右手腕上，右拳变掌，两手交叉成十字。目视双手。

（2）蹬地并向左腿后插步，以前脚掌着地。左掌由体前向下向后画弧成勾手，勾尖向上；右掌由前向右向上画弧抖腕亮掌，掌心向前。目视左侧（图 7-37）。

（3）重心移至右腿，左腿屈膝提起，向左上方猛力蹬出。上肢姿势不变，目视左侧。

图 7-36　弓步下冲拳　　　　　　　　图 7-37　叉步亮掌侧踹腿

8. 虚步挑拳

（1）左脚在左侧落地。右掌变拳稍后移，左勾手变拳由体后向左上挑，拳背向上。

（2）上体左转 180°，微含胸前俯。左拳继续向前向上画弧上挑，右拳向下向前画弧挂至右膝外侧，同时右膝提起。目视右拳。

（3）右脚向左前方上步，脚尖点地，重心落于左脚，左腿下蹲成右虚步。左拳向后画弧收至腰侧,拳心向上;右拳向前屈臂挑出,拳眼斜向上,拳与肩同高。目视右拳(图7-38)。

图 7-38 虚步挑拳

第四段

1. 弓步顶肘

(1) 重心升高,右脚踏实。右臂内旋向下直臂画弧,以拳背下挂至右膝内侧,左拳不变。目视前下方。

(2) 左腿蹬直,右腿屈膝上抬。左拳变掌,右拳不变,两臂向前向上画弧摆起。目随右拳转视。

(3) 左脚蹬地起跳,身体腾空,两臂继续画弧至头上方。

(4) 右脚先落地,右腿屈膝,左脚向前落步,以前脚掌着地。同时两臂向右向下屈肘停于右胸前,右拳变掌,左掌变拳。右掌心贴靠左拳面。

(5) 左脚向左上一步,左腿屈膝,右腿蹬直成左弓步。右掌推左拳,以左肘尖向左顶出,高与肩平。目视前方(图7-39)。

图 7-39 弓步顶肘

2. 转身左拍脚

(1) 以两脚前脚掌为轴向右后转体180°。随着转体,右臂向上,向右向下画弧抡摆,同时左拳变掌向下向后向前上抡摆。

(2) 左腿伸直向前上踢起,脚面绷平。左掌变拳收至腰侧,右掌出体后向前拍击左脚面（图 7-40）。

图 7-40　转身左拍脚　　　　　　　　图 7-41　右拍脚

3. 右拍脚

（1）左脚向前落地，左拳变掌向下向后摆，右掌变拳收至腰侧。

（2）右腿伸直向前上踢起，脚面绷平。左拳变掌由后向上向前拍击右脚面（图 7-41）。

4. 腾空飞脚

（1）右脚落地。

（2）左脚向前摆起，右脚猛力蹬地跳起，左腿屈膝继续前上摆。同时右拳变掌向前向上摆起，左掌先上摆而后下降拍击右掌背。

（3）右腿继续上摆，脚面绷平。右手拍击右脚面，左掌由体前向后上举（图 7-42）。

图 7-42　腾空飞脚

5. 歇步下冲拳

（1）左、右脚先后相继落地。左掌变拳收至腰侧。

（2）身体右转 90°，两腿全蹲成歇步。右拳抓握、外旋变拳收至腰侧；左拳由腰侧向下方冲出，拳心向下。目视左拳（图 7-43）。

顺面示范　　　　　　　　　　　　　　反面示范

图 7-43　歇步下冲拳

6. 仆步抡劈拳

（1）重心升高，右臂由腰侧向体后伸直，左臂随身体重心升高向下摆起。

（2）以右脚前脚掌为轴，左腿屈膝提起，上体左转 270°，左拳由前向后下画立圆一周；右拳由后向下向前上画立圆一周。

（3）左腿向后落一步，屈膝全蹲，右腿伸直，脚尖里扣成右仆步。右拳由上向下抡劈，拳眼向上；左拳后上举。目视右拳（图 7-44）。

图 7-44　仆步抡劈拳

7. 提膝挑掌

（1）重心前移成右弓步。同时右拳变掌由下向上抡摆，左拳变掌稍下落，右掌心向左，左掌心向右。

（2）左、右臂在垂直面上由前向后各划立圆一周。右臂伸直停于头上，掌心向左，掌指向上，左臂伸直停于身后成反勾手。同时右腿屈膝提起，左腿挺膝伸直独立。目视前方（图 7-45）。

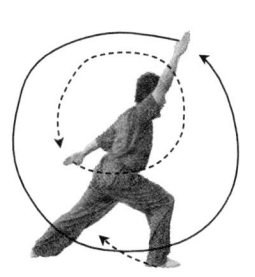

图 7-45　提膝挑掌

8. 提膝劈掌弓步冲拳

（1）下肢不动。右掌由上向下猛劈伸直，停于右小腿内侧，用力点在小指一侧；左勾手变掌，屈臂向前停于右上臂内侧，掌心向左。目视右掌。

（2）右脚向右后落地；身体右转 90°。同时左掌变拳收至腰侧，右臂内旋向右画弧做劈掌。

（3）上动不停，左腿蹬直成右弓步。右手抓握变拳收至腰侧，左拳由腰侧向左前方冲出。目视左拳（图 7-46）。

图 7-46　提膝劈掌弓步冲拳

结束动作

1. 虚步亮掌

（1）右脚扣于左膝后，两拳变掌，两臂右上左下屈肘交叉于体左前。目视右掌。

（2）右脚向后落步，重心后移动，右腿半蹲，上体稍右转。同时右掌向上向右向下画弧停于左腋下；左掌向左向上弧停于右臂上与左胸前，两掌心左下右上，目视左掌。

（3）左脚尖稍向右移动，右腿下蹲成左虚步。左臂伸直向左向后画弧成反勾手；右臂伸直向下向右向上画弧抖腕亮掌，掌心向前。目视左方（如图7-47）。

图 7-47　虚步亮掌

2. 并步对拳

（1）左腿后撤一步，同时两掌从两侧向前穿出伸直，掌心向上。

（2）右腿后撤一步，同时两臂分别向体后下摆。

（3）左脚后退半步向右脚并拢。两臂由后向上经体前屈臂下按，两掌变拳，停于腹前，拳心向下，拳面相对。目视左方（如图7-48）。

图 7-48　虚步亮掌　　　　　　　　　图 7-49　还原

3. 还原

两臂自然下垂。目视正前方（如图7-49）。

思考题

1. 请简述何谓"武德"。
2. 长拳有什么特点？
3. 长拳有什么作用？
4. 长拳练习中如何体现"精、气、神"？

第八章 篮球运动

第一节 篮球运动简介

一、篮球运动的起源与发展

篮球运动起源于1891年,由美国体育教师詹姆斯·奈·史密斯(博士)发明。由于马萨省塞州位于美国东部,冬季天气寒冷,当时的冬季体育课面临种种困难,导致参加体育运动的人数明显减少,因此,史密斯博士在均衡足球、橄榄球、曲棍球等各种运动项目的特点之后,综合利弊,决定自行设计一种能用手直接控制、趣味性强、能在室内运动的新型体育项目。经过各种尝试,又受到摘桃时将桃子投入篮子中这一动作的启示,最后决定采用将皮球往篮子里投,以投入的多少定胜负的运动方式。将篮子钉在室内两侧的墙上,高度为10英尺(约等于3.05米),这便是今日篮筐高度的由来。1895年,篮球运动传入中国的天津,当时清政府同日本签订了丧权辱国的《马关条约》后,随着外国侵略军、洋人与传教士等大批来到中国,同时也带来了他们本国的风俗与文化,篮球运动就是在这种情况下进入中国的。篮球运动是由基督教青年会传到教会学校,之后逐步推向社会,至今已有了百余年的历史。

美国1926年便有了职业篮球联赛,之后伴随着文化以及宗教的扩张,先后向欧洲、亚洲、非洲等国家和地区传播。在1936年德国举行的第11届奥运会上,篮球被正式列入男子比赛项目。这项运动的创始人史密斯携夫人到会行开球礼,之后国际篮协宣告成立,史密斯被聘为长年顾问,同年国际篮球竞赛规则诞生。自此,篮球作为一项现代竞技运动正式登上了国际舞台。

目前篮球已成为广大人民群众喜闻乐见的体育运动项目,吸引亿万人参与。它不但能培养人们的运动意识和团队精神,还能锻炼意志品质和道德作风,同时也可以改善人们的形态条件、生理机能以及心理素质。在激烈紧张和瞬息万变的比赛同时也能带给人们各种观赏方面的享受。随着篮球事业的蓬勃发展,我国篮球运动管理中心于1997年正式成立,这种管理体制的改革给篮球事业带来了生机和活力。中国篮球在不断提供商机的同时,正向产业化、国际化迈进。大批外国球员来到国内给职业联赛注入了新鲜的血液,精湛的球艺和顽强的作风使我们找到了差距,同时又有王治郅、姚明、巴特尔、易建联等一批我国自己培养出来的优秀球员被NBA选中,能在这一运动的顶级舞台展示着自己的才华,他们代表着中华民族体育的崛起。职业篮球比赛的特殊魅力和经济效益在规范中日益体现,逐渐形成一种新兴产业,发展前景十分广阔。篮球运动以其独有的风范和艺术性、娱乐性、观赏性及商业性等特点深受世界各国人民的喜爱。因此现代篮球运动已被视为人类社会文明进步的标志。

二、篮球运动场地与器材

（一）场地

1. 界线

标准的篮球场地为 28×15 米的长方形。如图 8-1 所示，28 米为边线，15 米为端线，丈量时从内沿算起。场地上所有线的宽度均为 0.05 米，颜色要求相同，障碍物、广告牌以及球队席距离界限至少应空出 2 米的距离。

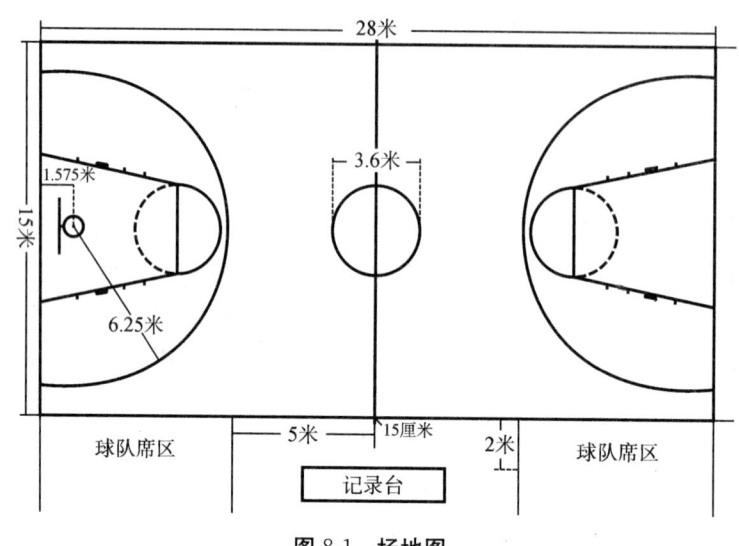

图 8-1 场地图

2. 中线

连接两条边线的中点画一条平行于端线的线段叫中线，中线需向两边线外各延长 0.15 米。

3. 罚球线

罚球线是与端线平行，长 3.60 米的线段，它的外沿距端线内沿为 5.80 米。

4. 中圈

中圈为球场的中央，是以中线的正中点为圆心，以 1.80 米为半径画成的标准圆，其面积从圆的外沿开始计算，如果在中圈内部着色，它的颜色必须与限制区内部的着色相同。

5. 限制区

从罚球线两侧画两条线段至距离端线中点各 3 米处所构成的梯形区域叫限制区，其面积从外沿计算。

6. 罚球区

以罚球线中点为圆心，1.80 米为半径，向限制区外所画出的半圆区域叫罚球区。如图 8-2 所示，在连接罚球区半圆的弧线两端应以 1.80 米为半径，在限制区内再用虚线画一半圆，其实线部分为 0.35 米，虚线部分为 0.40 米，使之形成一个以罚球线正中点为圆心，以 3.60 米为直径的标准圆。罚球区两侧梯形斜线上的线段是执行罚球时的队员站位区，其丈量方式应从罚球区两侧的端线开始，第一位置区为 0.85 米，与中立区相邻，中立区为 0.40 米，第二位置区与中立区相邻，长度为 0.85 米，第三位置区与第二位置区相邻，长度仍为 0.85 米，用来相隔这些区域的线段长度均为 0.10 米，并与罚球区的梯形斜线相垂直。

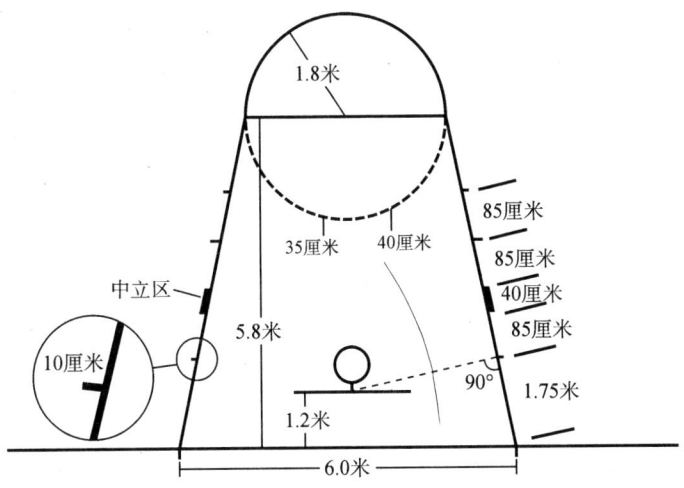

图 8-2　罚球区

7. 三分线

画法，①以篮圈圆心到地面的垂点为圆心，以 6.25 米为半径画半圆（从外沿计算）。②分别距边线内沿 1.25 米处从端线引出两条平行线。③将两条平行线与半径为 6.25 米的半圆相连接，由此形成一个 1/2 的椭圆，这条 1/2 椭圆的弧线我们称之为三分线，从线的外沿算起，进攻队在线内投篮均为二分，在这条线外场内任何一处投篮入筐均为三分。

（二）器材与设备

1. 篮板

如图 8-3 所示，长为 1.80 米，宽为 1.05 米，其中间的长方形为 0.59 米×0.45 米，篮板的安装应与地面垂直，下沿距地面的高度为 2.90 米，与端线平行，篮板前沿与地面的垂线应与端线内沿相距 1.20 米，如有外力使篮板发生横向移动时，应在 4 秒钟内恢复静止状态。

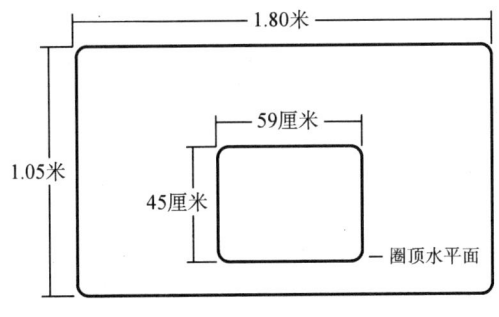

图 8-3　篮板

2. 球篮

篮圈是用实心的钢材制造而成，它的内径为 0.45 米（图 8-4），其上沿与地面的高度为 3.05 米，安装在篮板正中央与小长方形底边的上沿成水平，与篮板垂直（图 8-

5)，篮板正面的前沿距篮圈内沿的最近点为0.15米，篮圈下沿与篮网相接，网的长度应为0.40～0.45米。

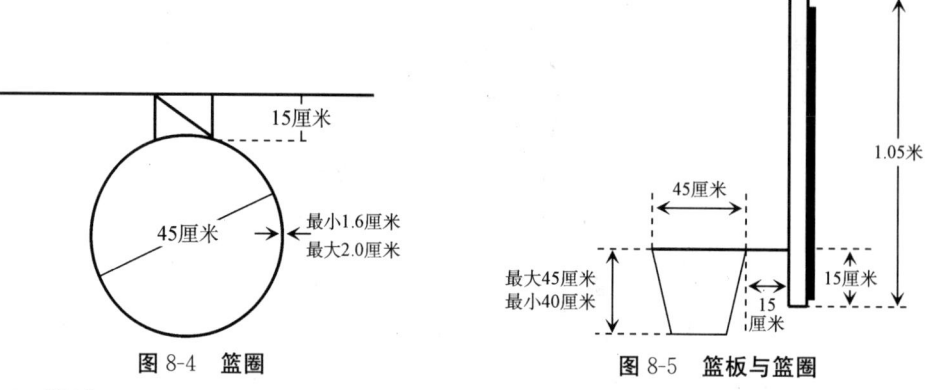

图8-4 篮圈　　　　　　图8-5 篮板与篮圈

3. 篮球

篮球为标准圆球形状，其外表由皮革或橡胶制造而成，周长在0.75～0.78米之间，重量为600～650克，标准的比赛用球应在满足上述条件下充气之后，从1.80米（底部计算）的高度自由下落，在硬木质地板上弹起之后高度不得高于1.40米（顶部计算），不得低于1.20米。

三、脚步移动

篮球比赛是攻守转换的过程，由于场上的情况起伏跌宕、变幻莫测，一个失误便会导致攻防阵型瞬间颠倒，为了适应这种突然、频繁的转变，我们首先要从脚下练习开始做起。脚步移动是一切技战术配合正常发挥的基础，无论进攻与防守，为了尽快占领有利位置，需要的是速度和高度，但在有限的时间和空间之内，在严密的盯防之下，要实现这一目的就必须掌握灵活多变的脚步移动技术。移动技术大体包括走、跑、跳、急停、转身、滑步、跨步、交叉步、后撤步等等，其动作结构是下肢多个复合动作再加上肢动作的协调配合来完成的。

（一）跑

跑是由静止状态转为运动状态的一个过程，是身体位移的方法之一，是在走的基础上频率不断加快，由双脚支撑变为单脚支撑的结果。篮球场上经常运用的跑动方法大体有以下几种：

1. 变速跑

即用速度的改变来达到目的的方法之一。进攻时可摆脱对手，防守时可封堵路线。

2. 变向跑

即用方向的改变来达到目的的跑动方式。变向时，要注意最后一步反侧脚的前脚掌内侧用力蹬地，如向左变向时，右脚蹬地同时脚尖内旋、屈膝，腰部带动上体向左前倾，当右脚变支撑脚后，左脚向左前方跨出并用力蹬地，右脚随后跟上继续加速前进。

3. 侧身跑

足尖指向前进方向，腰部扭转，上体和头对着侧面有球方向，使重心轨迹形成一条弧线的跑动方法。多在抢位、传切、接应等场合经常运用，其特点是既能保持一定的速度，又能合理地用身体对球加以保护。

4. 后退跑

这是一种背对着前进方向的特殊跑动方法。一般是在防守中确认身后无人时采用，跑动时两脚的前脚掌交替向前蹬地，提膝向后摆动腿的同时上体放松，屈肘摆臂配合下肢节奏以保持身体平衡，同时更好地观察和判断场上的所有情况。

（二）跳

跳是篮球场上争夺高度和远度的主要方式，无论是投篮争抢篮板或抢断球及封盖，凡是空中动作，起跳质量都将起着决定性作用，这里的质量包括起跳高度、弹速、起跳远度、滞空时间等等。跳是通过屈膝、脚掌蹬地、踝关节伸、股四头肌和小腿三头肌迅速收缩将身体腾空的过程，其方式有单脚起跳和双脚起跳两种，在实际中可根据具体情况任意选择。

1. 单脚起跳

多用于行进间投篮、冲抢篮板球、抢断球等，一般是在有助跑的情况下完成，起跳前踏跳腿屈膝，前脚掌用力蹬地，同时臂上摆将水平速度完全转换为垂直上升的速度，身体上升的同时胯关节打开，借以增加上体的相对高度，当身体升至最高点时摆动腿自然伸直与起跳腿合并，使腾空动作进一步协调并保持相对的平衡与稳定。

2. 双脚起跳

多用于跳起投篮、跳球、争抢防守篮板球等，一般是在原地或跨步后完成，起跳时双脚的前脚掌蹬地，上体前倾的同时双臂上摆，身体在空中要自然伸展，用腰腹肌的收缩来控制腾空之后的相对平衡。

（三）急停

急停是在行进间突然制动使速度为零，身体相对静止的变化过程。它是各种脚步衔接和变化的过渡动作，利用这一过程不但可以有效地摆脱防守，还可以更好地结合起动、变向、转身等完成其他动作，从而达到理想的目的。急停的方法有跳步急停和跨步急停两种，前者是指停步之前一脚蹬地跳起并腾空，之后双脚同时平行落地，后者是指双脚依次前后落地。以上无论哪种方法，在停步之前都要适当降低身体重心，落地后两腿屈膝，重心保持在两脚之间，上体略前倾，为更好地完成下一动作做好充分准备。

（四）跨步

跨步是在身体相对静止时，以一脚为轴，另一只脚向其他方向跨出，用以摆脱防守的脚步方法。经常是在持球后作为过渡性动作时运用。跨步既能更好地调整位置又能抢占有利的空间，从而获得超越和摆脱，最后完成传球或投篮。

（五）转身

即在规则允许的范围内，以一只脚为轴，另一只脚蹬地使身体向前或向后转体，从而改变移动方向的一种动作方法。在实际中应用较为广泛，经常与其他动作结合使用，在完成这一动作的过程中，首先要屈膝、降低重心，确立中枢脚后用前脚掌碾地，转身时注意用转胯带动上体转动，同时要保持身体重心平稳，不要产生起伏，转身后重心仍然要落在两脚之间，确保身体相对平衡，以便衔接下一动作。

（六）滑步

即用双脚滑动的方式向各个方向平移，左右滑动时用移动方向反侧腿的前脚掌内侧蹬地，前后滑动时用移动方向后侧腿的前脚掌做蹬搓动作，用力脚蹬离地面后不要过高抬起，应紧贴地面滑动，从而克服重心起伏来维持相对平衡。滑步时双手扬起或一手在上一手在下，目的是封锁传球路线，随时破坏和干扰进攻。

（七）后撤步

后撤步是防守时常用的脚步移动方法，经常与滑步结合运用，可随时保持有利的防守位置。其方法是：前脚掌内侧蹬地，以另一侧脚为支点，在以腰、胯为轴转动的同时前脚变为后脚，重新面对进攻队员，但仍然保持原有的防守姿势，也可视为通过脚步移动调整防守位置的一种方法。

（八）交叉步

在防守过程中，为了及时地移动或调整脚步，抢占有利的防守位置，通常运用交叉步结合其他脚步动作来达到目的。其动作方法是在移动过程中脚掌内侧蹬地，灵活转胯带动上体随之移动，蹬地腿绕支撑腿前后交叉摆动，为了与速度衔接，重心要紧随支撑腿移动。

四、篮球运动的健身价值

（一）篮球运动包括跑、跳、投等多种运动技能，通过篮球运动的练习可以促进身体正常发育，提高机能素质，对发展灵敏、速度、力量和耐力等身体素质具有重要作用。

（二）篮球运动是一个集体项目，能培养人的集体主义观念、团结协作思想和人际协调能力。

（三）篮球运动是在高度对抗和变化莫测的情况下进行的，因此对提高神经系统的灵活性、应变能力和大脑的分析综合能力都具有重要作用。

（四）篮球运动的乐趣和吸引力可以使大学生紧张的学习得到有效的放松。

第二节 基本技术与练习方法

篮球运动的基本技术包括传接球、运球、投篮、脚步移动等等，每项技术都是由不同的动作组合而成。这些看似简单的动作的合理衔接便构成了篮球的基本技术。每项技术既有它的规律性又有它的特殊性。技术的掌握首先要以良好的身体素质为前提条件，其中包括力量、速度、柔韧、协调、频率等等。然后在规则允许的范围内充分发挥，合理利用，顺畅衔接。技术的掌握与完善依赖于正确的练习方法。因此本节在讲述基本技术的同时也介绍和推荐了一些行之有效的练习方法，仅供同学们参考。

一、传接球

（一）传接球技术

传接球技术是篮球运动中最基本的技术之一。它可将场上队员连接贯穿成一个有机整体，无论是进攻还是防守，它都起着纽带和桥梁的作用，所以动作要领和技术细节的掌握不容忽视。传球方式多种多样，动作五花八门，但目的只有一个，即摆脱干扰，使球顺利、准确地到达理想位置。这是一个反复实践、经验积累的过程，因此需要我们付出不懈的努力。

1. 双手胸前传接球

持球时双手的五指自然张开，拇指对称呈"八"字形状，脚前后站立，含胸收腹，肘外展，持球于胸腹之间，球出手时，借助身体重心前移的惯性，迅速伸臂，同时拇指下压，手腕前屈，食指中指用力拨球（图8-6）。接球时首先判断来球的速度和方位，双臂伸出迎球的同时手指自然张开，双手拇指同样呈"八"字形状，双手在体前形成半圆状，做迎球的准备姿势。指尖触球的瞬间双臂随球后引以缓冲球的力量，使球自然置于胸前（图8-7）。

图8-6　胸前传球手部动作

图8-7　双手胸前接球动作

2. 单手肩上传接球

单手五指张开持球于体侧，肘外展，肩放松，用拇指与小拇指控制球的方向，大臂由后向前挥动的同时，腕关节前屈，球出手瞬间食指、中指、无名指的指尖下压，使球即有方向、弧度又有速度力量地抛向预想位置。由于这种传球方式多用于长传快攻或远距离转移，练习时两脚前后站立，持球侧的上臂向后引球，此时胸和肩关节完全打开，在重心从后脚向前脚移动的同时，腰部带动上体发力，从而借助下肢和腰部的力量来连贯地完成这一动作。接球方法有两种，一种双手接球（同上），另一种是单手接球。这种方法是五指自然分开成弧形并伸出手臂迎球，手指前端触球的瞬间顺势缓冲控球。同时，借助另一手的辅助成双手持球的姿势。保持身体平衡，做好下一动作的准备姿势。

3. 双手头上传球

双手持球的侧下方置球于头上，拇指对称呈"八"字形状，两脚平行站立，球出手前以一侧脚为轴，重心应落在轴心脚上，用另一侧脚的移动来寻找目标和时机，球出手前，腰腹肌收缩发力至上体，然后两侧腕关节同时前屈，双手均衡地用力将球抛出，使球沿抛物线在防守者的头上越过。

4. 击地反弹传球

在防守者手臂上举或身体腾空时，可通过地面反弹的方式将球传给同伴。首先要选好击地的落点，找好反弹的角度，持球方式与双手胸前传球相同，球出手时，向前下方伸臂，肘迅速打开，在屈腕的同时，拇指、食指和中指向前下方拨球，使球沿横轴自身上旋，这种球反弹后会加速到达理想的位置。

5. 单手体侧传球

首先要使防守者的重心产生变化，将其注意力分散，然后从另一侧将球传出。例如，双脚平行站立，以右脚为轴，左脚迈向左前方，身体向左侧移动，但重心不变，这一过程是为了迷惑对方，使其防守的注意力倾向于左侧，此时右手迅速将球向右侧方引拉，经体侧做弧线摆动，大臂伸直，手腕前屈，指尖拨球，声东击西地将球从右侧绕过防守，到达同伴所处位置。

6. 背后传球

在身体前方所有传球路线都被封锁的情况下，可采用背后传球的方式将球传给同伴。首先要用余光找好确切的位置和传球路线，然后从腰部将球引向背后，在屈腕的同时指尖拨球，将球传出。这种方式的优点是隐蔽性强，不宜暴露意图和传球路线，缺点是准确性差，方向和落点不宜控制。

（二）传接球练习方法

1. 双手胸前传球练习方法

（1）原地模仿练习。徒手体会原地双手胸前传球的出球手法。要求：身体直立，腿不动，重点体会上肢出球手法。

（2）原地持球翻腕练习。体会原地双手胸前传球的翻腕动作。

（3）原地传接球练习。两人一组一球，面对面相距3～4米，做原地双手胸前传球练习。要求：上下肢动作协调配合，传球手法准确。

（4）原地三角、四角传球练习。学生3～5人一组站成近似等边三角形或正方形，相距4～5米按顺时针或逆时针方向依次传球。要求：接传球动作连贯，上下肢动作配合协调。

2. 单手肩上传球练习方法

最好两人一组，从中近距离开始练习，熟练后进行远距离的传接球，要充分体验腕关节前屈和指尖下压，着重强调传球的准确性，控制好方向和力度。也可找一参照物，面对墙壁或篮板，假设其某一点为目标进行反复练习，从而达到理想效果。

3. 行进间传接球练习方法

练习1　行进间传接球往返上篮

方法如图8-8所示，两人一组，在跑动中双手胸前传接球，到限制区后行进间投篮，另一人拿到篮板球后各自按原路线传球返回。熟练之后在3个圈内增设3名防守队员进行抢断，传球失误者进圈防守。

要求：①不许运球，不要持球，跑动速度不要过快，但传球频率要尽量加快。②传球的弧线不要高过头顶，落点要在胸前部位，根据同伴的跑动速度合理地给出提前量。③跑动时不要跳跃，身体重心轨迹尽量与地面保持平行。

练习2　三人一组绕"8"字传球

方法如图8-9所示，队员①②③呈"V"字形站立，由②持球开始，任意选择传球方向，当选择右侧将球传给③时，传球结束后立即从③的后侧绕弧线加速跑领先，③将球传给①，然后从①的后侧绕弧线加速跑领先，此时①再将球传给②，之后从②的后侧绕弧线加速，②再将球传给③……以此类推，按顺序轮回，最后到篮下投篮。

要求：①传球的目标要明确，跑动的路线要清晰。②控制球队员要根据情况掌握节奏，如接球队员速度较慢没到位时，可做运球调整。③传球结束后的无球队员要从接球队员身后绕弧线急加速，为下一次及时到位接球做好充分的准备。

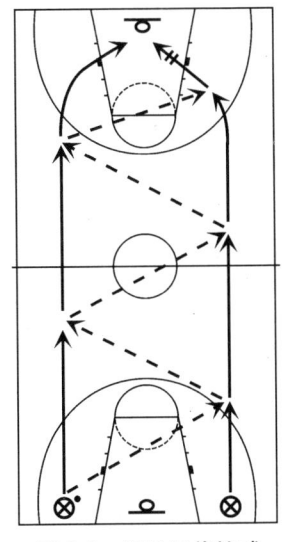
图8-8　行进间传接球

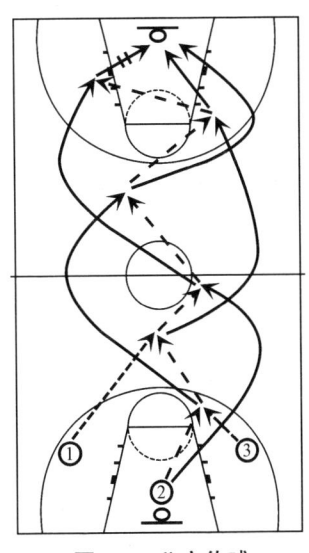
图8-9　八字传球

4.击地反弹球练习方法

（1）两人近距离击地反弹练习，体会手臂用力方法。

（2）两人中远距离击地反弹练习，体会球着地角度和用力方法。

（3）两人行进间击地反弹球练习，体会速度与提前量的关系。

二、运球

（一）运球技术

运球是比赛中个人进攻或寻找机会与同伴配合的主要技术环节，既能调整节奏又可拖延时间，随着篮球场上竞争的日益激烈，运球技术也在不断地完善和提高，为了适应实战的需要，单一的低手运球已逐渐被淘汰，取而代之的是高手、体侧、胯下、背后运球、转身运球等等，这些技术改革的目的是为了更好地保护球和支配球，所以熟练地掌握这些技术尤为重要。

1.原地运球技术

（1）一般要求。运球时首先五指要自然张开，掌跟、掌心以及指尖部分要与球充分接触，尽量加大手与球的接触面积。运球时肩关节要自然放松，肘关节要外展，屈伸的幅度要大，手作用于球（接触）的时间要尽可能延长，这样才能更有效地控制球。击地的落点和角度可根据需要来选择，击地后要主动迎接地面反弹起来的球，同时随球的力量向上缓冲，同时手的形状和球要尽量吻合，然后再用力向下拍按，另一侧手臂屈肘自然抬起，其作用是达到保护球的作用（图8-10）。

（2）双脚平行站立运球。肩关节放松，上体前屈，臂左右横向在体前大幅度摆动，球的落点在体前的双脚之间，使球击地反弹后的运行轨迹在体前形成"V"字。（图8-11）

图8-10　原地运球一般要求　　　　　　　　图8-11　双脚平行站立

（3）双脚前后站立，左脚在前右脚在后，右手运球，抬头目视前方，肩放松，臂前后摆动，根据向下拍按的角度和力量判断反弹球的速度和方位，按照一推一拉的节奏，使动作逐渐协调连贯，之后换右脚在前左脚在后，左手运球，要求同上。

2. 转身运球技术

行进间转身运球时，首先要确立中枢脚，如右手运球，右路被封堵时，则应以左脚在前确立其为中枢脚，按照动作要领，重心下降，转体的瞬间要以胯关节为轴带动上体突然地转身换左手运球于体侧，同时右侧手臂自然抬起，在维持身体平衡的同时起到保护球的作用，转体后足尖要对准前进方向，以便调整身体重心移动，整个技术动作要协调连贯，一气完成。教学过程中可先进行徒手转身动作的练习，着重强调重心下降、转胯、足尖方向等环节，转身运球前最好给对方造成强行右路突破的假象，使防守者的重心大幅度移动，从而达到转身后的摆脱效果。

3. 背后运球技术

在一对一的进攻中，使球在身体的后面改变方向，不但能起到保护球的作用，还可以有效地摆脱防守，其要领是在换手前最后一次拍按球的瞬间加力，在迎接弹起的球时延长手对球的控制时间，充分地将球引向臀上后腰部，肘关节外展，大臂绕腰部将球送至身体另一侧，在屈腕过程的同时中指、无名指、小拇指拨球，脚步动作要连贯，上下配合要协调，左右侧的运球方法相同（图8-12，8-13）。

图8-12　背后运球正面

图8-13　背后运球背面

（二）运球练习方法

1. 原地运球练习方法

（1）原地高运球、低运球，体会基本动作练习。

（2）左右手交替做横运球，体会换手时拍按球的部位和拉球、推球的动作。

（3）做体侧前拉后推运球练习，体会向前、向后运球的触球部位。

（4）原地双手运两个球，提高控制球能力。

2. 转身运球练习方法

（1）先了解转身运球的基本方向，基本手部动作，脚、腿的基本动作。

（2）原地徒手模仿练习（不设防守者）。

（3）结合球转身练习，上体正直，加强转体速度（不设防守者）。

（4）转身完成后结合换手（设防守者）。

3. 背后运球练习方法

（1）两脚前后开立（左脚在前），原地徒手体会臂、手的练习动作。

（2）原地结合球练习，加强小拇指的上翻动作。

（3）结合球的背后运球练习，先练习由右手交给左手的练习，待熟悉后再进行双手背后运球。

（4）加强实战性，设置防守者，但防守者开始只是消极防守。

三、投篮

篮球比赛的胜负最终由分数来决定，双方在投篮机会等同的情况下，命中率的高低便是胜负的决定因素。因此，掌握正确的投篮技术对提高命中率至关重要。常见的投篮方式大体上可分为原地投篮和行进间投篮两种，随着攻防技术的不断发展和提高，空间高度和对抗强度的不断增加，在此基础上又演变出了多种与激烈对抗相适应的投篮方式，如勾手投篮、直臂投篮、后仰投篮、抛投等等，同时也包括补篮和扣篮，现将常用的投篮方法介绍如下。

（一）投篮技术

1. 原地投篮技术

这种方式多用于中远距离，其方法大体分为双手投篮、单手肩上投篮和跳起投篮。

正面　　　　侧面　　　　　　　　　　正面　　　　　　侧面

图 8-14　投篮准备动作　　　　图 8-15　投篮出手动作

（1）原地单手肩上投篮。持球时五指要尽量张开，掌心留出空隙，指尖着力，置球于头上中央位置，拇指与小拇指所起的作用是控制球的方向不出现偏差，其余三指

（食指、中指、无名指）随腕下压同时前屈拨球。身体的姿势要含胸收腹，肘关节内收，足尖指向篮圈，腕、肘、足尖要尽量在同一条垂线上，臂与躯干的夹角要大于或等于90°，这是保证出手高度的前提，另一只手扶住球的侧面以增加出手前的稳定性（图8-14）。投篮的瞬间腰腹肌收缩带动上体发力，当球置于临界点时腕关节前屈，五指下压，用掌指关节的前屈带动指尖拨球，最后完成投篮动作（图8-15）。使球沿着一条方向稳定的抛物线运行，同时自身向后旋转，根据流体力学中的马格努斯效应，下旋的球在运行过程中可形成一条缓缓上升而急剧下降的曲线，这样势必会增大球入筐时的入射截面，从而提高命中率。

通常情况下，出手角度决定入射角度，但在出手角度相同时向后旋转的球入射角度便会增大，入射角度的大小与入射截面成正比关系，当入射角度等于90°时，入射截面是一个标准圆，此时球入筐的概率最大（图8-16），在实际中，除扣篮之外所有的投篮方式都不可能使入射角达到90°，只要入射角小于90°，入射截面便会形成椭圆形状，这个椭圆的长轴永远不变（45厘米），但随着入射角的变小，短轴变小，当短轴小于球的直径时，这次投篮将是徒劳而无意义的（图8-17）。

图8-16　出手角度与入射角度关系　　　　图8-17　投篮入筐角度

（2）双手投篮。双手持球于胸前或略高的位置，握球时双手五指自然张开，左右手拇指相对呈"八"字形，肘关节自然下垂，双膝微屈，身体重心在两脚之间，目视篮圈。出手时随下肢的发力上体伸展，肘关节打开的同时两臂向上伸，两腕关节用同等的力度前屈并同时外翻，双手拇指、食指、中指用相同的力度拨球，使球具有准确的方向性沿抛物线飞行。双手投篮的优点是稳定性好，方向性强，命中率高，投篮距离相对较远。但弱点是出球点低，容易被封盖。

2. 跳起投篮技术

跳投技术是在原地投篮的基础上，为了增加出手高度而将身体腾空后再将球出手的投篮方式。可分为原地跳起投篮和急停跳投。其特点是出手点高，突然性强，出其不意，所以较难防守。起跳时要双脚保持一致，下肢蹬伸之后用腰腹肌的收缩固定躯干，以维持身体在空中的平衡与稳定，同时将肩关节锁住，当身体在空中升至最高点滞空停留的瞬间，抬肘伸臂，手腕前屈，这一过程上体的动作与原地单手肩上投篮相同。球出手后，双脚的前脚掌着地，然后屈膝缓冲，以维持身体的相对平衡（图8-18）。急停跳投是在移动过程中突然摆脱对手的投篮方法，常见的有运球摆脱后起跳投篮和徒手摆脱后再接球起跳投篮，无论哪一种，其作用都是为了增加出手高度。

图 8-18　投篮

3. 行进间投篮技术

这种投篮方式多数是在切入至篮下时运用,其特点是选择性广,机动性大,出球点多,可使球与篮圈的距离尽可能地缩短,从而达到极高的命中率。

(1) 行进间低手投篮:这是目前广泛运用的投篮方法,以右手投篮为例,接球的同时右脚向前跨一步,然后左脚蹬地起跳使身体腾空,双手在保护球的同时置球于头的前上方后左手离开,右手控制球使之尽量接近篮圈,当身体腾空至最高点时,手臂充分伸直,五指朝前掌心向上托球,借助身体移动的惯性屈腕,手指拨球打板反弹入筐或直接使球空心入网。

(2) 行进间高手投篮:俗称跑投,脚步动作同上,仍是单脚起跳。这种投篮方法不但可应用于篮下,也可应用于中远距离。当身体腾空后置球于头上,掌心向上,指尖朝后,借助身体的惯性将球投出,其动作与单手肩上投篮相同。

(3) 勾手投篮:这种投篮方法不但出球点高,远离防守,同时还可以用身体保护球,不易被对手封盖,在篮下进攻时尤为奏效。以右手投篮为例,左侧臂屈肘,使身体拉开与防守者的距离,左肩侧对篮筐,右手持球以右肩为轴从身体后侧向上方绕弧线置球于头上最高点,当肘关节完全伸展后屈腕,手指拨球使球擦板入筐或空心入网。

(二) 投篮练习方法

1. 原地投篮练习方法

(1) 原地徒手模仿投篮动作。练习要求:体会投篮手法和用力过程。

(2) 两人一组,相距 3~4 米对投。练习要求:体会投篮手法和身体的协调配合。

(3) 一人一球在罚球线附近投篮练习。强调动作技术要正确,应用手腕前屈和手指柔和拨球将球投出,注意肘部一定要顶上去。

(4) 中远距离投篮,保持整个身体的稳定性,尤其是强调正确的投篮手法和投篮后的手型。

2. 跳起投篮练习方法

(1) 近距离跳投练习

①徒手无球起跳练习,体会起跳前的节奏、下蹲、腾空的感觉。②结合球出手,体会顺序。③可从原地起跳逐渐过渡到一步急停或两步急停起跳,目的是起跳协调,有突然的攻击性。保持正确动作及其在空中的稳定性。要求蹬地要充分,起跳举球要同步。

(2) 中远距离跳投练习

在增加距离的情况下，先把动作做好，尤其是投篮手法和出手后的手型稳定性，以达到动作定型，再调整投篮力量的大小，逐步改进手法以提高投篮的命中率。投篮之后自己拿回篮板球在排尾等候进行下一次（如图 8-19）。

3. 行进间投篮练习方法

(1) 徒手慢跑做行进间投篮的模仿练习。体会跨步、接球、起跳、举球、出手、落地等动作。

(2) 走步式做行进间投篮练习。迈右（左）脚接球，上左（右）脚起跳投篮。

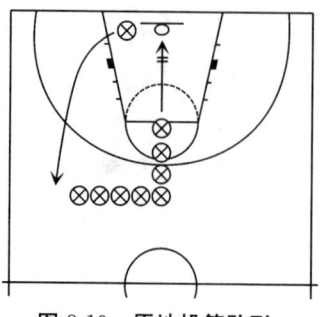

图 8-19　原地投篮队形

(3) 运球接行进间投篮练习。要求：运球接行进间投篮动作连贯，体会跨步和接球的时机。

(4) 传切上篮练习。要求：传球后要有变向摆脱动作，跑动接球和行进间投篮衔接连贯，注意调整步伐。

（三）原地投篮易犯错误和纠正方法

(1) 手指手腕内旋，肘关节外展，容易造成方向的偏差，要及时纠正手型，多做徒手练习，让学生自己找到正确动作的感觉。

(2) 腕力不足，借助身体力量前冲。可用辅助器械的练习增加腕关节屈肌的力量。

(3) 跳起后投篮不到位，身体不能滞空。其原因是股四头肌和腰腹肌力量不够，应采用仰卧起坐、蛙跳、负重深蹲等练习方法增加腰腹肌力量和腿部力量。

(4) 随时用示范动作引导，使学生加深标准动作的概念，最终形成正确的动力定型。

（四）行进间投篮易犯错误和纠正方法

(1) 时机掌握不准确，起步过早造成身体腾空后离篮圈太远，或起步过晚造成身体腾空后篮圈在头上方。应根据个人特点及时调整步幅与起步点。

(2) 起跳脚的概念模糊，导致身体腾空后动作不协调。要明确右手投篮时应左脚起跳，手脚的配合要协调一致。

(3) 屈胯、蹬腿，附带多余动作。腾空后上体要充分伸展，使球尽可能地与篮圈接近，在讲解的同时应用示范动作为学生建立正确的动力定型。

四、突破

突破是完成个人进攻的主要手段之一，它是以运球和脚步动作为基础，通过突然的变向、加速、转身及跨步等，完成超越或摆脱对手的过程。突破的同时可结合投篮和传球，使之更具备攻击性和灵活性。

（一）突破技术

1. 运球突破

行进间运球时用假动作迷惑对方，利用其重心的移动和变化，突然摆脱对手，之后完成投篮或传球。

(1) 同侧步运球突破——如右手运球时，头和上体向左侧做假动作，使防守重心移动，然后左脚迅速蹬地，右脚快速向右侧迈步从防守者右侧运球突破（图 8-20）。

运球向右顺步突破

运球向左顺步突破

图 8-20　同侧步运球突破

（2）交叉步运球突破——在右手运球时，头和上体向右侧做假动作，当防守者重心产生变化时，以左脚为中枢脚，右手运球至左侧后迅速换左手，右脚向左前方跨一大步，同时探右侧肩用身体保护球，从左侧完成突破（图 8-21）。

图 8-21　运球向右交叉步突破

2. 持球突破

在原地接球后，根据防守者的脚步姿势和具体情况，有意图地选择突破路线。首先做瞄篮的动作，吸引对手逼近自己，如防守者两脚前后站立左脚在前时，则应选择右侧突破，其具体步骤是：确立右脚为中枢脚，降低身体重心，含胸收腹，向左侧摆头做从左侧突破的假象，使对手的重心产生变化，然后左脚突然跨至右前方与防守者前脚平行的位置，与此同时探左肩至右侧前下方，注意用身体保护球，在右手运出的球接触地面之后快速抬起右脚，超越对手。

持球突破的要点：

（1）瞄篮时假动作要逼真，造成假象使对手逼近或重心产生移动，为下一环节做好充分准备。

（2）突破时尽可能探肩使身体超越对方，从哪侧过人用哪侧手运球并用身体加以保护，切记球接触地面后再抬起中枢脚。

（3）蹬地要突然，摆脱要迅速，整个过程动作要快速、敏捷、协调、连贯的一气完成。

（二）突破练习方法

突破是一个集多项能力于一身的技术，包括头脑意识、身体素质、爆发力、控球能力等等。

1. 突破的基础是运球的稳定性,首先加强运球的训练,有空余的时间多运球走动。
2. 核心内容是步伐与控球动作的配合。因此可先练徒手步伐,再与球结合。
3. 某一个动作必有1～2个核心内容,需要反复多次强化。
4. 真真假假的动作要在练习中组合运用。
5. 练习左右变向护球的稳定性和快速性。

第三节　基本战术

从整体上讲,篮球战术分为进攻战术和防守战术两大部分,其中方式方法是战术组成的核心,行动配合是具体内容,包括行动程序、位置安排、动作选择、移动路线、时间要求、区域范围等等。战术的运用要应时机、地点、条件而定,要从实际情况出发,扬己之长,攻彼之短。战术的选择首先要做到知己知彼,合理部署。其次要做到攻守兼备,快慢结合,内外结合,点面结合。此外还要善于观察战局的转变,捕捉战机,灵活掌握攻守转换,出其不意,攻其不备,先发制人。

一、战术基础配合

战术基础配合包括进攻和防守两个部分,是小范围有组织、按顺序的默契合作。它是组成全队战术配合的基础,是整体战术配合不可分割的一部分。因此基础配合运用数量的多少与质量的优劣直接影响到全队水平的发挥,同时也是决定胜负的关键。

（一）进攻战术的基础配合

进攻战术基础配合是指在进攻过程中,两三个人之间按固定套路和组织形式来完成的简单合作。其中包括传切配合、掩护配合、策应配合和突分配合。

1. 传切配合

进攻队员之间利用传球和切入技术组成的简单配合。如图8-22所示,⑦⑧为进攻队员,⑦将球传给⑧后立即摆脱对手△,向篮下空切,同时接⑧的回传球投篮。三人之间组成的传切配合如图8-23所示,⑦⑧⑨为进攻队员,⑦将球传给⑧,⑨伺机空切篮下接⑧的传球后投篮。以上配合简单明了,路线清晰,目的明确。

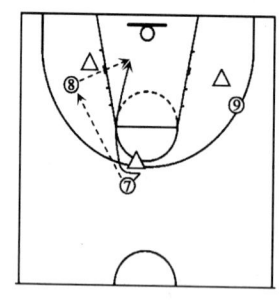
图8-22　两人传切配合

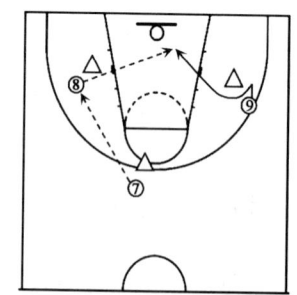
图8-23　三人传切配合

运用提示:

（1）首先要掌握好切入时机,用速度和方向的改变来摆脱对手,及时抢占篮下无人区。

（2）控制球队员要善于利用假动作吸引或牵制对手,寻找最佳时机和最佳路线将球传出。

2. 掩护配合

进攻队员之间采用正当合理的行为，用身体阻挡同伴防守者的移动路线，从而使同伴摆脱防守的配合方法。掩护配合基本分三种：侧掩护、反掩护、后掩护。

（1）侧掩护：如图 8-24 所示，⑦将球传给⑧后做左侧空切的假动作，然后迅速摆脱去给⑧做掩护，⑧利用⑦的掩护从△和⑦的左侧运球突破或投篮完成进攻，此为侧掩护。

（2）反掩护：如图 8-25 所示，⑧为控制球队员，首先将球传给⑦，然后向反方向跑动去给无球队员⑨做掩护，⑨摆脱防守空切篮下接⑦的传球后投篮，此为反掩护。

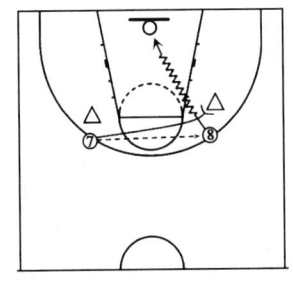
图 8-24　掩护

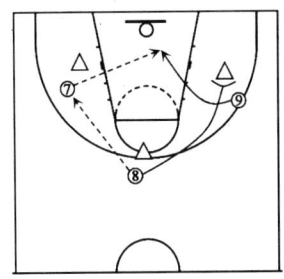
图 8-25　反掩护

（3）后掩护：如图 8-26 所示，⑦为控制球队员，首先传球给⑧然后伺机等待，⑧可用瞄篮、运球等方式分散防守者的注意力，⑨从防守者右路空切后再返回，在后面给⑦作掩护，⑦可先做左路空切的假动作，然后迅速从右路至篮下无人区并随时准备接⑧的传球后投篮。这种配合方式称之为后掩护。

（4）前掩护：如图 8-27 所示，⑦为控制球队员，⑧前去用身体挡住⑨的防守者，这时⑨可借机摆脱，接⑦的传球投篮或重新组织进攻，这种掩护配合的方式称之为前掩护。

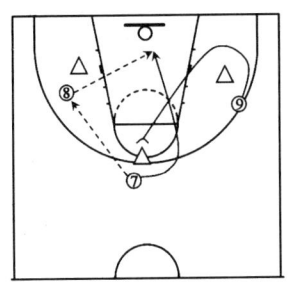
图 8-26　后掩护

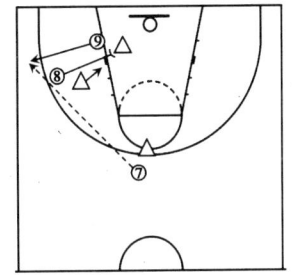
图 8-27　前掩护

此外根据移动路线和位置的变化有时还可出现二次进攻的机会，总之掩护配合的方法不一，形式多样，有前锋和中锋之间的配合，有中锋与后卫之间的配合，也有后卫与前锋之间的配合，但无论是怎样形式的配合，其宗旨都是争取时间和空间的主动，创造进攻机会。

运用提示：

掩护时的动作要在规则允许的范围内，要被动自然地和对方接触，不要主动去碰撞。

摆脱时机的选择要准确，配合要达成默契，各环节的衔接要协调有序。

结合各种假动作的运用，不要过早暴露行动的真实意图。

3. 策应配合

策应是指内线队员背对或侧对篮板，接球后以他为枢纽，围绕同伴的空切而组成的一种里应外合的进攻方式。

如图 8-28 所示，⑦为控制球队员，⑧做从底线空切的假动作然后迅速至罚球区，在接⑦的传球后背对篮圈，双手持球于胸腹之间，双臂外展，用身体保护球的同时观察和等待时机，这时⑦应突然摆脱防守空切与⑧完成策应配合，如时机错过或⑧的防守者临时换防，⑧也可以自己投篮。

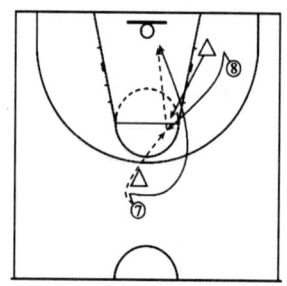
图 8-28　两人策应

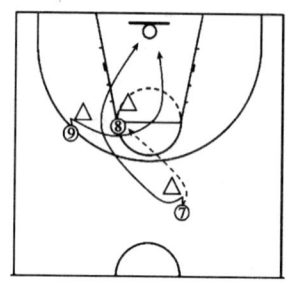
图 8-29　三人策应

在图 8-29 中展示的是三人之间的策应配合，⑧接⑦的传球后面临三种选择，首先是⑦从左路空切篮下，其次是⑨从右路徒手切入，最后是选择自己投篮。对内线队员⑧来讲，三个机会可任选其一，从时间、顺序、时机、合理性等诸方面考虑，⑧有充分的选择，这样便可进一步提高成功率。

运用提示：

策应队员抢位要及时，在保护好球的前提下可利用跨步、转身等动作给同伴创造有利条件。外围队员要根据策应者的位置和跑动路线，及时传球，力争人到球到。策应队员控制球后，相关队员要及时摆脱，迅速寻找最佳进攻路线，随时准备接球后投篮。策应者有充分的选择余地，但要机智、清醒、合理地处理球。

4. 突分配合

即持球队员在突破过程中主动或应变地寻找更加合理的机会，与同伴协作进行攻击的配合方式。如图 8-30 所示，持球队员⑧在运球突破过程中遇到自己的防守者和防守⑨的队员共同夹击，此时⑨已及时跑至篮下无人区，⑧应迅速传球给⑨，使之在无人防守的情况下轻松得分。

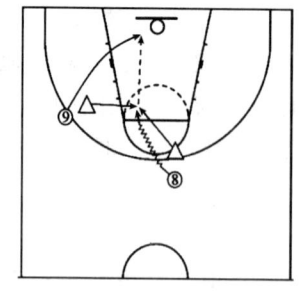
图 8-30　突分（1）

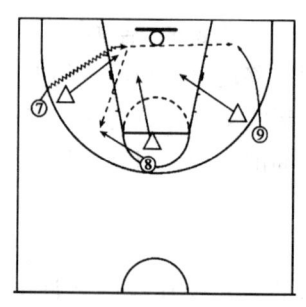
图 8-31　突分（2）

在图 8-31 的布局中，进攻队员⑦运球从底线突破，其防守者紧跟不舍，同时防⑧的队员和防⑨的队员都有可能前来协防，对⑦形成威胁，这时⑦可根据具体情况合理将球传给⑧或⑨，让其选择投篮或其他进攻方式。

运用提示：

持球突破的队员动作要果断、坚决，同时要随时观察其他队员的位置变化。

在同伴突破过程中，其他队员要灵活掌握时机，及时到达有利位置。

突破后的传球要准确到位，给同伴在第一时间创造投篮机会。

（二）防守战术的基础配合

防守战术的基础配合是指两三个人之间为破坏对方进攻而组成的简单、默契合作，其中包括防守掩护的配合、关门、夹击、补防等等。

1. 防守掩护配合

（1）挤过配合

在对方进行掩护时，无论防有球队员还是无球队员，都要在掩护队员靠近自己的瞬间迅速向前跨出，从掩护者和进攻队员之间挤过，继续紧跟自己的对手，此为破坏掩护配合行之有效的方法之一。

（2）穿过配合

当进攻队员进行掩护时，防掩护队员要及时示意或提醒同伴后撤，使同伴能够顺利从自己和防守队员之间的空隙穿过，从而继续防住各自的对手，此为破坏掩护配合行之有效的方法之二。

（3）绕过配合

防掩护的队员主动紧贴对手，及时调整位置，创造机会让同伴从自己的身旁绕过，继而防住各自的目标，此为破坏掩护配合行之有效的方法之三。

（4）交换防守配合

为了有效地破坏进攻队员的掩护配合，防守队员及时呼应或默契调整，相互交换自己的防守目标，从而使防守力量达到新的均衡，此为破坏掩护配合行之有效的方法之四。

2. 关门配合

两名防守队员同时利用合理的脚步动作使身体靠拢，抢先占领空间，封堵进攻队员的突破路线，这种阻止或破坏进攻的方式叫关门配合。

如图 8-32 所示，进攻队员⑧从左路运球突破时，防守队员△8应向后侧方移动，同时△7应立即滑步向△8靠拢，及早封堵路线，使之造成犯规或违例，从而达到破坏进攻的目的。右路突破时△8和△9的配合同上，如出一辙。这里需要强调的是协防队员△7和△9在配合过程中一定要积极主动，与△8的合拢要像两扇拉门一样关闭，将⑧置于门外，一旦动作迟缓，所有努力将前功尽弃，还有可能造成不必要的犯规。

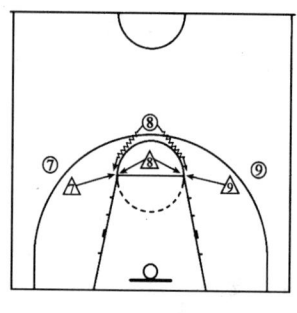
图 8-32 关门配合
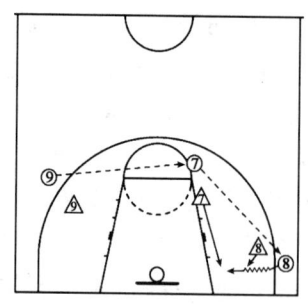
图 8-33 夹击配合

3. 夹击配合

两名防守队员为共同目的一起采取行动，封堵和包夹持球者，造成局部的以多打少，从而完成断球或使之失误。

如图 8-33 所示，进攻队员⑧从底线突破，⑦及时前去封堵⑧的切入路线，果断地和⑧共同对⑧造成夹击。这里需要提示的是，夹击的最好时机是在进攻队员埋头运球或停球犹豫的瞬间，突然、果断、快速地采取行动，最佳区域应选择边角附近，因为此时持球队员所处位置减小了传球的角度和观察视野，前有堵截，后无退路，侧有包夹，此时极易造成 5 秒违例、回线及传球失误。在形成局部以多防少的局面之后，其他队员一定要及时轮换补位并随时准备断球。

二、人盯人防守与进攻人盯人防守

人盯人防守战术是每个防守队员盯住一个进攻队员，并与同伴相互协作完成集体防守任务的全队防守战术，同时也是运用最普遍、具有攻击性的积极防御战术，它以盯人为主，分工明确，针对性强，便于发挥和调动队员的防守积极性及责任感。

（一）半场人盯人防守

半场人盯人防守是指每个防守队员在后场盯住一个进攻队员，选择好人球兼顾的位置，协助同伴完成集体防守任务的全队战术。在由攻转守时，全队应有组织地迅速退回后场，及时找到并防住自己的目标，当球进入攻击范围时，防守队员要根据"有球紧、无球松"的原则，来确定各自的防守位置，要做到有球时以多防少，无球时以少防多，尽可能切断持球队员与无球队员之间的联系，同时随着球的不断转移，防守队员应快速调整防守位置与防守姿势。

1. 半场缩小人盯人防守

它是以加强内线防守、保护篮下为主要目的的防守战术。其范围在距离球篮 6～7 米之间，这种防守战术多用于对方篮下攻击力较强，外线投篮威胁不是很大的情况，它的防区较小，便于协防，可有效控制内线进攻、抢篮板球和组织快攻反击。具体方法如图 8-34 所示，当进攻队员⑧在篮下威胁较大，而其他队员⑥⑤④中远距离投篮不准，但又善于切入时，在⑧接到外围⑦的传球后不仅⑧要全力以赴，⑦也应向⑧靠拢及时协防，同时⑥⑤④都要相应缩小防区。当对方进

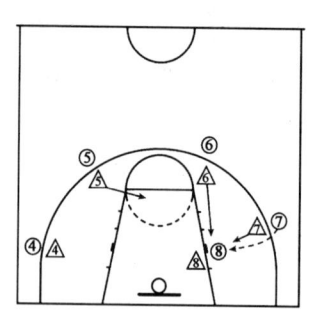
图 8-34 半场盯人防守

行掩护配合时，要不失时机地运用挤过、绕过等方法，破坏对方的进攻配合。

2. 半场扩大人盯人防守

当对方外围投篮准确，内线相对较弱，突破及全队的整体进攻配合质量较差时，采用半场扩大人盯人防守战术可有效地遏制对方的习惯打法，这种防守战术一般是在距球篮 8～10 米范围，用于加强外线防守，切断内外联系，从而达到"制外防内"的理想效果。它的优点是防守目的明确，主动性、攻击性强，缺点是扩大了防区，队员体力消耗大，不利协防，容易出现漏人现象。

3. 半场人盯人防守的基本要求

（1）要掌握以人为主的防守原则，对持球队员应采取平步贴身紧逼防守姿势，扩大防守面积，积极拼抢和破坏对方传球配合，轻易不给其造成投篮、突破的机会。

（2）由于是人盯人防守，势必导致强度的增加，所以要求队员具备充沛的体力和良好的意志品质，要正确观察和判断场上的攻守情况，及时合理地调整防守位置，在严密控制对手的同时随时准备协防、补防、断球等，充分体现防守的整体性、主动性和攻击性。

（3）由攻转守时要迅速回防，对无球队员应采取错位防守，努力做到人、球、区兼顾，当球进入边角地带时，要不失时机地组织夹击，对高大队员应及时绕前防守，控制篮下。

（4）在防守过程中要分工明确，势均力敌，充分考虑到队员的特点，力求做到高对高、矮对矮、快对快、慢对慢、强对强、弱对弱。

（二）进攻半场人盯人防守

由于半场阵地进攻的形式多种多样，各有特点，所以要根据防守的阵型和本队的特点来加以选择及运用，既要有针对性又要有合理性，这样才能收到理想效果。

1. 进攻半场人盯人防守的队形

（1）单中锋进攻的 2-3 队形。

（2）双中锋进攻的 1-2-2 队形。

（3）单中锋站罚球线附近的 2-1-2 队形。

（4）双中锋上下站位的 1-3-1 队形。

以上是常见的落位队形，在运用时要有针对性地加以选择，要在充分发挥自己特长的基础上攻击其薄弱环节，同时还要根据情况的变化相应地调整，以求增加实效。

2. 进攻半场人盯人战术的主要方法

进攻方式如图 8-35 所示，⑥传球给⑦，之后去给⑤做掩护，④到罚球线上要球，同时⑧去给⑦做掩护，⑦将球传给④后借⑧的掩护向底线快下，⑤借⑥的掩护插到圈顶，此时④可根据情况与⑤做策应，也可将球传给⑦在外围投篮，两者任选其一。这一进攻中既有掩护配合，又有中锋策应，既有内外结合又体现了战术的灵活性，所以创造机会找到了薄弱环节。此外还可以根据场上的不同情况制定空切、突分、掷边线球和端线球的战术配合，有针对

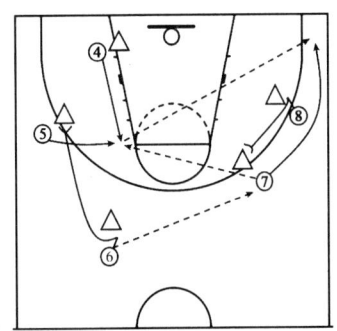

图 8-35　进攻半场人盯人战术

性地破坏和瓦解半场人盯人防守。

(三)全场紧逼人盯人防守

全场紧逼人盯人战术是指由攻转守时,每个队员立即看住临近的对手,并在全场范围内紧紧盯住目标,通过个人的积极防守和全队的协同配合,达到转守为攻之目的,且破坏性极强的防御战术。这种防守移动面积大,争夺激烈,速度转换快,对抗强度高。其优点是能充分发挥整体力量和个人特长来有效地制约对方,打乱其部署,瓦解其战术,造成对方心理紧张和技术失误,从而取得场上的主动权。缺点是队员分散,不利协防,如果局部攻防力量不均,便会出现漏洞,导致全线防守失败。

1. 全场紧逼人盯人的战术形式

全场紧逼人盯人防守可分为前场、中场、后场三个区域,根据各区域的不同特点应采取不同的防守形式。前场的防守如图 8-36 所示,在对方⑤掷界外球时,可采用一对一的紧逼形式,⑤积极阻挠⑤的发球,前场其他队员错位防守,卡断传球路线并准备抢断球,中后场防守队员应抢前防守,与对方保持稍远的距离,随时准备断长传球,如接应队员速度快、控制球能力较强时,⑤也可放弃发球队员⑤,与⑥共同完成协防,阻止其顺利接发球。一旦球进入中场区域,原则上要堵住中路,将人球逼向边角,在最佳地带迅速形成包夹,使之造成违例或失误,后场防守可按照半场扩大人盯人防守的原则进行。

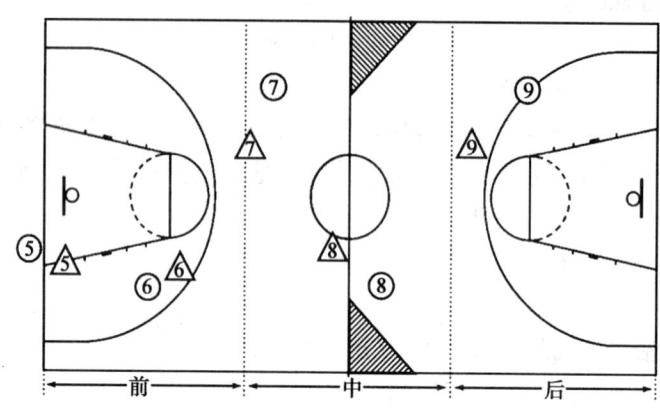

图 8-36 全场紧逼人盯人的战术

2. 全场紧逼人盯人防守的运用时机和基本要求

在运用全场紧逼人盯人防守战术时,全队的思想要统一,行动要一致,树立积极协作、主动配合的全局观念,力求做到以下几点基本要求:

(1)由攻转守时迅速就近找人,在全场范围内占据有利位置,紧逼对手,以人为主,人球兼顾,并随时注意场上情况变化。

(2)防无球队员时,以阻挠其接球为主,迫使对手长传或高吊,制造断球机会。若被突破,要果断地进行堵截或补防。

(3)防有球队员时,要切记"堵中放边"的原则,逼迫对手沿边线运球并在边角地带停球,主动创造夹击的机会。

(4)场上队员都要具备良好的配合意识,前后左右要相互呼应,远离球一侧的球员可根据具体情况放弃对手，调整位置，随时准备补防和断球。

第四节　简要规则

一、球队

一个球队应由下列成员组成：不超过 10 名合格参赛队员，在参加超过 3 场比赛时，不超过 12 名合格参赛的队员；1 名教练员，如果需要，还有 1 名助理教练员。1 名队长，应是正式队员之一；最多 5 名随队人员。

二、比赛服

球员服装的上衣为背心，背心前后主色必须相同，比赛中所有队员必须把他们的背心塞进短裤内；下装为短裤，短裤的前后主色必须相同，但不必与背心一致；背心前后均应有号码，号码颜色应与背心颜色有鲜明反差，全队的号码应当从 4 号至 15 号，同队队员应使用不相同的号码。不允许运动员穿着、佩带任何可导致其他运动员受伤的物件。

三、比赛时间

正式篮球比赛时间为四节，每节 10 分钟。第一二节之间和第三四节之间休息时间为 2 分钟，第二节和第三节之间休息时间为 15 分钟。每个决胜期（通过加时赛决定胜负）为 5 分钟，决胜期之间休息 2 分钟。

四、违例

也称违反规则，发生违例的情况一般有以下七种。

（一）带球走违例

带球走违例可解释为中枢脚的非法移动，因此判断队员是否带球走违例，首先要确定中枢脚。

（二）非法运球

队员控制球后将球掷、拍或滚在地面上，并在球接触另一队员之前再次触及球为运球开始；队员运球后，用双手同时触球或使球在一手或两手中停留的瞬间运球即结束。队员第一次运球结束后不得再次运球（除非他失去了对球的控制），再次运球即为非法运球，非法运球者将失去控球权。

下列情况不是运球：连续投篮、漏接、拦截对方传球、拍击另一队员控制的球、在抢球中挑拨球。

（三）球回后场

规则规定，位于前场的控制球的队员不得使球回后场，构成球回后场有三个条件，缺一不可。

1. 该队在前场控制球。

2. 在前场，最后触球回后场的是该队队员。

3. 在后场，最先触球的是该队队员。

（四）拳击球和脚踢球

比赛中出现用拳击球，故意用腿或腿以下的任何部位击球或拦阻球，均为违例。

所有腿和脚的偶然触球不算违例。

（五）球出界

当球触及界外的队员或任何其他人员，界线上或界线外的地面或任何物体，篮板的支柱或背面，即为球出界。当队员的身体任何部位接触界线或界线外的地面，或接触界线上或界线外的除队员以外的任何物体时，即为队员出界。球出界前最后触及球的队员是使球出界的队员。

（六）时间违例

1. 3秒违例。某队在场上控制一个活球后，该队队员在对方限制区内（梯形区域及组成各条线包括在内）停留不得超过3秒钟，持续停留超过3秒钟为3秒违例。

2. 5秒违例。被严密防守（在正常一步之内）的持球队员要在5秒钟内将球传、投、滚出手或运球，否则为违例。掷界外球队员和罚球队员在可处理球时，5秒钟内未传球或投篮出手，为违例。

3. 8秒违例。当一名队员在后场获得控制球，该队要在8秒钟内将球从后场推进到前场，球推进至前场的标志是必须使球触及前场地面或站在前场的队员、前场篮板、篮圈。

4. 24秒违例。控制球的球队要在24秒钟装置鸣响之前投篮出手，并使球触及篮圈，否则为24秒违例。

对以上违例的判罚是使球队失去球权，由对方在距违例地点最近的界线外掷界外球。发生双方违例时，如双方同时使球出界，判为交替拥有。交替拥有是以轮换掷界外球的形式而不是以跳球来使传球成活球的方法。

（七）干涉得分和对球干扰

投篮时发生了下列情况即发生了干涉得分：当球在下落飞行并完全在篮圈水平面上时队员触及球；当球碰击篮板后并完全在篮圈水平面上时队员触及球。

当出现下列情况即发生了对球的干扰：队员从下方伸手穿过球篮并触及球；当球在球篮中防守队员触及球或球篮；防守队员使篮板或篮圈摇动。

对以上违例的判罚是：如进攻方发生违例，不判给得分，由对方队员在罚球线延长部分掷界外球；如防守方发生违例，则根据投篮区域，判给进攻队2分或3分。

五、犯规

犯规是违反规则的行为，含有与对方队员的身体接触不当或违反体育道德的行为。

（一）侵人犯规

侵人犯规是不管在活球还是死球时涉及与对方队员非法接触的行为。队员不得通过伸展手、臂、肘、肩、髋、腿、膝或脚，以及过分弯曲身体（超出他的圆柱体）来拉、阻止、推、撞、绊、阻挡对方队员的行进；也不得做任何粗野猛烈的动作。

1. 阻挡。阻止持球或不持球的对方队员行进时非法的身体接触。

2. 撞人。持球或不持球的队员推动或移动到对方队员躯干上的身体接触。

3. 从背后防守。防守队员从对方队员的背后与其发生的身体接触。即使防守队员正在试图抢球，从背后与对方队员发生身体接触也是不正当的。

4. 拉人。干扰对方队员移动自由而发生的身体接触。这个接触（拉人）可以发生在身体的任何部位。

5. 非法用手。防守队员处于防守状态时，用手去接触对方队员阻碍其行进。

6. 推人。用身体的任何部位强行移动已经控球或没有控球的对方队员时发生身体接触。

7. 非法掩护。试图非法拖延或阻止非控制球的对方队员到达希望到达的场上的位置。

（二）双方犯规

两名对抗的队员大约同时互相发生接触犯规的情况。

（三）技术犯规

在比赛中，队员、教练员、助理教练员、替补队员或随队人员的行为不符合体育道德精神和良好的比赛作风，漠视裁判员的劝告，在与对方没有发生身体接触的情况下，有意识地采取不正当或者投机取巧性质的行为。

（四）违反体育道德的犯规

队员不是在规则的精神和意图的范围内合法地直接地试图抢球造成的侵人犯规。

（五）取消比赛资格的犯规

凡十分恶劣的侵人犯规、技术犯规，以及教练员、替补队员或随队人员的技术犯规都是取消比赛资格的犯规。

（六）犯规的罚则

对非投篮队员犯规，要看该队或该球员累计犯规次数，未达到规定次数则判给对方在就近的界线外掷界外球；对投篮队员犯规，球投中，则判给队员一次罚球，如没投中，根据投篮队员的投篮地点，判两次或三次罚球。当一名队员犯规达到5次时，即被罚下场。当某队每节比赛犯规累计达到4次，此后再发生对非投篮队员的一般性质的侵人犯规，要执行两次罚球，对投篮队员的犯规，则按对投篮队员的犯规处理。

控制球队队员的一般性质的侵人犯规，由对方在就近的界线外掷界外球。

对违反体育道德的犯规、取消比赛资格的犯规、场下随队人员的技术犯规的罚则是二罚一掷；对场上比赛队员的技术犯规的罚则是一次罚球和在中场掷界外球。

思考题

1. 你在参加篮球赛的过程中，是否因输球而不快？如何摆脱输球的困扰？
2. 你是如何欣赏篮球比赛的？
3. 你怎么理解：篮球运动是以体能为保障的技巧性运动？
4. 在参加篮球赛的过程中，你怎样做到与同伴配合？

第九章 足球运动

第一节 足球运动简介

一、足球运动的起源

2004年初,国际足联确认足球起源于中国,"蹴鞠"是有史料记载的最早的足球活动。《战国策》和《史记》是最早记录蹴鞠的文献典籍,前者描述了2300多年前的春秋时期,齐国都城临淄流行蹴鞠活动,后者则记载,蹴鞠是当时训练士兵、考察兵将体格的方式("蹴鞠,兵势也,所以练武士,知有材也")。

二、足球运动的发展

从17世纪中后期开始,足球运动逐步从欧美传到世界各国,尤其是在一些文化发达的国家更为盛行。越来越多的人走向球场,投身到这一富有刺激性和畅快感的运动中去,以至于一度将足球运动开展得好坏作为衡量一个国家文化发达与否的标志。在这种情况下,英国人率先为足球运动的发展作出了重要贡献。现代足球运动正式确立于1863年10月26日——英国足球联合会成立,它是世界上第一个足球组织,此外它还统一了足球规则。男女足球分别于1900年第2届奥运会和1996年第26届奥运会被列为比赛项目。1904年5月21日,国际足联在法国巴黎成立。足球运动深受世界各国人民的喜爱,有"世界第一运动"之称。一场精彩的足球比赛,吸引着数以亿计的观众,它已成为电视节目中的重要内容,有关足球的报道,占据着世界各种报刊的篇幅,当今足球运动已成为人们生活娱乐中不可缺少的组成部分。据不完全统计,现在世界上经常参加比赛的球队约80万支,登记注册的运动员约4000万人,其中职业运动员约10万人。

目前,国际上大型的足球赛事有:奥运会足球赛、世界杯比赛、世界青年足球锦标赛、世界少年足球锦标赛、欧洲杯足球赛、美洲杯足球赛、亚洲杯足球赛、世界女子足球锦标赛等。

三、足球运动的健身价值

(1) 有利于培养积极向上的精神。足球是对抗性很强的集体竞赛项目,在这个既需要激烈竞争,又需要团结协作的环境中,参加者的意志品质和竞争意识会得到磨炼,有利于培养积极向上、勇于拼搏、不怕困难、吃苦耐劳的精神。

(2) 使思维敏捷,判断能力增强。足球比赛中情况瞬息万变,错综复杂,对运动员的思维、观察、判断、反应等能力的要求较高。经过长期的足球训练,会使参加者思维更加敏捷,判断能力更加准确,视野更加开阔。

（3）对社会环境的适应能力和竞争能力等整体综合素质能得到发展和提高。

（4）增强体质。通过足球锻炼，能促进人体的新陈代谢，改善呼吸系统、心脏等器官的功能，提高耐久力，增强食欲，提高吸收能力。同时，对提高大学生的肌肉、韧带力量等具有较好的锻炼效果。

四、足球术语

清道夫　足球比赛中承担特定防守任务的拖后中卫之别称。为了加强防守，于后卫线后面安排一个队员，其职责是只守不攻，执行单一的补位防守任务，"打清"攻到本方球门前的来球，因而得名。

全攻全守　足球运动战术之一。一个队除守门员之外的10名队员都有进攻和防守的职责，称为"全攻全守"。根据比赛中攻与守的需要，每个队员都可到任何一个位置上发挥这一位置队员的作用。

下底传中　足球运动进攻战术之一。指边线进攻中，通过个人带球突破，或集体配合把球推到对方端线附近，然后长传至对方球门前的战术方法。攻方在快速推进中，常趁对方防线阵脚未稳时，采用此法中间包抄以射门得分。

交叉换位　足球运动战术术语。比赛中进攻队员为了摆脱对方的防守，在跑动中左右换位的战术配合方法。最常见的有：左侧的队员疾跑至右侧的队员前接球，右侧队员传球后，交叉跑到左侧位置。这一战术配合改变了队员只在本位置范围内活动的踢法，使之战术更变化多端。

区域防守　足球运动防守战术之一。每一队员根据位置划分一定的防守区域，在划定的范围内，主要采用站位的防守方法，而不紧逼盯人。这使进攻队传接球比较容易，且在同一区域内出现两个以上进攻队员时，防守就感到困难。这一防守战术比较被动，已不能适应足球运动发展的需要，现已很少采用。

密集防守　防守战术之一。球门前的30米区域常被称为"危险地带"。比赛中，双方为了稳固防守，往往组织相当多的人把守这一区域，形成密集状态，以加强保护，减少空隙，阻住对方的突破，称为密集防守战术。

造越位　是一种防守战术。根据规则，进攻队员在传球时，接球队员如与对方球门线之间防守队不足2人时则为越位。防守队员利用这一规定，在对方传球之前的极短的时间内，突然向前一跑，造成对方接球队员与本方球门线之间有一个防守队员的局面，使对方越位犯规。

反越位　是针对对方"造越位"战术而采取的一种进攻战术。当进攻队员觉察到防守者用制造越位的战术破坏本方的进攻时，及时改变传球方向，让在后面的队员插上接球或自己直接带球快速推进射门，从而使对方退防不及。

篱笆战术　也称"人墙"战术。在自己门前危险区域内，当对方罚任意球时，几个防守队员并排成"人篱笆"，以帮助守门员封住对方射门的部分角度。

撞墙式二过一　比赛中进攻时的一种过人战术，即形成两人过一人局面时，二人一传一切，接球再传者一次出球，使传球者传来的球像撞在墙上一样，从而加快过人速度。

合理冲撞　足球竞赛是在快速和激烈争夺中进行的，因此，队员之间经常发生身体接触。由于接触的方式不一样，情况不一样，动作不一样，所以判罚也不一样。在接触方式上有一种规则允许的"合理冲撞",这个规定系指球在双方都有可能抢到球的情况下,用肩部做适当的和不带危险性的动作冲撞对方肩部。肩部是指肩至肘关节的部分,也就是大臂。进行冲撞时,上臂不能张开,必须靠拢上体,绝不能用肘冲撞。

五、主要比赛规则

(一)犯规

下列情况将被判罚犯规或不正当行为。

1. 直接任意球

裁判员认为,如果队员草率地、鲁莽地或使用过分的力量违反下列六种犯规中的任何一种,将判给对方踢直接任意球。

踢或企图踢对方队员;绊摔或企图绊摔对方队员;跳向对方队员;冲撞对方队员;打或企图打对方队员;推对方队员。

如果队员违反下列四种犯规中的任何一种,也判给对方踢直接任意球:

(1)为了得到对球的控制而抢截对方队员时,于触球前触及对方队员;(2)拉扯对方队员;(3)向对方队员吐唾沫;(4)故意手球(不包括守门员在本方罚球区内)。

在犯规发生地点踢直接任意球。

2. 罚球点球

在比赛进行中无论球在什么位置,如果队员在本方罚球区内违反了上述十种犯规中的任何一种,应被判罚球点球。

3. 黄牌警告的犯规

如果队员违反下列七种犯规中的任何一种,将被警告并出示黄牌:

(1)犯有非体育道德行为;

(2)以语言或行动表示异议;

(3)持续违反规则;

(4)延误比赛重新开始;

(5)当以角球或任意球重新开始比赛时,不退出规定的距离;

(6)未得到裁判员许可进入或重新进入比赛场地;

(7)未得到裁判员许可故意离开比赛场地。

4. (红牌)罚令出场的犯规

如果队员违反下列七种犯规中的任何一种,将被罚令出场并出示红牌:

(1)严重犯规;

(2)暴力行为;

(3)向对方或其他任何人吐唾沫;

(4)用故意手球破坏对方的进球或明显的进球得分机会(不包括守门员在本方罚球区内);

(5)用可判为任意球或罚球点球的犯规破坏对方向本方球门移动着的明显的进球得分机会;

(6)使用无礼的、侮辱的或辱骂性的语言及动作;

(7)在同一场比赛中得到第二次警告。

被罚令出场的队员必须立即离开比赛场地附近和技术区域内。

（二）不正当行为

1. 守门员不正当行为

如果守门员在本方罚球区内违反下列四种犯规中的任何一种，将判给对方踢间接任意球：

用手控制球后在发出球之前持球超过 6 秒；在发出球之后未经其他队员触及，再次用手触球；用手触及同队队员故意踢给他的球；用手触及同队队员直接掷入的界外球。

2. 其他队员

裁判员认为，队员在出现下列情况时，也将判给对方踢间接任意球：

动作具有危险性；阻挡对方队员；阻挡对方守门员从其手中发球。在犯规发生地点踢间接任意球。

第二节 基本技术

一、踢球技术

踢球指运动员有目的地用脚把球击向预定目标的技术。此技术主要用于比赛中的传球和射门。

（一）踢球技术动作结构分析

踢球的方法很多，动作要领也有所不同，但是每一种踢法都是由助跑、支撑脚站位、踢球腿的摆动、脚触球和踢球后的随前动作五个环节所组成。

1. 助跑

是指踢球前的几步跑动，它的作用在于调整人与球的方向、距离，以便在踢球时使支撑脚能够处于所需要的正确位置，从而增加击球的力量。助跑的最后一步要跨大一些，为踢球腿的充分摆动、增大摆腿速度、制动身体的前冲和提高击球的准确性创造条件。助跑分直线助跑和斜线助跑。助跑的方向与踢球方向相同为直线助跑。助跑的方向与踢球方向交叉是斜线助跑。

2. 支撑脚的站位

支撑脚的位置要以踢球腿的摆动能达到最大的摆幅，发挥最大的速度和有利于踢球脚准确地接触球的合适部位为原则。它的位置一般是所使用的脚法来决定的。凡采用的踢法需要踩在侧方的，一般距离为 10～15 厘米。凡采用的踢法需要踩在球的侧后方的，一般距离球 25～30 厘米。踢活动球时，更要掌握好支撑脚的位置。因支撑脚落地时球仍在继续运行之中，要把踢球腿的后摆的时间计算在内。如追踢向前滚动的球时，支撑脚落地的位置要稍靠前，这样才能和球保持合适的位置和距离。支撑脚要积极踏地以制动身体前冲力量，膝关节要微屈，以维持身体的平衡和保证充分的摆腿和自如地踢球。因此，支撑脚实际上起着固定支点的作用。

3. 踢球腿的摆动

击球的力量的大小，由多方面的因素决定，而主要取决于踢球腿的摆动。它是踢球力量的主要来源。摆幅大、摆速快，踢出去的球力量就大，球的运行速度就快，球的运行距离就远。因此，踢球腿摆动的正确与否，直接关系到踢球力量、击出球的速度和球的运行距离。踢球腿的摆动是在支撑脚跨步时（助跑的最后一步）顺势向后摆起的。在支撑脚着地的同时以髋关节为轴,大腿带动小腿由后向前摆。当膝关节摆到接近球的垂直上方的刹那间,小腿加速前摆击球。

4. 脚触球

包括踢球脚的部位和击球的部位。一般来说,用脚的某一部位击球的后中部,作用力通过球心,出球平直,当踢各种活动来球时,应准确判断来球的速度、方向、角度。根据出球的目标,合理选择踢球脚以及脚与球的部位。

在现代足球比赛中,运动员已广泛地采用了弧线球踢法,这种踢球的脚法主要运用脚背内侧或外侧击球,击球的作用力不通过球心,使球产生旋转,并沿着一定弧线运行。这种球具有一定的隐蔽性。此外,也可以用正脚背抽踢前旋球。

5. 踢球后的随前动作

踢球后随腿的前摆与送髋,使身体重心向前移动,这样既易于控制出球方向和加大踢球力量,又能缓和因踢球急速前摆而产生的前冲惯性,以维持身体的平衡。踢球后的随前动作还能与下一个动作衔接。

在上述五个环节中,支撑脚的站位、踢球腿的摆动、脚触球是主要因素。

(二) 各种踢球技术动作要领

踢球的方法很多,但主要有脚内侧踢球、脚背正面踢球、脚背内侧踢球、脚背外侧踢球,以及用脚尖踢球和脚跟踢球。

1. 脚内侧踢球(脚弓踢球)

它是脚内侧部位(跖趾关节、舟骨、跟骨等所形成的平面)踢球的一种方法。其特点是脚与球接触面积大,出球准确平稳,且易掌握。但由于踢球时要求大腿前摆到一定程度时需要外展且屈膝,故大腿与小腿的摆动都受到限制,因此出球力量相对较小(图9-1)。

图 9-1　脚内侧踢球

2. 脚背正面踢球(正脚背踢球)

脚背正面踢球时,由于踢球腿的摆幅和脚背与球的接触面相对较大,因此踢球的力量和准确性也较强。在比赛中经常使用脚背正面踢定位球、地滚球、空中球、反弹球、倒勾球。球的飞行多为不旋转的直线球,但也可能是抽击性前旋球(图9-2)。

图 9-2　脚背正面踢球

3. 脚背内侧踢球（里脚背踢球）

斜线助跑，助跑方向与出球方向约成 45°角，最后一步稍大，以支持脚积极着地，脚尖指向出球方向，距球内侧后方约 20～25 厘米，膝关节微屈。在支撑同时，踢球腿已完成后摆，并开始以髋关节为轴，大腿带动小腿由后向前摆动，当大腿摆至与支撑腿接近同一平面时，小腿做爆发式摆动，此时脚尖外转，脚背绷直，以脚背内侧部位触击球底部。击球后踢球腿及身体继续随球向前（图 9-3）。

图 9-3　脚背内侧踢球

4. 脚背外侧踢球（外脚背踢球）

脚背外侧踢球是用第三、四、五跖骨部位接触球的一种方法。由于踢这种球的脚踝灵活性较大，摆腿方向变化较多，且助跑时又是正常的跑动姿势，故其出球隐蔽性较强，足球比赛中各种距离的弧线球及非弧线球均可使用。

5. 脚尖踢球

这是用脚尖部位捅球的后中部的方法，雨天场地泥泞时多使用这种方法。

6. 脚跟踢球

这是用脚跟（跖骨的后面）接触球的一种方法。球在支撑脚外侧时，踢球脚在支撑脚前面交叉摆到支撑脚外侧用脚跟击球。

（三）易犯错误

1. 踢定位球

（1）支撑脚位置偏后，踢球时身体后仰或臀部后坐，脚触球的后下部，踢出球偏高。

（2）踢球腿的后摆较小或没有后摆，而仅是将球踢出以致前摆过分，造成踢球无力或出球较高。

（3）在前摆过程中小腿爆发式摆动过早，使得脚出球时并非是小腿摆动最大之时，因而出球无力。

（4）踢球腿摆动方向不正，以致踢球施力方向没通过球的重心，出球旋转。

（5）脚趾屈得不够，以致不能用脚的正确部位，出球力量和方向均受到影响，且

易损伤脚趾。

(6) 踢球脚与球接触时没能按要求接触球的合理部位,影响了出球的准确性,对出球的力量及性质也相应地产生影响。

2. 踢地滚球

(1) 支撑脚站位不当,没有根据来球的方向、速度、性能等选择支撑脚的位置,也没有对自己踢球腿的摆动速度加以控制。

(2) 没有根据来球的方向和速度合理选择助跑路线和脚法。

3. 踢空中球

(1) 支撑脚位置或摆腿击球时间不当,出现踢空现象。

(2) 踢球部位不准,出球偏离预定目标。

4. 踢旋转球

(1) 削球太"薄",出球乏力。

(2) 削球太厚,球的转速差,弧度小。

(3) 踢球时没能沿球面弧形摆动,影响球的旋转效果。

二、接球技术

接球是指运动员有目的地用身体合理部位把运行中的球接下来,控制在所需要的范围内,以便更好地衔接下一个技术动作。接球是为下一个动作服务的,接球质量的好坏直接影响下一动作的顺利完成。比赛中来球性质、状态不同,所以接球应根据不同情况,采用不同的动作方法。

(一) 技术动作结构分析

无论采用哪一种接球方法,动作结构都是由四个环节组成。

1. 观察和移动

为了更好地完成接球动作,事先注意观察来球的情况,以球的运行路线、球的旋转与速度等情况,迅速判断落点,及时移动,使自己处于接球动作时所需要的最佳位置。

2. 选择接球的部位和方法

接球的不同部位和所采用的方法,各有其不同的作用,因此,必须根据临场情况及下一步动作的需要,恰当地选择接球的部位与接球方法。

3. 改变球的力量

根据来球力量的大小和接球的实际需要,可分别采取加力或减力(缓冲)方法。根据来球力量的方向和接球的实际需要,还可以按照反向定律调整入射角,获取理想的反射角。

4. 随球移动

接球动作一做完即随球移动,紧接着衔接下一个动作,在接球和处理中间不能有停顿。

(二) 技术动作要领

接球的方法有多种,常用的有脚内侧、脚背正面、脚背外侧、脚底、大腿、腹部、胸部、头部等部位的接球。

1. 脚内侧接球

这是脚内侧部位接球的一种技术。由于脚触球面积大，动作简单，较易掌握，比赛中常使用这种技术接各种地滚球、平球、反弹球、空中球。(图9-4)

基本动作方法：

支撑脚脚尖正对来球，膝关节微屈，同侧肩正对来球。接球腿提膝，大腿外展，脚尖微翘，脚底基本与地面平行，脚内侧正对来球并前迎，当脚内侧与球接触的一刹那迅速后撤，把球接在脚下。若需将球接在侧面时，支撑脚脚尖应向同一侧斜指，脚内侧与来球方向成一定角度触球同时支撑脚提踵，以前脚掌为轴做适当转动，身体移动。当来球力量不大时，只需将脚提到一定高度，并使脚内侧与地面形成锐角轻触球，也可在触球时用下切动作使球前进之力部分转变为旋转力，而将球接在脚下。

图9-4 脚内侧接球

2. 脚背正面接球

这种方法多用于接有较大抛物线的来球。根据球的落点，及时移动到位，脚背正面上迎下落的球，当球与脚面接触的一瞬间，接球脚与球下落的速度同步下撤，此时大腿膝关节、踝关节、脚趾均保持适度的紧张，脚尖微翘将球接到需要的地方。

3. 脚掌接球

由于脚掌接球技术便于掌握，易于将球接到位置，故常被用来接各种地滚球和反弹球。

(1) 脚掌接地滚球：身体正对来球方向，移动前迎，支撑脚站在球的侧面（或前或后均可），脚尖正对来球方向，膝关节微屈。同时接球腿提起，膝关节微屈，脚背略屈，使脚底与地面约小于45°角（且脚跟离开地面），一般以前脚掌接触球的上部为宜。在触球瞬间接球脚可轻微跖屈（前脚掌下点）将球停住，也可根据需要在接球同时将球推向前方或拉向身后。

(2) 脚掌接反弹球：根据来球落点，及时前移迎球，支撑脚站在落点侧后方，脚尖正对来球方向，球落地瞬间，用前脚掌去触球的中上部，微仰膝，用脚掌将球接在体前。若需接在身后则应在触球瞬间继续屈膝，将球回拉，并伴随支撑脚以前脚掌为轴旋转90°。

4. 大腿接球

(1) 大腿接抛物线较大的下落球：面对来球方向，根据球的落点迅速移动到位，接球腿大腿抬起，当球与大腿接触的瞬间大腿下撤将球接到需要的位置上。

(2) 大腿接低平球：面对来球方向，根据来球高度，接球腿大腿微屈送髋前迎来球，当球与大腿接触瞬间收撤大腿，使球落在所需要的位置上。

5. 腹部接球

(1) 腹部接反弹球。

(2) 腹部接平空球。

6. 胸部接球

由于胸部接球部位较高,加之胸部面积大,肌肉较丰满等特点,易于掌握,是接高球的一种好方法。胸部接球包括挺胸式,收胸式两种方法。

(1) 挺胸式接球

面对来球站立(两脚左右或前后开立),两膝微屈,重心置于支撑面内,上体后仰,下颌微收,两臂自然张开,维持身体平衡。接触球瞬间,两脚蹬地,膝关节伸直,挺胸廓轻托球下部,使球微微弹起于胸部前上方。

对于较高的平直球也可采用这种方法将球接于胸前,但接触球瞬间膝关节由直变屈,脚由提踵状态变全脚掌着地,整个身体保持接球时的姿势,下撤将球接在胸前(图 9-5)。

图 9-5　挺胸式接球

(2) 收胸式接球

多用于接齐胸高的平直球。面对来球,两脚左右或前后开立,两臂自然张开,挺胸迎球,触胸瞬间收胸、收腹、臀部后移,将球接在体前。若需将球移在体侧时,则接球瞬间转体将球接在转体后的相应一侧。

三、运球技术

运球技术从狭义上讲,仅是指运球的方法,即指用身体某一部位触球,使球随运球者一起运动;从广义上看,则不仅让球随人运动,还必须越过对方的防守,也就是说如何使用这些运球方法达到越过对方防守的目的。

(一) 技术动作结构分析

运球技术动作通常由运球方法的选择与准备、跑动中间断触球、为下一动作的连接作好准备三个环节组成。

1. 运球方法的选择与准备

根据临场情况决定采用哪种运球方法,并随时根据需要做出改变。

2. 跑动中间断触球

这一环节是运球技术的最关键部分,当开始实施运球后,应根据临场情况的需要使用适宜部位去间断触球,并使球始终处在自己的控制范围内,为了达到这个目的,必须注意如何避开或越过对手,注意触球的力量及球运动的方向。运球跑动要自然、重心低、步幅小、频率快。协调自然地跑动,能使得动作自如,变向、变速较易进行。

重心低便于突然起动、变换方向，而且不易在对抗中失去平衡。频率快是为了利于动作随时变换，并能随时触到球以保持对球的控制。运球过程中眼睛不要只注视在球上而应注意周围情况，这样才能在临场情况发生突然变化时迅速采取措施，并将球控制到所需要的位置上。

3. 为下一动作的衔接作好准备

这里主要是指运球的任务已经结束，接着需要传球和射门。这就需要在运球即将结束时迅速作好上述准备，这种准备应是在运球过程中自然协调地进行，从而使得运球与传球或射门一气呵成。

（二）技术动作要领

常用的运球技术有脚内侧、脚背正面、脚背外侧、脚背内侧运球。

1. 脚内侧运球

运球时，支持脚稍向前跨，踏在球的前侧方，膝关节稍弯曲，上体前倾并向里转。随着身体的向前移动，运球脚提起，用脚内侧推球的后中部（图9-6）。

图9-6　脚内侧运球

2. 脚背正面运球

脚背正面运球多在越过对手之后，前方纵深距离较长，仍需要在快速运球前进情况下使用。动作要领：跑动时，身体自然放松，上体稍前倾，两臂自然摆动，步幅不宜过大。运球脚提起时，膝关节弯曲，脚跟提起，脚尖下指，在迈步前伸脚着地前，用脚背正面向前推拨球前进。

3. 脚背外侧运球

跑动时身体自然放松，上体稍前倾，两臂自然摆动，步幅要小。运球脚提起时，膝关节弯曲，脚跟提起，脚尖稍内转，在迈步前伸脚着地前，用脚背外侧向前推拨球。

4. 脚背内侧运球

跑动时身体自然放松，上体稍前倾并稍向运球方向转动，两臂自然摆动，步幅稍小。运球脚提起时，膝关节弯曲，脚跟提起，脚尖稍外转，在迈步前伸脚着地前，用脚背内侧向前侧推拨球。

（三）运球过人方法

前面所述是运球的基本方法，掌握了这些方法以后，在无对手阻拦时可以将球控制在自己的周围。但若想越过对手的阻拦，还必须恰当地综合使用这些方法，抓住对手瞬间出现的漏洞，达到越过对手的目的。其动作方法包括利用速度强行过人；利用变速运球过人；利用身体掩护强行过人；恰当地组合推、拨、挑、拉、颠等动作过人；利用穿裆球过人；人球分开过人；假动作过人。

（四）运球过人易犯错误

(1) 眼睛只盯球，不能随时观察周围情况，因而不能根据临场情况及早采取措施。
(2) 身体僵硬影响了动作协调自如，造成不恰当的触球，或触球时力量过大。
(3) 运球技术运用不合理，造成脚尖捅球。
(4) 运球时步幅过大、重心偏高，不能随心所欲地触球控球。
(5) 由于触球部位不恰当，运球时球不能按照运球者的意图运行。

四、头顶球技术

头顶球是指运动员有目的地用前额将球击向预定的目标的动作。

（一）技术动作结构分析

头顶球技术的动作结构是由移动选位、身体摆动、头触球、触球后的身体平衡四个环节组成。

1. 移动选位

由于头顶球技术都是用来处理运行的空中球的一种技术，因此要想能处理好来球，首要条件是对来球的速度、运行轨迹作出正确的判断，选好击球点，并及时到达顶球位置或起跳位置，同时还应考虑到自己的弹跳力和比赛当时双方的情况，只有充分地估计了这些情况后的选位，才能保证完成顶球动作。

2. 身体的摆动

身体的摆动是由身体许多部位肌肉协调用力来完成的。其摆动顺序是由下而上，这样才可以使击球部位获得最大的速度。这一环节是顶球力量的主要来源，但球所受力的大小并不完全取决于用力的大小，还将受到头触球环节的准确与否和来球力量的大小等影响。顶出球的方向并非按照垂直碰撞的反射方向顶回，而多与垂直反射方向成一定角度，为了准确将球击到预定目标，必须在身体摆动时考虑到来球方向与将球顶出方向间的关系，使身体摆动发挥出最大的作用。

3. 头触球

这一环节的主要任务是保证顶出球的准确性。它有两层含义：一是用头的哪一部位触球，二是用头部位置接触球的哪一部位。比赛中大多数情况下不是将球顶回，而是与来球方向成一定角度，并将球顶到一定距离的预定目标，因此要主动用力。在头触球时，必须使身体摆动所获得的速度与由接触部位造成的反射方向一致并指向预定目标，有时由于比赛情况无法保证身体摆动所获得的速度与由接触部位造成的反射方向一致，则必须使这两个不同的力（或速度）方向指向预定目标。顶球者在触球后维持身体平衡的主要因素一是两臂合理摆动，二是脚步的移动，三是落地时屈膝、踝。顶球者应根据不同来球和顶球方法，恰当协调三者关系，维持身体平衡。

（二）技术动作要领

头顶球技术分前额正面头顶球与前额侧面头顶球。

1. 前额正面头顶球

这是由额肌覆盖着额骨正面部分去击球的一种动作方法，接触部位如图中的阴影部分（图9-7）。其动作方法包括：原地头顶球；跑动头顶球；原地跳起头顶球；跑动跳起头顶球；鱼跃头顶球；向后蹭顶球。

2. 前额侧面顶球（图 9-8）

其动作方法包括原地头顶球；跑动头顶球；跳起头顶球，分为原地跳起顶球与助跑跳起顶球。

图 9-7 前额正面

图 9-8 前额侧面

（三）易犯错误

1. 由于害怕心理，顶球时闭眼睛，以致造成头顶球部位的错误。

2. 对运行中球的速度、轨迹判断不准确，因而不能很好地选择顶球位置与起跳位置，顶不着球。

3. 掌握不好起跳时机，造成顶不着球（或早或迟），有时虽顶着球，但也顶球无力。

4. 身体摆动环节不能协调有力地进行，影响顶球力量。

5. 由于习惯性闭眼或害怕缩颈等使接触球部位不准，影响出球准确性，这是心理因素的影响，应该在教学与训练中加强"人"的心理因素的培养。

6. 跳起头顶球时，由于不能很好地控制身体，易产生不协调的摆动，不仅影响出球的力量，而且影响出球的准确性。

五、抢截球技术

抢截球是指运动员在规则允许的范围内，用身体的合理部位将对手的控球权夺过来或破坏掉。

（一）技术动作结构分析

抢截球技术的动作结构是由选位、抓住时机实施抢截动作与下一动作衔接三个环节组成。

1. 选位

观察对方控制球的情况和接应队员情况以及对对方意识的分析判断。根据观察、分析、判断，及时移动到实施抢截球最有利的位置上。

2. 抓住时机实施抢截动作

在实施动作的同时，时机是最重要的因素，过迟过早都会影响抢截的效果，甚至造成失败。一般说，抢截时机共分两种：一种是对个人控球企图越过防守时的抢截时机，这种情况是在控球者做触球动作后，触球脚即将落地或中心已移至即将落地的触球脚时，此时实施抢截动作，持球者已无法改变传球路线。另一种是对方传接球的过程中的抢截时机，这种时机是在对方将球传出后未被同伴接到前，抢先出击截获或触及球。时机的选择和选位有直接关系，而使用抢截动作又与时机的选择有密切的关系。

3. 与下一动作衔接

在实施抢截动作时，应迅速使身体恢复到下一个动作所需要的状态和位置，抢截

技术需要在不同情况下使用不同的抢截动作，有时在实施抢截动作时会使身体呈现各种状态，可能不利于下一动作的连接，为保证与下一动作的紧密连接，应使身体恢复到所需要的状态和位置。

（二）主要技术动作要领

1. 合理冲撞

足球比赛具有双方激烈争抢的特点。在比赛中双方队员不可避免地要发生身体接触。为了能正常地发挥运动员的勇敢顽强的精神和技术水平，在足球规则中规定了一条"合理冲撞"，允许运动员在一定条件下利用合理的冲撞动作达到抢球或控球的目的。合理冲撞是指双方运动员在争抢球时，在公平合理的条件下，用肩以下至肘部以上的部位向对方的同样部位做力量适当的冲撞。合理冲撞必须具备几个条件：第一，冲撞的目的必须在于控球或抢球，所以球必须是在球员可控制的范围之内（一般是1~2米）；第二，冲撞时，人必须向球跑动，也就是说必须是以球作为目标；第三，冲撞时臂部必须紧贴自己上体体侧；第四，冲撞的力量要适当，不得用力猛撞或做带有危险性的动作。

2. 铲球

铲球是抢截球的一种。是利用倒地时脚或腿的伸、扫、蹬、勾等动作进行抢截或控球、传球、射门的技术。一般在来不及用其他方法触及球时采用。具有快速、突然的特点。抢截时突然倒地滑行，用脚或腿把对方控制、传出或即将接到的球破坏或截获。有正面铲球和侧后铲球之分。

在激烈的比赛中，由于铲球可以更大限度地争取时间和扩大控制面而被广泛地运用到踢球、接球、抢球技术中去。但国际足联新的规定，铲球时一旦接触到对手身体某一部位均被判作犯规行为。这就要求足球运动员在做此动作时，给予高度的重视。

（三）易犯错误

（1）正面堵截时，易产生堵抢触球部位不准确造成失误。当双方同时接触球时，未能即时提拉球而被对方抢先造成堵抢失误。还有堵抢时机不对，或迟、或早都会造成堵抢失误。

（2）侧面抢球冲撞时，冲撞动作不正确造成犯规或时机选择不当，不应选择在对手同侧脚支撑时。

（3）铲球脚离地面超过球的高度，易伤害对手造成犯规。

（4）由于时机选择不当，或时机与实施动作配合不当，铲球时未触及球而铲到对手造成犯规。

（5）动作不协调造成失误或影响下一动作的衔接。

（6）着地动作不正确易使抢球者受伤或铲球后脚触及对手的身体（犯规行为）。

（7）"抢断"球的时机选择，以及出击时机与动作配合不及时、不协调造成失误，以致扑空。

六、掷界外球

由于掷界外球不受越位规则的束缚，因此，不仅用于恢复比赛，而且可以为进攻创造有利条件，尤其是在前场30米内掷界外球，可将球直接掷入球门前，给对手造成很大威胁(图 9-9)。

(一)技术动作结构分析

(1)掷界外球的动作是一个下端固定的爆发式的平摆运动,需要稳固的支撑。

(2)根据身高和臂长,掌握合理的掷出角(不超过 45°)。它是影响掷球速度的重要因素,一般球出手早掷出角大,反之则小。

(3)球出手速度快则掷得远,这需要力量基础和协调用力能力。

(4)充分利用助跑的初速度有利于将球掷远。

图 9-9 掷界外球

(二)技术动作要领

1. 原地掷界外球

面对出球方向,两脚前后或左右开立,每脚均应有一部分站在边线上或边线外。膝关节弯曲,上体后仰成背弓,重心移到后脚上(左右开立时,重心放在两脚间),两手自然张开,拇指相对,持球的侧后部,屈肘将球置于头后。掷球时,后脚用力蹬地(或两脚用力蹬地),两腿迅速伸直,身体重心由后脚移到前脚,收腹屈体,同时两臂急速前摆。当球摆到头上时用力甩腕将球掷入场内。掷球时,后脚可沿地面向前滑动,两脚均不得离地。

2. 助跑掷界外球

两手持球放在胸前,在助跑迈出最后一步时,上身后仰成背弓,同时将球上举至头后,掷球时的动作与原地掷界外球动作相同。将球掷出后,后脚可在地面上向前滑行,但不得离地。

(三)易犯错误

(1)掷界外球不符合规则要求,造成犯规。

(2)用力不协调、用力不均、掷出角不合理而影响出球的远度。

第三节 基本战术

一、比赛阵型

比赛阵型是指比赛中上场队员位置的排列,是本队攻守力量搭配和职责分工的形式。

比赛阵型的选择要根据本队队员的特点与比赛的特点来决定。阵型是比赛战术的一个组成部分。要使每个场上队员在明确基础位置和主要职责的前提下,充分发挥个人的智慧和全队的攻守特点，运用比赛阵形以达到克敌制胜的目的。

（一）阵型演变的简史

现代足球的比赛阵型是伴随足球运动的发展而发展的。规则的变化，技术、战术、身体素质诸因素的不断提高，促进了阵型的演变和发展。历史上的主要阵型有以下几个。

1. WM 阵型

1925 年国际足联再次修改越位规则，将越位的概念由进攻队员与对方球门线间对方队员不足 3 人改为不足 2 人。1930 年英国契莆曼创造了足球史上占有重要地位和作用的"WM 阵型"（图 9-10），其显著特点是攻守人数排列平衡。它对英国人在 50 年代前位居世界足坛起了重要作用。

2. 四前锋阵型

20 世纪 50 年代初，匈牙利首创四前锋阵型。这是倡导进攻的阵型。它以技术精湛、配合流畅、进攻犀利、打法新颖而一举成名。1953 年和 1954 年匈牙利队以 6∶3 和 7∶1 大胜英国；1954 年又获第 5 届世界杯亚军，一时四前锋阵形风靡世界。这种敢于

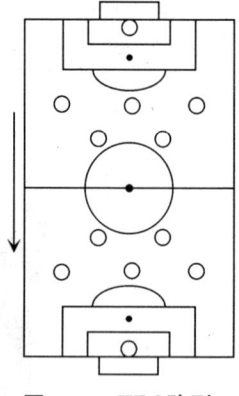

图 9-10　WM 阵型

进攻和创新的精神为足坛树立了榜样，被誉为足球的第一次重大变革。

3. 1-3-3-3 阵型

1974 年第 10 届世界杯上，以荷兰与联邦德国为代表，首创崭新的全攻全守踢法 1-3-3-3 阵型。这种踢法要求运动员能攻善守，首先是本位置的专家，其次是其他位置的能手。队员活动范围大，不仅对队员个人技、战术意识和身体素质提出了全面化要求，而且对全队的整体攻防一体化要求更高。这被誉为足球的第三次重大变革。

4. 3-5-2 与 5-3-2 阵型

这是现代出现在欧洲锦标赛上和第 13 届（1986 年）世界杯赛上的阵型。实践证明：夺取中场优势是获得比赛主动权的关键，用 4 名后卫对付普遍采用两名前锋打法的战术是人力的浪费。进攻时，边后卫进入中场以夺取中场优势的主动，并伺机插上助攻；防守时，在中场阻击和瓦解对方的进攻，对方进攻向两边纵深推进时，边后卫势必后撤防守。此时，3-5-2 阵型变为 5-3-2 或 4-4-2 阵形。因此，3-5-2 与 5-3-2 阵型实际上是根据攻守需要，队员在场上位置布局的变化而决定的。

（二）当今几种主要阵型与特点

1. 4-4-2 阵形特点

1966 年英国运用 4-4-2 阵型主要是为了加强防守。如今 4-4-2 阵型赋予的是全攻全守的内涵，两者区别甚大。当今 4-4-2 阵型主要特点如下：

（1）后场和中场都要安排 4 名队员，力量强，有利于巩固后防，力保大门不失球，同时有利于夺取中场优势和主动权。前锋只安排两名，但两名前锋突破能力强，善于捕捉得分机会。通过积极跑动在中路和边路制造空当，便于前、后插上进攻，有利于组织和发展点多面广的进攻，增强了后卫、前卫进攻的突然性和隐蔽性。

（2）通过合理有序的组织，积极的跑动，完全能达到比赛过程中攻守力量的平衡。

（3）由于各队队员的特点不同，尽管都采用 4-4-2 阵形，但位置排列上和具体攻守

打法上都有所不同，前锋队员主要有双中锋和一边锋、一中锋的两种排列。4名前卫基本上是一字横向排列或菱形排列两种，其分工一名为进攻前卫，一名为防守前卫，另两名为边前卫。

2. 3-5-2阵型特点

（1）3-5-2阵型特点是中场人数多、力量强，有利于夺取中场优势和取得比赛主动权。

（2）通过前锋和中场队员逼迫式防守，即可减轻后防的压力，增加对方进攻的难度，又可在中前场抢截成功时发动反攻，其危慑力和成功率远超于后场发动的进攻。

（3）用3名后卫盯防普遍要用两名前锋，有人数优势，两名队员可大胆紧逼盯人，自由中卫可保护补位并能有效地控制门前危险区域。

（4）中场队员插上进攻点多面宽，具有突然性和隐蔽性，对手难以防范。

（5）对边前卫要求甚高，集边锋、前卫、边后卫三位于一体。

（6）位置排列的变化主要是5名前卫。

3. 3-4-3阵型特点

（1）攻守平衡，中场力量相对较强。

（2）排3名前锋既加强了进攻力量，又牵制了对方后卫的助攻。

（3）转入防守时，前场、中场兵多将广，有利于展开逼迫或防守，减轻后防压力。

（4）3名后卫看守两名前锋具有人数和心理上的优势。无论对方采用双中锋还是其他排列，均可用两名后卫死盯，一名自由中卫保护补位和控制危险区域。

（5）攻守转换自然、流畅，队员位置相对稳定，变化较小。

4. 4-5-1阵型特点

这是一个相对侧重防守的阵型。

（1）4名后卫主要是防守，帮助控制中场和助攻。

（2）中场力量强，人数多，利于夺取中场优势和获得主动权，能减轻后防的压力。

（3）进攻力量较弱，进攻的效果一看反击，二看前卫的能力和变化，特别是处于中锋之后左右两名进攻型前卫在进攻中的作用。由守转攻时，中场空区大，进攻点也多，有利于组织快速反击和点多面宽的进攻，能增加进攻的突然性和隐蔽性。

（三）制订阵型主要依据及运用时注意事项

1. 制订阵型的主要依据

现代足球总体要求是全攻全守、攻守平衡。但在实际运用时却注意符合本队队员的特点和实际，所以能够获得成功。普遍是先守好了再进攻，力争不失球，然后设法进球。

2. 阵型运用时注意事项

（1）切忌盲目搬用脱离实际的阵型。

（2）提高发挥独立应变能力和创作力。

（3）保持完整队形。

（4）队员合理组合。

（5）合理的攻防打法。

二、进攻战术

当防守队员都退回自己的半场且占据防守区域的位置时,攻方的进攻则成为阵地进攻。其主要特点是守方没有大的空当,攻防人数基本平衡。因此,要求进攻者用不断地跑动、穿插、策应来打乱守方的防御体系,在局部地区打破攻守双方人数上的平衡。造成以多打少的局面。在发动阵地进攻时,本方必须控制好球,借助集体控球能力,利用场地宽度、长度进行机动跑位,不断调动防守者的位置,一旦防守出现不协调就会给进攻者带来机会。

(一)边路传中

球场由于两侧地区防守队员相对较少,空隙较大,攻方便于发动进攻。由边路突破防线的传中能够创造由中路和异侧同伴包抄射门的机会。

1. 边路传中的区域。现代足球阵地进攻在边路发展时,一是对方罚球区域延长线附近;二是球门线附近,这两传中点以前者居多。

2. 边路传中的落点。一是近门柱。二是罚球点附近——这是传中点进攻的最佳位置。三是远门柱,此区域可直接进攻得分,也可将球再传中路,由同伴得分。

3. 边路传中的要点。当今足球比赛对传中技术要求越来越高,一改过去弧度高、球速慢的踢法,普遍要求弧度低、球速快而多以向内旋转球为主,这对守门员、防守队员判断和抢断、争顶等都有一定难度,而这些都对进攻者有利。此外还经常采取传平直球,这种高于膝、低于头部的球,在飞行途中射门点比较多,进攻者可在球的运行轨迹任何一点攻击球门,而且可以不等球落地即可攻门。而传中的时间选在防守者向自己球门跑动,阵脚未稳,尚未调整好位置最为有利。

4. 创造边路传中的方法:个人突破和传球配合两种方法。

(1)个人突破。运球突破是个人进攻战术中锐利的武器,运球突破主要有速度型、假动作型及两者结合型。速度型突破者均为起动速度快、爆发力强的队员,运球突破时无须做假动作,利用有利的位置将球推向防守者身后,利用自己的速度优势强行突破。

(2)传球配合。在边路进攻中运用居多(图9-11、图9-12)。

中路包抄的队员要有比较明确的分工,例如谁抢第一点,谁抢第二点,谁在外围争点。要使包抄有一定层次,以使射门机会增多。

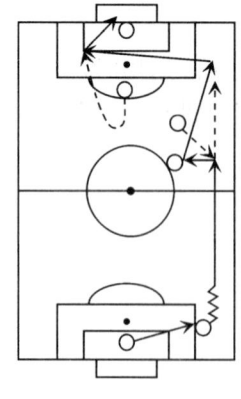

图9-11 前锋配合突破

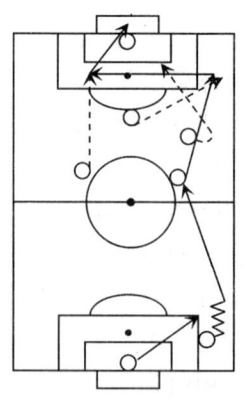

图9-12 前锋插边

（二）中路渗透

中路渗透一般有后场发动、中场发动、前场发动进攻三种形式。

1. 后场发动进攻：守门员发动进攻（图9-13）；后卫发动进攻（图9-14）。

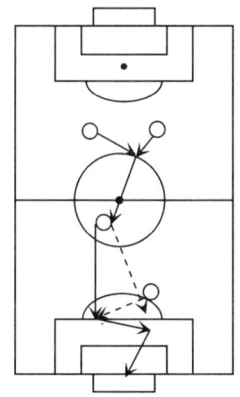 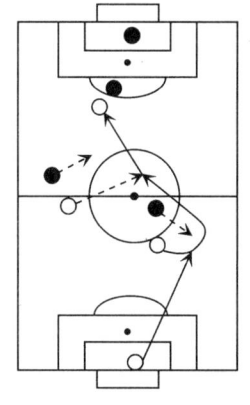 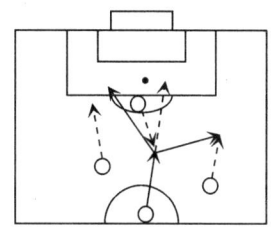

图9-13　守门员发动进攻　　　图9-14　后卫发动进攻　　　图9-15　中场发动进攻

2. 中场发动进攻：阵地进攻中场中路渗透的主要战术配合是由中场发动的。前卫队员担负着组织核心的重要角色。采用方法是短传配合，以各种二过一来摆脱对方的防守（图9-15）。

3. 前场发动进攻：这主要靠前锋回撤后在其身后形成的空当反切插入。在罚球区附近做踢墙二过一配合，对突破对方中路密集防守有奇效。

（三）中路转移

由于中路聚集着攻守对方大量兵力，有时单一的中路渗透不能奏效，因此，一旦中路进攻受阻，应及时往边路转移，采取声东击西的方法，以分散中路防守方的注意力，然后由边路突破，此后再将进攻方向转到中路。有时防守力量偏重某一侧时，也可做由一侧向另一侧的边路转移进攻。

（四）阵地进攻的基本要求

1. 前场和中场的队员要灵活机动地跑位，以有效地调动和拉开对方防线。
2. 控球队员应首先考虑快速向前传球，以加快向前推进速度。
3. 进攻时应不断利用动作节奏变化和快慢速度的交替调动对方防守重心。
4. 进攻的推进应有严格的层次和梯队，以防被对方断球反击。
5. 传球要准确。技术动作应在跑动中准确简练地完成。

三、防守战术

（一）区域盯人与混合盯人的概念

1. 区域盯人防守

区域盯人的基本概念是指每一防守队员都有一定的防守区域，进攻者一旦进入该区域时，防守队员即对其严密盯防，限制其在该区域的一切进攻活动。

虽然区域盯人防守规定了每名防守者的防守区域，但防守队员之间必须有协防的意识。当某一区域防守失败时，邻近区域的防守者必须及时补位，被突破者则应与他及时换位，以求得整体防守的平衡。

另外，值得注意的是区域与区域之间结合部，这一区域往往由于防守者职责不清或防守不够默契，容易造成混乱，给进攻者造成突破机会。

2. 混合盯人防守

混合盯人防守是人盯人与区域盯人互相结合的一种防守形式。基本概念是根据对手情况，在某些区域实行人盯人，在某些区域实行区域盯人，充分发挥这两种形式的优点，提高整体防守的综合效益。

混合盯人防守的方式是非常灵活的，这主要取决于对方队员的特点以及本方整体防守的设计方案。在采用此种防守形式时必须注意：

（1）重点盯防对方进攻的组织者和主要得分手，最大限度地限制他们的进攻行动，削弱对方的攻击能力。

（2）要明确在哪些区域实行人盯人防守，哪些区域实行混合防守，该对对方哪些队员实行盯人防守、哪些实行区域防守，即对防守队员有明确的分工。

（二）常见的防守打法分析

1. 中前场逼迫式防守

这种防守形式一般在势均力敌或实力高于对方时运用。当本方在中前场一旦丢球，立即组织防守，丢球者迅速堵截控球者，其他防守队员对前来接应的进攻队员实行紧逼盯人。此时三条线保持较短的纵深距离，压住对手，令其回传、横传球。

中前场逼迫式防守的要求：

（1）首先有压迫对手的气势，这种气势会给对手以极大的压力，在这种气势的压力下，有时本方队员并未抢球，对方也会出现失误。

（2）从中前场控球队员丢球后堵截开始，就发出了逼迫式防守的信号，防守队员的行动要协调一致，同时行动。

（3）在压缩的防区内实行人盯人防守，不给对方以任何喘息的机会，三条线要压扁，注意相互间不能脱节。

2. 逐步回撤防守

这种防守形式是在中前场由攻转守时运用。本方靠近对方控球队员及时上前封堵，不让他运球突破或向前传球，在封堵的过程中争取时间。其他队员迅速回撤，将防区撤到本方中场，这时聚集较多的防守队员，以利于稳固防守，伺机反击。

3. 迅速回收密集防守

这种防守一般多用敌强我弱，或以"稳固防守、快速反击"为指导思想的球队。它是由攻转守仅用一两名队员在中前场封堵控制球，其他队员快速回收到本方的后场，不在中前场与对方周旋。这种打法主要特点是将防守重点部署在禁区前沿，形成严密的防守网络。防守队员相互之间保持一定距离，形成稳固的保护状态，给对手的进攻造成极大的困难。

4. 局部区域围抢

一般由两名以上防守队员在边线或球门线附近地区对一名控球队员实施抢截称为围抢。此时防守队员要从多个方向将持球者围逼在很小的范围内，使之既不能突破传球又不能控制好球；同时外围防守队员应盯死前去接应的其他队员。

（三）失球的主要原因

比赛中失球的原因有许多，涉及到技术、战术、身体素质、意志品质、心理因素等方面。从战术角度看主要原因有以下几点。

1. 防守的位置错误

防守者所占的位置与进攻队员站成平线。此时一旦进攻队员身后传斜线球，那么防线很容易被突破。如果四个后卫站成平线，两中卫之间没有纵深距离，一旦被对方打二过一配合突破，这样就没有人保护和补位。

2. 回防不及时

由攻转守时，助攻的后卫、前卫原来所处的位置留下很大空当，队员回防不及时给对方进攻无疑创造了条件。

3. 盯人不紧

特别是对对方核心人物或插入本方后卫身后的队员盯逼不紧，后患无穷。

4. 盲目地抢断球及过多地横、回传球。

5. 无谓的犯规

毫无意义的无止境的犯规是导致失球的主要原因。

6. 守门员的失误

守门员是防守的最后一关，他的基本功不扎实、战术意识差、选位不合适、出击不当、脱手等均能导致失球。

四、定位球战术

定位球战术是比赛成死球时所采用的攻守战术方法，包括球门球、中圈开球、界外球、角球、任意球、点球。资料显示1/3的进球来自于定位球。定位球在比赛中的地位极为显要，它已成为决定比赛胜负的重要因素，尤其在势均力敌的比赛中，关键的获胜进球常是定位球。此外，定位球特定的优势：在规定的9.15米内没有对手阻碍，可投入较多的队员在预定的位置进攻，同时对本方后防不带来任何危险。为此，各国都很重视并加强对定位球战术，特别是前场任意球、界外球的研究和训练。

（一）任意球的进攻

前场任意球的进攻区域主要有罚球弧区域、罚球区角及两侧区域、罚球区内。

1. 罚球弧区域的任意球进攻

在此区域获直接或间接任意球时，守方必排"人墙"封住部分球门，守门员站位应选择既能看清球和罚球队员的动作，又能兼顾整个球门的防守位置。因此，攻方的打法是：劲射和从侧面绕过人墙上空后以下旋弧线球射门。同时，挡住守门员的视线，使其看不到球和罚球队员的动作，迫使守门员对射门反应减慢。具体方法如下：

（1）攻方排墙直接射门

两名进攻队员在离罚球点5~6米处排墙，队员身体和双脚靠拢，注意力集中于球，挡住守门员视线。球罚出时分别向右和左转身冲向球门准备补射。另两名攻方队员站在罚球处，使对手难以确定主罚者。两人可从不同角度跑向球，诱使守方受骗。

如选用一名擅长左脚的队员、一名擅长右脚的队员罚球极为理想。应根据赛场情况确定进攻方法和主罚者。掩护者先跑为主罚者做好掩护。

（2）攻方排墙，一拨一射

队员不能直接射门时，攻方可用排墙后一拨一射的方法达到避开人墙的封堵，以达到增大射门角度的目的。

如图9-16所示，③④号在离球5米左右处排墙阻挡守门员视线，尽可能迟地散开人墙。罚球时由谁拨、由谁射，要根据情况和在何处加大射门角度而定。如②向左轻拨，守门员的左侧空当暴露，①号用左脚射远离守门员的直线或弧线球，将对球门产生极大威胁。

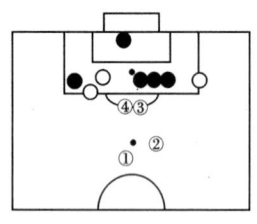
图9-16 一拨一射

图9-17 直接射门

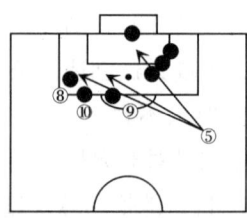
图9-18 传球配合射门

2. 罚球区、角及两侧的任意球进攻

在罚球区角获任意球时，可用直接射门或传球配合射门的方法进攻。

（1）直接射门

在罚球区角获任意球时，一般说多数的进攻目标是近门柱。用传过人墙内侧的弧线球或越过人墙上空后不落的侧下旋的弧线球射向守门员左侧球门的空当，这种球成功的可能性较大。实践证明，射向近门柱的成功率远高于远门柱的成功率。任意球在右侧时，选用擅长踢左脚球的队员，球在左侧时，应由擅长右脚的队员做主罚（图9-17）。

（2）传球配合射门

除直接射门外，大多数采用长传门前由同伴头顶射门或先短传后中长传配合射门。⑤号主罚，向球门区对前、中、后三个区传球。⑨⑩⑧分别插入这三个区域直接攻门或配合攻门。主罚者应将球传到防守者身后而守门员又难以出击的空区，球速快、落点好、平高抛物线内（外）弧线球更理想。攻门者插上要及时，摆脱要突然，相互应掩护（图9-18）。

（二）任意球的防守

1. 根据罚球地点确定排墙人数。

2. 人墙封堵球的近角，守门员应选择最佳位置，既能看清球和罚球者的动作，又能兼顾整个球门的防守。

3. 在离罚球地点9米左右排墙，不宜再近，否则当裁判员要求人墙后退到规定距离时，会影响封堵的角度而造成危险。

4. 人墙指挥可由守门员担任，也可由人墙最外侧队员担任，一般由后者指挥较理想。该队员离球9米，使球、自己和近门柱成一直线，然后向外侧横跨同肩宽的一步，以防从外侧传过人墙的弧线球。

5. 排墙时最高的队员在外侧，依次向内；队员间要靠紧，双手交叉于腹前，稍低头防球击脸。最出色的防守队员不参加排墙。

6. 在球罚出时，人墙应迅速向球移动，有效地封堵和缩小射门角度，人墙不能过早散开。

第四节　简要规则

一、犯规

下列情况将被判罚犯规或不正当行为：

（一）直接任意球

1. 裁判员认为，如果队员草率地、鲁莽地或使用过分的力量违反下列六种犯规中的任何一种，将判给对方踢直接任意球。

2. 踢或企图踢对方队员；绊摔或企图绊摔对方队员；跳向对方队员；冲撞对方队员；打或企图打对方队员；推对方队员。

3. 如果队员违反下列四种犯规中的任何一种，也判给对方踢直接任意球。

（1）为了得到对球的控制而抢截对方队员时，于触球前触及对方队员；（2）拉扯对方队员；（3）向对方队员吐唾沫；（4）故意手球（不包括守门员在本方罚球区内）。

在犯规发生地点踢直接任意球。

（二）罚球点球

在比赛进行中无论球在什么位置，如果队员在本方罚球区内违反了上述十种犯规中的任何一种，应被判罚球点球。

（三）黄牌警告的犯规

如果队员违反下列七种犯规中的任何一种，将被警告并出示黄牌：

1. 犯有非体育道德行为；

2. 以语言或行动表示异议；

3. 持续违反规则；

4. 延误比赛重新开始；

5. 当以角球或任意球重新开始比赛时，不退出规定的距离；

6. 未得到裁判员许可进入或重新进入比赛场地；

7. 未得到裁判员许可故意离开比赛场地。

（四）（红牌）罚令出场的犯规

如果队员违反下列七种犯规中的任何一种，将被罚令出场并出示红牌：

1. 严重犯规；

2. 暴力行为；

3. 向对方或其他任何人吐唾沫；

4. 用故意手球破坏对方的进球或明显的进球得分机会（不包括守门员在本方罚球

区内）；

5. 用可判为任意球或球点球的犯规破坏对方向本方球门移动着的明显的进球得分机会；

6. 使用无礼的、侮辱的或辱骂性的语言及动作；

7. 在同一场比赛中得到第二次警告。

被罚令出场的队员必须立即离开比赛场地附近和技术区域内。

二、不正当行为

（一）守门员不正当行为

如果守门员在本方罚球区内违反下列四种犯规中的任何一种，将判给对方踢间接任意球：

用手控制球后在发出球之前持球超过 6 秒；在发出球之后未经其他队员触及，再次用手触球；用手触及同队队员故意踢给他的球；用手触及同队队员直接掷入的界外球。

（二）其他队员

裁判员认为，队员在出现下列情况时，也将判给对方踢间接任意球：

动作具有危险性；阻挡对方队员；阻挡对方守门员从其手中发球。在犯规发生地点踢间接任意球。

思考题

1. 简述足球运动的特点及作用。
2. 正脚背踢球动作的特点是什么？
3. 什么是越位犯规？
4. 什么是合理冲撞？

第十章　排球运动

第一节　排球运动简介

一、排球的起源与发展

排球运动始于 1895 年，创始人是美国马萨诸塞州的霍利沃克城基督教青年会干事威廉·莫根，把网球网挂起来当球网，用篮球内胆进行比赛，双方人数不限但要相等，各据一方，将球胆在球网两边来回传托，使其在空中飞来飞去，这就是排球最早的雏形。排球运动问世后，由美国的传教士和驻外国的军官和士兵带到了世界各地。

1900 年排球传入亚洲，经历了 16 人制、12 人制、9 人制。1947 年国际排联成立，采用 6 人制，并成为正式比赛制。比赛场地也由室内发展到室外，继而又转到了室内，发展和产生了各种不同的娱乐性排球活动，包括妈妈排球、小排球、墙排球、坐式排球、软式排球、气排球、公园排球、沙滩排球等。

排球运动从初创时期的娱乐思想演变到 20 世纪二三十年代的竞技思想，从五六十年代追求技、战术特长的单打思想到 80 年代开始的全攻全守思想，直至现在的专位化进攻、专位化防守及后排自由防守队员出现的理念，充分体现了社会变革、体育变革和排球本身的变革。

从 20 世纪 80 年代，中国女排在一系列世界大赛中取得了优异的成绩。随着中国女排的掘起，"女排精神"成了振兴中华的一只号角。对壮国威、激发民族团结拼搏意识、振奋民族精神起到了极大的推动作用。

二、现代排球比赛特点

（一）形式的多样性和广泛的群众性

排球运动场地设备比较简单，室内室外均可进行，形式多种多样，参加人数可多可少，运动负荷能大能小，适合不同年龄、性别、体质和不同训练程度的人在不同的环境下进行活动。

（二）轻松的娱乐性和高雅的休闲性

排球运动不拘于形式，可隔网相斗，亦可围圈嬉戏，只要有一块空间、沙滩或草地，便可尽情享受击球的乐趣。排球比赛隔网进行，双方斗技，没有身体接触，安全儒雅，是人们欢悦、休闲的理想方式。

（三）技术的全面性和高度的技巧性

参加比赛的每名队员必须全面掌握各项技术，使球不落地，也不能连击、持球和四次击球。

（四）激烈的对抗性

各个比赛环节都是在激烈的对抗中进行的，对抗的焦点尤其集中在网上的扣、拦上。

三、锻炼价值

排球运动量适合不同年龄、性别、体质和不同训练程度的人参加。根据排球运动的特点，参加排球运动不仅能提高人们的力量、速度、灵活、耐力、弹跳、反应等身体素质和运动能力，并能改善身体各器官、系统的机能状况，而且还能培养机智、果断、沉着、冷静等心理素质。也是建设精神文明的一种良好手段。通过排球比赛和训练，可以培养团结战斗的集体主义精神；可以锻炼胜不骄、败不馁、勇敢顽强、克服困难，坚持到底等良好的意志品质。

四、排球运动术语

一传

排球运动技术名词。通常指比赛中在本方场区接对方来球的第一次击球，或本方拦网触手后的击球。可运用各种传球或垫球技术，其中以双手垫球运用最多。

二传

指一传后的第二次击球，也是给扣球进攻者传的球。因这种技术动作基本上是第二次触球时运用，故名。起组织进攻和反攻的桥梁作用。

自由人

排球运动比赛队员的一种职责分工，是防守反击中的后排专职防守队员。根据战机的需要和防守的要求，无须请求裁判员的许可，即可随时自由地取代后排中的任一队员出场参赛。要求队员身材较为矮小、灵活、快速，应变能力强，掌握出色的防守技术和具备良好的心理素质。着装的颜色必须有别于其他队员，以便辨认。

飘球

排球运动发球的一种。因球发出后飘晃行进，故名。

快球

也称"快板球"。排球运动扣球的一种。二传队员将球传出或传出前，扣球队员已跳在空中等球；当球传到合适的击球点时，扣球队员以极快的速度挥臂击球。特点是：速度快，变化多，牵制力强，命中率高，实效好。

短平快

排球运动快球的一种。一般指二传手正面传出速度快、弧度平的球的同时，扣球手在距其2米左右处跳起，挥臂截击二传手平传过来的球。可根据战术需要，利用球网位置，提前或错后击球。这类扣球由于速度快、弧度平、空中击球点多，故威力很强，并可用以掩护而组成多种集体进攻战术。

重叠（梯次）

两名扣球队员，一前一后扣快球或半高球，形成二打一，给对方拦网造成困难。

背飞

扣球手突然冲跳至二传手背后打小弧度球。

隐蔽站位

是接发球时插上战术的一种变化。即在规则允许的范围内，利用同排同列队员的位置关系，将前排主攻手隐蔽在后排的位置上。为的是迷惑对方拦网，出其不意地袭击对方，达到突然进攻的目的。

插上二传

后排队员插上到前排组织进攻。

第二节 基本技术与练习方法

一、准备姿势与移动

（一）准备姿势

1. 半蹲准备姿势

两脚左右开立稍比肩宽，一脚稍前，两脚尖内收，脚跟稍提起。膝关节保持一定的弯曲，其投影在脚尖前面。上体前倾，重心靠前。两臂放松自然弯曲，双手置于腹前。全身肌肉适当放松，两眼注视来球，两腿始终保持微动（图10-1）。

2. 稍蹲准备姿势：稍蹲准备姿势比半蹲准备姿势重心稍高，动作方法相同。

3. 低蹲准备姿势：低蹲准备姿势比半蹲准备姿势的身体重心更低、更靠前，两脚左右、前后的距离更宽一些，膝部弯曲程度更大一些；肩部投影过膝，膝部投影过脚尖，手置于胸腹之间。

（二）移动

1. 起动

起动是指从静止到移动发力的动作过程。以向前起动为例，在准备姿势的基础上，迅速抬起前腿，收腹使上体向前探出，同时后腿迅速用力蹬地，使整个身体急速向前起动。起动的快慢是移动的关键，起动的速度取决于反应能力和腰腿部的速度力量。

图 10-1

2. 移动

（1）并步：两脚左右开立与肩同宽，两膝微屈，上体稍前倾，两手自然放松置于腰腹。向左并步时，左脚向来球方向跨出一步，右脚迅速蹬地跟上，并做好击球前的姿势（图10-2）。并步的特点是容易保持身体平衡，便于做击球动作。并步可向前后左右各方向移动。

图 10-2

（2）滑步：两脚平行站立。向左滑步时左脚先向左侧迈出一步，右脚同时迅速跟上做连续并步（图10-3）。滑步移动时身体重心变换快而移动速度较慢，宜在短距离移动中运用，通常在来球距体侧稍远，并步不能接近球时可采用滑步移动接球。

图 10-3

（3）交叉步：两脚左右开立。向左侧交叉步移动时上体稍向左转，右脚从左脚前向左交叉迈出一步，然后左脚再向左侧方向跨出一大步，同时重心移至左脚，身体转向来球方向，保持击球前的姿势（图 10-4）。交叉步的特点是步子大，动作快，便于制动。

图 10-4

（4）跨步：跨步前膝部弯曲，上体前倾，身体重心移至跨出脚上。跨步时，一腿用力蹬地，另一腿向来球方向跨出一大步，后腿随重心前移自然跟上，两臂做好迎球动作（图 10-5）。跨步的特点是跨距大，便于向前、斜前方降低重心进行低点击球。

图 10-5

（5）跑步：跑步时一脚蹬地起动，另一脚迅速向前跟上，两脚交替进行，两臂配合摆动，不要过早做击球动作的准备，以免影响跑步速度。球在侧方或后方时，应边转身观察球边跑动。跑步的特点是移动速度快，便于随时改变方向。

3. 制动

由快速移动转为突停状态的过程称为制动。制动是移动的结束，也是击球动作的开始。制动的方法有一步制动和两步制动。

（1）一步制动：一步制动时，在移动的最后跨出一大步，降低身体重心，膝部和脚尖适当内转，全脚掌横向蹬地，以抵住身体重心继续前移的惯性力。同时以腰腹力量控制上体，使身体重心的垂直线停落在脚的支撑面以内。

（2）两步制动：两步制动时，从倒数第二步开始做第一次制动，紧接着跨出最后一步做第二次制动，同时身体后倾，两膝弯曲，重心下降，双脚用力蹬地，使身体处于有利于做下一个动作的状态。

二、发球

（一）正面下手发球（图10-6）

图 10-6

1. 准备姿势

（以下均以左手动作为例）面对球网，两脚前后开立，左脚在前，两膝弯曲，上体前倾，左手持球置于腹前。

2. 抛球

左手将球轻轻抛起在体前右侧，球离手约一球左右高度，同时右臂伸直，以肩为轴向后摆。

3. 击球

右脚蹬地，身体重心随着右臂由后向前摆动而前移，在腹前以全手掌击球后下部。击球后，随击球动作重心前移，迅速进场比赛。

（二）侧面下手发球

这种发球动作较简单，容易掌握，可借助转体力量来击球，便于用力，发球失误少，但攻击性不强，适合女子初学者（图10-7）。

图 10-7

1. 准备姿势

左肩对网,两脚左右开立,约与肩同宽,两膝微屈,上体稍前倾,重心落在两脚之间,左手持球置于腹前。

2. 抛球

左手将球平稳上抛于胸前,距身体约一臂远,球离手高度约一个半球。抛球同时,右臂摆至右侧后下方。

3. 挥臂击球

利用右脚蹬地向左转体的力量,带动右臂向前上方摆动,在腹前用全掌、虎口或掌根击球后下方。击球后,身体转向球网,并顺势进场。

(三)正面上手发球(含飘球和旋转球)

发球前面向球网,两脚前后开立;抛球后,身体重心置于后脚;击球时,由腰腹发力带动手臂去击球。身体重心随即移至前脚上,同时收腹用力,以增加击球的速度和性能。飘球用掌根击球的中后部(图10-8);旋转球用全掌击球,击球瞬间手腕和手指有向前推压动作。

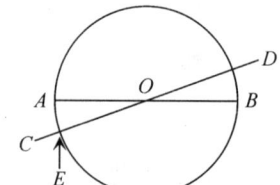

AB:水平轴　　　O:球的重心
CD:作用力的方向　E:击球部位

图 10-8　发飘球击球点与用力方向

(四)发球练习方法

1. 徒手做抛球的练习。要求平稳地向上抛,使抛出的球不旋转,高度相对固定。
2. 徒手模仿发球动作练习。
3. 击固定球。两人一组,一人持球举至击球点高度,另一人挥臂击固定球。体会击球点、手触球部位和挥臂动作。
4. 对墙或对网近距离发球。体会抛球和挥臂击球动作的配合。
5. 距网4~5米的发球练习。逐渐拉长发球距离。
6. 对墙定点发球。在墙上画一圆圈,将球发到圆圈内。
7. 在发球区发球。

三、传球

(一)传球技术

1. 准备姿势。稍蹲姿势,上体稍挺起,仰头看球,两手自然抬起,屈肘并适当分开,放松置于脸前。

2. 迎球动作。当来球接近额前时,开始蹬地、屈膝、伸臂,手指自然张开经脸前向前上方迎出,全身各部位动作应协调一致。

3. 击球点。在额前上方约一球距离。

4. 手型。手触球时,十指应自然张开,使两手成半球状,手腕稍后仰,两拇指相对成"一"字或"八"字形。两手间有一定距离,以拇指内侧、食指全部和中指的二、三指节触球的后下部,无名指和小指在球两侧辅助控制出球方向(图10-9)。

图 10-9

5. 用力方法。在迎球动作的基础上,当手和球即将接触时,手腕和手指要有前屈迎球的动作;当手与球接触时,各关节应继续伸展,全身各部位动作协调一致,最后用蹬地伸臂和手指手腕的弹力将球击出（图 10-10）。

图 10-10

（二）传球练习方法

1. 徒手原地做正面上手传球的练习。体会正确的传球动作和正确的击球点。

2. 原地向上做抛接球练习。体会正确的传球手型和正确的击球点。

3. 原地自传。每人一球，连续向上自传，传出球的高度由低到高。主要体会传球动作、击球点、手型，提高控制球能力。

4. 一抛一传。二人间隔 4 米，相对站立，一人抛出带有弧度的球，另一人传球给抛球人。着重体会全身的协调用力，建立正确的动作概念，然后二人互换。

5. 二人对传。二人一组，相距 4 米站立对传球。要求提高每人控球能力，能连续传球。

6. 自传与对传。二人一组相距 4 米左右对传球，在接到对方传来球时，先自传一次，再将球传给对方。要求提高控球能力，注意传球方向的变化和全身协调用力。

四、垫球

（一）正面双手垫球

正面双手垫球是指运动员用双手在腹前将球垫起的动作方法。它是最基本的垫球方法。正面双手垫球在垫轻球、垫中等力量球和垫重球时，其动作方法是有区别的。

1. 垫轻球（图 10-11）

图 10-11

准备姿势：面对来球，成半蹲或稍蹲姿势站立。

垫球手型：两手掌根相靠，两手手指重叠，手掌互握，两拇指平行向前，手腕下压，两前臂外翻成一个平面。

垫球动作：当球飞到腹前约一臂距离时，两臂夹紧前伸，插入球下，同时配合蹬地、跟腰、提肩、顶肘、压腕、抬臂等全身协调动作迎向来球，身体重心随着击球动作向前上方移动。

击球点：保持在腹前高度。

球触手臂部位和击球部位：用手腕关节以上 10 厘米左右的两前臂桡骨内侧所构成

的平面击球的后下部。

击球后动作：在击球瞬间，两臂要保持稳定，身体重心继续协调地向抬臂方向伴送球。垫击动作结束后，立即松开双臂作好下一动作的准备。

2. 垫中等力量球：准备姿势、击球点和手型与垫轻球相同。由于来球有一定力量，所以手臂迎击球动作的速度要慢，手臂要适当放松，主要靠来球本身的反弹力将球垫起。击球时，要运用蹬地、跟腰、提肩、压腕、向前抬臂的动作击球的后下部。

3. 垫重球：采用半蹲或低蹲的准备姿势，两臂放松置于腹前。击球用力时，由于来球速度快、力量大，触球后球体自身的反弹力也大，因此，不但不能主动用力迎击来球，而且还应采用含胸、收腹的动作，帮助手臂随球后撤并适当放松肌肉，以缓冲来球力量。同时，用手臂和手腕动作来控制垫球的方向和角度。击球的手型和部位，应根据来球的情况而变动。当击球点稍高并靠近身体时，仍可用前臂垫球；当击球点低而距身体较远时，就要用屈肘翘腕的动作把球垫在手腕部位的虎口处。

（二）体侧垫球

在体侧用双手击球称体侧垫球。当来球飞向体侧，来不及移动对正来球时，可采用体侧垫球。其特点是伸臂动作快，控制范围大，但不易控制垫球方向，准确性不如正面垫球（图10-12）。

正面

侧面

图 10-12

（三）背垫球

从身前向背后双手垫球称为背垫球。在接应同伴起球后，球飞得较远而又无法进行正面垫球时，以及须将球处理过网时运用较多。其特点是垫击点较高，准确性稍差（图10-13）。

图 10-13

背垫球时，要判断来球的方向，快速移动到球的落点处，背对垫出球的方向，两臂夹紧伸直。击球时，用蹬地、抬头、挺胸、展腹和上体后仰的动作带动两臂向后上方摆动抬送，以前臂触球的前下方，将球向后上方击出。背垫球的击球点一般应在肩前上方。

（四）跨步垫球

跨步垫球是在判断来球落点时，同侧脚迅速向来球方向跨出一大步，上体顺势前倾下压，身体重心落在跨出脚上，同时两臂前伸插入球下，用蹬地、提肩、抬臂动作击球的后下部（图10-14）。

图 10-14

（五）挡球

挡球多用于挡击胸部以上力量大、速度快的来球，手型有抱拳式和并掌式两种。抱拳式是两肘弯曲，一手半握拳，另一手外抱，两手掌外侧所组成的平面朝前（图10-15）。并掌式是两肘弯曲，两手虎口交叉，两手掌外侧合并成勺形的击球面朝前（图10-16）。挡球时，手臂屈肘上举，肘部朝前，手腕后伸，以手掌外侧和掌根所组成的平面挡击球的后下部。击球瞬间，手腕要紧张，用适度的力量将球向前上方挡起，击球点一般在头部或两肩的前上方。

图 10-15　　　　　　　　　　　　图 10-16

（六）垫球练习方法

1. 徒手模仿练习

（1）垫球手型模仿练习。注意垫球动作要合理；小臂要夹紧；手臂要伸直；垫击面要平整。

（2）垫球完整动作模仿练习。要做得正确、协调，用力合理、准确。

2. 垫击固定球

两人一组，一人持球固定在小腹前高度，另一人从准备姿势开始，做垫击动作，但不将球垫出，只体会击球的动作。击球手型和触球部位要正确，注意全身协调用力。

3. 垫击抛来球

两人一组一抛一垫。球要抛准，尽量固定抛球的高度、速度及落点，垫球人用原地正面垫球的动作将球垫回。当初步学会垫球动作后,再逐渐加大难度,适当将球抛在练习人的前后、左右,要求练习者移动后仍做正面垫球。

4. 对墙自垫

一人一球对墙自垫。要求距离2米左右,认真体会用力顺序,体会动作要领,注意击球部位。对墙自垫能熟悉球性,增加球感。

5. 对垫

先练习原地对垫,再练习移动对垫,逐步提高练习的难度,但要求在上述练习中,都必须采用正面垫球。

五、扣球

以左手扣球为例来分析其动作规格(图10-17)。

图 10-17

(一)技术动作

1. 准备姿势

扣球助跑前采用稍蹲姿势,两臂自然下垂,站在离网3米左右处,身体转向来球方向,观察来球,作好向各个方向助跑起跳的准备。

2. 助跑

助跑开始时,左脚先向前迈出一步,紧接着右脚再快速跨出一大步,左脚及时并上,踏在右脚之前,两脚尖稍向右转。两臂绕体侧向上引摆。

3. 起跳

在助跑跨出最后一步(即第二步),左脚并上踏地制动的同时,两臂自后积极向前摆动,随着双脚蹬地向上起跳,两臂配合起跳有力地向上摆动。

4. 空中击球

起跳后,挺胸展腹,上体稍向右转,右臂向后上方抬起,身体成反弓形。挥臂时,以迅速转体、收腹动作发力,依次带动肩、肘、腕各部位关节向前上方以鞭甩动作挥动。击球时,五指微张,以掌心为主,全掌包满球,在手臂伸直的最高点的前上方击球的后中部,同时主动用力屈腕屈指向前推压,使扣出的球呈上旋。

5. 落地

以两脚前脚掌先着地再迅速过渡到全脚掌着地,同时顺势屈膝、收腹,以缓冲下落的力量,立即作好下一个动作的准备。

(二)扣球练习方法

1. 原地双脚步练习。要求两脚用力蹬地,两臂画弧摆动配合起跳,在空中扣球手臂抬起并后引成扣球前的动作,落地要双脚前脚掌着地,屈膝缓冲。

2. 一步助跑起跳练习。要求手脚配合协调。

3. 网前助跑起跳。掌握助跑起跳步法。

4. 徒手挥臂甩腕练习。体会鞭打动作。

5. 两人一组，一人持球举至击球点位置，另一人挥臂击固定球。体会击球点和手型。

6. 网上扣固定球。体会网上扣球击球点和手型。

7. 对墙连续扣球。体会挥臂动作和击球手法。

8. 在 4 号位扣抛球。

9. 在 4 号位传球扣。

六、拦网

（一）准备姿势

队员面对球网，两脚左右开立，约与肩同宽，距网 30～40 厘米。两膝微屈，两臂屈肘置于胸前。

（二）移动

常用的步法有一步、并步、交叉步、跑步等。无论采用哪种移动步法，都要做好制动动作，以保证向上起跳，避免触网和冲撞同队队员。

（三）起跳

原地起跳时，两腿屈膝，重心降低，随即用力蹬地，两臂以肩发力，在体侧近身处画弧向前后摆动，帮助身体迅速跳起。移动后的起跳动作与原地起跳一样，但要注意制动并使移动与起跳动作紧密衔接。

（四）空中动作

起跳时，两手从额前沿球网向上方伸出，两臂伸直并保持平行，两肩上提（图 10-18）。拦网时，两臂应伸过网去接近球。两手自然张开，屈指屈腕成半球状。当手触球时，两手要突然紧张，手腕下压盖在球的前上方。

图 10-18

（五）落地

拦网后，要做含胸动作，以保持身体平衡。手臂要前后摆动或上提，从网上收回至本方上空，再屈肘向下收臂以免触网。与此同时屈膝缓冲，双脚落地，随即转身面向后场，准备接应来球或作下一个动作的准备。

七、接发球

（一）摆好垫击手型

两臂自然伸直，并稍外旋，两肩提起，前臂紧靠，两手掌根相靠，手指重叠，手掌互握，两拇指平行向前（图 10-19），或一手握拳，另一手在外包握，手腕下压，前臂至手腕形成一个垫击平面。肩关节保持放松灵活，以利于转动手臂平面去迎击各种来球。

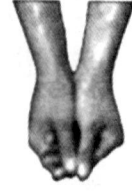

图 10-19

（二）做好击球动作

垫击时，前臂插入球下，运用蹬腿、送髋、抬臂和腰腹部的协调用力，把球准确地垫在前臂上。击球瞬间，手臂应保持平稳固定，从容不迫地把球垫至预定目标（图 10-20）。

图 10-20

（三）控制击球力量

垫击用力的大小，与来球的速度和力量成反比，与垫出球所需的距离成正比。这主要取决于运动员对来球性质的判断和自身手感的调控。

（四）掌握出球角度

掌握好垫出球的方向、弧线和落点，必须做好三个要求。

1. 保持好来球弧度同手臂角度（与地面的夹角）的关系。根据入射角等于反射角的原理，来球弧度高，手臂角度小（图 10-21）；来球弧度平，手臂角度大（图 10-22）。

   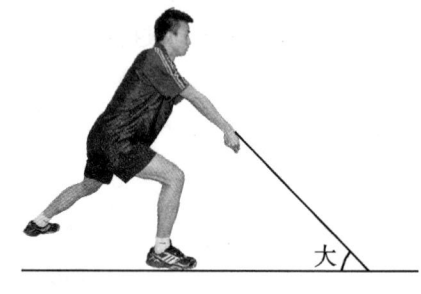

图 10-21   图 10-22

第三节　基本战术

排球比赛战术，是运动员在训练和比赛中根据排球运动的客观规律、彼我双方的具体情况和临场的发展变化所运用的合理技术和有效配合，所采取的有组织、有目的和有预见性的行动。

排球战术，从内容上讲可以分为集体战术和个人战术，从形式上讲则可分为接发球与一攻、接扣球与反攻、接被拦回球与保攻和接无攻球与推攻四个系统。

一、进攻基本阵型

(一)"中一二"进攻阵型

由前排 3 号位队员担任二传、2、4 号位队员扣球的战术形式称为"中一二"进攻阵型。"中一二"进攻阵型是最基本的进攻阵型,其特点是二传队员在中间,一传容易到位,战术可简可繁,适合不同技术水平的队。技术水平较低的队可组织前排 2、4 号位扣一般高球,技术水平高的队可组织各种战术进攻乃至立体进攻。其基本站位如图 10-23 所示。

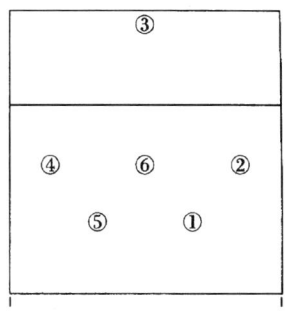
图 10-23

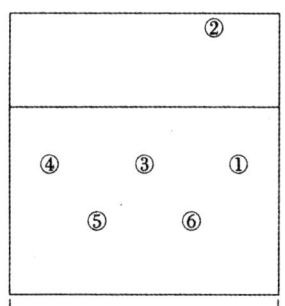
图 10-24

(二)"边一二"进攻阵型

由前排 2 号位队员担任二传、3、4 号位队员扣球的战术形式称作"边一二"进攻阵型。"边一二"进攻阵型也是基本的进攻阵型,其特点是二传队员在边上,对一传的要求稍高,但战术变化比"中一二"进攻阵型多,战术可简可繁,同样适合不同技术水平的队。其基本站位如图 10-24 所示。

(三)"插上"进攻阵型

由后排任一队员插到前排做二传,前排三名队员进行扣球的战术形式称"插上"进攻阵型(图 10-25,图 10-26)。这种阵型目前被国内外强队所普遍采用。它的特点是可保持三点进攻,进攻灵活,变化多。

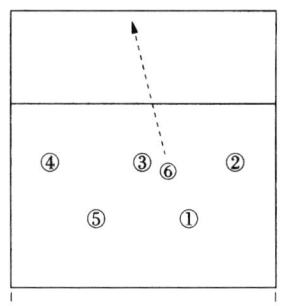
图 10-25

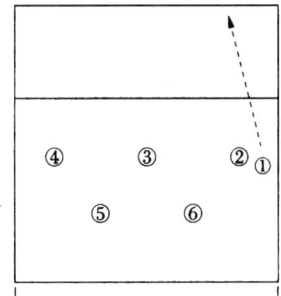
图 10-26

二、集体防守战术

(一)单人拦网的防守阵型

1. 与对方扣球队员相对应位置队员拦网的防守阵型:以对方 4 号位进攻为例,由本方 2 号位队员单人拦网,3 号位队员后撤防吊球,4 号位队员后撤防小斜线或吊球,后排 3 名队员组成半弧形防守圈,每人防守一个区域(图 10-27)。

2. 固定3号位队员拦网的防守阵型：对方进攻队员从任何位置进攻，均由3号位队员拦网，2、4号位队员后撤与后排3名队员共同组成防守阵型（图10-28，图10-29）。

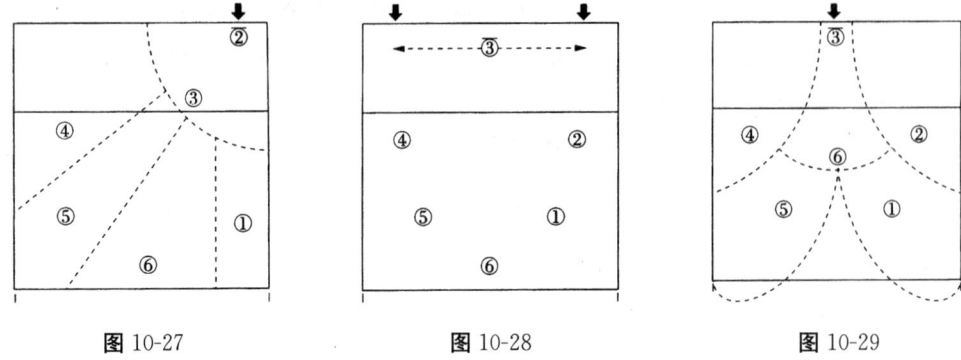

图 10-27　　　　　　　　　图 10-28　　　　　　　　　图 10-29

（二）双人拦网的防守阵型

1."边跟进"防守阵型："边跟进"即与对方扣球队员同一边的边上队员跟进防吊"补心"。如图10-30所示，对方4号位进攻，我方②③组成双人拦网，1号位①则向前移动，负责防吊"补心"，⑥根据对方扣球的路线适当策应，④防小斜线，②拦直线，③配合、拦中线。如果对方从2号位进攻（图10-31），我方④③双人拦网，⑤则负责防吊"补心"，②下撤防小斜线，①防中斜线，⑥判断扣球路线做策应，④拦直线，③拦中斜线。

"边跟进"防守阵型的优点是对防守对方大力扣杀有利，弱点是球场中间空隙较大，容易形成"心空"，防对方直线进攻的能力减弱。

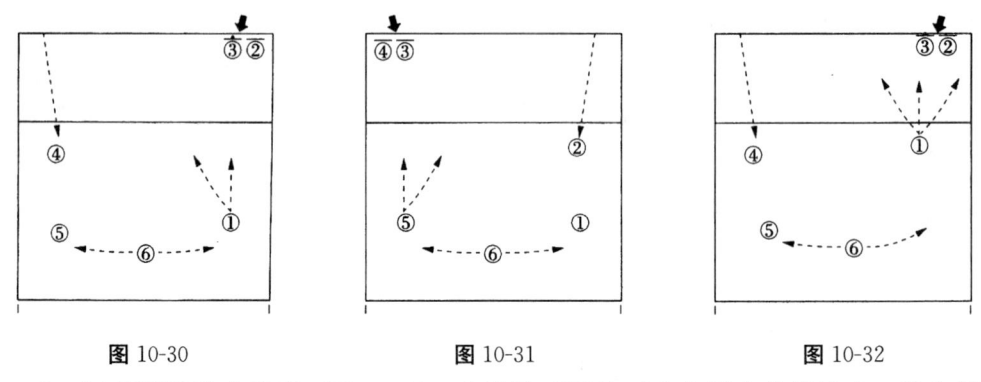

图 10-30　　　　　　　　　图 10-31　　　　　　　　　图 10-32

2."心跟进"防守阵型（图10-32）：这种阵型无论对方在哪个位置进攻，我方都由一名后排队员专司跟进防吊"补心"。图10-32为对方4号位强攻，我方①专司防吊的"心跟进"。倘若该轮次对方由2号位进攻，我方同样以①（也可由⑤或⑥）"心跟进"。"心跟进"在初、中级水平球队比赛中还是常见的，但水平高的球队已基本不采用。

"心跟进"防守阵型对防吊球和防拦起球有利，也便于接应和组织反攻。但后场及"两腰"空隙较大，容易形成空当。

"边跟进"和"心跟进"两种防守形式各有利弊，在比赛中不应单一地采用某一种形式进行防守，应根据本队的具体情况及临场变化，灵活地运用这两种防守战术。

三、接拦回球及其基本防守阵型

排球运动的不断发展，使网上的争夺日趋激烈，特别是拦网的高度、技巧也有了很大发展，扣球被直接拦死或拦回的次数也不断增加，掌握好对拦回球的防守，不但可以为再次组织进攻创造条件，而且还可以避免失权和失分。

根据本方进攻战术的需要及对方拦网队员的具体情况，可以灵活地采用不同的接拦回球的阵型，这里主要介绍五人接拦回球阵型。本方以强攻为主时，进攻点明确，除进攻队员外，其他五名队员都可以参加接拦回球。

五人接拦回球阵型中"三二"阵型使用较为普遍，在对方拦网强、拦回球落点大多集中在网前时采用。以4号位进攻为例，3、5、6号位队员组成第一道防线，1、2号位人员组成第二道线（图10-33）。

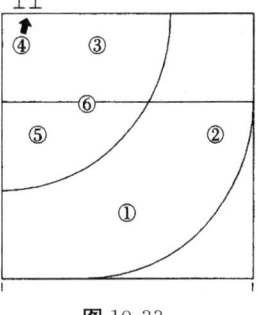

图 10-33

第四节　简要规则

一、场地

正式比赛球网的高度为男子 2.43 米，女子 2.24 米，比赛场区为长 18 米、宽 9 米。

二、比赛人数

比赛时双方各上场 6 人，分前后排站位。

三、比赛胜负

（一）比赛采用五局三胜制和每球得分制。

（二）前四局先得 25 分并超出对方 2 分的队胜一局；当比分为 24∶24 时，比赛继续进行至某队领先 2 分为止，如 28∶26；第五局则为先得 15 分并同时超出对方 2 分的队获胜；当 14∶14 时，比赛继续进行至某队领先 2 分为止，比分无最高限制。局间进行交换场区，决胜局中某队先获得 8 分时，两队交换场区。

四、发球规则

（一）必须在发球区内将球抛起后，在球落地前用一只手或手臂的任何部位将球击出，发球队员不得踏及场区（包括端线和发球区以外地面），鸣哨后在 8 秒内将球发出；发出的球必须过网区进入对方场区内。

（二）由获得发球权一方的后排 1 号位队员在端线后宽 9 米的区域内发球。发球方胜一球后，由该队同一发球队员继续发球；接发球队胜一球后，按预先登记的发球顺序，换由下一名队员发球。

五、四次击球犯规

每队最多击球三次（拦网除外），将球从球网上成功击回到对方场区，超过规定次数的击球判为四次击球犯规。无论是主动击球或被动触球，均作为该队击球一次。

六、持球和连击犯规

没有将球击出，使球产生停滞，为持球犯规。同一人连续击球为连击犯规，但拦网时的连续触球以及全队第一次击球时同一动作击球产生的球连续触及身体部位除外。

七、过网击球犯规

在对方场区空间触击球为过网击球犯规，但在对方进攻性击球后拦网触球除外。

八、过中线犯规

比赛进行中队员的一只（两只）脚或一只（两只）手完全越过中线触及对方场区是允许的，但身体的其他任何部位从网下穿越接触对方场区，为过中线犯规。

九、触网犯规

比赛进行中，队员触及9米以内的球网和标志杆、标志带为触网犯规。但队员未试图进行击球轻微触网和被动触网除外。

十、拦网犯规

（一）从标志杆外进行拦网并触球。

（二）当对方队员击球前或击球的同时，在对方场区空间拦网触球。

（三）后排队员或后排自由防守队员完成拦网或参加了完成拦网的集体，包括球触及前排队员。

（四）拦对方发球。

（五）拦网出界。

十一、进攻性击球犯规

（一）后排进攻犯规：后排队员在前场区内或踏及进攻线及其延长线，将整体高于球网上沿的球击入对方场区。

（二）过网击球犯规：在对方场区空间内击球。

（三）扣击发球犯规：在前场扣对方发来的、整体高于球网上沿的发球完成进攻性击球。

（四）自由人进攻性击球犯规：队员在高于球网处对同队自由防守队员在前场区用上手传出的球完成进攻性击球，后排自由防守队员完成对高于球网上沿的球的进攻性击球，均为自由人进攻性击球犯规。

十二、"自由人"

可选择1名队员为后排自由防守队员。

（一）后排防守队员必须穿着区别于其他队员颜色的服装，式样可以不同，但必须有同全队一样的号码。

（二）可以替换后排任何1名队员。

（三）不允许发球、拦网和试图拦网。

（四）自由人在前排3米线内，上手传起的球，其他进攻队员不得在网上沿进行扣球。

思考题

1. 发球应注意哪些问题？
2. 简述正面上手传球和垫球的基本要领？
3. 什么是"中一二""边一二"进攻战术？
4. 如何运用"心跟进""边跟进"防守阵型？

第十一章 网球运动

第一节 网球运动简介

一、网球运动的起源

网球运动的起源可以追溯到十二三世纪法国传教士在教堂用手掌击球的游戏,以后经过多年的演变才成为现在这样的网球运动。十六七世纪是法国和英国宫廷从事网球运动的兴盛时期。

1912年3月1日法国、英国等12个国家的网球协会代表在巴黎召开会议,成立了国际网球联合会,总部设在伦敦。1980年,中国网球协会被纳为该会正式成员。

如今网球运动已发展成为普及全世界的一项体育项目。网球运动深受人们喜爱。经常参加网球运动能发展人的力量、速度、灵活性以及耐力等身体素质;能培养人顽强勇敢的拼搏精神;丰富人们的精神文化生活,陶冶情操;能显著地提高人的健康水平。

二、网球运动的场地与器材

(一) 场地

网球场地为长方形,长23.77米,单打比赛时宽度为8.23米,双打比赛时宽度为10.97米,球网的中心高度为0.914米(图11-1)。

(二) 器材

1. 球拍

球拍的总长度不可以超过0.737米。击球部分总长度不可超过0.394米,总宽度不可超过0.292米。市场上常见的球拍初学者都可以选用。

2. 球

一般为有弹性的橡胶球,表面由统一的纺织材料包裹,颜色一般有白、黄两种。球的总重量为56.9~59.4克。市场上常见的球初学者都可以选用。

三、网球运动的锻炼价值

(一) 全面锻炼各项身体机能

网球运动对力量素质要求较高。由于网球拍比其他小球项目的球拍如乒乓球拍、羽毛球拍重,需要用更大的力量去完成击球动作,由此可见,一方面,力量是网球运动的基础,另一方面,网球运动促进了力量素质的提高,这也是网球运动员看起来比一般的乒乓球、羽毛球运动员更为强壮的原因。网球是既有有氧又有无氧供能的运动,可以很好地发展耐力素质。职业网球比赛往往要打到3至5盘,耗时2至4个小时,运动量非常大,没有良好的心肺功能就难以胜任一场艰苦又漫长的网球比赛。普通锻炼者，经常进行较长时间、具有一定强度的网球锻炼可以大大改善和提高人的心肺功能，进而提高人的耐力水平。网球运动可以发展灵敏素质。网球运动中，球的运动瞬息万变，这就需要练习者能及时根据来球的变化快速做出反应，及时采取相应的技术动作方法，这对发展人的灵敏素质益处极大。

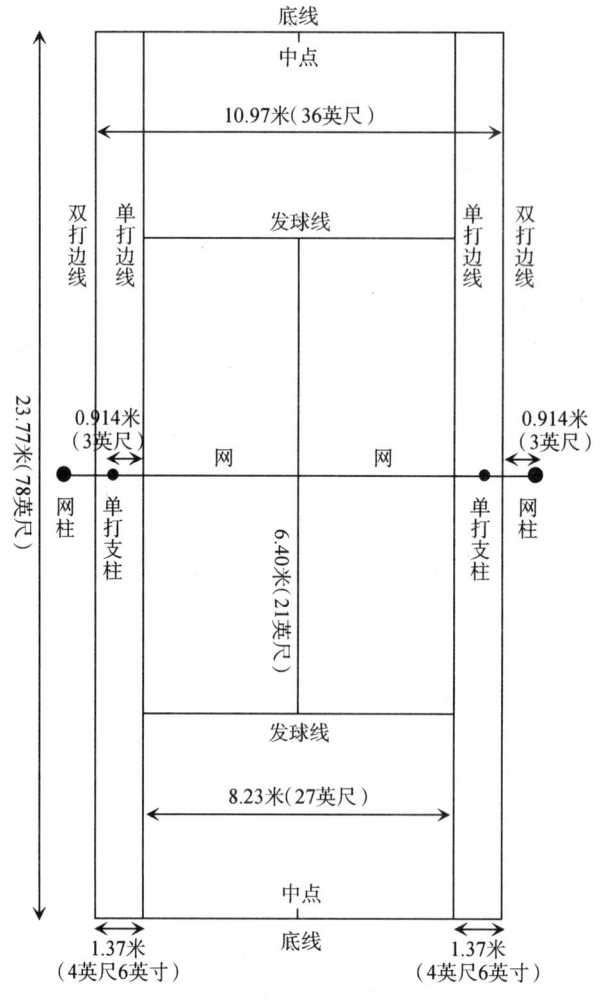

图 11-1 网球场地平面图

（二）休闲娱乐、陶冶情操、结交朋友

网球似乎是一项令人上瘾的娱乐。在球场上积极奔跑，直线、斜线、正手、反手、上网截击，所有的一切都能给你带来无穷的乐趣，生理和心理会产生不同程度的愉悦感。现代社会，随着生活节奏的加快、竞争压力的加大，焦虑、抑郁等不良心理状态的人群迅速扩大。业余时间，约上球友去网球场进行一番练习和对抗，无论是双打还是单打，人们通过满场的奔跑、有力的击球、大声的吼叫或欢快的笑声，可以宣泄或缓解自己的压力和紧张，并能给你的身心带来放松和愉悦，进而以饱满的精神和良好的状态投入到自己的工作、学习和生活中。同时，通过沟通、切磋球技，可以进一步增进彼此的友谊，拉近爱好者之间的距离。

四、国际网球大赛

现在国际网球组织有 3 个：男子职业网球协会（ATP），女子职业网球协会（WAT）和国际网球联合会（ITF）。

（一）四大公开赛

四大公开赛指每年一度的澳大利亚网球公开赛（澳网）、法国网球公开赛（法网）、温布尔顿网球公开赛（温网）、美国网球公开赛（美网）。这四项比赛是奖金最高、积分最多的比赛，被称为"顶级赛事"。开始人们把在一个赛季里囊括上述四大公开赛的全部冠军称大满贯，后来这四项比赛的每一项都称为大满贯赛。

1. 澳大利亚网球公开赛

澳大利亚网球公开赛每年 1 月份举行，是一年中最先进行的大满贯比赛。其特点是：

（1）一月份是南半球的夏季，北半球的大部分地区处于严寒，可澳大利亚的墨尔本却烈日炎炎，气温可达 35℃以上，这对全球大多数的运动员来说（北半球国家的运动员占多数），都是个考验。

（2）运动员在上年度经过多次密度很大的比赛之后，都在圣诞节前进行休整，澳网作为新赛季的第一次大比赛，运动员没有充分的准备时间，对运动员的竞技状态是个考验。

（3）澳网是硬场地，与草地、土地相比，球速居中，场地平整，反弹规则，是全面型打法的运动员最喜欢的场地。

2. 法国网球公开赛

法国网球公开赛创始于 1891 年。开始只限于法国人参加，1925 年以后成为公开赛。比赛场地为红色土地，称为"红土场"。土地属慢速场地，一场球打 4 个小时以上是习以为常的。因此，在这种土地上比赛非常考验运动员的超人技术和体力。成绩好的运动员多数是底线型选手，上网型选手难以在这里有所成就。法网在每年的 5 月末至 6 月初举行。

3. 温布尔顿网球公开赛

温布尔顿网球公开赛是网球比赛的鼻祖，开始于 1877 年，地点在伦敦郊外。温网的特点一是保留着草地赛场，这是当今世界上最少的比赛场地，我国目前尚无此种赛事。因为球在草地上的反弹速度非常快，所以上网型选手常在比赛中有卓越的表现。特点二是网球传统最浓，对运动员服装要求严格，要求一律穿白色运动服，直到近几年才放宽这一要求。三是奖金在四大公开赛中最高，并逐年有上升趋势。温网在每年 6 月末至 7 月初举行。

4. 美国网球公开赛

美国网球公开赛的历史仅次于温网，于 1881 年举行第一届比赛，地点在纽约。场地豪华、比赛奖金多是其最大特点。美网是每年四个公开赛的最末一个，在每年 8 月末或 9 月初进行。比赛场地是与澳网一样的硬地。

（二）大师系列赛

大师赛共 9 项，原来称为超九赛事。其中有印第安维尔斯大师赛、迈阿密大师赛、蒙特卡洛大师赛、罗马大师赛、汉堡大师赛、蒙特利尔大师赛、辛辛那提大师赛、马德里大师赛、巴黎大师赛。

（三）戴维斯杯与联合会杯赛

戴维斯杯与联合会杯是世界网球联合会（ITF）组织的网球国家团体赛。戴维斯杯是男子网球团体赛，创始于 1900 年，由美国人戴维斯倡议举行。戴维斯杯采取 4 单 1 双，5 场 3 胜制。比赛时间都是三天。第一天两场单打，第二天一场对打，第三天又是两场单打。

联合会杯是与戴维斯杯齐名的女子团体赛，是 1963 年庆祝国际网联成立 50 周年而创办的。赛制参照戴维斯杯的办法。

第二节　基本技术与练习方法

一、握拍技术

网球运动的基本握拍法有东方式、大陆式和西方式三种。在此基础上还派生出许多混合式的握拍方法，如半西方式握拍法、超东方式握拍法、超西方式握拍法、上手反手握拍法中的东西方混合式握拍法等等。

握拍的方法与击球的动作有着密切的关系。球拍是击球者手臂的延伸和手掌的放大，任何一个击球动作都是由手臂、手腕和手指相互配合用力来完成的。所以握拍的好坏直接影响着技术能否尽快地提高。作为初学者，必须按正确的方法握拍，使拍面以正确的部位和角度与球接触。

（一）东方式握拍

东方式握拍法又分为正拍和反拍两种。正拍握拍法：左手先握住拍颈，让拍子和地面垂直，然后手掌也垂直于地面，手握拍柄的感觉就像是与人握手。所以也称"握手式"握拍法。用右手掌根与拍柄右上斜面贴紧，拇指垫握住拍柄的左垂直面，食指稍离开中指，食指下关节压住拍柄右垂直面。由此拇指与食指成"V"形，对准拍柄的右上斜面和左上斜面的上端中间（图 11-2）。反拍握拍法：反拍是从正拍握拍法的方式把手向左转动，使拇指与食指成"V"字形，对准拍柄左上斜面与左垂直面的中间条线。用手掌根压住拍柄的左上斜面，拇指贴在左垂直面上，食指下关节压在右上斜面上（图 11-3）。

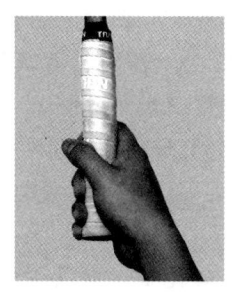
图 11-2　东方式正握拍

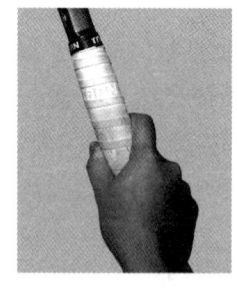
图 11-3　东方式反握拍

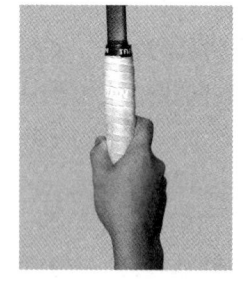
图 11-4　大陆式握拍

（二）大陆式握拍

与东方式握拍不同的是，大陆式握拍法在进行正拍和反拍击球时都无须变换握法。握拍时用手掌根部贴住拍柄上部的平面，食指与其余三个手指稍微分开，食指上关节紧贴在右上斜面上，拇指垫贴在拍柄的左侧垂直面。由于这种握法犹如握钉锤，所以称为"钉锤式"握法（图 11-4）。

（三）西方式握拍

这种握拍分为正拍和反拍两种握法。西方式正拍握拍法手掌心朝下，手掌的大部分放在拍柄的底部位置，手掌根贴在拍柄的右下斜面上，拇指压在拍柄的上部手面，食指的下关节握住拍柄的右下斜面。拇指与食指的"V"形对准拍柄的右侧垂直面。看上去握拍的形状有点像"一把抓"（图11-5）。反手握拍法则是在西方式正手握拍法的基础上，把球拍上下颠倒过来，用同一拍面击球或手腕顺时针转动，使拇指与食指的"V"形对准拍柄的左侧垂直面，食指下关节压住拍柄的上部手面，手掌根贴在左上斜面（图11-6）。

（四）半西方式握拍

这种握拍的正拍握法是介于东方式和西方式之间的握拍法，拇指与食指的"V"形对准右上斜面，它的特点是便于击打任何来球，目前被不少优秀选手采用（图11-7）。

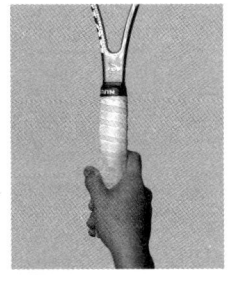 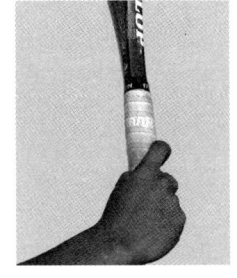 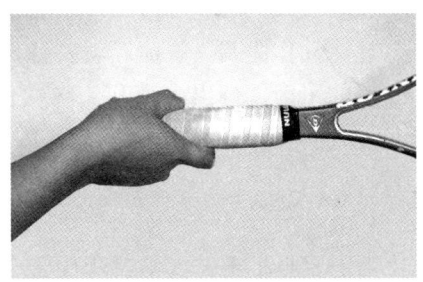

图11-5　西方式正握拍　　图11-6　西方式反握拍　　图11-7　半西方式正握拍

（五）双手正、反拍握拍法

这种打法，在正拍击球时是双手握拍，反拍击球时也是双手握拍。也就是右手为东方式或半西方式握拍，左手握在右手上方，当对方击球朝正拍方向来球时，左手下滑，右手迅速与左手换位，形成类似于左手持拍反拍击球动作。击完球后，还原至右手在后，左手在前的准备动作。反拍击球时，与双手反拍击球握法相同。这样，正反拍击球都没有明显的弱点，都能给对方构成威胁，而且动作隐蔽，便于发力，但需要选手判断准确，反应敏捷，步伐移动要快。

二、非持拍手的运用

网球运动是靠持拍手完成击球的，但实际情况却并没有这么简单。能够良好地运用非持拍手，是提升网球技巧的关键要素之一。

（一）维持拍形，帮助转拍改变握法

很多爱好者在打了一段日子后，感到非持拍手若是僵硬、紧绷，持拍的手臂就越是僵硬，拍面就越难调整，连续击球就越难做到，对击球深度的改变就更难了。在处于准备姿势和两次击球之间，非持拍手要负责抓握球拍，从而让持拍手完全放松，其实只是简单地放在拍柄上即可。这样一来持拍手的肌肉就可以在大部分时间里处于放松的状态。非持拍手抓握球拍时要注意，要将手放在拍颈部位，并伸出食指放在弦床上（图11-8），以此来精确感受弦床和身体之间的距离，为寻找到合适的击球点提供方便。

在对手击球后，要选择使用正拍还是使用反拍。此时，就要求非持拍手继续握住球拍，直到身体扭转后双手分开，才让持拍手承担起单独抓握球拍的责任。这样的目

的明显不是为了简单的放松,而是帮助调整拍面。无论是打正手还是单反,非持拍手在即将离开拍颈的时候,都能帮你完成对握法的最后调整。

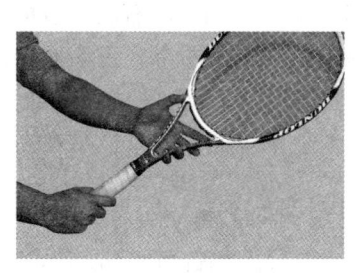  

图 11-8　非持拍手握拍　　　　图 11-9　滞肘　　　　图 11-10　死臂

（二）维持身体平衡,帮助挥拍转体

想让动作协调、敏捷,就要让两只手臂都派上用场。打正拍球时,为了让上身获得良好的平衡,打出力道和流畅性俱佳的击球,非持拍手臂应伴随击球来协调动作。有很多人的正拍很难提高,都是因为两只手臂无法协调工作。主要表现就是滞肘和僵臂。

1. 滞肘

滞肘是持拍手臂挥拍过程中最常见的问题。表现是身体一侧的肩膀已经转动,但另外一侧的肩膀却没有转向统一方向,导致上身在转动中被挤得紧紧的,从而抑制了挥拍的发力动作（图 11-9）。

2. 死臂

在正手击球时,非持拍手既不会辅助完成随挥,也不会产生滞肘,只是无力地垂在身体的一侧。死臂的毛病虽然并不太严重,但绝不是最理想的运用方式（图 11-10）。

三、正手击球

正手击球是网球技术中最基础同时也是最重要的技术。我们把正手击落的球称为正手击球。正手击球是一种进攻性的击球,它是进攻取胜的主要技术。初学者若能掌握正手击球,就可以与对方连续地对打,体会网球的乐趣。掌握了正手击球的原理,再学习其他击球也就容易多了。

（一）正手击球步骤与方法

1. 准备姿势

球拍放在身体的正前方,左手握住拍颈,面向击球方向,双脚左右分开,比肩略宽,膝关节略微弯曲,身体重心放在前脚掌上,并在两脚间变换,双肘适当向前离开身体,全身放松,盯住来球（图 11-11）。

2. 引拍

引拍是指进入挥拍击球之前向后挥摆球拍的动作。当发现对方击球可以采用正手击打时,就开始向后拉拍,转髋的同时转动双肩,带动拍子向后引,成弧形向后摆动,肘关节弯曲并稍抬起（注意手臂不要伸直）,与此同时,左手向前伸出,以保持身体平衡。

引拍的幅度,以拍柄的底部指向击球点即可。引拍过小,拍头加速距离不够,身体肌肉缺乏牵张，都影响发力；引拍幅度过大，用时过多，向前挥拍时身体旋转过多，增加了击球的难度。向后引拍重要的是应将拍面前倾，以防在向前挥拍时做翻转球拍的动作，难以控球（图11-12）。

3. 挥拍

在向前挥拍的过程中，应以肩为轴转动，手腕和前臂相对固定，肘关节与腕关节在同一水平面上，球拍低于手腕，这样可以发挥整个身体的力量。

4. 击球

击球时拍面要保持垂直或略微前倾，前倾的角度不应超过5°，如果球拍前倾过大会导致击球不过网。通常东方式击球点比西方式击球点低且靠后，打直线球比打斜线球击球点略靠后（图11-13）。

5. 随挥

随挥是击球后跟随击出的球继续挥拍。击球后，球拍沿着球飞行的方向继续向上挥动，身体由侧身对网转向正面对网，拍子随挥至左肩上方结束，动作放松，同时马上还原到准备回击下一球的状态（图11-14）。

我们往往在意击球时的动作，其实击球前的准备和击球后的随挥才是最重要的。击球仅仅是一瞬间，要把击球看成是一个过程。随挥的距离与方向非常重要，这样才能保持有效的击球，即把球"打实"，同时保持正确的击球方向。

图11-11　准备姿势　　　图11-12　引拍　　　　图11-13　击球　　　　图11-14　随挥

（二）正手击球教学要点及练习方法

1. 教学要点

（1）重心：引拍时要强调将重心放在击球手臂的同侧；击球时要将注意力放在脚下，重心从后向前转移，同时蹬直膝关节。

（2）平衡：引拍时为了保持动作平衡，非执拍手要与执拍手同时向后；挥拍结束前，头部应保持在眼睛盯球的位置。

（3）击球：击球部位应从4点开始打向10点的位置（把球看成一个钟表，面向自己上部为12点，下部为6点，左部为9点，右部为3点），要沿着时间线逆时针转动。击球部位的概念主要是从击球的中下部开始（图11-15）。

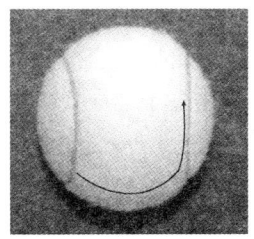

图11-15　球的中下部

2. 练习方法

（1）徒手练习：从握拍到挥拍结合起来做完整模仿。

（2）扔球拍：用一支废球拍，做向前挥拍击球的动作，当球拍挥出时，顺势将球拍甩出至球网的对面，可帮助找到放松的感觉。

（3）原地喂球：在提前引拍到位的情况下练习，再从准备开始击球的姿势开始练习。

四、反手击球

（一）反手击球步骤与方法

反手击球已经不是单纯的防守和过渡的概念，已经发展到可以向对手发起进攻的作用，有些选手甚至反手进攻强于正手。对于初学者，双手反手击球要比单手反手击球更容易掌握。

1. 准备姿势

双手反手击球的准备姿势与单手相同，只是双手在拍柄上可以重叠在一起。

2. 握拍

右手在后，靠紧拍柄末端，左手在前靠紧右手，握在拍柄上。其特点相当于右手做反手击球，而左手做正手击球。

3. 引拍

任何一种双手握拍反手击球，其动作要点都是后摆要早，这是成功完成反手击球的关键。一旦决定用反手击球，就要开始向后收拍。收拍时要靠肩部的转动带动手臂后拉，在转肩和转体的同时变化握拍的方式（即左手也参与握拍），身体重心移至左脚，屈膝为身体重心的前移作准备。球拍拉向后方并低于来球的高度，球拍底托正对来球，拍头基本与手腕高度一致。手腕固定，手臂放松，平伸向后（图11-16，图11-17）。

图11-16　反手引拍正面　　　　　图11-17　反手引拍侧面

4. 挥拍

右脚向来球方向——左前方跨出一步，开始向前挥拍。前挥动作要求平滑连贯，拍头稍微低于击球点，手臂和手腕从低向高向前挥拍，身体重心前移，眼睛始终盯住球，保持低头姿势。

5. 击球

击球点应稍前于右膝，在右胯前面。击球时双手紧握球拍，右臂伸直。击球时拍面垂直于地面（图11-18）。

图11-18　反手击球　　　　　　　图11-19　反手随挥

6. 随挥

击出球后，球拍沿目标方向继续挥出，自然完成随挥动作，球拍应向右前上方挥到尽头，使球产生上旋。动作完成时双手应高于肩，左脚鞋底正对后挡网，手臂可在身体前面伸直或屈肘并且手抱肩（图11-19）。

双手反手击球的学习过程同单手反手击球大同小异，同样可以从原地挥拍练习开始，然后进行原地击球练习，再由同伴喂球给你，进行反手多球练习。

（二）双手反手击球教学要点及练习方法

1. 教学要点

（1）击球点：反手击球无论是双反还是单反，击球点都比正手击球点靠前。

（2）引拍：在反手击球中，引拍不到位是普遍存在的问题。所谓引拍到位，就是将球拍引到引不动为止，这样才能产生个人所能达到的最大力矩。

（3）转体：一个明显的标志就是在击球过程中，右肩先碰到下颌，左肩再碰到下颌。

（4）随挥：反手击球用力不当，很大程度上是由于随挥不充分造成的。

2. 练习方法

徒手挥拍练习；击球时体会左手参与发力的作用；慢喂球，让初学者充分完成每一个动作。

五、发球

网球比赛始于发球。所以发球被认为是最重要的技术之一。

（一）步骤与方法

1. 准备姿势

两脚前后开立与肩同宽，在端线后侧身站立。右脚与底线基本上平行。左脚正对右侧网柱。手腕和手臂放松，握拍于身体前。左手在拍颈处托住拍。两脚尖的对角线正对着目标。

2. 握拍

握拍主要是要放松，握拍过紧会感到不习惯，同时也发不出力。另外要尽量采用大陆式握拍，为将来调整打下一个好的基础。

3. 抛球

抛球时，肩膀的垂线假设经过一个钟表面的12点，当抛球时，球的垂线经过钟表面的1点位置。抛球点距离身体的距离约为45厘米，不要太高，只比你持拍全身舒展开时高出几厘米，也就是球刚落下来，你就要击球。抛球手应该用手指持球，这样可以保持抛球的稳定性，尽量不要让球旋转；手臂伸直，由肩部发力，而不是屈肘；为了使身体充分向后转动引拍，抛球手臂应随身体向后然后再向前向上抛球，而不是原位直接向上抛球（图11-20）。

图 11-20　抛球　　　　　图 11-21　引拍　　　　　图 11-22　向后引拍

4. 引拍

现在提倡类似于排球扣球动作的简单引拍动作,可以更多的积蓄能量,容易控制。在向后引拍的最后阶段准备向前挥拍时,前臂有一个旋外的动作,为向前挥拍增加了距离(图 11-21,图 11-22)。

5. 向前挥拍

合理的发球动作必须有向上的动作,只有向上才能制造弧线,才能安全。在做向上动作的同时还要做向外的动作,这样才能将球完全包住(图 11-23)。

图 11-23　击球

图 11-24　随挥

6. 随挥

初学者容易出现随挥动作做得不完整的现象。随挥动作的充分完成应以是否结束在身体右侧面并手心向外大拇指朝下为标志。随挥动作直接影响到对球的控制(图 11-24)。

(二)教学要点及练习方法

1. 教学要点

(1)紧张度:发球是所有击球技术中要求紧张度最低的一项,一般用 70% 的力量击球。

(2)用力顺序:发球时手臂动得过早、用力过多是普遍存在的问题。没有体现用腿、髋、肩控制球的概念。在向上挥拍时肘部没有向上向前顶充分;在手臂还没有基本伸直之前,手腕已经向前转动,导致既没有充分的包球也没有最后的鞭打动作。

(3)视线与头部的控制:抛球前,正确的方法是,先抬头,眼睛看向要抛向击球点的位置,再抛球,而不是眼睛一直盯着球。

2. 练习方法

(1)在抛球时一定要稳定你的重心,也就是身体要稳,不要摇晃,通常双腿前后微分、微蹲。

(2)抛球时手臂不要弯曲,尽量伸直展开,这样比较容易固定动作。

(3)稳定性的练习,你可以找个参照物,比如篮球场的篮筐,站在篮筐下往上抛球,尽量抛直线,做到每次抛出的球的高度都一样。

(4)击球分解动作。不向后引拍的徒手练习,然后是结合拍练习,再结合球练习。

(5)距离球网由近及远的练习。反复体会击球角度与击球点和用力之间的关系。

(6)在对方场区设置几个球落点区域,有目标地发球。

第三节　基本战术

一、基本打法

网球打法的类型大致可分为底线型、上网型和全能型三种。

（一）底线型打法

这种打法的特点是以底线抽球的旋转、球速、节奏、落点变化来取得主动的。当对手在底线时，则到处调动对手，寻找制胜的机会；当对手在中前场时，则用破网和挑高球来化解。网坛有75%的选手都选择底线型打法，能攻善守的休伊特就是这种打法的杰出代表。

（二）上网型打法

发球上网是上网型选手在发球局中的主要战术，依据发球技术可分为"强力型"发球上网和"艺术型"发球上网。前者的代表人物是桑普拉斯和伊万尼塞维奇，他们强大的发球往往能够直接得分，至少能以球速破坏对手的击球质量，然后上网轻松得分；后者的代表人物是拉夫特和埃德博格，他们的发球有非常强烈的旋转，为此甚至可以以牺牲球速为代价，上旋发球能高高跳过接发球者的肩部，迫使对方在难以发力的高度击球，并快速上网，再用出色的网球技术赢得比赛。这种打法的特点是以发球或随球上网为自己创造上网的机会，再通过网前截击和高压球来限制对方的底线抽击，直接得分或造成短兵相接的中前场搏杀。

（三）全能型打法

这种打法的特点是既能发球、随球上网，又能通过底线抽杀控制局面，战术手段多样。全能型的打法大多是有两种倾向的：一种是倾向于网前和中场，另一种是倾向于底线。

二、单打比赛战术

一场比赛中，比赛计划中的各个组成部分，就战略和战术来讲对于不同水平的网球爱好者有不同的要求。对于初学者来说，最重要的战略是保持球始终不失误。所有初学者普遍存在自己无故失误要比主动得分多得多。因此战术的运用应当在基本技术得以巩固时再适当运用。

（一）战术原则

1. 不要主动失误。

2. 制订比赛方案。

3. 善于打智慧球。

4. 积极主动。一旦拿定主意，就坚决地打；一旦出现机会时，力求得分。学会在一场比赛中将发力与克制发力相结合。发力能减少对手回球的时间，也是得分的必要因素。

5. 使用组合击球拉开空当（即打大角度的正手斜线球，接着打正手底线直线球），力求用变线、长短结合、打空当来调动对方，使其左右前后奔跑，用打身后球打乱对方的步伐等。

（二）基本战术

1. 一贯性与冒险性

在比赛中，击球的目的是使对方无法回击或造成失误。

在早期的学习训练中，应把击球的稳定性放在首位，保持击球的成功率，并且避免无故失误。当自信心和技能有所提高后，则应将注意力更加集中在击球的落点上，并且逐渐可以试着打一些控制和威胁性很大的球。其目的就是要迫使对方失误。

将球击深（发球线后，接近底线）有许多好处：

(1) 迫使对手回击过来的球落地后起跳较高；

(2) 迫使对手向后移动；

(3) 在回击深球时不容易使对手打出角度；

(4) 使对手远离底线，可降低对手回球的精确度；

(5) 回击深球常使对方回球较浅，这样可以赢得更多的进攻角度。

2. 击球线路与回位

击球后回位较好的选手，则不易被对方逼至防守的地步。当回位时，在对手回球前应设法回到与场地中间相关的位置上，或回到对方回击角度的中间。回击球位的选择，在很大程度上影响着回位的距离。

（三）在临场情况下使用的单打战术

1. 当自己发球时

(1) 一般原则：利用发球从一开始就控制局势；对自己的发球具有信心；变换发球位置和目标，使对方捉摸不定。

(2) 一发：不要用力过大，通常用七八成的力量击球；要稳，力求一发成功率达到70%；通常将球击向对手弱的一侧；不要忘记发追身球；采用大力发球可以上网截击。

(3) 二发：要稳，二发要保证100%的成功率；不要忘记发追身球；不要发短球，宁可发深球失误，也不要发近网球；通过控制手腕来变换旋转和速度。

(4) 球路、旋转：采用多变的发球方式，如果是关键分，发追身球；在右区时，发外角侧旋球，在左区时，发中路侧旋球；发平球时，发左右区的内角；发上旋球时，发对方右区的内角，发对方左区的外角留心对手是否是左手握拍的选手。

(5) 发球上网：当对手接发球时，快速向前移动截击；沿对手可能的回球线路移动上网；变换发球落点；关键分时，你又是二发，发球上网截击会带来不一样的效果。

2. 接发球时

(1) 一般原则：力求将球击入场地的一个特定位置（如对手的弱侧）；找准时机变换接发球方式；可能时，改变接发球的速度和旋转；根据发球方的站位，来变化你接发球的位置；接力量小的发球时，用快速击球或削球后上网进攻；接有角度的发球时要提前准备，朝球的方向斜线移动，并回击斜线球，留在后场；接发球进攻时采用上旋球和平击球；接发球时力求打深，而不打网前球。

(2) 接一发发球：接一发时要稳，力求不让一发轻易得分；如对手留在后场，接发球时用挡击打一发深的直线球，或有角度的球。

(3) 接二发发球：应有攻击二发的意识；攻击二发时，当球上升至肩高时用正手侧身或跑动中正手直线球；偶尔打一个轻吊球；如果对手发球好，截击也好，回击低的追身球封住角度，留在后场，可以使用两次穿越球战术；接发球时用深的直线球或小斜线球将球挡至对方脚下。

3. 当双方队员都在底线时

(1) 一般原则：通过连续的施压迫使对方出现失误，并保持高节奏，少让对手得"便宜"分。不要出现自杀性失误。要利用整个场地，在底线后面挡球时不要打得太远；底线球是你最好的朋友，坚持打深。使用斜线对拉战术以争取时间和控制主动。朝球的方向斜线移动，采用组合击球战术（如打深的直线球后接打对角斜线球）。处于被动时放高球，打深，多打控制球，少发力。用平击球和上旋球进攻，对攻时变换节奏。用高而深的慢速球变化速度，然后打角度刁的快速球。

（2）击落地球：在3/4的场地内用正手进攻和回击所有可能用正手的球；反手打斜线是为了底线对攻，打直线则是为了随球上网抢分，场上并不够主动时，要避免打轻吊球。

（3）相持时：尽量调动对方，可以打高而深的球和斜线球，不要打穿越球，如果对方主动打你的反手，要尽力调整步伐用正手攻击。

4. 随球上网或在网前

（1）一般原则：击球后朝对手弱点一侧随球上网；随球上网可威胁对手；在中场使用大力的准确的击球或球在上升期就将球击出；将球打至对方的反手底线、反弹高的上旋球非常有效，通常打直线上网较安全；截击时要先跨步；注意斜线移动，保持平衡；中场截击要低而深，网前截击要有角度且短而有力；随时防备对手挑高球。

（2）中场打法的运用：截击时连续截击不要过多，找到空当抢分；回击高球时始终要把球打向对手弱的一侧；随球上网时先打直线再朝空当截击；如果你的球迫使对手上网来救，可以上网去封死对手回球角度。

（3）网前打法的运用：如果来球齐腰高就用截击球打对手的空当；如果来球是近网低球，就用截击的方式打对方中路；如果来球是高的慢速球，用空中截击或高压打空当；如果来球是高的中场球，就用高球打空当；如果来球是很高并很深的球，等球弹起后扣杀中路并上网截击；防备对手的穿越和挑高球。

三、双打比赛战术

双打比赛和单打比赛的差别很大，双打更多地依赖球员间的配合，以及网前的截击技术。密切协作、默契配合是双打比赛的最突出特点。

（一）击球的路线和落点

双打比赛中由于选手是并肩站位，有效的回击路线和球的落点多应选择中路和小斜线，更应该巧妙地把球打向对方的脚下，从而迫使对方从下向上击球，来赢得更好的网前截击时机。有时球的落点比力量更重要，选手更愿意选择打斜线球。

（二）战术特点

如果说单打战术可以大致分为底线型、网前型和综合型的话，那么在高水平的双打比赛中，发球局一方几乎都会采用网前型打法。无论是女双、男双还是混合双打，如果不利用发球局抢攻，那么想在接发球时反攻就困难了。即使这样，接发球时也要全力反扑抓住机会上网。所以，经常会出现四人都在网前的对攻形式，这在单打中是很少出现的。至于初学者和老年组比赛出现的一前一后交错站位，双方在底线对拉时尽量避免网前拦截的战术是不利于提高的。

（三）击球技术

高水平的双打比赛常见的是发球—接发球、高压—挑高球、截击—破网，凌空击球的场面屡见不鲜。这样就伴随着出现了许多高难技术：如接发球破网、接发球挑高球、反弹球、放小球、截击挑高球、追小球破网等，这些技术都是双打战术的需要。

第四节 简要规则

一、网球比赛计分方法

网球比赛的计分主要以每个回合得失的小分作为计算基本单位。在小分领先一定后,才能赢得这一局;在领先一定局数后,才能赢这一盘;一般比赛有三盘两胜制和五盘三胜制。在某些业余比赛中,也常用先赢八局或九局获胜的方法。

(一)怎样算赢得一分

1. 打在对方界内或线上的球,对方没有回击到自己的半场中,或出界,或下网。
2. 打在对方场地上的球跳了两次或两次以上。
3. 球在对方的球拍上接触了两次或两次以上或对方过网击球。
4. 对手在还击空中未落地的球时,将球打到界外或没有过网。
5. 球碰到了对方身体或对方抛拍击球。
6. 有效地发球过网,而对方没能将球有效地回击过来或在球落地前触球。
7. 对方连续两次发球失误。

(二)怎样算赢得一局

1. 当你赢得4分,而对方最多才得到2分,即比分为4:0、4:1、4:2时,你就赢得了这一局。
2. 当你和对手都同时赢得3分后,即3:3平分时,你必须再净胜2分,方可赢得这一局。(注:在正式比赛时报分:得1分记15;得2分记30;得3分记40;40:40记平分)
3. 通常平分后,根据领先的一方是谁,报分谁发球占先或接球占先。当比分占先时,再得1分,也就是净胜2分,方可赢得这一局。

(三)怎样算赢得一盘

1. 当赢得了6局之后,而对方最多赢得了4局时,你就算赢得了这一盘的胜利。
2. 当你和对手都同时赢得了5局,即比分是5:5时,你必须连胜2局,即比分为7:5时,才能赢得这一盘的胜利。
3. 当你和对手同时都赢得6局时,一般采用抢7分决胜局。如果你先得7分,而对手的得分不超过5分,你就赢得了这一局,同时也赢得了这一盘。

(四)怎样算赢得一场比赛

通常比赛规则包括:一盘决胜制,三盘两胜制,五盘三胜制。在这三种决胜制中都包括长盘决胜。长盘决胜即:在最后局分6:6的情况下某一方要连赢两局。

(五)怎样交换场地

交换场地的原则是,单数局交换。所谓单数局交换,就是比赛的总局数之和是1、3、5、7、9等单数时,开始相互交换场地。

二、发球基本规则

1. 有效发球是指发球方站在端线后、中点和边线之间(单打比赛要站在单打边线内)的区域内,用上手或下手将抛起后的球打到斜对面的对方发球区内。
2. 发球方的位置,首先从右区端线后开始发球,得(失)一分后换到左区发球。

依次反复，保证比分之和是双数时在右区发球，单数时在左区发球。

3. 每一分发球都有两次发球机会，当第一次发球失误后，还可以进行第二次发球，如第二次发球失误，即双发失误，就算失一分。

4. 发球擦网，如仍落在发球区内，判重新发球；如落在发球区外或没过网，则算失误一次。

5. 发球的次序是：每人发一局，依次轮换。

思考题

1. 网球运动起源在哪里？如何理解网球属于贵族运动？
2. 如何欣赏网球比赛？
3. 你在球场上或球场之外将如何与球友交流？

第十二章　乒乓球运动

第一节　乒乓球运动简介

一、乒乓球运动的起源与发展

（一）起源

乒乓球起源于英国，欧洲人至今把乒乓球称为 table tennis "桌上网球"，由此可知，乒乓球是由网球发展而来。19 世纪末，欧洲盛行网球运动，但由于受到场地和天气的限制，英国有些大学生便把网球移到室内，以餐桌为球台，书作球网，用羊皮纸作球拍，在餐桌上打来打去。

（二）改革

自 20 世纪末，国际乒联对乒乓球运动进行了一系列改革。乒乓球直径由 38 毫米、重量 2.5 克，改为 40 毫米、2.7 克；2001 年 9 月，乒乓球比赛由每局 21 分改为 11 分制；乒乓球比赛执行发球无遮挡的规定。这些改革的目的：第一是提高观赏性。国际乒联曾做过调查：比赛中，击球板数达到 7 板，观众席上传来掌声；击球板数超过 10 板，掌声雷动。有关研究人士做过测试，大球与小球相比，速度降低，旋转减弱。从理论上讲，这有利于增加击球的板数。改革的第二个目的是增加比赛胜负的偶然性，缩小强弱选手之间的差距，打破由少数国家或地区的运动员包揽金牌的局面，最终扩大乒乓球运动的市场。

（三）发展阶段

根据其发展过程可分为五个阶段：

第一阶段　欧洲选手的削球打法占主导地位；

第二阶段　日本的长抽取代欧洲的削球；

第三阶段　中国的快攻打败日本的长抽；

第四阶段　弧圈快攻熔于一炉，欧洲复兴与"世界打中国""中国打世界"局面的形成；

第五阶段　中国乒乓球队锐意创新，走出困境，摆脱干扰，保持优势。

（四）国内外乒乓球重大赛事

世界乒乓球锦标赛；奥运会乒乓球比赛；世界杯乒乓球比赛；国际乒联职业巡回赛；全国乒乓球锦标赛；全国运动会乒乓球比赛。

二、乒乓球比赛的方法与特点

最大的特点是双方隔网比赛，没有身体接触。在单打比赛中，首先由发球员合法发球，再由接发球员合法还击，然后两者交替合法还击。在双打比赛中，首先由一方合法发球,再由接发球员合法还击,然后由发球员的同伴合法还击,再由接发球员的同伴合法还击,此后,运动员按此次序轮流合法还击。比赛中如某方运动员未能合法发球或合法还击,即算失分,对方得分。一局比赛采用 11 分制,先得 11 分或 10 平后超出对方两分的一方在本局比赛中获胜。交换场地,进行下一局比赛。一场比赛采用五局三胜制或七局四胜制。在获得每 2 分之后,接发球方即成为发球方,依此类推,直至该局比赛结束,或者直至双方比分都达到 10 分或实行轮换发球法,这时,发球和接发次序仍然不变,但每人只轮发一分球。乒乓球比赛共设七个项目:男、女团体;男、女单打;男、女双打;混合双打。

三、乒乓球运动的锻炼价值

(一) 可以增强身体素质

长期参加乒乓球运动,随着水平的提高,活动范围的增大,运动量也就相应增加,这就相应地提高了力量素质、速度素质和身体灵敏性、协调性,从而达到使肌肉发达、身体健壮、关节更加稳固的效果。

(二) 可以调节和改善神经系统灵活性

由于乒乓球在空中飞行速度比较快,这就要求运动员在这短暂的时间内对高速运行的来球之方向、落点、旋转、力量等因素进行全面观察并进行判断,及时采取对策,调整击球方向与拍面角度,进行合理还击。经常从事乒乓球运动,可大大提高神经系统的反应速度。

(三) 可以改善心血管系统和呼吸系统的功能

经常参加乒乓球运动,可以使心血管系统的结构和机能得到改善,心肌变得发达有力,心容量加大,每搏输出量增多,心搏徐缓和血压降低,提高心脏工作效率,有利于身体的新陈代谢,提高整个身体机能水平。

(四) 可以提高心理素质

乒乓球运动是竞技项目,对抗激烈,比分更改速度快,运动员情绪状态非常复杂。经常经受这些变幻莫测、胜负难料的激烈竞争的锻炼,同时在比赛中要对对方战术意图进行揣摩,因此能使练习者的心理素质得到很好的锻炼。

(五) 可以促进交流,增进友谊

通过参加乒乓球运动,可以相互交流经验,切磋球技,达到相互学习、共同提高的目的。

四、乒乓球运动的基础知识

(一) 基本术语

1. 站位术语

(1) 近台站位:指站位在离台端线 50 厘米以内的范围。

(2) 中台站位:指站位在离台端线 50~100 厘米之间的范围。

(3) 远台站位:指站位在离台端线 100 厘米以外的范围(图 12-1)。

2. 击球时间术语(图 12-2)

上升期:指球从台面反弹上升到接近最高点的这段时间。这段时间还可以分为上升前期和上升后期。

高点期:指球反弹到最高点的这段时间。

下降期：指球从最高点下降至台面的整段时间。这段时间可分为下降前期和下降后期。

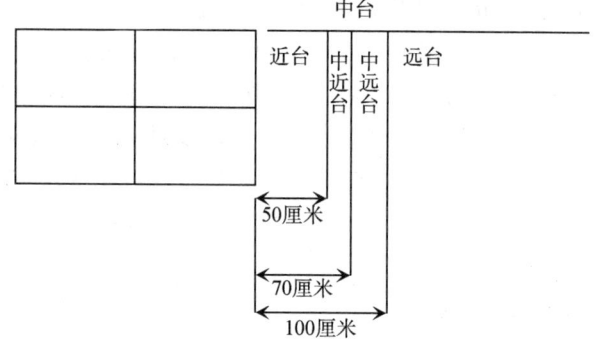

图 12-1　站位术语

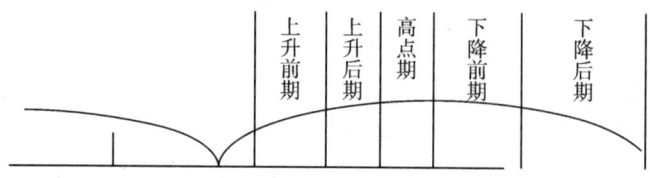

图 12-2　击球时间术语

3. 击球部位术语（图 12-3）

用钟表的圆盘刻度将球划分为五个击球部位。

(1) 击球上部：球拍击球在 12～1 点钟的部位上。

(2) 击球中上部：球拍击球在 1～2 点钟的部位上。

(3) 击球中部：球拍击球在 3 点钟的部位上。

(4) 击球中下部：球拍击球在 4～5 点钟的部位上。

(5) 击球下部：球拍击球在 6 点钟的部位上。

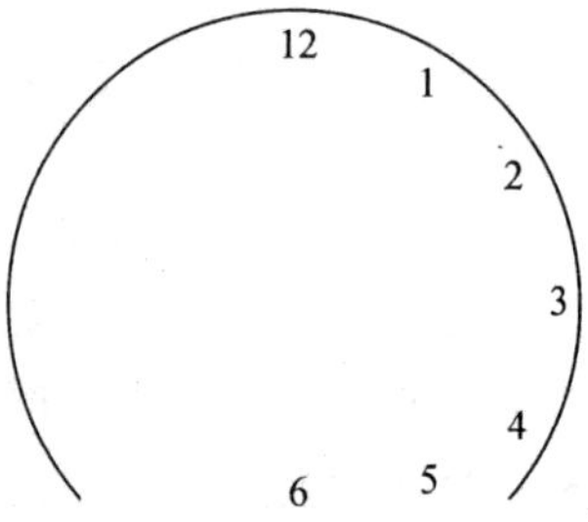

图 12-3　击球部位术语

4. 拍形角度术语（图 12-4）

(1) 球拍前倾：拍面与台面呈约 10°～45°角之间。

(2) 球拍稍前倾：拍面与台面呈约 46°～89°角之间。

(3) 球拍垂直：拍面与台面呈 90°角。

(4) 球拍稍后仰：拍面与台面呈约 91°～109°角之间。

(5) 球拍后仰：拍面与台面呈约 110°～180°角之间。

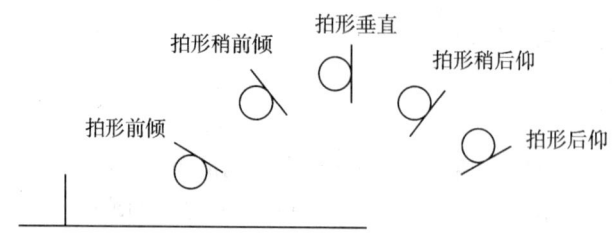

图 12-4　拍形角度术语

5. 击球基本线路术语（图 12-5）。

(1) 右方直线：从来方的右方击球至对方左方。

(2) 右方斜线：从来方的右方击球至对方的右方。

(3) 中路直线：从来方的中路击球至对方的中路。

(4) 左方斜线：从来方的左方击球至对方的左方。
(5) 左方直线：从来方的左方击球至对方的右方。

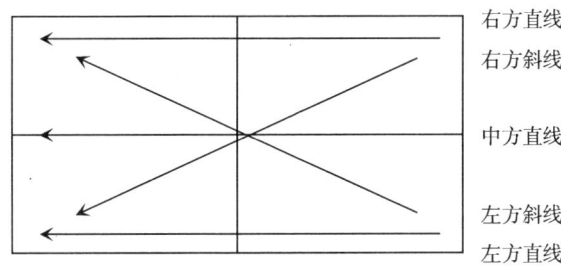

图 12-5　击球基本线路

(二) 击球的五大要素

要打好乒乓球，必须做到下述两点。一是准确地将球击到对方的台面上，既不出界，也不下网。这就需要击出的球有一个合适的弧线。二是击中对方台面的球要有一定的质量，这就要求击出的球要有一定的速度、力量、旋转和落点变化。上述两点包含了乒乓球比赛取胜的五大要素：即弧线要素体现的是准；落点要素体现的是变；旋转要素体现的是转；力量要素体现的是狠；速度要素体现的是快。

在乒乓球比赛中，谁能在技术和战术的运用上合理地体现出以上要素，谁就将立于不败之地。

(三) 击球的基本环节

判断、移动、击球、还原是打乒乓球击球过程中的四个基本环节。

1. 判断

(1) 根据对方球拍触球的角度来判断来球的方向。
(2) 根据对方球拍挥动的方向来判断来球的旋转性能。
(3) 根据对方手臂、手腕振幅的大小，动作的快慢和来球的速度来判断来球力量的大小、落点以及旋转的强弱。

2. 移动

根据来球的落点，做出身体向前、后、左、右移动的距离、速度、脚步和位置的选择。

3. 击球

(1) 如果减力或借力回击，出手动作要很快，在球弹起的上升期击球。
(2) 如果采取加力攻球回击，一般可以在球弹起到最高点时击球。

4. 还原

每次击球后都必须迅速还原，及时回到击球前的基本姿势和基本站位，作好再次击球的准备。及时地还原是连续击球的重要保证。

(四) 击球动作的基本结构

乒乓球击球动作一般包括准备姿势、引拍、迎球挥拍、球拍触球、随势挥拍、身体配合六个部分。

1. 准备姿势

击球的开始，首先是按照击球技术的要求，调整好两脚的位置、身体重心和身体姿势，作好挥拍击球的准备。

2. 引拍

是指迎球挥拍之前，为拉开击球距离而顺着来球方向所做的摆臂动作。引拍的作用主要在于保证击球时能够更好地发力。

3. 迎球挥拍

迎球挥拍是指从引拍结束到击中来球这段过程的动作。

（1）挥拍的方向决定回球的旋转性质，并影响回球的飞行弧线和击球线路。

（2）挥拍的速度决定击球力量的大小，从而影响球速的快慢、旋转的强弱。

4. 球拍触球

球拍触球是指球拍与球体相触瞬时的动作，是整个击球动作的核心部分。球拍触球时的击球点、击球时间、拍面角度、触球部位、用力方向、发力大小等，直接决定着回球的出手角度、出球速度和旋转性质。

5. 随势挥拍

随势挥拍是指球拍触球后顺势前挥球拍的那段动作，它有助于保证击球动作的完整性、协调性和稳定性。球拍触球之后，随势挥拍的动作幅度不要过大，要注意立即放松各有关肌群，否则将有碍于击球后的迅速还原，影响连续击球。

6. 身体配合

身体配合是指身体各部位在击球过程中彼此协调。协调的身体配合是提高击球质量的重要条件。

（五）球拍的选择

1. 底板

一个好的底板应具有两个特点：一是击球时不感到底板震手，二是底板有较好的控球性能。

2. 胶皮和海绵

进攻型球员：

（1）以拉弧圈球为主要得分手段的，应选择使用反胶胶皮和厚度2～2.5毫米的硬型海绵。对于增加弧圈球旋转十分有利。

（2）以近台快攻为主要得分手段的，应选择正胶胶皮和厚度2～2.5毫米的次硬型海绵。近台快攻型运动员也较喜欢使用这种海绵；生胶胶皮配以1.5毫米左右的海绵，由于其反弹力较小，就需要用自身的力量去击球，因此有利于发挥生胶胶皮的特点和作用。

防守型球员：

（1）以削球为主要得分手段的，应选择一面为反胶胶皮或正胶胶皮和厚度在1.5～1.8毫米的海绵，而另一面为长胶胶皮和厚度在0.8～1毫米的海绵。

（2）以削中反攻为主要得分手段的，应选择一面为反胶胶皮或正胶胶皮和厚度2～2.5毫米的软型海绵，而另一面为长胶胶皮和厚度在0.8～1毫米的海绵。

防守型运动员的薄海绵配以长胶胶皮的球拍，由于海绵反弹力小，击球时可以充分发挥长胶胶皮自身的特征。球拍两面具有两种不同性能，利于在比赛中给对方制造更多的困难。

第二节　基本技术与练习方法

乒乓球基本技术包括：握拍法、站位与基本姿势、发球、接发球、推挡、攻球、弧圈球、搓球、削球、结合技术和步法。

一、握拍法

（一）直拍快攻型握拍法

乒乓球的握拍法，基本上分直握法和横握法两种。

1. 特点

出手较快，正手攻球快速有力，攻斜、直线时拍面变化不大，对手不易判断。但反手攻球因受身体阻碍，较难掌握，防守时照顾面积较小。

2. 方法

（1）拍前：以食指第二指节和拇指第一指节扣拍。拇指与食指之间的距离要适中。

（2）拍后：其他三指自然弯曲，中指第一指节贴于拍的背面（图12-6）。

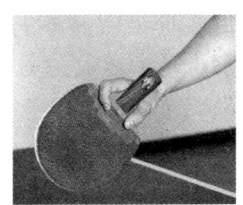 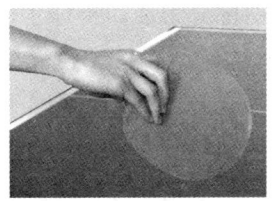

图12-6　直拍进攻型握拍法

（二）横拍握拍法

1. 特点

照顾面积比直拍大，攻球和削球时的手法变化不大，反手攻球便于发力，也便于拉弧圈球。但还击左右两面来球时，需要转动拍面，攻直线时动作变化明显，易被对手识破，台内正手攻球较难掌握。

2. 方法

中指、无名指和小指自然地握住拍柄，拇指在球拍的正面轻贴在中指旁边，食指自然伸直，斜放于球拍的背面，浅握时，虎口轻微贴拍，深握时，虎口紧贴球拍（图12-7）。

 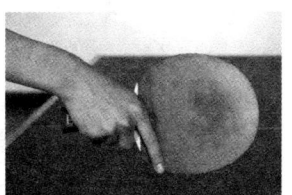

图12-7　横拍握拍法

二、站位与准备姿势

（一）站位方法

1. 左推右攻打法的基本站位在近台中间偏左处。

2. 弧圈球打法的基本站位在中台偏左处。

3. 两面攻打法的基本站位在近台中间。

4. 攻削结合打法的基本站位在中远台。

（二）基本姿势（如图 12-8、图 12-9 所示）

两脚开立，比肩稍宽，踵部稍提起，前脚掌着地，两膝微屈，上体略前倾，重心置于两脚之间。下颌稍向内收，两眼注视来球。持拍手自然弯曲，置于身体右侧，手腕适当放松。

图 12-8　横板准备姿势

图 12-9　直板准备姿势

三、发球

发球动作由两部分组成，持球手的动作：球应放置伸平的持球手掌心上，并静止在发球区内，再将球向上抛起，上抛高度大于等于 16 厘米，上抛动作要在球台端线外、高于台面且需垂直上抛；持拍手的挥拍动作：若按照新规则，要高于台面，并且要使两侧居中的裁判和对方运动员的视线能看清动作。球击出后，应先落至本方台面，弹起后越过球网，再落至对方台面。

（一）正手平击发球技术

1. 技术特点

（1）速度慢，力量轻，易掌握。

（2）正手平击发球是发球的入门技术。

2. 动作要领（如图 12-10 所示）

（1）站位：身体离台约 30 厘米，两脚开立，左脚稍前。

（2）引拍：发球时持球手将球抛起，与此同时持拍手向后方引拍。

（3）挥拍击球：向前方挥拍，拍面稍前倾，击球的中部稍偏上。

（4）随势挥拍：击球后，挥拍继续向前，而后还原。

图 12-10　正手平击发球

3. 注意事项

(1) 发力部位以前臂和手腕为主。

(2) 击球的第一落点尽量靠近本方的端线附近。

(3) 击球点应与网同高。

(4) 以撞击的方式碰击球。

4. 练习步骤

(1) 徒手做平击发球的挥拍练习。

(2) 向上方一抛一颠练习。

(3) 一抛一向前击球练习。

(4) 完整平击发球练习。

(二) 正手发急上旋球技术

1. 技术特点

(1) 球速快，落点长，冲力大。

(2) 球飞行弧线低，并具有较强的上旋。

2. 技术要点

(1) 站位：身体离台约15厘米，两脚开立，左脚稍前，便于身体转动用力。

(2) 引拍：当持球手将球向上抛起后，持拍手随即向后稍偏下方引拍，手腕放松。

(3) 挥拍击球：当球开始下降一瞬起，持拍手以腰为轴，带动大臂（即上臂，下同）和前臂，由后向前挥拍，拍形稍前倾，击球的中上部。击球时手腕加力摩擦球。

(4) 随势挥拍：击球后，球拍继续向前挥动（图12-11）。

图 12-11　正手发急上旋球

3. 注意事项

(1) 击球前，拍形要保持适当的前倾，前臂放松。

(2) 挥拍过程中要注意球拍挥动过程的加速击球。

(3) 身体要保持自然放松。

4. 练习步骤

(1) 用多球练习手腕发力动作，纠正错误的用力方法。

(2) 加强击球点的练习，纠正击球点过高或过低。可用撒手发球的方法，体会正确的击球点。

(3) 加强第一落点的练习，纠正弧线过高或球路过短的现象。

(4) 加强第二落点的练习，提高准确性和有效性。

(三) 反手发急上旋球技术

1. 技术特点

(1) 球速快，弧线低，冲力大。

(2) 可与其他旋转性发球配套，在旋转和速度上有变化。

2. 技术要点

(1) 站位：身体离台 15 厘米左右，右脚在前，身体略向左方偏斜。

(2) 引拍：持球手将球向上抛起，持拍手再向后方引拍，球拍置于左腋下。

(3) 挥拍击球：当球下降时，持拍手以肘为发力中心，利用转腰动作迅速向前挥拍，击球的中部偏上部位，并稍微带点摩擦。

(4) 随势挥拍：击球后随势挥拍，并还原（图 12-12）。

图 12-12　反手发急上旋球

3. 注意事项

(1) 抛球后，球降至约与网同高时击球。

(2) 击球时，球拍稍前倾，击球的中部偏上部位。

(3) 如果发急下旋球，可以将球拍向后稍仰，击球的中部稍偏下部位。

(4) 发球的第一落点要靠近球台端线。

4. 练习步骤

(1) 进行击球发力感练习，只要求在击球时，手臂和手腕能发上力，先不要求发球成功。

(2) 进行发急球练习，着重对弧线过高或下网、发力不集中进行技术分析。并在拍面角度、击球点的高低、发力方向、动作用力的协调性这四方面进行适当的调整。

(3) 多球练习。对正确的技术动作进行强化，并使之巩固下来。

(四) 正手发下旋球技术（直板如图 12-13，横板如图 12-14）

1. 技术特点

球速较慢，前冲力小，主要用相似的发球动作，制造旋转变化去迷惑对方，造成对方接发球失误或为自己抢攻创造机会。

2. 技术要点

（1）抛球不宜太高。

（2）发转球时，拍面稍后仰，切球的中下部；越是加转球，越应注意手臂的前送动作。

（3）发不转球时，击球瞬间减小拍面后仰角度，增加前推的力量（图12-14）。

图 12-13　直板

图 12-14　横板

四、攻球技术

（一）正手攻球技术

1. 正手近台攻球技术

（1）技术特点

①站位近台，出手速度快，动作小。

②借来球力量发力，击来球的上升期。

③正手近台攻球是以速度快并配合落点变化来赢得分数。

（2）技术要点（直、横拍）

①站位：身体离台40～50厘米，左脚稍前，双膝微屈，上体稍前倾，重心在两脚之间。

②引拍：持拍手向右后下方引拍，肘关节保持约120°～130°角，引拍距离以与身体平行为宜。拍面稍向前倾，身体重心稍偏右脚。

③挥拍击球：球拍向前上左方挥拍，以前臂发力为主，拍略微前倾，在球的上升后期或高点期击球的中上部位。击球时前臂快速收缩，手腕控制好拍形和摩擦球部位，

身体重心移至左脚。

④随势挥拍：击球手随势挥拍并迅速还原（图 12-15、图 12-16）。

图 12-15　直拍正手近台攻球

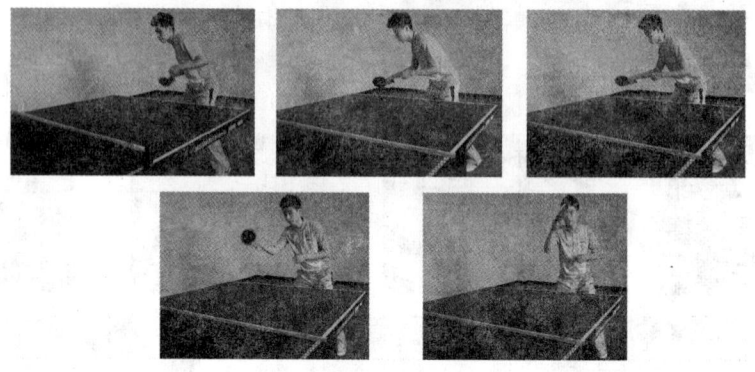

图 12-16　横拍正手近台攻球

（3）注意事项

①击球前，引拍动作是腰转动和引臂同时进行。

②击球时，身体重心转换，转髋转腰，以肩带臂，向左前上方挥拍，触击球时，以前臂发力为主，手腕控制球的弧线。

③击球点或前或后，会影响到击球的线路。一般情况下，在正手位，击球点晚一些有利于打直线球，早一些有利于打斜线球；在侧身位时，则与上述情况相反。

④正手快攻技术练习中，最大的忌讳是总用借力的方法进行对练，它会使正手快攻没有主动击球的体会，从而难以击打各种旋转性的来球，尤其是下旋球。

（4）练习步骤

①自抛自打练习，体会完整的正手近台攻球动作；体会前臂发力动作，体会引拍动作。

②用正手回击对方发的平击球，体会正确的击球时间和击球点，以及身体与手臂的协调用力动作。

③教练员"把手"进行练习，目的在于克服一些顽固的错误动作。

④对攻技术练习，体会正手连续进攻中对击球点的选择和用力大小的不同。

⑤多球练习，纠正技术动作错误的部分，并对正确技术动作进行强化。

2. 正手快拨

（1）技术特点

①动作小，球速快，击球点在台内。

②回球线路短，突然性强。

（2）技术要点

①站位：身体离球台约30厘米，右脚向台边前方跨一步。

②引拍：稍向后方微微引拍，拍面垂直。

③挥拍击球：球拍向台内挥动，根据击球高低和旋转性质决定拍面角度和手腕的发力方向。一般情况下，低的下旋球，拍面稍后仰，在高点期击球的中部稍偏下，击球时拍面稍前倾，带些摩擦动作，击球方向向前上方。

④随势挥拍：击球后，要继续挥拍向前，并还原（图12-17、图12-18）。

图12-17　直拍正手挑打

图12-18　横拍正手挑打

（3）练习步骤

①徒手动作练习，主要练习身体前迎、手臂前伸、手腕发力这三个重点动作。

②一发球一快点练习，在正手位近网处，进行此项技术练习。

③多球练习，对错误动作进行纠正，并强化正确动作。

（二）反手攻球技术

1. 反手快拨

（1）技术特点

①反手快拨是（横拍、直拍横打）运动员运用的一项技术。

②动作小，速度快，落点变化丰富。

③是横拍反手加力打的基础技术。

（2）技术要点

①站位：身体离台约40厘米，双脚平行开立或左脚稍前。身体正对着来球方向。

②引拍：前臂自然弯曲，将球拍引至腹前。

③挥拍击球：当球从台面反弹时，前臂带动手腕向前方挥动，在球的上升期，击球中上部位，以击打为主结合摩擦球动作。

④随势挥拍：击球后，肘略往后，球拍挥至右肩前方（图12-19、图12-20）。

图 12-19　横拍反手快拨

图 12-20　直拍横打反手快拨

(3) 注意事项

①上臂要稍离开身体一些，以肘为轴挥动球拍。

②击球时，要将手臂发力和借来球的力量结合起来。

③挥拍动作要放松自然，以向前方挥动为主。

(4) 练习步骤

①徒手挥拍练习，重点在肘关节位置、挥拍方向和拍头的位置上。

②两人对拨练习，力量轻一些，弧线高一些，体会连续做快拨动作的节奏感。

③多球练习。

2. 反手快点

(1) 技术特点

反手快点速度快、线路活、具有突然性，是直、横拍两面攻打法的一项重要技术，多用于前三板。如发短球后和接近网短球以及相互摆短时，常用它来抢先上手，以争取下一板的进攻机会，以左推右攻为主的运动员，如能熟练运用反手快点技术，可在前三板中获得更多的主动权。

(2) 技术要点

①左方近网来球，以左脚向左前方上步；中间偏左来球，则以右脚向前上步。快点斜线时，球拍触球中部偏左，由后向前、向右挥动；快点直线时，球拍触球中部，由后向前、向左挥动。

②重心及时前移，上体贴近球台，以利于在高点期击球（图 12-21、图 12-22）。

图 12-21　直拍反手挑打

图 12-22　横拍反手挑打

3. 直拍反手推挡

（1）技术特点

①击球速度快，突然性较强。

②落点变化大。

③能为正手进攻制造机会，或直接得分。

（2）技术要点

①站位：身体离台约 30 厘米，两脚平行或左脚稍前，两膝微屈，上体稍向前倾。

②引拍：持拍手向后方稍下处，引拍至腹前，肘关节贴靠在身体侧部，不要张开。球拍要略低于来球。

③挥拍击球：前臂向来球方向迎球伸出，击球的中部，以手腕发力为主，前臂用力为辅。在球的上升期击球。

④随势挥拍：击球手持球拍继续向前挥动，并还原（图 12-23）。

图 12-23　直拍反手快推

（3）注意事项

①击球前上臂、前臂适当后撤引拍，动作不要过大。

②击球时间要掌握好，以便能充分借助来球的力量，并提高回击球的速度。

③手腕动作要准确，在击球瞬间不要乱用力，避免手腕对球失去控制，影响准确性。

（4）练习步骤

①在平挡练习的基础上，进行对推练习，目的是体会它和平挡在击球时间、发力方面的不同点。

②快推计数练习，目的在于提高快推的稳定性。

③一推一攻练习，目的在于提高快推在对攻中的相持控制能力。

④多球练习，强化或改进快推中的技术动作。

4. 反手近台攻球

（1）技术特点与运用

站位近、动作小、速度快、突击性强。一般用来回击落在左半台的来球，与反手推挡、正手攻球结合，能加强攻势，取得更多的主动权，但反手攻球因受身体妨碍，攻球力量不如正手大。

（2）技术要点

①击球过程中要注意收腹，转髋转腰。

②以肘关节为轴心，前臂发力为主，手腕有一向前上方磨擦球的动作。

③保持适宜的击球点尤为重要，球离身体太远或太近都难于发力（图12-24、图12-25）。

图 12-24　横拍反手近台攻球

图 12-25　直拍反手近台攻球

5．侧身攻球

（1）技术特点与运用

侧身攻球的特点是速度快、力量重、攻势强，它是各种不同类型打法都必须掌握的一项重要技术。侧身攻球运用多少在很大程度上标志着进攻能力的强弱。

（2）侧身攻球应注意的问题

①侧身后，要保持上体与球台的合适角度，既能攻斜线，也能打直线，同时不妨碍下一次击球。

②要有足够的击球空间（收腹）。

③应尽量避免在移动过程中击球。

④攻球时要利用右脚蹬地的力量，重心适当前移，前臂稍向前发力。

五、搓球

搓球是近台还击下旋球的一种基本技术，属于相持控制类的技术，并为进攻制造机会。同时搓球也是初学者比较容易掌握的一项技术，有助于了解球性。

（一）正、反手慢搓技术（横拍、直拍）

1．技术特点

（1）击球动作较大，球速较慢。

（2）下旋比较强。

（3）与其他搓球结合起来能改变击球节奏，争取主动。

2．技术要点

（1）站位：左脚稍前，身体离台约40～50厘米，双膝微屈。

(2) 引拍：球拍向后稍上方引拍，拍面后仰。

(3) 挥拍击球：当球跳起时，向前下方挥拍，在球的下降前期击球的中下部。

(4) 随势挥拍：击球后，随势挥拍至体前侧（图 12-26、图 12-27、图 12-28、图 12-29）。

图 12-26　横拍正手慢搓技术

图 12-27　直拍正手慢搓技术

图 12-28　横拍反手慢搓技术

图 12-29　直拍反手慢搓技术

3. 注意事项

(1) 身体前迎动作较少，主动发力为主。

(2) 击球时，用球拍的中下部位摩擦球效果好。

4. 练习步骤

(1) 两个一发一搓练习。对方发下旋球，练习者用正、反手慢搓回击。

(2) 对搓练习。两人用反手或正手进行慢搓对练练习。

(二) 正、反手快搓技术（横拍、直拍）

1. 技术特点

(1) 动作幅度小，出手快，回球速度快。

(2) 弧线低，落点变化丰富。

(3) 在过渡性技术中，快搓起着十分重要的作用。

2. 技术要点

(1) 站位：身体离台约 40 厘米，两脚平行开立，或左脚稍向前。

(2) 引拍：球拍向后方偏上些，引拍动作不宜过大，拍面稍后仰。

(3) 挥拍击球：球拍向前下方挥动，以前臂发力为主，在球上升期击球的中下部。触击球时，手腕要明显地发力摩擦球。

(4) 随势挥拍：击球后，球拍自然向前送出，并还原。

3. 注意事项

(1) 直握拍正手快搓时，拇指稍用力，反手快搓时，食指稍用力。

(2) 手腕适当放松，借来球的力量向前发力。

(3) 注意借助身体前迎的力量，协助手臂和手腕用力摩擦球。

(4) 回球弧线的控制，除了调节拍面角度外，还可以通过在球弹起后的上升期至高点期的不同时间击球来调节弧线。

4. 练习步骤

(1) 一慢搓、一快搓练习，对方用慢搓的方法来喂球给练习方，让练习方体会快搓技术要点。

(2) 一发一搓练习，对方发下旋球，练习方用快搓接。

(3) 双方快搓练习，在一定速度中，体会快速引拍、快速出手的技术动作。

(4) 多球练习。

六、弧圈球技术

(一) 正手加转弧圈球技术

1. 技术特点与运用

飞行弧线高、上旋很强、速度较慢，但着台后向下滑落较快，对方回击容易出高球，甚至出界，可以直接得分或为扣杀争取机会。它是对付削球、搓球和接出台发球的重要技术。另外，由于球出手弧线的弯曲度较大，落到对方台面后迅速下滑，还可起到变化击球节奏的作用。

2. 技术要点

(1) 引拍时，球拍必须低于来球，但不要下沉太多。

(2) 拉球时，持拍手臂由下向上发力，前臂快速收缩，触球瞬间，尽量加长摩擦球体的时间。

(3) 身体重心随右脚蹬地，转腰，挥臂提高（图 12-30、图 12-31）。

图 12-30　直拍正手加转弧圈球

图 12-31　横拍正手加转弧圈球

（二）正手前冲弧圈球技术

1. 技术特点与运用

飞行弧线低、速度快、前冲力强，落点后弹起不高，但急向前冲并向下滑落，能起到与扣杀同样的作用。常用于对付发球、推挡球、搓球以及中等力量的攻球，离台相持时，也可以利用它进行反攻。在实际运用中，步法移动的速度快、范围广。

2. 技术要点

（1）引拍的幅度大，尽可能增大挥拍的动作半径。

（2）加快挥拍速度，在球拍达到最大速度时触球。

（3）单纯用上肢发力，前冲力不强，因此腿、髋、腰的配合不可缺少。

（4）摩擦力大于撞击力，球拍与球的吻合面要合适，防止打滑（图12-32、图12-33）。

图 12-32　直拍正手前冲弧圈球

图 12-33　横拍正手前冲弧圈球

（三）反手拉弧圈球技术

1. 技术特点与运用

反手拉弧圈球，是横拍握法的优势之一。拉球的速度比正手稍快，但力量和旋转略逊于正手。它可用于发球抢冲、接发球、搓中转拉以及一般的对攻和中台对拉，运用得当，可以直接得分，而且能为正手的冲杀创造机会。

2. 技术要点

（1）击球点不宜高和距身体太近。

（2）充分利用肘关节的杠杆作用，先支肘，再收肘，借以增加前臂的挥摆幅度和力量。

（3）近台快拉的击球时间为上升后期或高点期，中远台发力拉的击球时间为下降期，但不可过分低于台面（图12-34、图12-35）。

图 12-34　横拍反手拉弧圈球

图 12-35　直拍反手拉弧圈球

七、削球技术

（一）远削技术

1. 技术特点与运用

击球动作大、球速慢、弧线长，有利于削转与不转球和以落点变化来牵制对方。常适用于对付对方的扣杀球、弧圈球和提拉球。它是以削球为主要打法的选手必须掌握的基本技术之一。

2. 技术要点

（1）向上引拍，是为了增大削球的用力距离。

（2）在下降期击球，但不能过于低于台面。

（3）要保持足够的撞击力，否则球不会过网（图12-36、图12-37）。

图 12-36　反手削球

图 12-37　正手削球

(二）近削技术

1. 技术特点与运用

动作幅度小、回球速度快、前进力较强，多用于近削逼角，有一定的威胁，往往能获得主动或直接得分。一般用来对付轻拉球和一般的上旋球。

2. 技术要点

（1）向上引拍比肩略高。

（2）根据来球的情况调节拍面后仰角度。

（3）前臂发力为主，手腕配合下压，击球后没有前送的动作。

八、步法

（一）单步

1. 移动方法

以一只脚为轴，另一只脚向前、后、左、右不同方向移动，身体重心随之落在移动脚上。

2. 实际运用

（1）近网小球、削追身球。

（2）单步侧身攻，在来球落点位于中线稍偏左或对推中侧身突袭直线或对搓中提拉球时常用。

（二）跨步

1. 移动方法

一脚蹬地，另一脚向移动方向跨一大步，蹬地脚随后跟上半步或一小步，身体重心即移到跨步脚上。

2. 实际运用

（1）近台快攻打法，用来对付离身体稍远的来球。

（2）削球打法，左、右移动击球。

（3）跨步侧身攻，当来球速度较慢，但离身体稍远时，左脚向左前上方跨一大步，右脚随即跟上一小步，同时配合腰部右转动作，完成侧身移动。

（三）并步

1. 移动方法

一脚先向另一脚并半步或一小步，另一脚在并步脚落地后随即向来球方向移动一步。

2. 实际运用

（1）快攻选手在左右移动中攻或拉球。

（2）削球选手正反手削球。

（3）并步侧身攻，多用于拉削球，右脚先向左脚后并一步，以便转体，随之左脚向左侧跨一步。

（四）跳步

1. 移动方法

以来球异侧脚用力蹬地，两脚同时离地向来球方向跳动。

2. 实际运用

(1) 快攻选手左右移动击球，常与跨步结合起来使用。

(2) 弧圈类打法由中台向左、右移动时常用。

(3) 跳步侧身攻或拉，但在空中需完成转腰动作。

(4) 削球选手在接突击时常采用，但以小跳步来调整站位用得较多。

（五）交叉步

1. 移动方法

以靠近来球方向的脚作为支撑脚，该脚的脚尖调整指向移动方向，远离来球方向的脚在体前交叉，向来球方向跨出一大步，身体随之向来球方向转动，支撑脚跟着向来球方向再迈一步，这是前交叉步。后交叉步是在体后完成交叉动作。

2. 实际运用

(1) 快攻或弧圈打法在侧身攻、拉后扑打右角空当，或从右大角度变反手击球。

(2) 在走动中拉削球、削球打法接短球或削突出击。

第三节　基本战术

一、推攻战术

（一）特点

主要运用正手攻球和反手推挡的速度和力量，并结合落点变化和节奏变化来压制和调动对方，以争取主动或得分。推攻战术是左推右攻打法对付攻击型打法的主要战术，有反手推挡能力的两面攻运动员、攻削结合运动员等也常使用它。

（二）方法

(1) 左推右攻。

(2) 推挡侧身攻。

(3) 推挡、侧身攻后扑正手。

(4) 左推结合反手攻。

(5) 左推、反手攻、侧身攻后扑正手。

（三）注意事项

(1) 推、攻都要有线路变化、落点变化和节奏变化，这是推攻战术争取主动和创造扣杀机会的主要方法。

(2) 推挡一般以压对方反手为主，然后突然变正手，以创造进攻机会。如果对方正手较差，才可以推对方正手为主。

(3) 在推挡中突然加力推对方中路，使对方难于用力回击，然后用正手或侧身扣杀。

(4) 遇到机会球时要果断扣杀，这是推攻战术得分的主要手段。

(5) 推攻战术要坚持近台，又不能死守近台，要学会近台和中台的位置转换，掌握对手节奏。

(6) 推攻战术对付弧圈类打法应坚持近台为主，用快推和加、减力推挡控制落点，伺机采用近台反拉或中等力量扣杀弧圈球，然后进入正手连续进攻。

二、两面攻战术

（一）特点

主要利用正、反手攻球技术的速度和力量压制对方，争取主动和创造扣杀机会。两面攻技术是两面攻打法对付攻击型打法的主要战术。

（二）方法

1. 攻左扣右。
2. 攻打两角，猛扣中路。

（三）注意事项

1. 正、反手攻球都要有线路变化和落点变化，以便创造扣杀机会。
2. 要以压对方反手为主，然后攻击对方正手或中路，以创造扣杀机会。
3. 遇到机会球时要大胆扣杀。
4. 两面攻战术在主动进攻情况下要坚持近台，被动情况下可适当后退，在中近台或中台进行反攻。
5. 两面攻战术对付弧圈球打法应坚持近台，用快带顶住对方的弧圈球，伺机采用近台反拉或中等力量扣杀弧圈球，然后转入连续进攻。

三、拉攻战术

（一）特点

连续运用正手快拉创造进攻机会，然后采用突击和扣杀来作为得分手段。拉攻战术是快攻打法对付削球类打法的主要战术。

（二）方法

（1）正手拉后扣杀。
（2）反手拉后扣杀。

（三）注意事项

（1）拉、扣的力量要有较大的悬殊，以使对方措手不及。
（2）拉球要有线路和落点变化以调动对方，争取主动和创造进攻机会。
（3）遇到机会球时要大胆扣杀或突击。
（4）采用拉攻战术要有耐心，不要急于求成，对没有把握的机会球不要过凶。

四、搓攻战术

（一）特点

主要运用"转、低、快、变"的搓球控制对方，以寻找战机，然后采用低突、快点或拉攻等技术展开攻势并进入连续进攻；在搓球中遇到机会球时进行扣杀，常常带有突然性，往往可以直接得分。搓攻战术是乒乓球各种打法都不可缺少的辅助战术。

（二）方法

（1）正、反手搓球结合正手快拉、快点、突击或扣杀。
（2）正、反手搓球结合反手快拉、快点、突击或扣杀。

（三）注意事项

（1）搓攻战术既要尽可能早起板，以争取主动，但又不能有急躁情绪，否则起板

容易失误。

(2) 在搓球中遇到机会球时要大胆扣杀,这是搓攻战术的主要得分手段。

(3) 在搓短中摆短,可使对方不易抢先进攻,故有利于创造进攻机会,以便伺机用正、反手或侧身进攻。

五、发球抢攻战术

(一) 特点

发球抢攻战术是以旋转、线路、落点以及速度不同的发球来增加对方回击的难度,使其出现机会球,或降低回球质量,然后抢先进攻,以争取主动或直接得分,这是乒乓球所有打法特别是进攻型打法的主要战术和得分手段。

(二) 方法

(1) 发下旋转球与不转球抢攻。

(2) 发正、反手奔球抢攻。

(3) 发正、反手侧上、下旋球抢攻。

(三) 注意事项

(1) 发球要有线路和落点变化,以使对方前、后、左、右走动中接发球。

(2) 发球后要有抢攻准备,以不失抢攻的机会。

(3) 自己发什么球,对方可能以什么技术回击,要做到发球前心中有数。这样,才能较好地作好抢攻的准备。

(4) 抢攻要尽可能凶,又不能过凶,否则,会影响命中率。

第四节 简要规则

一、器材

(一) 球台

1. 长 2.74 米,宽 1.525 米,高 0.76 厘米。

2. 比赛台面可用任何材料制成,应具有一致的弹性,即当标准球从离台面 30 厘米高处落至台面时,弹起高度应约为 23 厘米。

3. 比赛台面应呈均匀的暗色,无光泽,沿每个 2.74 米的比赛台面边缘各有一条 2 厘米宽的白色边线,沿每个 1.525 米的比赛台面边缘各有一条 2 厘米宽的白色端线。

4. 比赛台面由一个与端线平行的垂直的球网划分为两个相等的台区,各台区的整个面积应是一个整体。

5. 双打时,各台区应由一条 3 毫米宽的白色中线,划分为两个相等的"半区"。中线与边线平行,并应视为右半区的一部分。

(二) 球网装置

1. 球网装置包括球网、悬网绳、网柱及将它们固定在球台上的夹钳部分。

2. 球网应悬挂在一根绳子上,绳子两端系在高 15.5 厘米的直立网柱上,网柱外缘离开边线外缘的距离为 15.25 厘米。

3. 整个球网的顶端距离比赛台面 15.25 厘米。

4. 整个球网的底边应尽量贴近比赛台面，其两端应尽量贴近网柱。

（三）球

1. 球应为圆球体，直径为 40 毫米。

2. 球重 2.7 克。

3. 球应用赛璐珞或类似的材料制成，呈白色、黄色或橙色，且无光泽。

（四）球拍

1. 球拍的大小、形状和重量不限，但底板应平整、坚硬。

2. 底板厚度至少应有 85% 的天然木料，加强底板的黏合层可用诸如碳纤维、玻璃纤维或压缩纸等纤维材料，黏合层每层不超过底板总厚度的 7.5% 或 0.35 毫米。

3. 用来击球的拍面应用一层颗粒向外的普通颗粒胶覆盖，连同黏合剂厚度不超过 2 毫米；或用颗粒向内或向外的海绵胶覆盖，连同黏合剂，厚度不超过 4 毫米。

4. 覆盖物应覆盖整个拍面，但不得超过其边缘。靠近拍柄部分以及手指执握部分可不予以覆盖，也可用任何材料覆盖。

5. 底板、底板中的任何夹层、覆盖物以及黏合层均应为厚度均匀的一个整体。

6. 球拍两面不论是否有覆盖物，必须无光泽，且一面为鲜红色，另一面为黑色。拍身边缘上的包边应无光泽，不得呈白色。

7. 由于意外的损坏、磨损或褪色，造成拍面的整体性和颜色上的一致性出现轻微的差异。只要未明显改变拍面的性能，可以允许使用。

8. 比赛开始时及比赛过程中运动员需要更换球拍时，必须向对方和裁判员展示他将要使用的球拍，并允许他们检查。

二、比赛

（一）合法发球

1. 发球时，球应放在不执拍手的手掌上，手掌张开和伸平。球应是静止的，在发球方的端线之后和比赛台面的水平面之上。

2. 发球员须用手把球几乎垂直地向上抛起，不得使球旋转，并使球在离开不执拍手的手掌之后上升不少于 16 厘米。

3. 当球从抛起的最高点下降时，发球员方可击球，使球首先触及本方台区，然后越过或绕过球网装置，再触及接发球员的台区。在双打中，球应先后触及发球员和接发球员的右半区。

4. 从抛球前球静止的最后一瞬间到击球时，球和球拍应在比赛台面的水平面之上。

5. 击球时，球应在发球方的端线之后，但不能超过发球员身体（手臂、头或腿除外）离端线最远的部分。

6. 运动员发球时，有责任让裁判员或副裁判员看清他是否按照合法发球的规定发球。

7. 如果裁判员怀疑发球员某个发球动作的正确性，并且他或者副裁判员都不能确信该发球动作不合法，一场比赛中此现象第一次出现时，裁判员可以警告发球员而不予判分。

8. 在同一场比赛中，如果运动员发球动作的正确性再次受到怀疑，不管是否出于同样的原因，不再警告而判失一分。

9. 无论是否第一次或任何时候，只要发球员明显没有按照合法发球的规定发球，他将被判失一分，无需警告。

（二）合法还击

对方发球或还击后，本方运动员必须击球，使球直接越过或绕过球网装置，或触及球网装置后，再触及对方台区。

（三）比赛次序

1. 在单打中，首先由发球员合法发球，再由接发球员合法还击，然后两者交替合法还击。

2. 在双打中，首先由球员合法发球，再由接发球员合法还击，然后由发球员的同伴合法还击，再由接发球员的同伴合法还击，此后，运动员按此次序轮流合法还击。

（四）重发球

1. 回合出现下列情况应判重发球：

（1）如果发球员发出的球，在越过或绕过球网装置时，触及球网装置后，落至对方台面上或在球落至对方台面之前被接发球员或其同伴阻挡。

（2）如果接发球员或同伴未准备好时，球已发出，而且接发球员或其同伴均没有企图击球。

（3）由于发生了运动员无法控制的干扰，而使运动员未能合法发球、合法还击或遵守规则。

（4）裁判员或副裁判员暂停比赛。

（5）在双打时，运动员错发、错接。

2. 可以在下列情况下暂停比赛：

（1）由于要纠正发球、接发球次序或方位错误。

（2）由于要实行轮换发球法。

（3）由于警告或处罚运动员。

（4）由于比赛环境受到干扰，以致该回合结果有可能受到影响。

（五）得一分

下列情况运动员得一分：

1. 对方运动员未能合法发球。

2. 对方运动员未能合法还击。

3. 运动员在发球或还击后，对方运动员在击球前，球触及了除球网装置以外的任何东西。

4. 对方击球后，该球越过本方端线而没有触及本方台区。

5. 对方阻挡。

6. 对方连击。

7. 对方用不符合要求的拍面击球。

8. 对方运动员或他穿戴的任何东西使球台移动。

9. 对方运动员或他穿戴的任何东西触及球网装置。

10. 对方运动员不执拍手触及比赛台面。

11. 双打时,对方运动员击球次序错误。

12. 执行轮换发球法时,接发球运动员或其双打同伴,包括接发球一击,完成了13次合法还击。

（六）一局比赛

在一局比赛中,先得11分的一方为胜方,10平后,先多得2分的一方为胜方。

（七）一场比赛

1. 一场比赛应采用三局两胜制或五局三胜制。

2. 一场比赛应连续进行。但在局与局之间,任何一名运动员都有权要求不超过两分钟的休息时间。

（八）发球、接发球和方位的选择

1. 选择发球、接发球和这一方、那一方的权利应由抽签来决定,中签者可以选择先发球或先接发球,或选择先在某一方。

2. 当一方运动员选择了先发球或先接发球,或选择先在某一方后,另一方运动员应有另一个选择的权利。

3. 在获得每2分之后,接发球方即成为发球方,依此类推,直至该局比赛结束,或者直至双方比分都达到10分或实行轮换发球法,这时,发球和接发次序仍然不变,但每人只轮发一分球。

4. 在双打的第一局比赛中,先发球方确定第一发球员,再由先接发球方确定第一接发球员。在以后的各局比赛中,第一发球员确定后,第一接发球员应是前一局发球给他的运动员。

5. 在双打中,每次换发球时,前面的接发球员应成为发球员,前面的发球员的同伴应成为接发球员。

6. 一局中首先发球的一方,在该场下一局应首先接发球。在双打决胜局中,当一方先得5分时,接发球方应交换接发球次序。

7. 一局中,在某一方位比赛的一方,在该场下一局应换到另一方位。在决胜局中,一方先得5分时,双方应交换方位。

（九）发球、接发球次序和方位的错误

1. 裁判员一旦发现发球、接发球次序错误,应立即暂停比赛,并按该场比赛开始时确立的次序,按场上比分由应该发球或接发球的运动员发球或接发球;在双打中,则按发现错误时那一局中首先有发球权的一方所确立的次序进行纠正,继续比赛。

2. 裁判员一旦发现运动员应交换方位而未交换时,应立即暂停比赛,并按该场比赛开始时确立的次序,按场上比分运动员应站的正确方位进行纠正,再继续比赛。

3. 在任何情况下,发现错误之前的所有得分均有效。

（十）轮换发球法

1. 如果一局比赛进行到10分钟仍未结束（双方都已获得至少9分时除外）,或者在此之前任何时间应双方运动员要求,应实行轮换发球法。

2. 当时限到时,球仍处于比赛状态,裁判员应立即暂停比赛。由被暂停回合的发

球员发球,继续比赛。

3. 当时限到时,球未处于比赛状态,应由前一回合的接发球员发球,继续比赛。

4. 此后,每个运动员都轮发一分球,直至该局结束。如果接发球方进行了 13 次合法还击,则判发球方失一分。

5. 换发球法一经实行,该场比赛的剩余部分必须继续实行,直至该场比赛结束。

思考题

1. 如何发正手平击球?
2. 直拍反手推挡技术要点是什么?
3. 搓球的技术要点是什么?
4. 如何选择适合自己的球拍?

第十三章 羽毛球运动

第一节 羽毛球运动简介

一、羽毛球运动的起源与发展

据现有的资料表明,现代羽毛球运动起源于印度,形成于英国。19世纪60年代,一批退役的英国军官把印度的"普那"(一种近似于后来的羽毛球运动的游戏)带回英国,并加以改进,逐渐成为现代的羽毛球运动。1870年,英国出现了用羽毛、软木做的球和穿弦的球拍。1873年,英国公爵跑弗特在格拉斯哥郡的伯明顿庄园里进行了一次羽毛球游戏,这是世界上第一次羽毛球比赛。"伯明顿"(Badminton)也就此作为羽毛球的英文名称。1893年英国创立了羽毛球协会。1899年举行了第1届全英羽毛球锦标赛。此后羽毛球运动从欧洲传到美洲、大洋洲、亚洲和非洲。1934年国际羽毛球联合会成立,并通过了第一部羽毛球竞赛规则。目前国际羽联共有会员国135个,它是国际奥林匹克运动委员会下属的一个单项体育运动组织。从1992年起羽毛球运动被列为夏季奥运会的正式比赛项目。

二、羽毛球运动的健身价值

无论是进行有规则的羽毛球比赛或是作为一般性的健身活动,都要在场地上不停地进行脚步移动、跳跃、转体、挥拍,合理地运用各种击球技术和步法将球在场上往返对击,从而增大了上肢、下肢和腰部肌肉的力量,加快了锻炼者全身血液循环,增强了心血管系统和呼吸系统的功能。据统计,大强度羽毛球运动者的心率可达到每分钟160~180次,中强度运动心率可达到每分钟140~150次,低强度运动心率也可达到每分钟100~130次。长期进行羽毛球运动锻炼,可使心跳强而有力,肺活量加大,耐久力提高。此外,羽毛球运动要求练习者在短时间对瞬息万变的球路作出判断,果断地进行反击,因此,它能提高人体神经系统的灵敏性和协调性。

三、羽毛球场地与器材

(一)羽毛球竞赛场地

羽毛球场地呈长方形,长度为13.40米,双打场地宽度为6.10米,单打场地宽度为5.18米,球场上各线宽为4厘米,球场四周2米内不得有任何障碍物,在距球网1.98米的两侧各有一条发球线,前发球线的中点与端线的中点的连线为中线。中线把场区分为左右发球区,球网长6.10米,宽0.76米,高1.55米,球网中部上沿离地面1.524米,如图13-1所示。

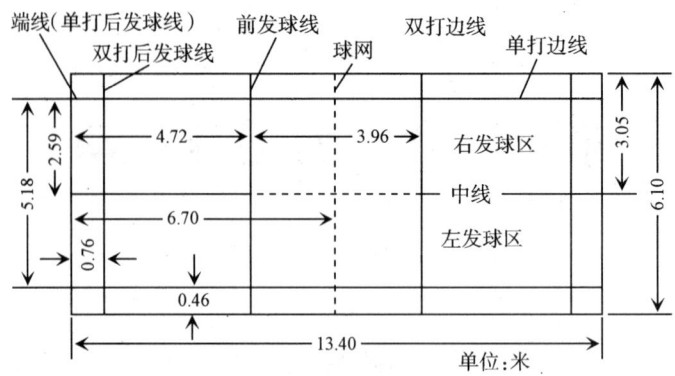

图 13-1 羽毛球场地

(二) 球与球拍

羽毛球重 4.74~5.50 克，有 16 根羽毛固定在软木托上。每根羽毛从球托面至羽毛尖的长度，统一为 62~70 毫米，羽毛顶端围成圆形，直径为 58~68 毫米，球托底部为球形，直径为 25~28 毫米。

球拍框为椭圆形平面，拍长不超过 680 毫米，拍宽不超过 230 毫米，拍弦面长不超过 280 毫米，宽不超过 220 毫米，拍重为 95~120 克。

四、比赛通则

羽毛球运动是两名或两对球员隔网相对，在单打或双打场地上，用球拍击球过网，使球触及对方界区内地面或对方击球失误而得分。正式比赛时，一般采用三局两胜制。比赛开始前，双方选手通过投掷硬币方式确定由哪一方来选择是先发球或后发球。

(一) 单打比赛

单打中发球方分数为零或双数时，双方均在右区发球、接发球，分数为单数时在左区发球、接发球。发球员胜一回合则得一分，随后，发球员再从另一发球区发球。接发球员胜一回合则得一分，随后，接发球方成为新发球员。

1. 每场比赛采取三局两胜制。
2. 率先得到 21 分的一方赢得当局比赛。
3. 如果双方比分打成 20 比 20，获胜一方需超过对手两分才算取胜。
4. 如果双方比分打成 29 比 29，则率先得到第 30 分的一方取胜。
5. 首局获胜一方在接下来的一局比赛中率先发球。
6. 当一方在比赛中得到 11 分后，双方队员将休息 1 分钟。
7. 两局比赛之间的休息时间为 2 分钟。
8. 在第三局比赛中，一方先得 11 分时，运动员应交换场区。

(二) 双打比赛特殊规则

1. 一局胜方的任一运动员可在下一局先发球；一局负方的任一运动员可在下一局先接发球。
2. 双打比赛发球时，发球员和接发球员的同伴，其站位不限，但不得阻挡对方发球员或接发球员的视线。

（三）以下情况为"重发球"

1. 发球员在接发球员未作好准备时发球。

2. 在发球过程中，发球员和接发球员都被判违例。

3. 发球被回击后：（a）球停在网顶；（b）球过网后挂在网上。

4. 比赛进行中，球托与球的其他部分完全分离。

5. 裁判员认为比赛被干扰或教练干扰了对方运动员的比赛。

6. 司线员未能看清，裁判员也不能作出裁决时。

7. 遇到不可预见的意外情况。

五、违例与判罚

（一）发球违例

发球员任何一只脚踩线、触线或移动，故意拖延发球时间和做假动作；发球时未击中球或球的最初接触点不在球托上；击球瞬间，球的任何部分高于发球员的腰部（发球过腰）；球拍杆没有指向下方，使得整个球拍拍头没有明显地低于发球员的握拍手部（即发球过手）；球的落点不在规定场区内。

（二）接发球违例

对方球发出以前，接球员脚步移动或踩线，或以任何行动和叫喊故意干扰发球员的发球。

（三）击球违例

队员两次挥拍连续两次击中球，或双打两名队员连续各击中一次球；击球时，球停滞在拍上，紧接着被拖带抛出；任何一方妨碍对方的合法击球；比赛中，运动员的球拍、身体或衣服侵入对方场区或触及球网或球网的支撑物（触网）；在比赛进行中，对方击来的球尚未过网，而本方队员则在对方场区上空抢先击球（过网击球）。

六、国际羽毛球大赛

（一）汤姆斯杯（Thomas Cup）世界羽毛球男子团体赛。

（二）尤伯杯（Uber Cup）世界羽毛球女子团体赛。

（三）苏迪曼杯（Sudirman Cup））世界羽毛球男女混合团体赛。

（四）世界羽毛球锦标赛（World Badminton Championships）单项比赛。

（五）世界杯赛（World Cup）单项比赛。

（六）世界羽毛球大奖总决赛（World Grand Prix Finals）单项比赛。

（七）世界青少年羽毛球锦标赛（World Junior Championships）。

（八）奥林匹克运动会羽毛球比赛（Olympic Games），共设五个单项：男子单打、女子单打、男子双打、女子双打、男女混合双打。

第二节　基本技术

一、站位

运动员站在羽毛球场上的位置称为站位。站位有两种情况：一种是受限制的站位，如发球、接发球时运动员的站位，就必须按要求站在规定的区域内（左半区或右半区）。另一种是不受限制的站位，可根据自己或同伴（双打）的需要而选择的站位，如单打的站位一般在离前发球线1米左右的中线附近，双打站位可根据双打的两个运动员的具体战术需要而选择前后或左右的站位。

根据以上对羽毛球场地的划分，又可把不受限制的站位具体分为：左半区站位、右半区站位、前场站位、中场站位和后场站位。

二、握拍法

（一）正手握拍法动作要领

1. 握拍之前，先用左手拿住拍杆，使拍面与地面垂直，再张开右手，使手掌下部靠在球拍的握柄底托部位，虎口对着球拍柄窄的一面（即对着拍柄窄面内侧的棱角线）。

2. 中指、无名指和小指并拢握住拍柄，小鱼际与拍柄末端相齐。握拍位置不宜过前或过后。

3. 拇指和食指略微前伸贴在拍柄的两个宽面上。

4. 掌心与拍柄面之间留有空隙，有助于灵活调节握拍的动作和发力（图13-2）。

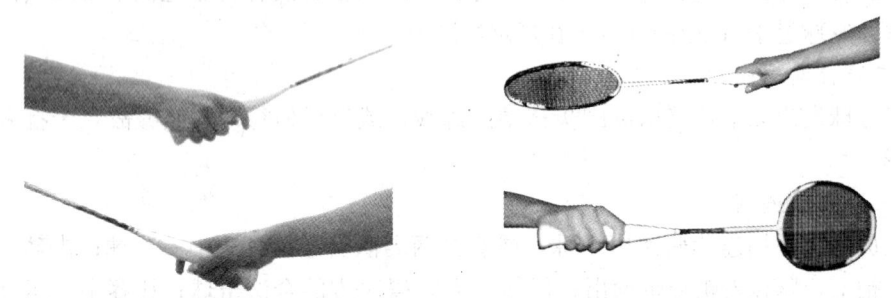

图13-2　正手握拍法　　　　　　　图13-3　反手握拍法

（二）反手握拍法动作要领

在正手握拍的基础上，拍柄稍外转，食指收回，拇指第一指节的内侧贴在拍柄内侧宽面上，柄端紧靠小指根部使掌心有空隙（图13-3）。

三、发球和接发球

发球是组织进攻的第一步，依据发球的姿势，发球分为正手发球和反手发球。就球飞行的角度和距离而言，可将发球分为后场高远球、后场平高球、后场平快球和网前球四种。每项发球技术均由准备动作、引拍动作、击球动作和随前动作四部分构成。一般来说，发平高球、平快球、网前球均可以用正手或反手发球的技术来完成，而发高远球则必须采用正手发球（图13-4）。

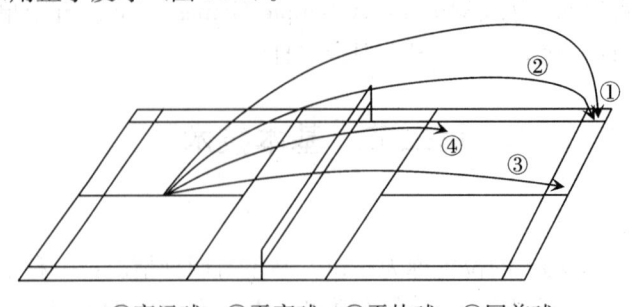

①高远球　②平高球　③平快球　④网前球

图13-4　单打发球的种类

(一)正手发球(以右手握拍为例)

1. 发球站位

单打发球站在中线附近,离前发球线后约1米左右的位置。双打竞赛特点决定了双打发球的站位位置可稍前一些,这样有利于下一拍的抢网球。

2. 准备姿势

身体左肩侧对球网,左脚在前,右脚在后,重心在右脚上。右手持拍向右后侧平举起,肘部放松微屈,左手拇指、食指和中指捏住球的中部,举在胸腹间。发球时,身体重心由右脚移至左脚。用正手发球,无论是发何种弧线的球,其发球前的准备姿势都应该一致,这样就会给对方的接发球造成判断上的困难。

(1)高远球:球的运行轨迹又高又远,下落时与地面垂直,落点在对方场区底线附近的球叫高远球。单打比赛时,常采用这种发球迫使对方退到最远的底线去接发球。在一定程度上限制对方一些进攻技术的发挥,也可使对方消耗更多的体力。

动作要领:发球时,左手把球举在身体的右前方并自然放下,使球下落,右手同时持拍由大臂带动小臂,从右后方沿着身体向前并向左上方挥动。当球落到右手臂向前下方伸直能触到球的一刹那,握紧球拍,并利用手腕的力量向前上方发力击球。击球之后,球拍顺势向左上方挥动缓冲(图13-5)。

图13-5　正手发高远球

(2)平高球:这是一种弧度比高远球低,速度较高远球快,具有一定攻击性的球。

动作要领:发球前准备姿势和发球动作过程同发高远球大致相同,只是在击球的一刹那,小臂加速带动手腕向前上方挥动,拍面要向前上方倾斜,以向前用力为主,球击出的弧线以对方伸拍打不到的高度为宜,落点在对方场区底线(图13-6)。

图13-6　正手发平高球

(3)平快球:这种球比平高球的弧线还要低,速度还要快。在对付反应较慢,站位较前,动作幅度较大的对手或是初学者时,效果往往很好。

动作要领:准备姿势亦同发高远球。站位比发平高球稍后些(防止对方很快回球到本方后场），充分利用前臂带动手腕的爆发力向前方用力，球直接从对方肩上稍高位置越过，直攻对方后场。发平快球关键是击球的动作要小而快，但前期动作应和发高远球一致。发平快球时应注意不要超手、超腰犯规。

（4）网前球：发网前球是在双打中主要采用的发球技术。单打比赛时，如发高球，怕遭到对方球速较快的直接攻击时；或为了主动改变发球方式借以调动对方时采用。

动作要领：准备姿势同发高远球。击球时，握拍要放松，大臂动作要小，主要靠小臂带动手腕向前切送，用力要轻，注意手腕不能有上挑动作。另外，落点要在前发球线后附近，发出的球要贴网而过，这可免遭对方扑杀（图13-7）。

图13-7　正手发网前球

（二）反手发球

反手发球的特点是动作小，出球快，对方不易判断。在双打比赛中多采用此发球技术。

1. 发球站位

站在前发球线后10～50厘米及发球区中线的附近。

2. 准备姿势

面向球网，两脚前后开立（左脚或右脚在前均可），上体稍前倾，身体重心在前脚上。右手反手握拍，左手拇指和食指掐住球的两三根羽毛，球托明显朝下，球体与拍面平行或球托对准拍面放在拍面前方。

3. 动作要领

击球时，小臂带动手腕朝前横切推送。发网前球时，用力要轻，主要靠"切"送，发平快球时，发力要突然，击球时拍面要有"反压"动作（图13-8）。

图13-8　反手发网前球

（三）接发球

发球与接发球是一对矛盾，发球方想方设法发出各种不同弧线的球，以此来控制对方；而接发球方则后发制人，来达到反控制的目的。

1. 接发球站位

不论是单打还是双打，都应选择一个合理的接发球站位。一般情况下，单打的接发球站位离前发球线约1.5米处，在右发球区应站在靠中线的位置，在左发球区则站在中间稍偏左边线位置，主要防备对方发球攻击反手部位。双打接发球时站位可靠近前发球线。

2. 接发球的准备姿势

单打接发球应左脚在前，右脚在后，侧身对网，重心在前脚，后脚脚跟稍提起，收腹含胸，持拍于右身前，两眼注视对方（图13-9）。

双打接发球准备姿势基本同单打，但重心可随意放在任何一脚上，球拍高举过肩，注意力要高度集中。

图 13-9　接发球站位和准备姿势

（四）发球练习方法

1. 分解动作的挥拍教学。逐步练习准备动作→引拍动作→击球动作→随前动作，按动作要领反复复习。

2. 将分解动作连贯起来反复练习。

3. 不要过早地要求学生用力发球。

4. 发球与接发球结合，两人进行对练。

5. 设置球的飞行弧线和落点，进行发球与接发球练习。

四、击球法（手法）

羽毛球各种击球技术概括起来有：后场高空击球技术、前场网上击球技术、下手击球技术、中场平击球技术四种。

（一）后场高空击球技术

后场高空击球也称后场上手击球，即在尽可能高的击球点上，还击对方向底线附近击来的高球。它具有主动性强、击球力量大等特点，可对对方造成较大威胁，是初学者首先必须学好的技术。

1. 正手击高远球

动作要领：首先判断来球的方向和落点，侧身后退使球在自己右肩稍前上方的位置，左肩对网，左脚在前，右脚在后，重心在右脚上，左臂屈肘，左手自然高举，右手持拍，大小臂自然弯曲，将球拍举在右肩上方，两眼注视来球。击球时，由准备动作开始，大臂后引，随之肘关节上提明显高于肩部，将球拍后引至头后，自然伸腕（拳心朝上），然后在右脚蹬地转体和腰腹的协调用力下，以肩为轴，大臂带动小臂快速向前上方甩动手腕，在手臂伸直的最高点击球。击球后，持拍手臂顺惯性往前下方挥动并收拍至体前。与此同时，左脚后撤，右脚向前迈出，身体重心由右脚移到左脚。

2. 反手击高远球

动作要领：看准对方的来球落向左后场区的时候，迅速把身体转向左后方，移动到适合的击球位置，背对球网，并用反手握拍，最后一步右脚跨向左后方，球拍由身前举到左肩附近，以大臂带动前臂转动，击球时前臂由左肩上方往下绕半弧形，最后一刹那手指紧跟球拍，击球点应在右肩上方为好，以手腕往右后上方或者根据还击的需要掌握好球拍的角度鞭打进行击球，把球击向后上方。击球后，转身、手臂回收至胸前。

3. 头顶击高远球

在自己的左后场区，用正手在头顶中间部位或在左肩上方将来球击到对方底线去的高远球击球法称头顶击高远球。

动作要领：击球前的准备姿势以及击球动作同正手击高远球基本一致。击球时，大臂带动小臂使球拍绕过头顶，从左上方向前加速挥动。击球后，左脚在身后着地并立即回蹬，同时右脚前移，重心移至右脚（图13-10）。

图 13-10　头顶击高远球

4. 平高球

平高球的弧线较高远球低，速度较高远球快，是一种在较主动情况下运用的击球技术。在实战中，质量较高的平高球常可以调动对方的站位，使其失去身体平衡，回球质量差，从而为己方更有力的进攻创造机会。

动作要领：同击高远球一样，只是在击球的一刹那用力，主要是向前方，使击出的球弧线较低。

5. 吊球

将对方击来的后场高球还击到对方网前区的球称为吊球。它的作用是调动对方站位，以利于己方组织进攻。

吊球的动作要领：用力较小，挥拍时拍面正面向内倾斜，手腕做快速切削下压动作，称为劈吊。若劈吊斜线球，则球拍切削球托的右侧，并向左下方发力；若劈吊直线，则拍面正对前方，向前下方做切削（图13-11）。

另一种吊球称为轻吊（拦截吊），用力更轻一些，手法是拍面正对来球，当拍面和球接触时，轻轻一挡，使球以较平弧线、较慢速度越网垂直下落。

图 13-11 正手吊球

6. 杀球

把对方击来的高球全力向下扣压称为杀球。它的特点是力量大、速度快，是进攻的重要技术。

动作要领：击球前的准备姿势和击球动作与正手击高远球一样，不同的是最后用力的方向朝下，而且要充分利用蹬地、转体、收腹以及手臂和手腕的爆发力全力地将球向下击出，击球的一刹那要握紧球拍（图 13-12）。

图 13-12 正手头顶杀球

7. 后场正手高空击球

（1）挥拍前，侧身面对来球方向，两腿前后开立，前脚掌着地，两膝稍屈，身体重心落在右脚上，右手向上举拍屈肘（前臂与上臂约成 90°）置于身体右侧，腕部约与肩平，左臂自然屈肘上举。

（2）高球击球时，主要以前臂和手腕的闪动发力击球（同时握紧球拍）。

（3）高球吊球时，击球点位于右肩上方略微偏前，处于自然直臂举拍时拍面中心点的高度。杀球、劈球时，击球点比高球和轻吊球时的略微偏前。

(4) 高球杀球时，以正拍面击球；吊球时，以正拍面或斜拍面击球；劈球时，以斜拍面击球。

(5) 挥拍过程中，身体向左旋转，一般在身体重心向上或达到（重心轨迹）最高点时击球。

(6) 击球后，右脚向前跨步，同时右手减速收拍至体前。

（二）前场网上击球技术

网上击球是调动对方、寻找战机的重要手段，并可直接得分。因为该种技术动作轻松而细巧，运用力量要求控制适度，所以在学习网上击球时，除了要注意动作规范之外，还应细心体会击球时手腕、手指的细微感觉。

准备姿势：侧身对网，右腿跨步成弓箭步，左脚在后自然拉开，上体略有前倾，右手持拍前伸约与肩平，肘关节微屈，注意握拍要放松。

网上击球有搓球、放网前球、勾对角球、推球、扑球。

1. 搓球

击球时，拍面稍前倾，利用手腕和手指的力量向前"切削"球托底部或向后"提拉"，使球击出后旋转或滚动过网。搓球一般在对方来球较靠近网上时运用，反手搓球除握拍不同外，其他要领相同（图13-13、图13-14）。

图 13-13 正手搓球

图 13-14 反手搓球

2. 放网前球

击球时拍面稍朝前下方倾斜，前臂带动手腕和手指用前送动作击球托底部。正、反手放网前球时除握拍不同之外，其他要领相同（图 13-15、图 13-16）。

图 13-15　正手放网前球

图 13-16　反手放网前球

3. 勾对角球

击球时，拍面斜向对方右（左）网前。正手勾对角时击球托的右侧，手腕和手指带动球拍向左内勾动；反手勾对角时，击球托的左侧，同时向右内勾动（图 13-17、图 13-18）。

图 13-17　正手勾球

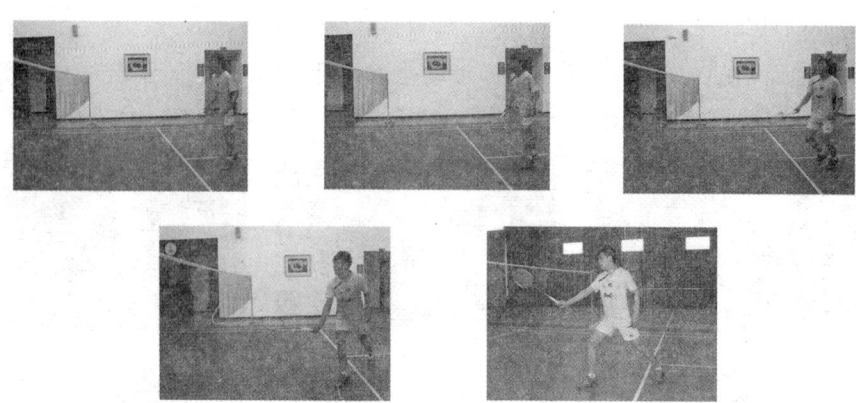

图 13-18　反手勾球

4. 推球

击球时拍面前倾几乎与网平行。利用前臂带动手腕和手指的快速"闪动"将球击出。正手推球多用食指力量，反手推球多用拇指力量（图 13-19、图 13-20）。

图 13-19　正手推球

图 13-20　反手推球

（三）下手击球技术

下手击球一般是在防守时所采用的击球技术。它虽然不如上手击球那样具有进攻性威胁，但如运用得当，往往也能起到守中有攻的作用。下手击球有底线抽球、挑球、接杀球。

1. 底线抽球

底线抽球主要是为了对付长杀球、平推球或对方突然回击的平高球，使自己较被动地退到底线去接球时，所采用的一种击球技术。

正手底线抽球移动时，右脚先向右后场区迈一小步，身体也随之转向右后方，左脚用并步或交叉步向右后场移动一步，右脚再向右后场跨一大步并成弓步，重心在右腿上。在移动的同时，持拍臂往右后方拉，拍面稍后仰。击球时，以躯干为竖轴，做半圆式挥拍击球。

2. 挑球

把对方击来的吊球或网前球还击到对方后场去叫挑球。它是在较被动的情况下为了争取回场时间而采取的一种过渡性质的击球。

动作要领：不论是正手还是反手挑球，最后一步应是右脚在前。正手挑球时，以肘关节为轴，伸拍向前并以前臂带动手腕由下向上挥动（图13-21）。

反手挑球时，以反手握拍击球，肘关节稍抬高，并以肘关节为轴。前臂带动手腕由下向上挥动（图13-22）。

挑球时应注意，如来球离网较远时，拍面可稍前倾向前上方用力击球。如来球较近网，拍面应接近向上，击球时要有向上的"提拉"动作，以免挑球不过网。

图 13-21　正手挑球

图 13-22　反手挑球

3. 接杀球

把对方杀过来的球还击到对方场区叫接杀球。

（四）中场平抽球技术

中场平抽球主要是对付对方击来的弧线平于或稍低于网，且落点在中场附近的低平球时所采取的还击技术。在双打比赛中多采用这种技术，它的击球点在与肩同高处或在肩与腰之间。因为来球的速度较快，弧线较平，所以击出的球速也较快、较平。因而中场平击球也是一种对攻的技术。它有正、反手中场平抽球，半蹲式中场平击球两种。

1. 正、反手中场平抽球

站位于中心附近，两脚左右开立，面对球网，两膝微屈，右手持拍于体前。击球时，判断准来球并向右（左）侧横跨一步，同时挥拍依靠前臂和手腕的闪动发力击球。正手平抽球时，多用食指的力量向前发力。反手平抽球时，多用拇指的反压力朝前发力。此外，不论是正手还是反手中场平抽球，其击球点都应争取在身体侧前方，这更便于手臂的发力（图13-23、图13-24）。

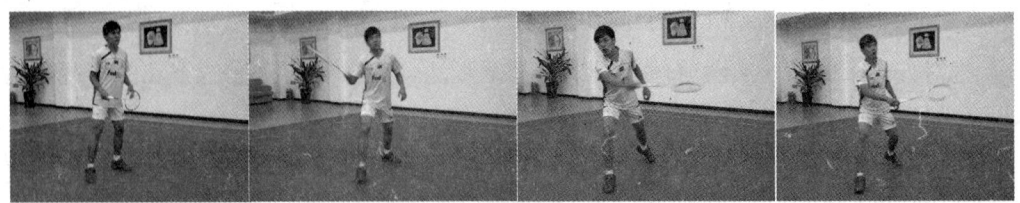

图13-23　正手平抽球

图13-24　反手平抽球

2. 半蹲式中场平击球

主要运用在双打比赛中，这是进行对攻的一种击球技术。这种技术是将对方击来的位于肩部或面部附近的球，在半蹲姿势下还击回去。击球时看准来球，迅速取半蹲姿势，同时举拍在正面或右肩上或头顶等位置，以前臂带动手腕快速闪动挥拍击球。

3. 中场平抽球技术要点

（1）击球前，两脚左右开立，面对球网，两膝微屈，前脚掌着地，上体略有前倾，右手握拍持于体前。

（2）争取在身侧位前方击球。

（3）主要依靠前臂、手腕的闪动发力击球。

（4）在击近身球的挥拍过程中，下肢、上体积极协助挥拍击球动作。

（5）击球后迅速收拍至原处。

上述技术动作规范要点均以右手持拍为例。

五、步法

上网的步法和手法（即各种击球法）是相辅相成、不可分割的。许多击球技术都是靠熟练、快速、准确的步法移动来完成的。

主要步法有上网步法、后退步法、两侧移动步法、起跳腾空突击步法。本部分只教授前两种步法。

（一）上网步法

1. 跨步上网

判断准对方来球后，左脚内侧用力蹬地并侧身向来球方向迈出，接着右脚也向前迈一大步，以脚掌外侧和脚跟先落地，再过渡到前脚掌，右膝关节弯曲并成弓步，紧接左脚自然地向前脚着地方向靠上小半步，击球后，右脚蹬地用小步、交叉步或并步回到中心位置（图13-25）。

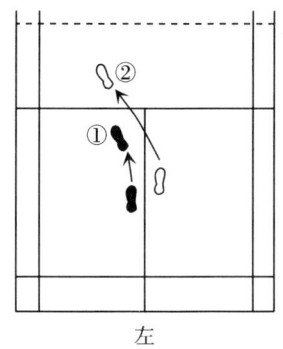
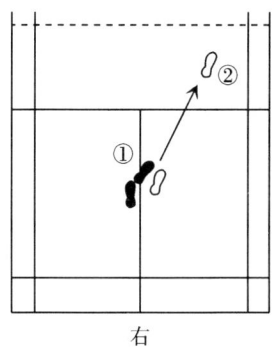

图 13-25　跨步上网步法

注意事项：右腿成弓步时，要防止因上网前冲力过大使重心越过右腿而失去身体平衡，另外，前脚脚尖应朝着边线方向，而不应朝向内侧。

2. 垫步或交叉步上网

判断准对方来球后，右脚先迈出一小步，左脚立即向右垫一小步（或从右脚后交叉迈出一小步），左脚着地后，脚内侧用力蹬地，右脚再向前跨一大步成弓步，身体重心在前脚。击球后，前脚朝后蹬地，用小步、交叉步或并步退回中心位置。

特点：步法调整能力强，在被动情况下，能利用蹬力强、速度快的特点迅速调整脚步，去迎击来球。

（二）后退步法

后退步法分正手击球后退步法和头顶击球后退步法，可用并步或交叉步移动后退，实战中可根据场上情况和个人特点灵活使用。反手击球后退步法应根据离球距离的远近来调整步法。最后一步都是右脚在后，重心在右脚上。如反手部位击球，需右侧髋部转向左后方，背部朝网。击球后，迅速回中心位置。

第三节　基本战术

战术与打法的关系是很密切的。在实战中，战术是根据双方的打法和场上的具体情况而定的。"以己之长，攻彼之短"是一大原则。现简单介绍一些常用的战术如下。

一、单打战术

（一）发球抢攻战术

从发球的第一拍起，争取控制对方，以攻杀得分。这种战术，一般为发网前低球结合平快球、平高球，争取第三拍的主动进攻。用这种战术对付应变能力较差的对手，或实施于比赛的关键时刻，效果往往很好。实施这一战术时，应有高质量的发球予以保证，否则很难成功。

（二）攻后场战术

此战术是通过击高球，重复压对方的底线两角，造成对方的被动，然后寻找机会进攻。用它来对付初学者或后场还击能力较差，或后退步法较慢以及急于上网的对手是很有效的。

（三）攻前场战术

对网前技术较差的对手，可运用此战术先将其吸引到网前，然后再攻击其后场。采用此战术，自己首先要有较好的网前击球技术。

（四）打四方球战术

若对手步法较慢、体力较差、技术不全面，可以用快速、准确的落点攻击对方场区的四个角落，寻找机会向空当进攻。此战术的主要目的是通过打落点，逼迫对方前后奔跑，被动应付，并在其回球质量下降或露出破绽时乘虚而攻之。

（五）杀、吊上网战术

对手打来的后场高球，本方先以杀球配合吊球把球下压，落点选在场区的两条边线附近，致使对手被动回球。若对手回网前球时，本方迅速上网搓球、勾对角球或平推球，创造在中场大力扣杀的机会。

（六）打对角线战术

对付身体灵活性差、转体较慢的对手，不论是进攻还是防守，均应以打对角线球为主，这样对方会因移动困难而被动，为我方创造进攻机会。

（七）防守反击战术

在对方主动进攻、我方被动防守时，我方可高质量地接杀挡网；或抓住对方攻杀力量减弱或落点不好的机会，以平抽底线球还击对方后场，扭转被动局面，并进行反击。

二、双打战术

双打比赛不仅仅是竞赛双方在技战术、体力上的较量，同时也是双打同伴相互间配合程度的较量。因此，在学习双打战术之前，首先要了解两人之间站位形式上的配合。一般情况下，有两人一前一后站位和两人分边（左、右）站位两种形式。一前一后站位即在后场的人分管后半场的球，站在前场的人则负责前半场的球。这种站位形式有利于进攻，而不利于防守。所以，一般在本方进攻时多采用此站法。分边站位多在防守时采用，这样各人分管半边场地，在防守时就没有什么空当了。

（一）攻人战术（二打一）

集中攻击对方中有明显弱点的人，并伺机攻击另一人因疏忽而露出的空当，或对此人偷袭。双打比赛中的配对选手的技术，一般总有一人好，另一人稍差些。即使两人水平相差不多，但若能集中力量攻击其中一人，也可给其造成很大的心理压力，从而使其出现失误。

（二）攻中路战术

当对方分边站位防守时，将球攻击到对方两人的中间，当对方前后站位时可将球下压或平推两边半场。这样可使对方防守时互相争抢或互让而出现失误。

（三）攻后场战术

对方后场打杀能力差，本方可采用平高球、推平球、接杀挑底线，把对方一人紧逼在底线两角移动。当对方被动还击时，则抓住机会大力扣杀。如另一对手后退支援时，即可攻网前空当。

（四）后攻前封战术

当我方处于主动进攻前后站位时，站在后场的队员见高球就杀或吊网前，迫使对方接球挡网前，这为我方前场队员创造了封网扑杀机会。前场队员要积极封锁网前，迫使对方被动挑高球。一旦对手挑高球达不到后场，就为我方创造了再进攻的机会。

（五）防守反击战术

在防守中寻找反攻的机会，以便摆脱困境，转被动为主动。例如，挑底线高球，即不论对方从哪里进攻，我方都应设法把球挑到进攻者的另一边底线。如对方正手后场攻直线，就挑对角线，如对方取对角就挑直线。这是一种较容易争得主动的防守战术，在女子双打中运用更为有效。时机有利时，即可运用反抽或挡网前回击对方的杀球，从守中反攻，争得主动权。运用此战术时，要注意挑高球一定要挑到底线，否则将会出现对方连续攻杀而我方无力反击的局面。

第四节　简要规则

羽毛球运动是两名或两对球员隔网相对，在单打或双打场地上，用球拍击球过网，使球触及对方界区内地面或对方击球失误而得分。正式比赛时，一般采用三局二胜制。比赛开始前，双方选手通过投掷硬币方式确定发球权及场区。

一、计分方法

羽毛球比赛实行每球得分制，所有单项的每局获胜分皆为 21 分，最高不超过 30 分。发球方分数为零或双数时，双方均在右区发球、接发球，分数为单数时在左区发球、接发球。发球员胜一回合则得一分，随后，发球员再从另一发球区发球。接发球员胜一回合则得一分，随后接发球方成为新发球员。

（一）每场比赛采取三局二胜制。

（二）率先得到 21 分的一方赢得当局比赛。

（三）如果双方比分打成 20 比 20，获胜一方需超过对手两分才算取胜。

（四）如果双方比分打成 29 比 29，则率先得到第 30 分的一方取胜。

（五）首局获胜一方在接下来的一局比赛中率先发球。

（六）当一方在比赛中得到 11 分后，双方队员将休息 1 分钟。

（七）两局比赛之间的休息时间为两分钟。

（八）在第三局比赛中，一方先得 11 分时。运动员应交换场区。

二、发球规则

（一）一旦发球员和接发球员作好准备，任何一方都不得延误发球。

（二）发球员和接发球员都必须站在斜对角发球区内发球和接发球，脚不能触及发球区的界线；从发球开始，至发球结束，双方两脚都必须有一部分与地面接触，不得移动，直至将球发出。

（三）发球员的球拍必须先击中球托，与此同时整个球要低于发球员的腰部。

（四）发球员的球拍击中球的瞬间，球拍杆应指向下方，从而使整个球拍拍头明显低于发球员的整个握拍手部。

（五）发球开始后，发球员的球拍必须连续向前挥动，直至将球发出。

（六）发出的球必须向上飞行过网，如果不受拦截，应落入接发球员的发球区内。

（七）一旦双方运动员站好位置，发球员的球拍拍头第一次向前挥动即为发球开始。

（八）发球员须在接发球员准备好后才能发球，如果接发球员已试图接发球则被认为已做好准备。

（九）一旦发球开始，球被发球员的球拍触及或落地即为发球结束。

（十）双打比赛发球时，发球员和接发球员的同伴应在各自的场区内。其站位不限，但不得阻挡对方发球员或接发球员的视线。

三、重发球

（一）发球员在接发球员未做好准备时发球。

（二）在发球过程中，发球员和接发球员都被判违例。

（三）发球被回击后，a 球停在网顶，b 球过网后挂在网上。

（四）比赛进行中，球托与球的其它部分完全分离。

（五）裁判员认为比赛被干扰或教练员干扰了对方运动员的比赛。

（六）司线员未能看清，裁判员也不能做出裁决时。

（七）遇到不可预见的意外情况。

四、违例与判罚

（一）发球违例

发球员任何一脚踩线、触线或移动，故意拖延发球时间和做假动作；发球时未击中球或球的最初接触点不在球托上；击球瞬间，球的任何部分高于发球员的腰部（发球过腰）球拍杆没有指向下方，使得整个球拍拍头没有明显的低于发球员的握拍手部（即发球过手）；球的落点不在规定场区内。

（二）接发球违例

对方球发出以前，接球员脚步移动或踩线，或以任何行动和叫喊故意干扰发球员的发球。

（三）击球违例

队员两次挥拍连续两次击中球，或双打两名队员连续各击中一次球；击球时，球停滞在球拍上，紧接着被拖带抛出；任何一方妨碍对方的合法击球；比赛中，运动员的球拍、身体或衣服侵入对方场区或触及球网或球网的支撑物（触网）；在比赛进行中，对方击来的球尚未过网，而本方队员则在对方场区上空抢先击球（过网击球）。

（四）比赛间歇时违例

运动员行为不端、严重违反或屡次违反比赛连续性的规定。

思考题

1. 羽毛球运动起源在哪里？国际大型羽毛球赛事有哪些？
2. 简述羽毛球正手发高远球的技术动作？
3. 简述羽毛球反手击高远球的技术动作？

第十四章 轮滑运动

第一节 轮滑运动简介

一、起源与发展

（一）起源

至今，轮滑运动究竟是谁发明的，还没有确切的考证。据美国的《溜冰全集》介绍，早在18世纪初期，荷兰有位滑冰运动员，设计了一种能在陆地上的滑冰方法。他将4个木制线轴安装在一双皮鞋上，穿着它在地上滑行，这就是世界上第一双轮滑鞋。

到1760年，比利时的约瑟夫·默林将木轮安在鞋上，穿着这双鞋在平坦光滑的地面上滑行，摔成重伤。这样一来，轮滑运动在人们眼里成了一项危险的运动，被冷落了一段时间。

1860年，巴黎的世界博览会上第一次出现了轮滑表演，这将轮滑运动推向一个新的发展阶段。随着旱冰鞋的不断改进，旱冰场和旱冰协会的出现，旱冰运动在世界各地兴起。

19世纪60年代，出现用金属轮子代替木质轱辘的轮滑鞋，这种轮滑鞋转弯灵活，安全灵敏，使得轮滑运动得到了进一步的发展，越来越多的人加入轮滑运动的行列。

（二）发展

1924年，英国、法国、德国和瑞士四国在瑞士蒙特勒成立了国际轮滑联合会，从此轮滑运动得到了有计划、有组织的飞速发展。1926年4月，国际轮滑联合会举办了第一届轮滑锦标赛。速度轮滑、花样轮滑、轮滑舞蹈、轮滑球等项目先后被列为世界锦标赛项目。1949年4月，罗马召开的第四届国际奥运会上正式承认国际轮滑联合会为非奥运会项目的国际组织。

现在的国际轮滑联合会本部在美国，它下设有速度轮滑委员会、花样轮滑委员会和轮滑球委员会。1981年7月，在美国举行的首届世界运动会将轮滑运动列入正式比赛项目。1985年7月，在伦敦举行的第二届世界运动会再次将轮滑列为正式比赛项目。从此轮滑运动也像其他项目一样成为受广大群众喜爱的运动项目之一。轮滑运动在美国发展得很快，已远远超过了发祥地欧洲。他们改进了轮滑鞋，成立轮滑协会，建造室内轮滑场，制定了轮滑运动各个项目比赛的规则，并规定每年举行一次轮滑锦标赛、场地和公路速度轮滑锦标赛，每两年举行一次世界轮滑球锦标赛。狂热的美国人也从轮滑运动中衍生许多极限运动，如公路速降滑板车，极限滑板等。2012年4月3日，年仅12岁的滑板少年汤姆杉尔就第一个完成U形管空中转体1080°的世界级三周跳，一时间成为世界的大新闻。

现在世界轮滑运动已达到相当高的水平，意大利人在速度轮滑方面占据很大的优势，美国、英国、德国在花样轮滑方面实力较强。阿根廷、巴西、意大利轮滑球水平较高。亚洲的轮滑运动开展得较晚，成绩也较差。据资料记载，轮滑运动于1877年由美国传入日本。1953年，日本成立了轮滑联盟，并于1955年加入了国际轮滑联盟，是亚洲第一个国际联盟成员国。现亚洲的轮滑联盟成员有中国、中国台北、中国香港、中国澳门、日本、韩国、菲律宾、印度等国家和地区。目前在亚洲，日本在轮滑运动的各项成绩略占领先地位。

轮滑运动在20世纪30年代初期传入中国，主要在沿海一带，并不普及，新中国成立后，南方的一些大城市修建了一批轮滑场地，使轮滑运动逐步开展下去。

虽然我国轮滑运动起步晚、基础差、底子薄，但目前的发展速度和规模很快。在短短的几年时间里，全国各地兴建的轮滑场已达上千个。从南到北，由大城市发展到中小城市，甚至城乡也兴建轮滑场地，每天吸引着众多的轮滑爱好者参与这项运动。尤其是青年男女利用节假日到轮滑场去，伴着悠扬的乐曲快乐滑行，丰富了业余文化生活，陶冶了情操，锻炼了身心。这充分表明轮滑运动已深入到广大人民群众中。

20世纪80年代后，轮滑运动在我国得以快速发展。1980年，我国加入了国际轮滑联合会。1982年在上海举办了全国首届速度轮滑邀请赛。北京、上海等11个市、县代表队参加了比赛，分别进行了男女3个项目的比赛。同时，还进行了花样轮滑的表演。我国目前轮滑运动的技术水平与世界先进水平还有一段距离。但在亚洲还是占有一定的地位。1999年10月21日，第八届亚洲轮滑锦标赛在中国上海举行，有日本、韩国、印度、朝鲜、巴基斯坦、新西兰、印度尼西亚、孟加拉国、中国等12个国家和地区参加，我国代表团获得花样轮滑6枚金牌、3枚银牌、1枚铜牌，轮滑球2枚银牌，速度轮滑2枚铜牌。速度轮滑、花样轮滑和轮滑球三项团体总分第一名的优异成绩，达到亚洲先进水平。并且在2005年8月由国际轮滑联合会速度委员会主办，苏州市人民政府承办，也是我国在亚洲地区首次举办最高级别的国际轮滑赛事，这对我国的轮滑运动技术水平发展和进步具有重要的意义。速度轮滑在2010年广州亚运会也被列为正式比赛项目。我国政府十分关心轮滑运动的发展，并制定了轮滑运动的发展计划。相信随着我国社会的发展，体育事业的不断进步，轮滑运动也将与其他运动项目一样，很快达到世界的先进水平。

二、轮滑运动的健身价值

轮滑运动是一项老少皆宜，深受广大群众尤其是青少年喜爱的体育运动项目。它具有很强的娱乐性和趣味性，通过这项运动，可使人们从平时紧张、繁重的学习和工作压力中解脱出来，达到身心放松的目的。同时轮滑是一项全身性运动，它能促进心脑血管系统和呼吸系统机能的改善和代谢作用的加强，能增强臂、腿、腰、腹等肌肉的力量和身体各个关节的灵活性，特别是对人们掌握平衡能力有很大作用。轮滑运动能在减轻运动创伤的基础上，全面有效地发展人体的肌肉和身体的速度、力量、耐力、灵活、柔韧和协调等身体素质。同时还能培养勇敢顽强的意志品质、积极果断的判断能力。威斯康星大学医学院教授，美国竞速国家代表队医疗顾问凯勒福斯特（Carl Foster）表示，轮滑运动还具有很多体育项目所不具备的一个特性，就是它可以当做交通工具。一般情况下，在平整的路面上，轮滑都可以代步成为交通工具。在交通越来越拥挤的今天，轮滑不失为一种流行和时髦的交通工具。

三、轮滑运动的分类

轮滑项目主要有双排花样轮滑、单排花样轮滑、速度轮滑、轮滑球、极限轮滑（街区和U形池）、轮滑舞、自由轮滑FSK、平地花式（速度过桩、花式过桩、平地刹车）、速降、跳高（平底、抛台）等。

（一）速度轮滑

以单排、双排轮滑鞋为比赛工具的竞赛项目，分场地跑道比赛和公路比赛两种。世界锦标赛场地跑道正式比赛距离为：男子1000米、5000米、10000米、20000米四项，女子500米。场地跑道像自行车场一样呈盆形。

（二）花样轮滑

花样轮滑分为规定图形滑、自由滑、双人滑和双人舞4个项目。比赛在不小于50米长、25米宽的场地上进行。参赛各队每项比赛可以参加3人，男女总计12人。根据动作的难易程度、舞姿的优美程度打分确定胜方。

（三）轮滑球

轮滑球看上去像是冰球和曲棍球的结合体，打法同冰球打法相似，比赛两队各上场5人，其中1名为守门员。运动员脚穿轮滑鞋，手执长91～114厘米的木制球杆在一块长22米、宽12.35米的长方形水泥质或花岗石制成的硬质地面球场上进行比赛。运动员可以传球、运球，通过配合把球攻入对方球门为得1分，得分多者为优胜队。球门高1.05米、宽1.54米，分置球场两端线的中间。比赛用球形如棒球，重量为155.925克。每场比赛分两局进行，每局20分钟。

（四）极限运动和技巧

利用U形台、滑杆等做各种各样的惊险、复杂技艺表演动作，分街道赛和半管赛，它也是轮滑竞技项目中最吸引人的一项。

（五）休闲轮滑

以休闲健身为目的，穿着单排轮滑鞋，在各种场地、环境中无拘无束地进行各种滑法，最主要的活动是"刷街"，慢慢滑行，浏览着街景，沐浴着阳光，呼吸着新鲜空气，身心放松。再有就是自由式轮滑，其中最有代表性的就是过桩的平地花式。平地花式讲究过桩的足部花式技巧，同时也要有全身性的节奏感，具有非常高的观赏性。

四、轮滑运动的安全事项

在轮滑运动的教学与训练中，为防止和避免一些意外事故的发生，应在练习、训练和教学中多注意安全。轮滑场地比较坚硬和粗糙，轮滑运动速度较快，运动的人又较多，容易发生互相冲撞和摔伤等现象。因此，在进行轮滑运动时应特别重视安全预防，以防为主，避免受伤。

（一）场地

在轮滑练习前应充分做好准备活动，尤其是下肢各关节的活动。每次练习前，师生均应注意检查场地，如有沙石、木屑、碎纸、烟头、冰棍杆等杂物要及时清除干净，有裂缝处要及时修补，否则练习者在快速滑行中很容易绊倒摔伤。

（二）服装与护具

1. 严格遵守轮滑场的规章制度。初学者上场练习时，应穿长裤和长袖衣服，戴好手套，否则摔倒时易出现膝、肘和手的擦伤。

2. 初学者可戴一些防护用品，如护膝、护腕、手套、头盔等，这些可起到一定的保护作用。

（三）轮滑鞋

练习者选择的轮滑鞋要大小适宜，扎带要松紧适度，并要检查轮滑鞋和轮子是否有损坏或螺丝是否有松落等，这些情况都要及时处理、修理妥善之后再上场练习，否则轮滑鞋在滑行中出现故障就很容易使练习者摔伤。建议初学者一般应选择软且弹性佳的轮子，溜起来会较为舒服。

（四）行为与动作

1. 初学者应在场内练习或规定范围内练习，不要任意滑行，应采取正确的练习姿势。已初步掌握站立和慢步滑行者，最好由滑行熟练的同伴或辅导员进行技术辅导。

2. 初学者练习时应及早学会摔倒时的自我保护方法。向前摔倒时应避免单臂前伸支撑；向后摔倒时应避免上体伸展抬头，要立即收腹低头，重点保护头部；向侧摔倒时，两臂紧贴身体向体侧滚动。

3. 在练习场上禁止做危险和妨碍他人的动作，如手拉手滑行、在跑道上逆行、随意追逐、乱窜、打闹、横穿跑道等。

4. 要用正确的技术滑行，要在指定的区域滑行。练习要适可而止，每次滑的时间不宜过长，以免造成过度疲劳。

5. 当人体失去平衡要跌倒时，有一种本能的自我保护性反射动作。因为人在滑行时，脚下支点是移动的，人体对这种姿态还不适应时就很容易跌倒，所以要避免跌倒时的擦伤就要有正确的跌倒动作。在跌倒时，尽量用双臂来保护自己，用双手撑地缓冲力量。在来不及用双臂支撑时，尽量用背部、臀部着地。在跌倒时可团身、收腹，使自己身体成球形，一手或双手保护头部，在地上滚动，减少摔伤。

（五）医务

在轮滑场地上要有必要的急救用品和医务人员，一旦有外伤出现要及时处理，如有骨折、脑震荡等严重的伤害事故出现，应及时护送伤者到医院治疗。

（六）不宜人员

患有严重疾病，如心脏病、高血压、传染病、精神病等不应参加轮滑运动的人，不要进行轮滑练习，酒后也不要进行轮滑练习。

第二节　速度轮滑技术

一、身体基本姿势

（一）静止状态

1. 上体前倾大约成 60°～70° 角左右，正视前方 10 米处；
2. 大腿与躯干成 140° 角，膝关节成 80° 角；
3. 背部放松，稍含胸，两肩稍向内含，臀部稍向后坐；
4. 两腿弯曲呈半蹲状，两臂在体后背手或配合两腿协调动作（图 14-1）。

图 14-1　静止状态

（二）适应性练习

1. 原地错步

平行站立姿势预备。身体正直但不要僵硬，双臂必要时可自然张开调整重心，双腿自然弯曲保持重心，两脚一前一后错开，交错幅度视个人身高而定，两脚尖错开的距离以一肩宽为宜。两脚交错后仍然保持平行，两脚尖朝前。身体保持原地不动，待重心稳定后两脚收回，换脚错开，要领同上。要点：每错开一步要等重心稳定后，即身体不再乱晃，方可收回再做下一步。

2. 原地高抬腿

平行站立姿势预备。身体正直但不要僵硬，双臂必要时可自然张开调整重心。首先将重心移至一条腿上，另一条腿尽可能高的缓缓向上提膝，不要有滞空停留，缓缓落下。此过程中身体要始终保持正直，不可乱晃，待身体稳定后再换另一条腿抬起，要领同上。要点：循环过程中要始终保持身体正直不乱晃，抬腿落腿时尽可能的慢，高度尽可能的高（图14-2）。

图 14-2　原地高抬腿

3. 平行行走

平行站立姿势预备。身体正直但不要僵硬，双臂必要时可自然张开调整重心。首先平行向身体的一侧横向迈出该方向的一条腿，跨度视个人身高而定，以 1.5 倍的肩宽为宜。待身体稳定后向迈出的方向收回另一条腿，平行站立姿势站好。此过程要保持身体的稳定，不可前后乱晃。待身体稳定后再向同一方向走，要领同上。此方向走五步后，再向相反方向平行行走五步，要领同上。要点：每横向跨出一步，要待身体稳定后方可收回至平行站立姿势，平行站立站好稳定后方可再走下一步。循环过程中身体要始终保持正直稳定不乱晃（图14-3）。

图 14-3　平行行走

（三）简单的滑走

1. 改变在陆地上正常走路时向前迈步的意识和习惯，建立外八字侧向蹬出的概念。

2. 在站立姿势的基础上，先迈右脚，将重心移到左脚，稍抬右脚向前迈一小步，迅速将四个轮子同时落地，并将重心向前移在右脚，两臂自然配合两脚协调动作。迈左脚时，动作及要领与右脚相同，两脚交替反复进行。最初学习滑走时，可在同伴的帮助下或手扶横杆进行练习（图 14-4）。

图 14-4　简单的滑走

二、直道滑行技术

（一）单蹬双滑技术

单脚蹬地双脚滑行练习：右脚用内刃蹬地，记住要用脚掌内侧用力，而不是前脚掌，也不是脚跟。将重心推送至向前滑行的左腿上，右脚蹬地后迅速屈膝与左腿并拢成两脚滑行。接着用左脚内刃蹬地，将重心推送至向前滑行的右腿上，左脚蹬地后迅速与右腿并拢两脚滑行。上身要前倾，可先小步踏步滑行，之后脚尖略外展，成八字，两臂自然放松于体侧前方，如此左右反复练习即可（图 14-5）。

图 14-5　单蹬双滑技术

（二）单蹬单滑技术

先练习单脚滑行，练习者先蹬几步后成双脚平行滑行，然后抬起一只脚，重心落在另一只滑动脚上，轮滑鞋与地面成垂直角度，抬起脚自然放在滑行脚后保持平衡坚持一段滑行距离，两只脚交替练习单脚滑行，随着熟练程度的提高滑行腿下蹲幅度要加大，这样可以提高练习者的平衡能力和腿部力量，为以后练习打下基础（图 14-6，图 14-7）。

图 14-6　单蹬右腿单滑技术

图 14-7　单蹬左腿单滑技术

（三）完整直道滑行

上体前倾，肩背稍高于臀部，两手互握放于背后或自然摆动，腿部弯曲，上体与地面成 15°～20°角，膝关节成 90°～110°角。保持这种姿势做单脚蹬地、单脚支撑惯性滑行练习（图 14-8）。

图 14-8　完整直道滑行

（四）摆臂动作

滑行过程中加入摆臂动作的目的和我们在陆地上跑步、走步摆臂的原理是一样的，都是为了更好地保持平衡以达到平稳加速的目的。

具体方法：两臂用力一前一后摆动，摆幅高度为向前摆时手的高度不超过面部，以视线以下为佳；向后摆动时，手要从身体下面过再向上摆动，手臂伸直，尽量向身体内侧收，不要太向外打，摆动高度为尽可能的向后摆的一个自由高度（图 14-9）。

图 14-9　摆臂动作

（五）重心转移技术

重心转移是轮滑练习最重要的练习内容，因为轮滑的速度来源除了蹬地就是利用身体重心转移。

练习要领：静蹲姿势预备，在保持身体原地不动的基础上，向身体的一侧横向蹬出该侧的腿，蹬出的腿要蹬直，此时一定要保持身体的重心完全放在没有蹬出去的那条腿上，且上身的姿势仍保持静蹲姿势不变。然后上身保持静蹲姿势不变的情况下向蹬出的腿的方向平行移动（切记两脚仍在原地保持不动），上身移动至蹬出的腿的上方，这时，刚才蹬出的腿就是现在的支撑腿，刚才的支撑腿就是现在的蹬出腿，此时的重心仍然要完全放在现在的支撑腿上。重心转移时上身切不可左右摇摆或忽高忽低，平移的过程中从头至臀的轴线要始终保持朝向正前方，以静蹲姿势平移过去。如此循环练习，要领同上（图 14-10）。

要点：循环练习中上身要始终保持静蹲姿势，不可左右摇摆或忽高忽低；平移的过程中从头至臀的轴线要始终保持朝向正前方；每次重心转移必须将重心完全放在支撑腿上，待稳定后再做下步动作。

图 14-10　重心转移技术

三、弯道滑行技术

（一）双脚平行转弯

在向前滑行有一定惯性后，两脚平行滑行，如向左转弯时，左脚稍前伸，头与肩向左转，重心稍向左倾斜，借助惯性就会自然向左转弯，右转则用相反的方法练习（图 14-11）。

图 14-11　双脚平行转弯

（二）双脚平行短步蹬地转弯

主要用于前进速度比较快的情况下，如向左转时，重心向左侧倾斜，左右脚交替向右侧蹬地，改变前进方向，一步一步向左侧移进，达到向左侧转弯的目的，向右转则用相反方法练习。

（三）压步转弯

压步转弯是双脚平行短步蹬地转弯的进一步发展，转弯的姿势不变，如向左转，在滑进时，右脚蹬地后，身体重心前倾并向左侧倾斜（图 14-12，图 14-13），左脚呈单腿支撑，右脚收腿并越过左脚在左脚左前方落地（此时两脚呈交叉状）（图 14-14，图 14-15），支撑继续滑行，左脚同时向右蹬地后收腿落在右脚左侧前方继续滑行，这样一右一左为一个交叉压步，如果速度快身体倾斜度就越大。向右转则用相反方法练习。

（四）弯道摆臂

入弯时弯道内侧的手臂自然背后，外侧的手臂用力摆动以保持平衡。此时摆臂的幅度可稍减小。

图 14-12　正向　　　图 14-13　侧向　　　图 14-14　侧向　　　图 14-15　正向

弯道滑行压步技术

四、起跑技术

（一）正面起跑

面向滑跑前进方向，双脚呈外八字形，足跟间距约一掌距离，双膝略屈，上体略前倾。

双臂在体侧自然下垂。起跑时，右脚蹬地，左脚向前滑出，两臂与起跑动作协调配合（图 14-16）。

（二）侧向起跑

身体侧向跑道，双足平行与肩同宽，目视前方，双膝蹲屈，左臂自然下垂，右臂略外展。

起跑时，身体转向前进方向，同时后脚蹬地，前脚向起跑方向滑出（图 14-17）。

图 14-16　正面起跑　　　图 14-17　侧向起跑　　　图 14-18　点地式起跑

（三）点地式起跑

双足呈丁字形，前脚与后脚距离约一拳宽，脚尖对着滑行方向，脚跟提起。起跑时后脚迅速蹬地，前脚迅速向前方滑出（图 14-18）。

五、停止法

（一）脚跟停止法

在慢速滑行时将有制动胶的脚前伸，脚尖抬起使后跟的制动胶着地，前腿用适当力量压地，使制动胶与地面摩擦，逐步减速而停止。

（二）T型停止法

当左脚左侧滑行时，上体抬起直立，右脚外翻并横放在左脚后面，两脚成T型，使右脚的轮子横向与地面摩擦，两腿弯曲，重心下降并逐步向右脚加大与地面的摩擦力，使之逐渐减速而停止（图 14-19）。

（三）双脚平行停止法

在快速滑行时，双脚略靠近，身体迅速转体 90°，同时带动两脚转 90°，重心快速降低，双腿弯曲紧张用力，用双脚的轮子与地面摩擦使之迅速减速停止（图 14-20）。

图 14-19　T型停止法　　　　图 14-20　双脚平行停止法

思考题

1. 学习轮滑的过程中如何注意安全？
2. 简述直线滑行时重心如何移动。
3. 简述弯道滑行时左右脚的动作要领。

第十五章　健美操

第一节　项目简介

一、什么是健美操

健美操是融体操、音乐、舞蹈为一体，经过再创造，按照全面协调发展身体的要求组编成操，在音乐伴奏下达到增进健康，培养正确体态，塑造美的形体，陶冶美的情操的一种锻炼手段。其目的是：促进身体的正常发育，增进肌肉、韧带和内脏器官的功能，发展身体基本素质，增进健康，增强体质；培养正确的身体姿态，矫正不良的身体姿势，形成正确优美的体态；协调人体各部位的肌肉群，使人体匀称、和谐地发展，塑造美的形体；培养正确的审美观念，良好的风度，乐观的进取精神，陶冶美的情操。

二、健美操运动的起源与发展

健美操的起源应追溯到两千多年前。古希腊人对人体美的崇尚举世闻名。他们认为，在世界万物之中，只有人体的健美才是最匀称、最和谐、最庄重、最有生气和最完美的。古希腊人喜爱采用跑跳、投掷、柔软体操和健美舞蹈等各种体育项目进行人体美的锻炼。古印度很早就流行一种瑜伽术，它把姿势、呼吸和意念紧密结合起来，通过调身（摆正姿势）、调息（调整呼吸）、调心（意守丹田入静），运用意识对肌体进行自我调节，健美身心，达到延年益寿。瑜伽健身术动作包括站立、跪、坐、卧、弓步等各种基本姿势。这些姿势与当前流行的健美操所常用的基本姿势是一致的。古代人对健身健美的追求和主张是健美操运动形成与发展的基础。

19世纪末20世纪初，欧洲出现了许多体操流派，他们在理论和实践上的创新对健美操的发展起到了很大的推动作用。20世纪60年代初，则是现代健美操的萌芽时期。它最早是由美国太空总署的医生库帕博士为太空人设计的体能训练内容。而20世纪80年代初，随着遍及全球的健身热和娱乐体育的发展，健美操以其强大的生命力风靡世界。美国是对世界健美操的发展有着重要影响的国家，其代表人——影视明星简·方达，根据自己的健身体会和经验，撰写了《简·方达健美术》一书。该书自1981年出版后，引起了世界的轰动。她以现身说法，促进了健美操在世界范围内的推广。与此同时，自1985年开始，美国正式举办一年一度的健美操锦标赛，并确定了竞赛项目和规则，使健美操发展成为竞技性运动项目。

健美操不仅在美、英、法等国家迅速发展，而且在一些发展中的国家和地区也得到不同程度的开展。前苏联早已把健美操列入大、中、小学的体育教学大纲。在亚洲地区，日本、菲律宾、新加坡等国家也建有许多健美操活动中心及健身俱乐部，人们都并始将健美操作为自己的主要健身方式。健美操于20世纪70年代末传到我国，当时北京、上海、广州等地相继举办了各种健美操培训班。随后通过各种新闻媒介对国外各种健美操的介绍，逐步推动了健美操在我国的广泛开展。2000年以后，健美操已经普及到了社区。

三、健美操运动的分类

健美操运动分为健身性健美操和竞技性健美操两大类（表15-1）。

表15-1 健美操运动的分类

健身性健美操			竞技性健美操
徒手健美操	轻器械健美操	特殊场地健美操	男子单人
一般健美操	轻器械健美操	水中健美操	女子单人
拳击健美操	踏板操	固定器械健美操	混合双人
搏击操	哑铃操	功率自行车	三人
瑜珈健身术	橡皮筋操	街舞	混合六人
拉丁健美操	健身球操		

（一）健身性健美操

主要目的——锻炼身体，保持健康。动作简单，实用性强，音乐速度也较慢，且为了保证一定的运动负荷和锻炼的全面性，动作多有重复，并均以对称的形式出现。练习时间可长可短，在练习的要求上也可以根据个体情况而变化，严格遵循"健康、安全"的原则，防止运动损伤的出现，在保证安全的基础上达到锻炼身体的目的。

（二）竞技性健美操

竞技健美操是在音乐伴奏下，完成连续复杂和高强度动作的能力，表现动感、力量、柔韧、音乐才能，该项目起源于传统的有氧健身操。成套动作必须展示连续的动作组合与踏步、吸腿跳、弹踢腿跳、后踢腿跑、开合跳、踢腿跳、弓步跳等七种基本步伐的使用，并结合难度动作、音乐和表现的完美融合体现出创造性。

健美操竞赛项目包括男子单人、女子单人、混合双人、三人（男三、女三、混合三人）、混合六人（男三、女三）。规则对比赛动作的编排、场地、时间、服装等都有明确的规定。

四、健美操的锻炼价值

（一）增强体质、增进健康

经常从事健美操锻炼，对于心血管系统机能的提高具有十分显著的效果。它可以使心肌纤维增粗，心肌收缩力增强，心输出量增加，提高机体的供血、供氧能力。

健美操锻炼对呼吸系统的机能也有良好的影响。它能使呼吸肌变得强壮有力，使人体安静时的呼吸加深、次数减少，运动时吸氧量增大，从而大大提高机体的有氧代谢能力。

（二）改善体形、培养端庄体态

健美操的独到之处，是它可以对身体比例的均衡产生积极的影响，特别是能增加胸背肌肉的体积，消除腰腹部沉积的多余脂肪，使体态变得丰满、线条变得优美。此外，通过经常性正确的形体动作训练，还能矫正不正确的身体姿势，培养正确端庄的体态，使锻炼者的形体和举止风度发生良好的变化。

（三）调节心理活动、陶冶美好情操

健美操是在音乐伴奏下进行的身体练习。人们在欢乐的气氛中进行锻炼，不仅心情愉快，能很快忘却烦恼，身心得到全面调节，而且精神面貌和气质修养都会有所改善和提高。特别是健美操是一种群体运动，在集体场所进行锻炼，还能使练习者体验到个人与集体的关系，把"我"置于"我们"之中，起到协调人与人之间关系的作用。通过集体配合练习，还有助于增进友谊，结交朋友，提高群体意识。

（四）提高神经系统机能、发展身体素质

健美操是一项要求力度和幅度的身体练习，经常参加健美操运动，可使肌肉的力量得到增强，肌腱、韧带、肌肉的弹性得以提高，有效地发展人体的力量和柔韧素质。另外，健美操动作的路线、方向、速度、类型、力度等的不断变化，可以加强人对动作的记忆力和再现力，提高神经系统的灵活性和均衡性，全面发展人的协调性。

健美操是具有较强艺术性的运动项目，经常从事该活动，可以增强节奏感、韵律感，提高认识美、鉴赏美、表现美和创造美的能力。

第二节　基本动作与练习方法

一、基本动作

（一）常用腿部动作

根据动作完成形式的不同，我们可将基本步伐分为五类。

1. 交替类

两脚始终做依次交替落地的动作。如踏步、走步、V字步、跑步等。

2. 迈步类

一条腿先迈出一步，重心移到这条腿上，另一条腿用脚跟、脚尖点地或吸腿、屈腿、踢腿等，然后向另一个方向迈步的动作。如侧并步、迈步吸腿、侧交叉步、迈步吸腿跳、侧交叉步跳等。

3. 点地类

一条腿屈膝站立，另一条腿伸出，用脚尖或脚跟点地后还原到并腿位置的动作。如脚尖点地、脚跟点地。

4. 抬腿类

一条腿站立，另一条腿抬起的动作。如吸腿、摆腿、踢腿。吸腿跳、摆腿跳、踢腿跳、弹踢腿跳、后屈腿跳。

5. 双腿类

双脚站立、身体重心在两腿之间的动作。并腿跳、分腿跳、开合跳、半蹲、弓步。

（二）常用上肢动作

在完成基本动作时加入不同的手臂动作就会使动作变得丰富多彩，或改变动作的强度和难度。

1. 常用手型

（1）掌型。动作要领：五指伸直并拢。

（2）拳型。动作要领：握拳，拇指在外。

(3) 五指张开型。动作要领：五指用力伸直张开。

2. 上肢动作

(1) 举。动作要领：臂伸直向某方向抬起。

(2) 屈臂。动作要领：前臂与上臂角度不断减小。

(3) 伸臂。动作要领：前臂与上臂角度不断增大。

(4) 屈臂摆动。动作要领：屈肘在体侧自然地摆动。可依次或同时进行。

(5) 上提。动作要领：直臂或屈臂由下至上提抬起。如：屈臂前提、直臂侧提。

(6) 下拉。动作要领：臂由上举或侧上举拉至身体两侧。

(7) 胸前推。动作要领：立掌，臂由肩部向前推。

(8) 冲拳。动作要领：屈臂握拳，由腰间猛力向前冲拳。

(9) 肩上推。动作要领：立掌，屈臂由肩部向上推。

(10) 摆动。动作要领：以肩关节为轴，手臂在180°以内的运动称之为摆动。

(11) 绕和绕环。动作要领：以肩关节为轴，手臂在180°至360°之间的运动为绕；大于360°以上的圆周运动为绕环。

(12) 交叉。动作要领：两臂重叠成X形。

在进行上述上肢动作练习时，应注意肌肉的用力阶段，使动作富有弹性，避免上肢动作过分僵硬。

二、健美操基本技术

(一) 落地技术

落地缓冲的主要目的是使身体尽可能地保持稳定，同时减少地面对关节、肌肉的冲击力，以避免造成运动损伤。

健身性健美操的落地技术为：落地时，由脚跟过渡到全脚掌或由前脚掌过渡到全脚掌，然后迅速屈膝——屈髋缓冲。所有动作在瞬间依次完成，用以分解地面对人体的冲击力。同时躯干与手臂保持良好的姿态，肌肉用力保持动作的稳定与控制。

(二) 弹动技术

健美操的弹动技术是健美操最重要的基本技术之一，是体现健美操的最基本特征，用以区别其他运动项目的重要因素之一。

健美操的弹性主要依靠踝关节、膝关节、髋关节的屈伸缓冲而产生，它的主要作用是减少运动对关节的冲击力，从而减少运动对人体造成的损伤。值得注意的是在屈伸的过程中，腿部的肌肉要协调用力才能有效地防止损伤，产生流畅的弹动动作。

(三) 半蹲的技术

在健美操练习的过程中，每一个动作都需要半蹲的出现，因为无论是落地和缓冲技术，还是弹动的技术，实际上都是和半蹲动作联系在一起的。一些常用的力量练习动作，如分腿半蹲、弓步等，也和半蹲动作有很大的关系。因此，半蹲技术的掌握对健美操练习的完成质量具有重大影响。

半蹲时，身体重心下降，臀部向后下方45°用力，膝关节不应超过脚尖，腰腹、臀部和大腿肌肉收缩，上体保持正直，重心在两腿之间，起落要有控制。分腿半蹲时，脚尖自然外开，应特别注意膝关节弯曲的方向要与脚尖的方向一致，保持自然关节的正确位置，避免脚尖或膝关节内扣或过度外开，以及膝关节角度小于90°的"深蹲"。

在有氧操练习中，分腿半蹲一般采取"宽蹲"的姿势，即两腿开度大于肩。而在轻器械操练中，尤其是在负重的情况下，一般都采用"窄蹲"的姿势，即两腿开度同肩宽。这一差别主要是因为宽蹲有助于加大动作幅度，有效地提高运动负荷和无负重状态下的练习效果，同时动作也更好看、更流畅；而窄蹲则更有利于负重，提高在负重状态下的练习效果，同时避免运动损伤。但无论是"宽蹲"还是"窄蹲"，都应遵循同样的技术要求。

（四）身体控制技术

健美操的身体姿态是根据练习的安全性和现代人体与行为美的标准而建立的。首先在整个非特殊条件下的运动过程中，身体应该保持自然挺拔、头部稍稍昂起的姿态，颈椎、胸椎、腰椎处于正常生理曲线的位置，并始终保持腰腹和背部肌肉收缩，避免"过伸"，尤其是无控制的"过伸"，这是造成运动损伤的重要原因。总之，健美操练习过程中的身体姿态取决于肌肉用力的感觉和程度，总的动作感觉应是有控制但不僵硬、松弛而不松懈。

三、练习方法

（一）胸部练习法

练习一

预备姿势：两腿开立，双臂垂于体侧。

动作做法：匀速挺胸，使肩外展，然后迅速含胸，使两肩内合，同时胸廓内收。

重复次数：25～30次。

要求：速度均匀，动作缓慢。

练习二

预备姿势：两腿开立，两臂胸前平屈，两手握拳，拳心向下。

动作做法：拉臂振肩，然后两臂经前举伸直向后拉臂扩胸。

重复次数：20～25次。

要求：扩胸时两臂保持水平，胸尽量向前挺。

练习三

预备姿势：两腿开立，双臂垂于体侧。

动作做法：两臂稍屈于体前交叉，双手握拳，头稍低。然后两臂经前摆至侧上举，抬头拉胸。

重复次数：20～25次。

要求：两臂上举时注意要伸直，并且抬头。

练习四

预备姿势：两腿开立，两臂垂于体侧，两手握拳。

动作做法：两臂经前至上举后振，同时稍抬头，然后两臂经前向后摆，同时稍低头。

重复次数：20～25次。

要求：两臂上举时吸气，下落时呼气。

练习五

预备姿势：跪立，双手体前撑地。

动作做法：屈臂，上体前倾至胸部触地，同时抬头，小腿抬起（图15-1，15-2）。

重复次数：16～20次。

要求：胸部触地时尽量塌腰。

练习六

预备姿势：两腿开立，双手持哑铃于体前交叉。

动作做法：直臂向外或向内大绕环。

重复次数：12～16次。

要求：身体保持正直。

图15-1　　　　　图15-2　　　　　图15-3　　　　　图15-4

（二）腰腹练习法

练习一

预备姿势：仰卧，两臂伸直上举。

动作做法：弯曲两腿，将两膝提至胸部，上体同时前倾，双手抱住小腿，然后还原（图15-3，15-4）。

重复次数：16～20次。

要求：速度不要太快。

练习二

预备姿势：仰卧，两臂伸直于体侧，头部抬起。

动作做法：保持头部抬起，两腿伸直上举至60°，然后还原。

重复次数：16～20次。

练习三

预备姿势：仰卧，两腿弯曲，两臂向头后屈。

动作做法：上体抬起到一定高度（上体与地面夹角约35°），然后慢慢还原。

重复次数：16～20次。

要求：肘关节始终向侧，不要内扣。

练习四

预备姿势：仰卧，两臂伸直上举，两腿屈膝分开。

动作做法：向左、右两腿的方向依次做肩起位仰卧起坐练习。

重复次数：16～20次。

要求：起坐时，肩离开地面约45°即可。

练习五

预备姿势：仰卧，两臂伸直于体侧，头部抬起。

动作做法：两腿伸直抬起（腿与地面夹角约30°），在空中向左右方向依次画圆（每个方向各10次），然后还原。

重复次数：2～4次。

要求：头部始终抬起。

练习六

预备姿势：仰卧，两臂伸直于体侧。

动作做法：两腿伸直，在空中做上下交叉动作。

重复次数：25～30次。

要求：头部始终抬起。

练习七

预备姿势：仰卧，腿并拢，屈膝，脚离地面10厘米。

动作做法：小腹用力使腿部举起，臀部离地，然后还原。

重复次数：25～30次。

要求：腿一定要弯曲，下落时脚不能着地。

练习八

预备姿势：坐立，两臂伸直于体后支撑，屈膝抬腿，使双膝尽量靠近胸部。

动作做法：双膝位置不动，小腿做屈伸动作。

重复次数：25～30次。

练习九

预备姿势：两腿并拢伸直，肘支撑，上体抬起45°。

动作做法：一腿前屈收至胸前，另一腿前伸离地10厘米。两腿交替进行。

重复次数：30～40次。

练习十

预备姿势：仰卧，两腿上举交叉，两臂于体侧。

动作做法：腹肌收缩，两腿用力上举，使臀部离地，然后还原。

重复次数：25～30次。

(三) 大腿练习法

练习一

预备姿势：仰卧，两臂侧平举，两腿并拢上举。

动作做法：两腿侧屈，足心相对，然后两腿伸直外展，再还原成预备姿势。

重复次数：16～20次。

要求：腰部不要离地。

练习二

预备姿势：身体直立，双手扶把杆（或椅子）。

动作做法：用力向侧踢腿。

重复次数：每条腿各20次。

要求：大腿外旋，脚背向上。

练习三

预备姿势：左侧卧，两腿并拢。

动作做法：右腿屈膝，右足尖触左膝部，右腿向上伸直外展，左腿上举与右腿并拢，然后左腿先慢慢放下，接着右腿再慢慢放下，还原成预备姿势。

重复次数：左右腿各做10～20次。

要求：动作缓慢而匀速。

练习四

预备姿势：身体直立，双手扶把杆（或椅子）。

动作做法：一位脚下蹲，然后还原。

重复次数：8～10次。

要求：下蹲时身体要保持正直，脚跟不要离地。

练习五

预备姿势：两腿开立，双手叉腰。

动作做法：二位脚下蹲，然后还原。

重复次数：8～10次。

要求：下蹲时身体要保持正直，脚跟抬起。

练习六

预备姿势：俯卧，两腿伸直并拢，肘支撑上体抬起。

动作做法：两腿向上做弯举，同时勾脚，使脚跟尽量接近臀部，然后还原。

重复次数：30～40次。

练习七

预备姿势：仰卧，两腿伸直并拢，两臂侧举。

动作做法：左腿由右侧开始做绕环，然后换右腿由左侧开始做绕环（图15-5～图15-10）。

重复次数：左右腿各做16～20次。

要求：一条腿做绕环时，另一条腿及上体不能离开地面。

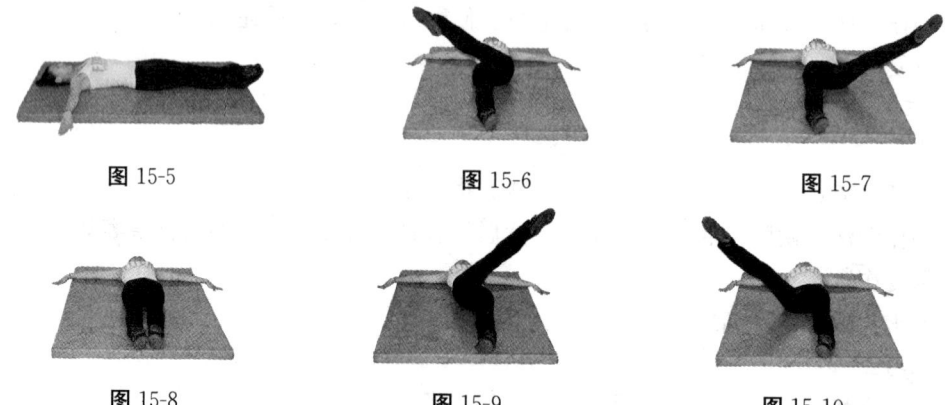

图15-5　　　　　　图15-6　　　　　　图15-7

图15-8　　　　　　图15-9　　　　　　图15-10

（四）小腿练习法

练习一　提踵立

预备姿势：两腿开立，双手叉腰。

动作做法：足跟用力向上提起，然后足跟下落，但不能着地（最好足跟悬空，踩在台阶上）（图15-11～图15-13）。

重复次数：20～25次。

要求：力量不要过大或过猛。

练习二　勾绷脚

预备姿势：坐立两臂体后撑地，两腿伸直并拢，绷脚。

动作做法：勾脚尖，然后绷脚尖。

重复次数：左右各做 16~20 次。

要求：腿部不能离开地面，速度不要太快。

练习三　绕脚踝

预备姿势：仰卧，一条腿由双手扶持上举，另一条腿屈膝。

动作做法：上举的腿以踝关节为轴，在空中沿顺时针和逆时针方向依次画圆。

重复次数：左右腿各做 16~20 次。

要求：画圆时小腿和大腿保持不动，尽量收缩小腿肌肉。

图 15-11

图 15-12

图 15-13

思考题

1. 现代健美操起源在哪里？
2. 简要回答，健美操为什么会受到大众的喜欢？
3. 你如何在健美操的锻炼中达到健身、健心的目的？

第十六章　速度滑冰

第一节　项目简介

滑冰运动包括速度滑冰（简称速滑）、短道速度滑冰、花样滑冰和冰球等项目，本章只介绍速度滑冰运动。

一、速度滑冰运动的起源与发展

滑冰起源于荷兰。11~12世纪的荷兰、英国、瑞士以及斯堪的纳维亚一些国家就有脚绑兽骨，手持带尖木棍支撑冰面向前滑行的记载。13世纪中叶，荷兰出现一种镶嵌在木板上的铁制冰刀。1572年苏格兰人发明全铁制冰刀。17世纪后，这种最初的冰上运输形式逐渐发展成为一种运动项目。1742年英格兰成立世界上第一个滑冰俱乐部——爱丁堡俱乐部，1850年美国的布什内尔（Bushnell）制作了第一副钢制冰刀，1876年英国的帕克（W. A. Parker）发明人造冰，在伦敦建造了世界上第一个人造滑冰场。1878年加拿大的鲁宾斯坦（Louis Rubinstein）成立加拿大业余滑冰协会，1879年英国滑冰协会成立，1902年挪威的保尔森（Axel Paulsen）发明管式速度滑冰冰刀。从19世纪开始，滑冰运动迅速在西欧、北欧、北美等地区的国家兴起。滑冰运动于1924年被列为首届冬奥会比赛项目。

20世纪80年代中期，随着室内速度滑冰馆先后在德国和前苏联的建成使用，运动员们在夏季照常可以进行冰上训练和比赛。

进入20世纪90年代，克莱普速滑冰刀（Clap-skates）的出现震撼了国际冰坛。这种冰刀的研制始于荷兰，经过考宁等几位运动生物力学、运动医学专家10多年的研究，其科研成果对推动速滑运动训练理论和训练方法的变革，以及运动成绩的提高起到了极大的促进作用。克莱普速滑冰刀与传统冰刀的根本区别是，运动员在蹬冰结束阶段，刀跟脱离鞋跟，从而保证了在蹬冰整个过程中冰刀全刃始终"咬合"在冰面上，延长了蹬冰距离，增加了蹬冰力量，减少了蹬冰角度，提高了蹬冰效果（图16-1）。

图 16-1　克莱普速滑冰刀

二、我国速度滑冰运动的发展概况

滑冰在我国有着悠久的历史，尤其是新中国成立后，速滑运动得以迅速发展。在短暂的几年里，速滑运动就在我国黑龙江省、吉林省、辽宁省、河北省、内蒙古自治区以及西北广大地区得到普及。

20世纪60年代初，我国速滑水平逐步跻身于世界速滑的先进行列。特别是在

1963 年的世界男、女速滑锦标赛中，我国女运动员王淑媛获 1000 米速滑比赛的亚军和全能的第六名，男运动员王金玉、罗志焕双双打破男子全能世界纪录。为祖国争了光，这是我国速滑史上第一个高峰。1992 年，我国优秀女子速滑选手叶乔波在第 16 届冬季奥运会上获得 500 米、1000 米速滑银牌各 1 枚，实现了我国冬奥会上奖牌零的突破。1994 年，叶乔波又在第 17 届冬奥会上获得 1000 米速滑铜牌。

三、速度滑冰运动的锻炼价值

（一）心血管功能

滑冰运动时心率可达 160～180 次，经常滑冰的人安静时心率为 40～60 次。医学临床研究表明，经常参加滑冰运动患心肌梗塞的几率是基本不锻炼的人的 1/3。

（二）平衡能力

滑冰过程中人体要维持两个平衡，一是初学滑冰时身体需要维持冰刀的平衡；二是在滑行过程中身体如何在平衡与不平衡之间保持相对稳定。这个过程对各年龄段的人的平衡感是很好的训练，对正处于前庭和半规管发育期的孩子尤其重要。

（三）增强力量

滑行中的蹬冰以及半蹲姿和身体前倾是锻炼下肢力量、臀大肌和腰肌的极好方式。这一点从滑冰运动员的大腿和臀部形态就可以得到明显证实。

（四）呼吸系统加强

绝大多数滑冰运动的爱好者与参加者均在户外进行运动，能够呼吸大量的新鲜空气，从而促进体内的新陈代谢，不断地提高呼吸系统和消化系统的功能，有益身体健康。

（五）增强抗寒能力

俗话说"冬练三九"就是人们长期锻炼中总结出来的宝贵经验。冬季体育锻炼，由于肌肉不断收缩，呼吸加快，血液循环加速，新陈代谢旺盛，身体产生的热量增加，同时还增强了大脑皮层的兴奋性，使体温调节中枢灵敏，准确地调节体温，提高人们的御寒能力，还会增加大脑氧气的供应量，所以坚持冬季锻炼，对消除大脑长期学习带来的疲劳，增强记忆力，提高学习效率，都有积极的作用。

四、速度滑冰运动的安全事项

（一）运动常识

1. 服装

冬季在室外进行冰上运动，要注意衣着，要以保暖、吸汗、轻便、合体、不影响练习为宜。

2. 防寒防冻

（1）为防止冻伤，出汗后应注意保暖，增加热量。

（2）不要穿潮湿的衣服、冰鞋，也不要穿过紧的鞋袜。

（3）要充分做好准备活动，特别是手脚应预热。

（4）应戴较厚的手套，在冰场上摔倒时既能擦雪，又不至于冻手。

（5）对于手、脚、面部要经常地擦摩，涂冻伤膏，或者采取保暖措施。

（二）速度滑冰的注意事项

1. 严格冰场管理制度，要规定按逆时针方向滑冰。

2. 禁止在冰场上打闹、追逐或拉成横排滑行。

3. 注意循序渐进，运动量和运动强度要逐渐增加；初学者要注意降低重心，上体前倾，即使摔倒也要防止后摔。

4. 保持冰面清洁，不要乱扔杂物。遇到裂缝、冰坑、碎石、杂物等要及时躲避或随手清理。

第二节 基本技术与练习方法

一、直道滑行技术

直道滑行技术包括身体基本姿势、单腿滑行、蹬冰、收腿、自由滑行、下刀、摆臂动作。

（一）身体基本姿势

现代速滑技术一般采用相对较低的滑行姿势。这种姿势可以减小迎面阻力，加大动作幅度，最大限度地发挥人体的运动能力，从而提高运动成绩。滑行基本姿势的高低取决于上体与冰面的角度和下肢髋、膝、踝关节的角度。正确的滑行姿势是上体前倾，肩略高于臀部，上体与冰面成15°～20°角，肩背部放松，头微抬起，两眼平视前方10～20米处，腿部弯曲，膝盖前弓较大，背手或摆臂滑跑。

（二）蹬冰动作

蹬冰是推动运动员身体向前滑进的动力，是人体内力的体现形式。蹬冰是运动员通过冰刀作用给冰面的一个动态压力，它的完整动作是依次伸展支撑腿的髋、膝、踝关节，从而获得一个向前滑进的水平加速度。蹬冰效果的好坏取决于蹬冰力量、蹬冰方向、蹬冰角度、蹬冰时间、蹬冰幅度等因素。

一个完整的蹬冰过程由蹬冰开始、最大用力蹬冰、蹬冰结束三个阶段构成。当惯性滑进结束时，冰刀由正刃过渡到内刃，身体产生向内侧的倾斜，这就进入了开始蹬冰阶段。

1. 蹬冰方向

蹬冰方向是在身体的侧方，同时蹬冰动作已在滑进中完成了。因此，就形成了边滑进、边蹬冰的技术。蹬冰方向正确与否，将直接影响运动者的滑行速度。

2. 蹬冰角度

适宜的蹬冰角度是推动运动员前进的关键，对蹬冰力量起重要作用。蹬冰方法应该是逐渐加大用力，逐渐加快速度，以爆发推动的特点结束蹬冰。在练习中如果忽视了其中任何一点都会影响蹬冰动作的效果。

3. 蹬冰的幅度

运动员身体重心点从蹬冰前的位置移动到蹬冰结束的位置之间的距离叫蹬冰步幅。在保证蹬冰力量的情况下，蹬冰的时间不变，而蹬冰的距离加长，其速度就快，而滑行姿势低，蹬冰腿屈得越大，浮腿摆收越好，蹬冰腿充分伸展，蹬冰的幅度越大（图16-2，图16-3）。

图 16-2　直道滑行正面

左腿

右腿

图 16-3　直道滑行侧面

4．浮腿动作

结束蹬冰动作的腿叫浮腿。蹬冰腿从结束蹬冰离开冰面时开始到下次重新着冰之前，这期间的动作称为浮腿动作。它包括收腿和摆腿两个阶段，其主要任务是充分保持平稳，帮助身体重心向前移动，增加蹬冰力量，为下次蹬冰做准备。当蹬冰腿迅速抬离冰面以后，摆动腿的大腿做积极内压弧形的提拉动作，向支撑腿靠拢。由于身体的惯性滑进使浮腿位于身体的后位，提拉时以迅速提摆大腿为主。

5．下刀动作

下刀动作是以浮腿冰刀着冰到变换支点承担体重的过程，也就是由浮腿变为支撑腿的过程。正确的下刀动作关键是要选择好下刀的时机和位置。下刀动作是沿着身体重心移动方向，借助摆动腿的惯性以刀尖外刃在支撑冰刀稍前方的冰面上下刀，当新支撑冰刀全部支撑体重时，即蹬冰腿冰刀离开冰面时下刀动作结束，在这个过程中要注意合理的出刀角度和减小摩擦力。冰刀着冰开始用外刃，然后变成平刃，最后变成内刃。

6．自由滑行

自由滑行动作是指一条腿蹬冰结束后到另一条腿蹬冰开始前，支撑腿冰刀利用前次蹬冰产生的惯性向前滑进的过程。由于冰刀与冰面的摩擦作用，自由滑行是减速过程，要求做到降低滑跑姿势以减小空气阻力，使支撑腿相对稳定以减小冰刀与冰面的摩擦力，找出适合不同滑行距离的自由滑行时间以增加蹬冰次数。

7. 摆臂动作

摆臂动作可以提高滑跑频率，增加蹬冰力量。摆臂分单摆臂和双摆臂。方法是前臂至大臂垂直冰面时，屈小臂向里摆，手不超过身体纵轴，后摆臂时臂伸直微向后方，高度不超过肩。

二、直道滑行练习方法

（一）陆地基本练习

1. 穿上冰刀在铺有练习毯（防止冰刀损坏）的陆地上做站立和走步练习。
2. 用双脚的内刃、外刃交替站立。
3. 单脚支撑，左右脚轮流并保持一定时间的平衡练习。
4. 单脚支撑，在一脚做上述支撑的基础上，另一脚做屈膝抬起练习。
5. 双腿微屈，一腿支撑，一腿侧蹬练习。
6. 双腿微屈，一腿支撑，一腿后行练习。

（二）直道冰上练习

1. 外八字练习：在完成此练习时，上体要前倾，两臂自然下垂放于体侧，腿、膝部微屈，踝关节适当紧张。
2. 双脚支撑惯性滑进练习：上体稍前倾，用一腿蹬冰获惯性速度，通过双腿支撑维持惯性滑进后，再用另一腿蹬冰交替进行。
3. 单腿支撑自由滑行练习：要求同上。
4. 单腿交替支撑自由滑行练习：要求同上。
5. 在正确滑行姿势的基础上，做直道滑行练习。

（三）易犯错误和纠正方法

1. 易犯错误

（1）在滑行时，冰刀立不住，不能用外刃或平刃下刀，有的甚至原地都站不起来。

（2）滑行时，浮腿收不回来，或者浮腿在体侧停留时间过长。

（3）身体重心不能全部移到支撑腿上。

（4）重心向前形成后蹬冰。

2. 纠正方法

（1）加强踝关节力量，在陆地上采用台阶上的提踵和纵跳练习来加强踝关节力量。

（2）在陆地上多做滑冰基本动作练习。

（3）陆地上多做倾倒练习，克服重心移动不够的错误。

（4）在陆地多做脚掌内侧的侧蹬练习，体会均匀用力，左右脚交替。

三、弯道滑行技术

（一）滑行姿势

弯道的滑行姿势基本与直道相同，但弯道滑行中采用身体左倾斜的姿势。上体、臀部一致向里倾斜，要求鼻尖、膝盖、刀尖成一条切线，整个身体的倾斜度要与身体的倾斜角度一致。弯道的姿势略比直道低，要保持较好的团身动作。

（二）蹬冰动作

弯道滑行时的蹬冰动作原理和结构基本和直道相同。因为移动方向有变化，完成蹬冰动作时一直采用交叉内压步完成，有别于直道蹬冰动作。右腿蹬冰动作与直道蹬冰动作相近，而左腿的蹬冰特征和方向却不同于直道，同时难度也较大，成为弯道蹬冰技术的关键。

右腿蹬冰阶段结束后，由左侧支撑提拉右腿。而当右腿的冰刀收到要越过左腿冰刀时，左腿进入开始蹬冰阶段，蹬冰腿继续伸展，蹬冰动作进入到最大用力蹬冰阶段，此时浮腿悬在新的切线上，整个身体牢牢地压在蹬冰腿上，蹬冰方向要与蹬冰腿滑行的切线相垂直。在蹬冰过程中，膝关节不要过早的展开，注意将大腿控制在胸以下，蹬冰腿的膝关节尽量前弓，有下压、挤、送、蹬的感觉，用全外刃结束蹬冰。

（三）收腿动作

蹬冰结束后，进入到收腿动作，这一动作的作用是充分放松浮腿，加速移动重心，增加蹬冰力量，创造更大的滑行速度。

右腿结束蹬冰之后，右腿以大腿带动小腿，膝盖领先，与左支撑腿靠近，继续向左侧移动着冰完成右腿收腿动作。收右腿时，要以压收的方法完成，左腿蹬冰结束后，以大腿带动小腿，膝盖领先，向支撑腿靠近，收到右支撑腿里侧的稍前方准备着冰，完成收左腿动作。摆收左腿时要用拉收的方法完成。

（四）下刀动作

正确的下刀动作是右刀收回时，刀跟左内压，刀尖偏离雪线，以刀尖内刃开始着冰，而后滚到全内刃着冰。右腿着冰时，右小腿不要向前摆跨，保持右刀跟和左刀尖的最近距离，并要注意膝盖前弓，使下刀的右腿与身体成一个倾斜面。左腿以拉收的方法收回。下刀时贴近右腿内侧着冰，开始用左刀尖外刃着冰，很快滚到全外刃着冰，刀尖偏离雪线，保持小腿向里倾斜并与整个身体倾斜相一致（图16-4）。

图16-4　速度滑冰弯道技术

（五）自由滑行

在弯道滑跑是做圆弧切线运动，身体受到离心力的作用而必须保持向内倾倒，冰刀相应地始终与冰面保持一个夹角，给冰面造成一个动态压力。在自由滑行中，应该保持身体倾斜角度的相对稳定。由于身体重心纵向运动规律的作用，重心从后部、中部移到前部。

（六）全身配合动作

目前弯道技术要求尽量挖掘身体各个动作潜力，创造更大的向前加速度。主要表现在上体配合摆动收腿、摆臂动作与蹬冰动作的配合上。弯道的右臂摆动基本与直道相同，只是后摆时要贴近身体。左臂摆动时要将大臂贴近身体，小臂前后摆动，幅度要小，动作要短促有力。

四、弯道滑行练习方法

1. 首先使学生了解弯道滑跑特点：用外刃、身体倾倒、交叉压步。
2. 在较熟练地运用左脚的外刃支撑滑行基础上，进行右腿压步的练习。
3. 左腿外刃支撑惯性滑行练习：助跑3~4步后左腿用冰刀外刃支撑滑行，争取延长滑进距离。
4. 交叉步的练习：用不连贯的方法，将右腿移至左腿的前外侧成交叉步的练习，连续做交叉的练习。
5. 左腿蹬冰动作练习：右腿着冰后左脚用外刃向侧做推、蹬的练习，过渡到右腿与左腿靠近时，尚未着冰，左腿开始蹬冰的练习。
6. 做摆单、双臂的弯道滑行。
7. 在不同半径的圆圈上做弯道练习。

五、停止法

（一）动作要领

1. 内八字停止法

停止时，上体稍前倾，两腿微屈，两膝内扣，上体稍抬高，重心下降，用两刀内刃压冰，刀跟逐渐分开，成八字（图16-5）。

2. 转体内外刃停止法

两腿并拢，两刀平行向左（右）转体90°，同时身体重心向左（右）倾斜，上体前倾，身体向左（右）倾斜，用右刀内刃、左刀外刃（或右刀外刃、左刀内刃）逐渐用力压切冰面（图16-6）。

3. 右脚外刃停止法

在滑行中，身体逐渐成直立姿势，用右脚支撑左腿抬离冰面，重心置于右腿上，此时身体与右脚冰刀同时快速向右转动，重心稍下降，身体向右侧倾斜，用右脚冰刀外刃压切冰面（图16-7）。

图16-5　内八字停止法

图16-6　转体内外刃停止法

图16-7　右脚外刃停止法

（二）停止法的练习

1. 初学者不易控制平衡，滑行姿势从微屈到半蹲，从站、走到蹬滑，开始两臂自然摆动，便于协调工作。

2. 学会一般滑行后，即可进行停止法的练习，首先学会内八字停止法，当滑行较熟练后方可学习转体内外刃、右脚外刃停止法。

六、起跑技术

起跑技术由预备姿势、起动、加速三个部分构成。

（一）侧面、正面起跑准备姿势

1. 侧面起跑

当听到发令员喊"各就位"时，运动员以直立姿势站好，当听到"预备"口令时，运动员侧身向起跑方向，使两刀平行，与肩同宽，双脚用内刃着冰，将有力脚放在后面，无力脚放前面，两刀与起跑线成20°～30°角，身体重心均匀地放在两只冰刀上，两腿微屈，膝盖内压，上体前倾，两臂自然下垂，后臂侧后平举，高度不超过肩，目视前方8～10米处，当听到枪声立即跑出（图16-8）。

图16-8　侧面起跑　　　　　　　　图16-9　正面起跑

2. 正面起跑

当听到发令员喊"各就位"时，运动员面向起跑方向，以直立姿势站在起跑线前，当听到"预备"口令时，就以两脚跟距离比肩稍窄，用内刃压冰，两刀成外八字的姿势站好。角度在90°～120°之间，两腿微屈，两膝前弓，身体重心均匀地放在两腿上。上体稍前倾，如果右脚是有力脚，左脚放于体前自然下垂，右臂侧后平举，高度不超过肩，目视前方8～10米处，当听到枪声时立即跑出去（图16-9）。

（二）起动

当听到枪声后，运动员将前腿冰刀微离冰面迅速外转，同时快速用力蹬直后腿，身体前倾，臀部前送，小幅度地摆动两臂。

（三）加速

当第一步踏出后，就进入疾跑阶段，第二、三步均以踏切动作完成，从第四步起切滑结合，随着步数的增加，滑行的成分逐渐增大，切的成分减小。手臂摆动幅度要小而有力，步距以小为佳，下刀动作位于身体重心投影点上。从五六步开始，身体姿势由高变低，步伐由小变大，摆臂幅度逐渐加大。身体重心的投影点由前向后移动，移到正常滑跑时重心投影点上。疾跑时是用两刀内刃完成动作。

思考题

1. 简要回答滑冰运动的锻炼价值？
2. 为什么滑冰时身体重心要尽可能低？
3. 冬季户外滑冰如何防寒防冻？
4. 怎样能做到安全滑冰？

第十七章 健身项目介绍

第一节 徒步走

一、徒步走的健身价值

徒步指步行,古代平民外出无车,故称徒步。徒步,根据穿越区域的不同,可以分为城郊、乡村、山地、江河等很多分类的徒步。但是徒步在大多数情况下是在城郊和乡村间进行。

行走运动是以脚和双腿为主要活动对象的,双脚有"人体之根"与"第二心脏"的美誉。我国民间流传着"饭后百步走,能活九十九"的谚语。从中医的角度来看,人体脚踝以下有 51 个穴位;脚部有 6 条经络及众多穴位在此交错汇集。通过行走,便可刺激胆、肝、胃、脾、膀胱、肾及各内脏器官,从而增加它们的活力。人体 50% 的血液在腿上,人除卧姿外,血液总量的一半都在下肢。从人体的血液循环特点看,静脉血的回心过程是依靠肌肉收缩来完成的,行走时,腿部每一次运动,都等于有节奏地将血挤送给心脏。所以,中医认为行走时腿部的肌肉收缩,相当于按摩心脏。此外,徒步走还有以下健身价值。

（一）头脑

促使脑部释放脑内啡（endorphin），提升精神,使心情愉悦。

（二）肺部

增加最大通气量、增强横膈肌肉强度、缓和慢性肺气肿和支气管炎的症状、减低对抽烟的渴望。

（三）背部

因为椎间盘承受跑步时震颤所造成的压力,所以许多慢跑者都有背痛的问题,健走时椎间盘承受压力与站立时差不多,比较不会受伤,同时还能加强背肌以巩固脊柱。

（四）骨骼

骨骼也需要运动,徒步相当于对骨骼施予重量训练,能让身体多吸收钙质,对抗骨质疏松。

（五）缓解压力

明媚的阳光可以使我们走出心理的阴霾,行走于青山绿水间,舒筋活络的同时,心情畅快。

（六）减肥

健走是消除多余脂肪的有效运动,还可以帮助你调节饮食习惯。

二、徒步走的基本方法

(一) 姿势与动作

徒步走时要有正确的姿势,比如头要正,目要平,躯干自然伸直(沉肩,胸腰微挺,腹微收),头与躯干成垂直状态,身体重心前移,臂、腿配合协调,摆动自然,步伐有节奏,注意迈步时以大腿带动小腿,大臂带动小臂,步幅适中,两脚落地要有节奏感,步伐有力、自然、优美。

(二) 呼吸方法

徒步走的过程中,呼吸要自然,应该尽量注意腹式呼吸的技巧,即尽量做到呼吸时稍用力,吸气时要自然,呼吸的节奏与步伐的节奏要配合协调,这样才可以在步行较长距离时减少疲劳感。

(三) 上下坡方法

上坡时,身体稍向前倾,应在脚掌前部,下坡时重心放在后脚掌,同时降低重心,身体稍微下垂。无论上坡下坡,对于坡度较大的坡迹,应走"之"字形,尽量避免直线上下,这是一种相对安全的走法。上下坡时,手部攀拉的石块、树枝、藤条,一定要用手试拉,看看是否能够受力,才去做攀爬动作。经常有队员因为拉的是枯萎腐烂的树枝、藤条,跌倒受伤,导致意外。

(四) 休息原则和方法

一般是长短结合,短多长少。通常途中短暂休息尽量控制在 5 分钟以内,并且不卸掉背包等装备。长时间休息以每 60~90 分钟一次为好,休息时间为 15~20 分钟,长时间的休息应卸下背包等所有负重装备,先站着调整呼吸 2~3 分钟,才能坐下,不要一停下来就坐下休息,这样会加重心脏负担,可以自己或者队员之间互相按摩腿部、腰部、肩部等肌肉,也可以躺下,抬高腿部,让充血的腿部血液尽量回流心脏。

(五) 着地方法

全脚掌触地,从脚跟到脚尖位移,什么时候都要按自己的行走节奏去走,不要时快时慢,时跑时停,尽量保持匀速。

三、徒步走的注意事项

(一) 环境

徒步走锻炼的空间要求。徒步走锻炼尽量在户外进行。一定选择车辆较少、空气新鲜、公园等地方,可以利用人工道路、草地、沙滩等地况进行锻炼。也可在雨中进行,雨后空气新鲜,空气中的阴离子能促进人体新陈代谢,改善呼吸系统功能,使人精神振奋。

(二) 服装

进行徒步走锻炼时要穿着宽松、透气、吸汗性好的衣服,注意保暖。鞋应合脚,选择运动鞋、旅游鞋或平底鞋为宜。

(三) 饮水

徒步行走时,应带足饮用水,每人每天约 3 升的量,根据天气情况进行增减,宁多勿少。如果途中溪流、湖塘、河沟有水补给,一定要先观察水源污染情况,是否有人畜活动，是否有动物尸体倒于水旁，有无粪便，是否发黑发臭，根据观察到的情况，采取沉淀、过滤、离析等方法处理后才饮用。一般情况下最好先用少量水珠涂擦嘴唇，等过3~5分钟后，嘴唇不发麻发痒、无臭无味才饮用。野外补充的水，有条件的话最好煮沸5分钟再饮用。喝水要以量少次多为原则，喝水也是主动的，不要等口渴了才被动喝水。每次喝两三小口为好，太口渴了可以缩短喝水的时间，增加几次喝水次数，一次喝水太多，身体吸收不了浪费宝贵的水源不算，反而增加心脏的负担。

第二节 健身跑

跑是人体最基本的活动技能之一，也是从上古时代的生存技能到现代社会健身的主要方式之一，跑步在人类社会发展与维护人类生存质量中肩负着重要的角色。但是，由于现代社会生活方式的变化，在无形中减少了人们跑步的机会，造成人们体质严重下降的现象；由于学校体育课程中跑步项目的削减，使得现在的学生身体素质逐年下降。

一、健身跑的健身价值

"如果你想强壮，跑步吧！如果你想健美，跑步吧！如果你想聪明，跑步吧！"这是两千五百多年前，在古希腊埃拉多斯山岩上刻着的三句名言。如今，两千多年过去了，医学有了高度的发展。但跑步仍是人们锻炼身体、预防疾病、健身健美的法宝。欧美各国和俄罗斯都很推崇库珀的《美国科学健身法》，其核心是：运动项目的优劣应以耗氧量的大小为标准，选择项目依序为跑步、游泳、骑车、步行、原地跑和球类。库珀特别推崇跑步，认为"跑步是最好的、最有效的、最有价值的"，"跑步比其他任何项目都见效快、见效多"。而经常从事跑步锻炼可以在以下几个方面对人体有积极的作用。

（一）提高睡眠质量

通过跑步，大脑的供血、供氧量可以提升25%，这样夜晚的睡眠质量也会跟着提高。

（二）提高肺通气功能

在跑步的过程中，肺部的容量平均从5.8升上升到6.2升，同时，血液中氧气的携带量也会大大增加。

（三）"心泵"能力增强

运动中，心脏跳动的频率和功效都会大大提高，心跳、血压和血管壁的弹性也随着增大。

（四）缓解心理疲劳

慢跑可以抑制肾上腺素和皮质醇这两种造成紧张的激素的分泌，同时可以释放让人感觉轻松的"内啡肽"。

（五）保持青春活力

经常运动，生长激素（HGH）的分泌增多并且可以延缓衰老。

（六）储存能量

通过跑步，肌肉肝糖原的储存量从 350 克上升到 600 克，同时线粒体的数量也会上升。

（七）减肥

经常从事跑步锻炼，女性体内的脂肪含量可以减少 12%～20%，男性可以减少 6%～13%。

二、健身跑的正确姿势

（一）上体动作

在自然跑时，躯干要保持正直略向前倾，头与躯干保持在一条直线上，不要左右摇摆，这个姿势有利于帮助身体更好地向前运动。上体如果过度前倾，会影响步长和增加背部肌肉的负担；上体后仰，会影响后蹬效果和引起胸、腹部肌肉过分紧张。所以，要控制好身体的正确姿势。双眼应该平视前方，面部和颈部肌肉放松。

（二）手臂动作

自然跑时，肩部放松，上臂自然下垂，肘关节的弯曲角度略小于直角，两手自然放松，在体侧前后摆动。两臂的摆动不仅可以维持身体平衡，而且可以提高两腿的摆动频率，加快跑的速度。在摆臂过程中要注意不要低头、端肩，以免引起两臂肌肉酸痛。

（三）下肢动作

两腿的蹬摆动作是推动身体行进的动力。其中后蹬动作是身体行进的主要力量，两腿后蹬时髋、膝、踝三关节要充分伸直，后蹬的力量与运动方向相一致。腿的前摆可以增大步幅。前摆时大腿应该积极向前上方抬高，同时带动髋关节尽量前送，小腿要保持放松且自然下垂，不要出现甩小腿的动作。脚落地时，脚跟先着地，迅速过渡到全脚着地，注意缓冲。双脚均应该落在同一行进线上，以保证身体向前运动的轨迹。

（四）呼吸方法

注意掌握好呼吸节奏，一般采用"两步一吸、两步一呼"的方法。也可以采用自我感觉适宜的呼吸节律。最好在呼吸时口、鼻并用，单纯用口呼吸，尤其在寒冷的冬季，容易造成运动中的不适。

三、健身跑的几种方法

（一）低强度持续健身跑

这种跑步的方式是将强度控制在心率 120～140 次/分之间，持续 30 分钟以上的锻炼方法。这种方法对防治关节炎有积极的意义。同时，这种锻炼方式可以健壮骨骼。日本千叶大学医学院专家研究认为，慢跑可使骨骼"年轻"。

（二）雨中健身跑

细雨中慢跑有许多晴天慢跑无法比拟的保健作用。一场毛毛细雨，不仅可使树更青、草更绿、路更洁，而且能消除尘埃，让空气更干净、更清新。另外，雨前阳光照射和细雨飘落时产生的大量负离子，有"空气维生素"之誉，能松弛神经，降低血压，加强新陈代谢。运动专家指出，雨中慢跑不仅能健身强体，还是一种很好的健脑活动，

有利于大脑由紧张趋于平静,也就是人们常说的心理和精神的调节。在细雨中慢跑,接受雨水淋浴按摩,对于预防感冒、增强自身抵抗力等都大有裨益。

(三)沙滩健身跑

沙滩跑,可以有效锻炼腿部与脚部小肌肉群的力量。只要你每天早晨或傍晚在沙滩上跑二三十分钟就够了。医学专家认为,在沙滩上慢跑,最好选在热浴之后,因为热浴后的脚掌对体内"信号"的传递更为敏感,浴后进行这项运动,更有利于身体"元气"在经络穴位间的运行。

(四)定时、定距跑步法

定时跑就是规定每次锻炼时跑的时间的一种锻炼方法。定距跑就是固定每次锻炼时跑的距离的一种锻炼方法。定时跑、定距跑都要根据个人即时身体状态,循序渐进地增加或减少跑的时间与距离,以保证锻炼效果的实现。

(五)间歇跑步法

间歇跑是以相等距离或不等距离,严格控制间歇时间、间歇方式、跑的强度、重复次数的提高人体耐力的锻炼方法。具体方法:等距等速间歇跑:跑400米,采用同样速度跑5组,每组间隔2分钟;等距不等速间歇跑:跑400米,采用逐渐递增速度的方法跑5组,每组间隔2分钟;递增距离间歇跑:100米+200米+300米+400米等练习方法。

间歇训练法的生理基础是在负荷时心率达到170~180次/分,间歇恢复时至100~125次/分,使心输出量在负荷时和间歇休息时都保持在较高水平,在最佳心率范围之内,对心泵血功能有较大的锻炼作用,同时由于肌肉活动有间歇休息,能提高训练效果及肌体抵抗疲劳能力。

(六)变速跑步法

变速跑步法是在一定距离上变换跑速的练习方法,可以发展一般耐力或专项耐力。例如:100米快+150米慢+200米快+200米慢+400米快+200米慢。在慢速跑时,可以采用慢跑、慢走或走跑结合的休息方式,促进肌体的积极性恢复。

(七)臂跑法

最近国外医学会向世人推荐一种新型的运动方法——臂跑。顾名思义就是用运动手臂的方法代替跑步。医学研究表明,臂跑健身效果与跑步异曲同工。由于臂跑不受时空限制、运动强度较小,特别适合缺少固定锻炼时间的群体以及老年人。臂跑有四种基本动作:

单车手:仰卧,手臂向上伸直,用手模拟脚蹬车的动作,做1~2分钟。

飞翔:站立,两臂向身体两侧平伸,慢慢煽动手臂,进行鸟拍翅膀似的动作,做1~2分钟。

打沙包:想象前面有一吊着的沙包,用拳头击打沙包,或与假想的对手拳击,做1~2分钟。

抛球:将球抛向空中,然后将其接住,或将球抛向地面、墙面,反弹接住。如果没有球可以模拟动作,每臂做10次。

（八）跑楼梯

跑楼梯比在平地上跑步的运动量大，它兼有跑和跳两方面用力，这不仅使髋关节活动范围增大，下肢肌肉得到锻炼，而且加强腰腹肌的活动，达到消耗赘肉、强壮筋骨的作用。同时，跑楼梯不受气候限制，只要留心，在生活与工作中就能达到锻炼的效果。

四、健身跑的基本要求

（一）健身跑前准备活动要充分

无论何种跑步的方式，其强度都是比较大的。因此，在进行锻炼前一定要进行准备活动，使机体提早进入工作状态，降低肌肉的黏滞程度，防止运动损伤的发生。准备活动一般以走跑交替、徒手体操、简单的拉伸韧带、活动各个关节为主。时间一般控制在10～15分钟。如果运动强度与运动量较大，准备活动的持续时间相对延长。

（二）健身跑的强度的控制

要真正达到有氧健身跑的锻炼效果，其强度一定要在靶心率的范围。靶心率或称运动适宜心率（target heart rate，THR）是指能获得最佳效果并能确保安全的运动心率。运动适宜心率是取最大心率的60%～80%，约相当于57%～78%最大吸氧量。日本称为"目标心率"。国内外科研结果表明，最适宜的锻炼强度在65%～75%，即心率在130～150次/分之间。

通常最大心率的计算方法是：最大心率＝220－年龄；经常参加运动的人：最大心率＝210－0.8×年龄。个人误差在±10次左右。例如，18岁学生的靶心率范围为：

（220－18）×60%≈121次/分

（220－18）×80%≈172次/分

通过以上计算就得出该学生靶心率范围为121～172次/分。

在运动过程中确定运动强度的方法可采用以下标准：

心率160次/分的锻炼强度大约是80%；心率140次/分的锻炼强度大约是70%；心率120次/分的锻炼强度大约是60%；心率110次/分的锻炼强度大约是50%。

如果，利用有氧健身跑减肥，它的强度见表17-1。

表17-1 减肥运动强度

年龄	心率（次/分）
20～29岁	125～135
30～39岁	125～135
40～49岁	115～130
50～59岁	110～125
60岁以上	110～120

（三）何时跑最好

很多大学生一直在晨跑、下午跑和晚上跑之间寻找最佳的时间段。其实每个时间段都有各自的优点，也有一定的不足。从人体生物节奏效果来说，最佳健身跑锻炼时间是下午16：00－17：00，这是人体进行运动的最好的时间，但这一时间段也是学生

们最不情愿放弃的学习时间，同时也是各项活动最多的时间，比较繁忙；早晨跑有利于养成锻炼习惯，有利于找到跑步的感觉。但是主要问题是涉及上午上课，如果运动量大，影响听课，运动量小又不值得起早去锻炼；晚上跑对消除一天的学习疲劳有好处，也能达到健身的目的，可谓一举两得，但是不利因素也是显而易见的：如视线不好，很难达到较高的兴奋程度，另外，跑得太晚又会影响睡眠，跑得太早又不忍心放弃学习的时间。

因此就涉及一个问题：是选择最佳时间跑，还是选择最适合你的时间跑。我们认为，最好是让跑步适合你的学习生活，向学生推荐下午跑，应该在晚饭前1小时左右的时间进行跑步，既不影响学习，又有利于养成锻炼习惯。

（四）健身跑的运动卫生

冷天跑步可以提高机体的适应能力、抗病能力。但是一定要注意保暖，准备活动要充分，防止感冒与运动损伤的发生；热天跑步最好选择较凉快的清晨和傍晚，避免阳光直射与中暑的发生；风天跑步注意呼吸的保护，防止风沙对呼吸系统造成不良的影响；雨天跑步注意速度的控制，防止路滑跌倒现象的发生，运动后尽快换上干衣服；雪天跑步要戴好帽子和手套，跑步时步子要小，频率要快，注意保护眼睛，防止雪盲症的发生；室内跑步应选择通气良好的健身场所，降低流行疾病传染的机率。

（五）健身跑的装备

进行健身跑时，一定要选择舒适、鞋底柔软的跑鞋。合适的跑鞋不仅能够提高锻炼的效果，而且可以很好地保护脚、踝、膝、髋关节，延长你的脚、踝、腿、膝的寿命。衣着的选择要根据不同的天气有所区别，但大体上要选择透气、吸汗性好的服装。如果天气比较寒冷，还要戴上帽子、手套等防寒装备，防止冻伤的发生。

第三节 无痛苦跑步

一、无痛苦跑步简介

（一）什么是无痛苦跑步

一种在慢跑基础上通过转移注意力减少跑步痛苦和枯燥的方法，是一种跑步与想象、跑步与感觉相联系的跑步方法。跑步之前应尽量缩小心理上可能产生的痛苦感觉，同时放大身心愉快程度。在跑步过程中，要严格控制速度，尽量不使身体或精神感到非常难受。跑步者无需在较疲劳或较痛苦的状态下刻意坚持。每次跑步后程，都尽量接近或达到痛苦的临界点（主观感觉），可走跑结合，不计时，不记名次。在跑步过程中，可以多运用情景联想、聊天、听音乐、思考问题等方法转移注意力。无痛苦跑步是一种比传统跑步更加人性化的锻炼方式。无痛苦跑步法既不是回避痛苦，也不是向困难妥协，而是寻找减少或减缓痛苦的方法。其目的不是追求短时的耐力增长效果，而是着眼于跑步锻炼的可持续发展。无痛苦跑步不是零痛苦，只是相对于"极点"痛苦而言。

（二）无痛苦跑步与传统跑步的对比

无痛苦跑步侧重身体和心理感受，其目的不是从锻炼效果出发而是在较轻松无痛苦的状态下逐渐减少对跑步的恐惧心理,并使之养成跑步习惯;慢跑是在控制速度的前提下侧重锻炼效果,尽管慢跑也强调以轻松步调跑步,但其目的在于促进健康、增强体质、减肥防胖并追求体态优美和心情舒畅;无痛苦跑步基于慢跑,但慢跑并非都无痛苦,有时为了达到某种锻炼效果可能要忍受很多痛苦,比如:长距离长时间的坚持或为了减肥而忍受痛苦。两者的显著区别在于锻炼目的(表17-2)。

表17-2 无痛苦跑与传统耐久跑的对比

项目	无痛苦跑步	传统耐久跑步
目的	培养跑步兴趣、减少恐惧心理	锻炼、提高、培养意志品质
精神方面	以人为本、因人而宜、量力而行	争先恐后、力争上游、坚持不懈
宣传方面	普及与可接受性、突出无痛苦感觉	跑步对身体与精神的好处
态度方面	拟人化:把它当作心理医生或健康专家,去心平气和地咨询或请教	冷漠、缺少热情,它仅仅是一个项目,具有测验、锻炼或健身功能
表情方面	要求:面目自然放松,最好面带微笑	无要求(不自然、紧张、痛苦)
心理感受	好奇、尝试,紧张程度明显下降	不得以而为之、恐惧、痛苦
距离	第一阶段 600~1200 米 第二阶段 1200~2000 米	800~1200 米
速度	2.0~3.0 米/秒	2.5~3.5 米/秒
心率	120~140 次/分	130~160 次/分
安全性	安全隐患明显减少	存在一定程度的安全问题
接受程度	易于接受 55%~60%	较难接受 8%~12%
途中要求	平常心态、不追不赶、量力而行	加油、坚持、不落后
承载的内容	兴趣、参与、当作一项普通运动	意志品质、健康、耐久力

二、无痛苦跑步形式

(一)音乐跑步

1. 什么是音乐跑步

即:听着音乐跑步。它通过转移注意力,增添跑步的乐趣,提高跑步兴奋程度。现代研究表明,音乐作用于人体会产生一系列生理心理变化,如在音乐作用下练习者的心跳、血压、呼吸、肾上腺皮质激素和肾上腺素的分泌以及大脑神经系统的兴奋状态及脑电、肌电等都会有相应的变化,接着而来的是一系列心理上的变化如各种感觉的变化。美国还采用音乐疗法医治饱受战争创伤的士兵们的心灵,并收到了较好的效果。

2. 音乐跑步颇受欢迎

一项对 151 名大学生跑步方式的问卷调查表明,39.7%的学生选择音乐跑步方法,尽管他们当中有些学生没有尝试过这种方法,但是他们也相信这种方法会起到减少痛苦的作用。因此,选择这种方法的学生比率明显高于选择其他方法的学生。

3. 音乐跑步案例

达格尼（Dagny Scott－Barrios）是知名的运动作家，也是位有着30年跑步经验的传统的跑步者，她认为跑步是要在喧嚣嘈杂的世界享受一种难得的宁静。因此她一直坚持无音乐跑步，并对音乐跑步者不屑一顾。然而在尝试了音乐跑之后，她对音乐跑步不再抱有偏见。相反还渐渐发现这其中的好处：有了音乐，跑步不再是件痛苦的事，就算是在精疲力竭时，有音乐你往往也能多跑几步；她还认为音乐跑步特别适合在一个封闭的环境里进行；并且音乐跑步的同时你的思考并不受影响。在这些好处面前作家不禁感叹与音乐跑相见恨晚。

4. 注意事项

（1）交通安全。听音乐会大大降低你对外界危险反应的速度。注意过往的车辆，不要闯红灯，走斑马线。在人行道上靠右侧跑进，尽可能避开上下班的高峰。

（2）注意路面情况，小心路面不平崴脚。

（3）音量宜小不宜大。

（4）曲目的特点。曲目的节奏选择因跑步的各个阶段不同而不同。准备部分应选择不太快的音乐节奏。基本部分应将音乐的节奏适当提高一些，可进一步提高身体的兴奋水平。最后的结束部分应用轻缓的节奏。节奏感强的音乐适合加速，舒缓的音乐适合放松。

（5）要经常注意自己的跑速和运动量是否在可控范围之内。

（6）适时变换音乐节奏，不要总听一种单一的音乐，适当地变换音乐的节奏。最好隔日有10%～20%的距离变换跑的节奏，以保持机体的兴奋程度。

（二）自我暗示跑步

1. 什么是自我暗示

即自己主动、自觉地通过言语、手势、想象等间接、含蓄的方式向自己发出一定的信息，使自己按自己示意的方向去做，达到改变行为和主观经验的目的。自我暗示，是人们日常生活中最常见的心理活动现象，在体育锻炼领域已被广泛应用。有关研究表明，当运动中需要力气以及持久性的时候，有关动机和指导性的暗示在提升运动水平、改善心境、加强坚持的效果方面起到了很好的作用。

2. 自我暗示案例

《阿甘正传》并不是一部纯粹关于跑步的电影，但其对于跑的理解，却超越了大多数人对于人生的思考。该片荣获1995年奥斯卡最佳影片奖、奥斯卡最佳男主角奖、奥斯卡最佳导演奖等6项大奖，无疑是最具影响力的跑步电影。

影片中有多处主人公阿甘奔跑的场景：跑过孩子们的追赶，跑过橄榄球场，跑过越战，跑过死亡。对于智商只有75的阿甘来说，未必明白暗示究竟具有怎样的含义，然而他却知道，如果不快跑就要挨揍，不快跑就不能在万人球场上展现才华，不快跑就要送命……这样简单的道理。而我们大多数跑步者在跑步过程中也可通过类似的形式给自己以鼓励。

3. 自我暗示依据

著名心理学家巴甫洛夫认为：暗示是人类最简单、最典型的条件反射。从心理机制上讲，它是一种被主观意愿肯定的假设，不一定有根据，但由于主观上已肯定了它的存在，心理上便竭力趋向于这种假设。我们在生活中无时不在接收着外界的暗示。比如，人们在追求成功时，会设想目标实现时非常美好、激动人心的情景。这个美景就对人构成一种暗示，它为人们提供动力，提高挫折耐受能力，保持积极向上的精神状态。

4. 自我暗示种类

结合自身动力暗示；消除心理恐惧的暗示；意志品质与自信心的暗示；每段距离的暗示。

5. 消除心理恐惧的暗示

（1）我本来不喜欢这项运动，但事物的好与不好，不是以我个人的好恶为转移。我可能对这项运动有偏见，但我可以尝试改变对它的态度。

（2）其实，耐久力并不像人们所说的那么可怕，也不像人们说的那么痛苦、枯燥，只要你真心地对它，经常与它交流、沟通，它会给你丰厚的回报。

（3）我知道这是一个不大不小的障碍，但我必须克服它，克服以后，前面会柳暗花明。

（4）也可能是我的方法不对，我需要仔细尝试一下无痛跑步的若干方法，特别是用转移注意力的方法。

6. 自我暗示注意事项

（1）经常性和反复性。不是用一次或一句，而是要反复多次运用，让信心成为一种习惯，让习惯有信心的支撑，暗示次数越多心理效应就越明显。

（2）最佳时间。在跑步之前"我的准备很充分，我一定能完成任务"；跑步途中不想坚持的时候，提醒自己"没问题，我还能坚持"；当完成跑步任务时，给自己鼓励："你很棒，你做得很好"。

（3）自我暗示语言简短有力。暗示语言应带有鼓励、信任、支持等特点，如："我能够……""我相信……""我行""我是最好的"等词语。

（4）坚决不用自我否定自我怀疑的念头或语言。不要用消极的自我暗示："我不行""我完不成""可能会失败"等。

（三）聊天跑步

1. 什么是聊天跑步

一边跑步一边轻松地闲谈。目的：转移注意力，使跑步更轻松；加强同伴之间的交流。

聊天与说话之间的区别：聊天，是以轻松随便的方式谈话，不拘礼仪，不受拘束地谈话。说话，是用语言表达意思发表见解，说话也包括聊天。但说话可以比聊天显得更正式一些，或是主题更明确一些。因此，这对平时不愿谈话的人来说，受到一定的限制。聊天比正式的说话更轻松，更随意。

2. 聊天跑步案例

大学生自述一，"从前跑步是为了尽快达到目标，其中有冲刺的狠劲，有中途的无助，而无痛苦跑改变了我对跑步的原有偏见。无痛苦跑步中，随便谈论着任何一个话

题,也可以随意切换话题。这时我们没有速度意识,我们感到如置云端,忘却了我们是在跑步,甚至忘了我们自己,浑身的肌肉随着步伐的起伏轻松地跳动,我们不是在加速跑,我们是在享受那种轻松的节奏。这种跑步要求我们以一种悠闲的心理,通过聊天跑步,我感觉有点喜欢这种运动了,心率也比以前低了,每次跑下来后,我都有一种成就感,这让我很开心。"

大学生自述二:"从来没有想过跑步可以与人聊天。由于我心脏不太好(当然也不那么严重),虽然喜欢体育运动,但从来都不敢太投入,而跑步也是最不愿意的运动,每当跑步时,我总是口紧闭,只用鼻子吸气,自然,我认为这种方法是根本不可能跑长跑的。还有因为呼吸方法不正确,呼吸的声音也特别大,在别人眼里当然也觉得我很痛苦的样子。自从无痛苦跑以来,我惊奇地发现我可以无忧无虑地与旁人聊天,而且,呼吸也很轻松,跑了1600米下来都不觉怎么累,对跑步越来越有信心了。"

3. 聊天跑步方法

(1) 随机型。随机型即引发一个主题后,大家都能加入的讨论。你一言我一语的形式,不要一言堂。

(2) 设计型。由一个人主要讲,或发表看法、观点,其他人听,也可提问,如同平时的讨论会。

4. 聊天跑步注意事项

(1) 跑速要慢是关键,速度要慢。不同水平的人能允许说话的最高速度也是不一样的。普通大学生以3分/400米(男)或3.5分/400米(女)的速度对呼吸无明显影响。

(2) 聊天时不要长篇大论,要说短句子。但并不是说简单的字和词,例如:"是""非""能""否"或"不行""可能"。

(3) 聊天跑步不要一言堂,也不要甘当听者。应主动参与话题的讨论。

(4) 以呼吸相对流畅为宜,如果发现呼吸不流畅,就及时减速或暂停说话。

(5) 低温或大风时不宜聊天。

(四) 思考跑步

1. 什么是思考跑步

即:大脑在跑步中进行综合、推理、判断等思维运动。它不仅能够转移注意力,也可以提高跑步的时间效率。

2. 思考跑步案例

关于跑步中的思考,詹姆斯·菲斯克斯在《跑步全书》中这样写道:"要的不是我们想什么,而是我们终于可以自由思考了。就连由于某种原因不愿意正视所想的全部问题的许多人都发现,一边跑一边想是一种愉快的、能使人在疲劳后恢复过来的运动。"

乔治·希恩在跑步中感悟出很多道理,他在《跑步圣经》中对思考这样写道:"这种完美的状态(跑步)、这种闲适的动作、这种和谐、这种富有节奏的生命使我的思想自由地游走。我对公路、微风和暖阳漫不经心,但却不受约束地思考和度量意义重大的事情。"

3. 思考跑步的分类（图 17-1）

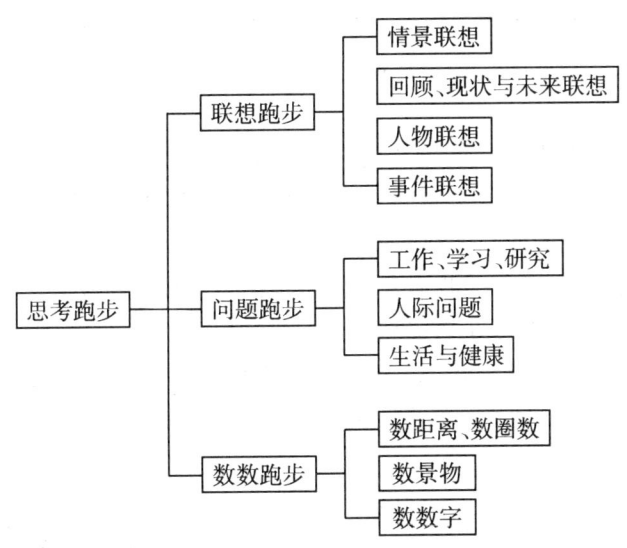

图 17-1　跑步时思考内容的分类

4. 思考跑步依据

大多数人在快跑时，只想两个问题，一是如何加快速度抵达终点；二是如何保持速度。从生理学的角度，大脑在此时不支持更复杂的思维活动。但是当人们慢跑时，特别是进行无痛苦跑步时，跑步与思考两者就能很好地结合。说明跑步和思维在某一条件下具有同步效应。美国的一项研究表明，跑步刺激大脑中新的灰质的增长，而灰质对于人的智力有很大的影响。研究人员说："几天的跑步可以导致数以十万计的新的脑细胞增长，从而提高了回忆记忆内容而不混淆它们的能力，这项技能也是学习和进行其他认知任务的关键。"这项研究支持了：适量运动时，特别是周期性有氧运动时（走、跑、游泳、骑车）大脑的供血量比安静时增加数倍，体内由于运动产生的兴奋物质可能激活大脑中主管思维的神经元的理论推断。

5. 思考跑步注意事项

（1）教师应鼓励学生跑步时进行积极的思考活动。

（2）关于跑步的速度，应该是在较慢速度的基础上进行思维。

（3）从安全的角度出发，跑步的地点应避开人多、车多、繁华吵闹的地点。

（4）思考式跑步只适合于初中以上年级的学生。

（五）数数跑步

1. 什么是数数跑步

跑步的时候连续数或记住某些事物的数量。它可以将注意力转移至跑步之外，是很多跑步者经常采用的方法。例如：数圈、数步数、数呼吸、数电线杆、树木、车辆等内容，倒着数或正着数均可。尽管无从考证数数跑步的来历，但根据已有的认识判断，数数跑步可以说是最简单、最传统，也是最古老的跑步思维之一。

2. 数数跑步的调查

对 101 名大学生做了一次问卷调查，结果表明，43% 的学生有过跑步数数的经历。

在针对跑步数数是否能减轻痛苦的回答方面，55名男生中，认为能减轻痛苦的有19人，占34.54%；48名女生中，认为能减轻痛苦的也有19人，占39.58%。由此说明，在大学生中跑步数数的方法是相当普遍的。而且有相当多的人认为这种方法能减轻跑步的痛苦。

在运动场上经常能看到早晨跑步时，有同学手拿着一个写有英文单词的小卡片，边跑边背。一边跑步一边背英文单词是与数数有着相类似的思维特征。暂且不说其记忆效果如何，但是毫无疑问，这种形式可以分散对跑步的不适感觉。

吉林大学陈耀轩同学说："我通常在跑步结束之前数分钟或更短的时间内，给自己制定数数的任务，比如跑50步，或数10棵树，这个时候一方面脚步沉，心跳快，外部意识比较模糊，有痛苦感；另一方面，心理给自己暗示是数完数即可结束，大脑会集中注意力，专注数数，决不会数乱，此时的数数从心理角度可以缓解痛苦。"

3. 数数跑步依据

转移注意力。一个很有意思的现象，不论是初学者还是有一定经验的跑步者可能都经历过这样的事情，就是数自己跑过的圈数时，前三四圈比较清楚，数到五六圈时，就经常记不住，这就是注意力疲劳的原因。若是数步数，以100步为一个周期，数到50以后，没到100时就数不清楚了。数数的时候，大脑皮层的记忆中枢开始工作，这个正在工作的记忆中枢将暂时"屏蔽"或"弱化"其他中枢的活动，这个正在活动的中枢在生理学上叫优势兴奋灶。通过强化数数形式将原来的跑步痛苦记忆暂时忘掉，这个过程，就是转移注意力的过程。而此时，其他中枢并不甘心居于下峰，它们也在跃跃欲试，一有机会就蹿了上来。但是蹿上来的并非都是痛苦的想法，它们内容庞杂，大多与当下最关注的事情有关。一旦在这过程中插入其他想法，就打乱了原来数数的注意形式。应该承认，数数有转移注意力的功能，但有些人并非是为了通过数数来减少痛苦，只是为了记得住已经跑的距离而已。

4. 数数跑步的不足

根据目前已有的数据表明，数数跑步并不是无痛苦跑步的最佳方式，尽管用此方法的人很多，但这并不能说明数数跑步的优越性。换句话说，数数跑步只能对坚持有一定的效果，但对是否无痛苦似乎并无多大帮助。因为数数的思维方式是"灌入式"，并没给大脑带来真正的解放，神经系统处于相对紧张的状态之下，而只有在"溜号"的那一刻，大脑才处于放松状态。

（六）结伴跑步

1. 结伴跑步的优点

（1）加强了跑步者的约束力。

（2）结伴练习在团队练习中有一种更重视人际交往的趋势。有些人在跑步的时候始终保持交谈，而不是将全部注意力集中在跑步上，结果长跑结束后他们的烦恼和忧愁都会像没有发生过一样消失得无影无踪。这里还有一个好处，那就是这样的训练方式不会让他们丧失对这项运动的信心，因为他们会很愉快地保持一种边跑边聊天的节奏。

（3）结伴跑步的大学生之间可以相互帮助。

(4) 安全的保证。

(5) 这种跑步团队还会有一种特殊形式的友谊情结。

(6) 要想达到提高个人的跑步成绩的目的，集体训练要比单独训练容易得多。

2. 结伴跑步的不足

(1) 在个人单独跑步时，过程是简单而且强化的，随时随地都可以有机会了解自我。而在集体跑步中，则会失去冷静观察、体会、了解自我的机会。

(2) 集体跑步不能因人而异。速度快的人，可能因为要保持和人群一致而不能充分发挥自己的速度，而那些速度太慢的初学者，为了跟住大队而体力透支。当一个人掉队时，就要自己管自己了。

(3) 结伴跑步在时间方面缺少机动性。对于大多数人来说，集体跑步需要大家事先集合在某处，有时这种集合要耽误不少时间，一个人跑步随时随地都可以进行。想去哪里就去哪里，想怎么跑就怎么跑。

第四节 游 泳

一、游泳运动简介

（一）起源与发展

游泳运动是人凭借自身肢体动作和水的相互作用力，在水上漂浮前进，或在水中潜泳而进行的一种有意识的技能活动。

现代游泳运动起源于英国。1837年在英国伦敦成立了第一个游泳组织，同时举办了英国最早的游泳比赛；1869年，在伦敦成立了大城市游泳俱乐部联合会（现英国业余游泳协会前身），并把游泳作为一个专门的运动项目正式固定下来。并随之传入各英殖民地，继而传遍全世界。

竞技游泳，从1896年雅典举行的第一届奥运会就列入了奥运会正式竞赛项目，当时只有100米、500米、1200米自由泳三个比赛项目。1990年在法国巴黎举行第二届奥运会时，增加了仰泳比赛项目。1904年在美国圣路易举行第三届奥运会时，又增加了蛙泳比赛的项目。1908年在英国伦敦举行第四届奥运会时，成立了国际业余游泳联合会（简称国际游联），审定了各项游泳世界纪录，制定了国际游泳竞赛规则。从此，世界竞技游泳运动有了一个权威性管理机构和统一的规范。1912年，在瑞典斯德哥尔摩举行第五届奥运会时，增设了女子游泳比赛项目，是奥运会上最早设置的女子比赛的项目。正式游泳的姿势有自由泳、仰泳、蛙泳、蝶泳四种泳式。

（二）健身价值

1. 对心血管的作用

在水温、压力和运动的共同作用下，能促进人体血液循环。心房和心室的肌肉组织能得到加强，心脏的容量也能逐渐有所加大，心脏的跳动次数减少，这样心脏的活动就能节省化，整个血液循环系统却能得到改善，静止状态下缩张压有所上升，收缩压有所下降，因此血压值变得更为有利健康；血管的弹性也有所提高。根据有关专家统计，一般人在安静状态下每分钟心脏跳动约66~72次，每搏输出量约为60~80毫升，而长期参加游泳锻炼的人，同样情况下只会收缩 50 次左右，每搏输出量却达到 90~120 毫升。

2. 对呼吸系统的作用

游泳练习时，离不开大量的供氧，然而由于水压迫着胸腔和腹部，给吸气增加了困难，曾有人做过专门的试验，游泳时人的胸廓要受到 12~15 千克水的压力，那么要想使身体获得足够的氧气，呼吸肌就必须不断地克服这种压力；另外游泳时呼气一般都是水下完成，而水的密度比空气的密度大得多，因此要想呼气就必须用力，这样不管是吸气还是呼气都能增加呼吸肌的收缩力，从而能增强呼吸系统的功能，加大肺活量。一般健康男子的肺活量为 3000~4000 毫升，而经常从事游泳者，可以达到 5000~6000 毫升。

3. 对人体皮肤的作用

由于水温的刺激，游泳过程中机体为了保证足够的温度，皮肤血管参与了重要的调节作用，冷水刺激时能使皮肤血管收缩，以防热量扩散到体外。同时身体又加紧产生热量，使皮肤血管扩张，改善对皮肤血管的供血，这样长期地坚持锻炼能使皮肤的血液循环得到加强。水是十分柔软的健身液体。另外，由于水波浪的作用，不断对人体表皮进行摩擦，从而使皮肤得到更好的放松和休息，所以经常参加游泳锻炼的人，都有一身光洁、柔软的皮肤。

4. 生存本领

游泳是一项重要的生存本领，救生抢险时可发挥意想不到的作用。

二、游泳运动的练习方法

（一）水中行走及头浸水练习

目的是掌握身体在水中维持平衡的能力，消除怕水心理。

练习方法：

1. 在浅水中手扶池壁或拉住同伴的手向不同方向行走。

2. 手扶池壁或拉住同伴的手做脸或头部浸入水中的练习：先用嘴吸足一口气，然后慢慢下蹲，脸或头部轻轻放在水中，停留片刻后起立，在水面用口、鼻呼气。此练习可反复做，逐渐增加练习次数，增长头浸水中的时间。

（二）呼吸练习

游泳时吸气与呼气之间有明显的闭气阶段，而且是用口吸气，呼吸还要与头部的动作相配合，这些都与人们在陆地上的呼吸方式有明显的不同，在陆地上人们一般是用鼻子吸气，用嘴呼气；而游泳时则是用口吸气，用嘴和鼻呼气。因此，在熟悉水性阶段，应先学习和掌握游泳的呼吸方法。

1. 扶池壁或拉住同伴的手，吸气后头浸入水中憋气几秒钟，然后头露出水面换气，逐渐延长憋气时间到十几秒钟。

2. 同上练习。但头放入水中停留几秒钟后用口慢慢将气呼出。

3. 同上练习。但呼气后头露出水面，用口立即吸气，再把头放在水里。

上述练习连续有节奏地做，体会"吸气—憋气—呼气"动作（图 17-2）。

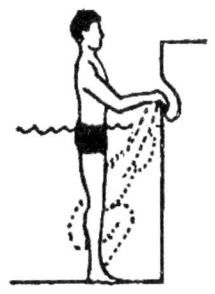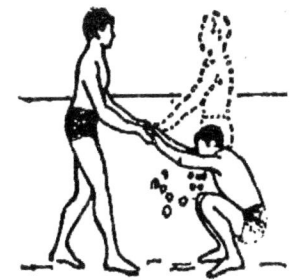

图 17-2 呼吸练习

（三）漂浮练习

目的是体会水对人体的浮力，学会控制身体在水中平衡的能力和漂浮方法。

1. 团身浮体。站在浅水中，深吸气后，身体下蹲憋气，低头，两臂抱膝团身，由于水的浮力作用，身体会漂浮起来。还原时稍抬头，两臂向下向后划水，两脚向下伸而站立水中。

2. 直体浮体。在浅水中，两臂前伸，上体稍前倾，吸足气后两脚同时蹬池底，身体平卧水中，腿臂自然伸展。还原时，抬头，收腹收腿，向下伸腿，两臂往后下方压水即成水中站立（图 17-3）。

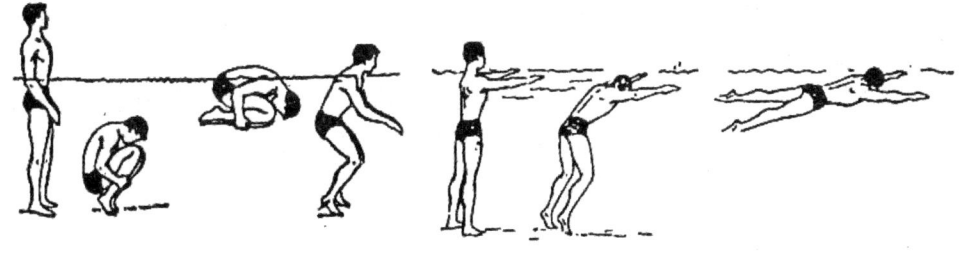

图 17-3 漂浮练习

（四）滑行练习

这是熟悉水性的主要练习，目的是掌握身体的平卧和滑行，为学习游泳技术打下基础。

练习方法：站在浅水中，背对池壁，两臂前伸，深吸气后头放入水中，两脚蹬池壁或池底，使身体向前滑行。还原方法与直体漂浮练习相同。在基本上掌握了上述熟悉水性的几个练习后，就可以过渡到学习游泳技术阶段了（图 17-4）。

图 17-4 滑行练习

三、蛙泳

（一）蛙泳的基本技术

1. 身体姿势

蛙泳的身体姿势要求俯卧在水中，微抬头，稍挺胸，身体的纵轴与水平面成 5°～10°，当抬头吸气时，头部和肩部应处于水面的最高点上。吸气时应伸颈抬头，吸气后屈颈低头，头部可以全部没入水中。头部上下动作的幅度要适度，过高抬头或没入水中过深，都会使肩部起伏过大，增加身体前进的阻力，影响游进的速度（图 17-5）。

图 17-5　蛙泳身体姿势

2. 臂部动作

蛙泳的手臂划水在产生牵引力中起着重要的作用。蛙泳手臂划水动作的全过程是："抱水—划水—收手—前伸"四个部分。

（1）抱水：当身体滑行的速度开始下降时，两臂向前下方伸出。当两手前伸离水面深约 20 厘米时，两臂内旋，两手掌外翻，并屈腕，在体前形成一个抱水的支撑面。

（2）划水：当抱水形成时，掌心向外、双臂向下斜方划水。当两手划水相距约 30 厘米时，开始逐渐屈臂提肘，同时用力加速沿弧线做屈臂划水动作，形成高肘，随即向内划水（也称抱水）（图 17-6）。

（3）收手：当高肘划水完成后，随着两臂的屈肘，不停顿地向内划水，即开始做收手动作。这一动作称为收手。这是由划水至向前伸臂的过渡动作，同时也是蛙泳技术动作的难点之一。收手的动作要领是当划水结束时，前臂和手向内，双肘逐渐向内、向下靠（靠近身体），双手手掌倾斜相对，以减少阻力。

（4）前伸：其动作要领是当两手臂收手到下颌前时，手臂迅速前伸，同时掌心转向下，两臂自然靠拢、前伸，肩部和身体尽量伸展、放松，向前滑行，并积极准备下一次的划水动作。整个蛙泳手臂划水路线近似"桃形"。

图 17-6　蛙泳抱水动作

3. 腿部动作

蛙泳腿部动作的全过程是由"收腿—翻脚—蹬夹水—并拢滑行"四部分组成的。

（1）收腿：当身体滑行后，两腿逐渐边分边收，屈膝和屈脚慢收腿，收腿完成后，大腿与上体之间的夹角约 130°左右，两膝之间的距离约与肩同宽，两脚跟尽量靠近臀部。收腿速度要慢，以减少收腿所产生的阻力（图 17-7①～③）。

（2）翻脚：即翻脚掌，是收腿之后蹬水之前的准备动作。当收腿后的两脚跟靠近臀部时，随即两脚掌外翻，同时大腿内旋，两膝稍向内，使两足内踝和小腿内侧正对着蹬水的方向，脚掌和大腿、小腿内侧之间形成一个最有利的蹬水支撑面，达到蹬水最佳的效果（图 17-7④）。

（3）蹬夹水：当翻脚掌完成后，立即以大腿发力，通过伸髋和伸膝，不停顿地做向外、向后和向内的鞭状蹬夹水动作，完成蹬水。整个动作要用爆发力，一气呵成。注意蹬夹水是一个面（扩大足蹬水面积），避免一条线（图 17-7⑤～⑧）。

（4）并拢滑行：当两腿鞭状蹬水后，随着蹬水动作的惯性，两腿并拢伸直，做滑行运动。整个腿部动作可归纳为四句话：边收边分慢收腿，翻好脚掌对准水，向后用力蹬夹腿，双腿并拢漂一会儿（图 17-7⑨）。

4. 臂、腿和呼吸的配合技术

蛙泳的技术动作比较复杂，整个动作的关键是协调配合，配合得好，获得的推进力就大。蛙泳技术多采用臂划水一次、腿蹬夹水一次、呼吸一次的配合技术。其臂、腿动作配合可归纳为四句话：划手腿不动，收手又收腿，先伸臂后蹬腿，臂腿并拢漂一会儿。蛙泳的呼吸多采用中晚呼吸技术，它的动作是与臂部动作协调配合的。划水将要结束时即开始在水下用口、鼻同时平缓呼气，抬头将嘴露出水面，继续用力完成呼气动作，并立即用嘴进行强而深的快速吸气功能。收手和伸臂时将头放平，稍闭气后，用鼻和口慢慢吐气，直至下次呼吸的循环动作（图 17-8）。

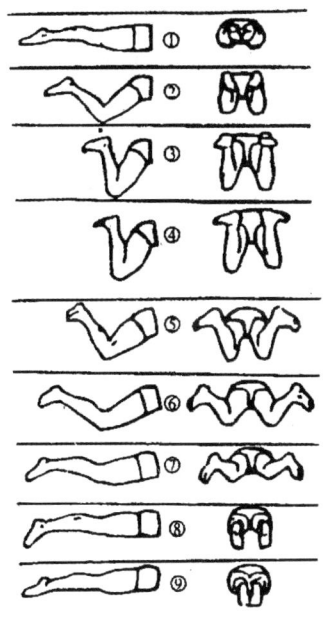

图 17-7　蛙泳腿部动作

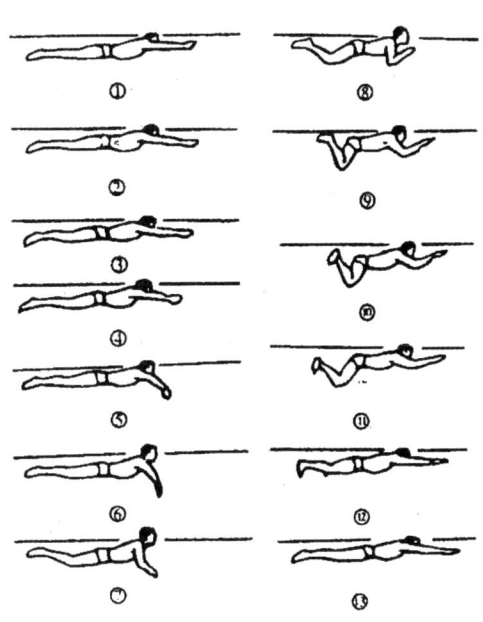

图 17-8　蛙泳臂部动作

（二）蛙泳的练习方法

学习蛙泳技术，首先从腿部动作开始，然后再学习臂部、臂腿配合和呼吸动作。先进行陆地上模仿动作练习，再进行水里的练习。

1. 腿部练习

（1）陆地上模仿动作练习：开始时可有人帮助进行，再进行自己单人练习。腿部动作的要领：收腿—翻脚—蹬夹腿—并拢滑行。先分解练习，再过渡到连贯动作的练习。陆地上模仿中，要特别强调翻脚掌动作。

(2) 水中扶池壁的蹬腿动作练习：先有人帮助，后自己单独练习。

(3) 两臂前伸，进行蹬腿练习：体会收腿和用脚掌蹬水的方法。

(4) 两臂放在体侧，收腿后的脚跟碰到手后再进行蹬水的练习，体会小腿贴近大腿的感觉。

(5) 两臂放在胸旁，两手掌伸展，掌根贴近大腿，收腿至大腿碰到手指后蹬水，体会收腿后大腿与身体的合理角度。

(6) 踩水蹬腿：两手扶竹竿等物进行踩水练习，体会收腿，翻脚掌用脚底蹬水的感觉。

(7) 扶板蹬腿：体会腿部动作的全过程和蹬腿的实效性。

2. 臂部练习

(1) 站在浅水区进行划臂动作练习：滑行练习：体会手掌及前臂的抱水动作。①划水练习：体会"高肘"划水动作和胸部抬出水面动作；②划臂练习：两腿并拢伸直，体会腰部用力及身体与手臂的协调配合动作。

(2) 臂腿配合动作练习：先做陆地上模仿练习，再做慢节奏的分解动作配合游。动作熟练掌握之后，再用最佳的技术动作游。其分解动作配合游的练习方法如下：划臂时，两腿伸直。当划水回手两臂在肋下时，屈膝收腿。当两臂前伸伸直时，初学者要强调两臂伸直后，才开始蹬腿，然后滑行2~3秒后再开始做下一次的配合动作。

3. 呼吸练习

先进行小臂划水早呼吸的练习，逐渐过渡到晚呼吸的练习。体会呼吸的方法与时机。其练习方法：两臂伸展时，蹬腿，稍憋气呼气。蹬腿结束时，两臂向两侧稍分开，屈肘向后划水，抬头吸气。划臂的全过程在肩前小幅度完成。

四、自由泳

自由泳在游进中，由于身体平卧在水中，身体与水平夹角最小，流线型好，加之其产生的推进力均匀（依靠双腿不停地打水，双臂轮流划水而产生推进力），动作结构简单，划水效果好，动作配合协调，既省力，又能发挥最大的速度优势，因此它是所有泳姿中速度最快、最易掌握的一种泳姿。

(一) 自由泳的基本技术

自由泳技术由五个部分组成：身体姿势，腿部动作，臂部动作，呼吸技术，完整动作配合。

1. 身体姿势

自由泳时身体自然伸展，几乎水平地俯卧在水面，稍收腹，含胸，臀部接近水面，双腿自然伸直，脚稍向内扣，脚面绷直；身体纵轴线与水面构成3°~5°角。头稍抬，水面在前额发际之间，目视前下方，头部轴线与水面构成20°~30°角。

自由泳在游进时，身体要不停地绕纵轴线转动，大约在35°~45°角之间。以腰部转动为主，即以腰为轴带动肩，加上双腿的交替，协调配合完成。在整个转动过程中，头要保持相对的稳定，同时配合肩部的转动完成移臂和划水过程。其优点：便于手臂出水后的空中自然前移，可大大缩短移臂的半径，使肩臂处于相对放松状态，有利于手臂划水动作的完成，维持身体平衡及最大限度地发挥肩带肌群、胸大肌、背括肌的力量，有助于呼吸动作的完成。因此，转体技术是掌握自由泳的关键。

2. 腿部技术

自由泳的腿部动作，以维持身体平衡为主。双腿交替上下打水，产生一定的上升力和推进力，将身体保持纵向平衡。由于自由泳转体造成身体的偏移，同样需要打水动作调整其横向平衡。其次是协调双臂的划水、移臂，产生一定的推进力。技术要领：两腿自然伸直，脚稍向内扣。打水时，要以髋、膝、踝三个支点为轴，利用杠杆原理，做复杂的鞭水动作。整个过程分为向下打水和向上打水。

(1) 向下打水过程

以髋关节先发力→大腿→小腿→踝→脚尖，利用鞭打动作传递至大腿、小腿，踝，最后将全部力量集中于脚尖，向后下方踢出，整个过程俗称"下鞭动作"。在下鞭过程中，踝关节的灵活性对前进的作用有很大的影响。向下打水时，除了产生上升力外，还可产生向前的分力。其分力的大小取决于打水的力量和踝关节的灵活性。

(2) 向上打水过程

当向下打水过程结束，利用向下打水时产生的反作用力，由大腿带动小腿，踝自然地向上抬起至水面，当脚升至水面，完成向上打水过程。在整个过程中，由于腿上抬受到水的阻力，产生一定的下沉力。因此，在向上打水时，力量要小，速度较慢。

(3) 双腿交替打水动作

当一条腿向下打水时，另一条腿自然向上打水。向上打水要自然，相对放松，为向下打水作准备。向下打水绷直紧，要加速，用爆发力做下鞭动作。双脚垂直距离约30～40厘米为宜。

3. 臂部技术

自由泳的划臂是推进身体前进的主要动力，其划水效果的好坏，直接影响自由泳的速度。自由泳在游进时，双臂轮流交替进行划水，其划水截面，主要是依靠手掌、小臂内侧协同上臂和肩部，共同形成一个划水的支撑面。臂部的技术可分为五个部分，即：入水、抱水、划水、出水、空中移臂。

(1) 入水

臂入水时，要求肘关节高于手，手指自然并拢伸直，手指向斜下方切拨入水（掌心稍向外侧）。入水点在肩的纵轴线上或在肩和身体纵轴线之间。入水的顺序：手—前臂—上臂—肩依次自然切入水中，避免溅起大的水花。

(2) 抱水

臂入水后，应积极插向前下方，并逐渐转肩、屈肘、屈腕，肘关节屈至150°角左右，整个臂、手像抱一个大圆球一样，这时肩带肌群充分拉开，并以手、臂、肩形成一个对水的支撑面，为划水动作创造有利的条件。抱水技术的好坏直接关系到划水的效果。

(3) 划水

划水是指从手臂与水平面成40°角起，向后划至与水面成15°～20°角为止的这一动作过程。这是获得推进力的主要阶段。这个阶段又分两部分：从整个臂部划至肩下方与水平面垂直之前称拉水，过垂直面后称为推水。

拉水是直臂到屈臂的过程。抱水结束时，屈肘为150°角左右。拉水时，前臂的速度快于上臂，继续屈肘。当臂划至肩下方时，手在体下靠近身体中线，屈肘约为90°～150°角。整个拉水应保持高肘姿势，使手和前臂能更好地向后划水。从拉水到推水，应连贯地加速完成，中间没有停顿，要始终感觉手对水的支撑，不要失调，并要使肩、上臂、前臂也向后划动，同时肩部后移，以加长有效的划水路线。向后推水是通过屈臂到伸臂来完成的。为了使前臂、手掌能以最大的面积推水，在推水中肘关节要向上、向体侧靠近。在推水过程中，为了使手掌始终与水平面保持垂直，推水时要逐渐放松腕关节，使手伸展开，与前臂构成一个约200°～220°的角。整个划水动作，手的轨迹是向下—向后—向上。俯视划水路线呈"S"形。

（4）出水

在划水结束后，臂由于惯性的作用而很快地接近水面。运动员立即借助三角肌的收缩将臂提出水面。出水时，肩部和上臂几乎同时出水，但肩部稍微早一些，掌心朝后上方。手臂出水动作必须迅速而不停顿，前臂和手掌应尽量放松。

（5）空中移臂

臂在空中前移的动作是手臂出水的继续，不能停顿。移臂时，动作应放松自如，尽量不破坏身体的流线型，并和另一臂的划水动作协调一致。在手臂提出水面前移的前半部分，前臂和手的动作较慢，落后于前移的肘关节。移臂完成一半时，肘部继续弯屈。屈肘程度取决于运动员肩关节灵活性和身体绕纵轴转动的程度。臂移至肩部时，手和前臂赶上肘部，并逐渐向前伸出。掌心也从后上方转向前下方，接着做入水准备动作。在整个移臂过程中，肘部应始终保持比肩部高的位置。在自由泳划臂的整个周期中，动作是不停顿的，有节奏的。随着阶段的不同，各部分所用的力量也不同，动作速度也有所区别。

（6）两臂配合技术

自由泳中两臂的正确配合，是保持前进速度均匀性的最重要的条件之一。划水时，依照双臂所处位置的不同，可以分为三种交叉形式：

前交叉配合：一臂入水，另一臂处于肩前方。

中交叉配合：当一臂入水时，另一臂处于肩下垂直部位，与水平面构成90°角左右。

后交叉配合：当一臂入水时，另一臂划水至腹部下方，与水平面构成150°角左右。

以上三种配合形式都有其各自的特点。对初学者来说，可以采用第一种形式，以便掌握自由泳动作和呼吸动作。采用第二种和第三种形式，有利于发挥两臂力量和提高动作频率，加快速度，保持连续的推进力。

4. 呼吸技术

与其他泳姿一样，自由泳呼吸动作是有节奏地进行的。呼吸频率取决于动作频率，一般在两臂交叉各划一次的过程，完成一次呼吸动作，即呼气、吸气和短暂的闭气过程。呼吸时利用右（左）臂推水的反作用力，（向侧后方）转体、转肩、转头，使口露出水面，同时（在臂前移过肩之前完成）加速呼气，随即用口迅速深吸气，然后将头转至闭气，臂随之前移入水至第二次右（左）臂前移动作（图17-9）。

图 17-9　自由泳呼吸

5. 完整动作配合

目前自由泳的配合动作中有两腿打水六次、两臂划水各一次、呼吸一次的配合游法，适用于短距离项目，简称 621；两腿各打水两次，两臂划水各一次，呼吸一次，适合中距离，简称 421；两腿各打水一次、两臂各划水一次、呼吸一次的配合技术，适合长距离，简称 221。另外，还有采用不规则打水、交叉打水等多种形式的配合技术（图17-10）。

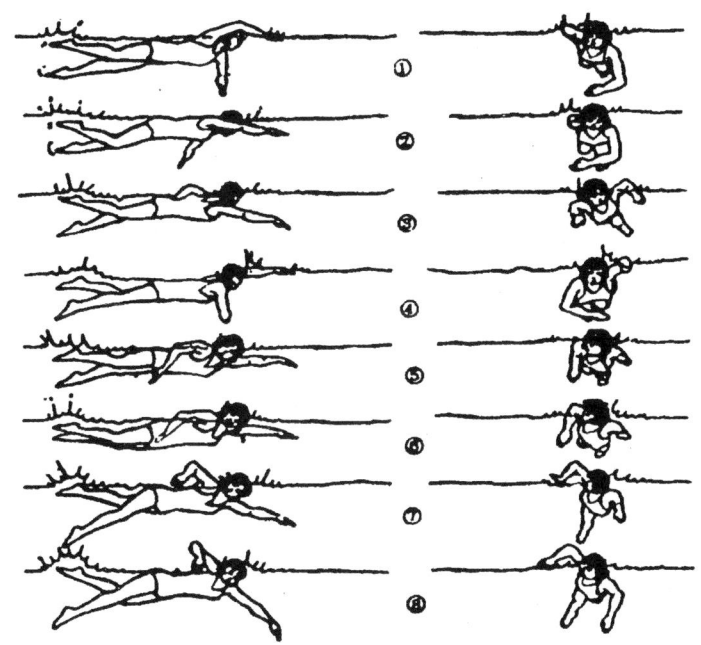

图 17-10　自由泳完整动作配合

自由泳的各种配合方法各有其优点：六次打腿配合技术，能保证配合的稳定性，保持臂腿协调配合和保持身体的平衡，适用于短距离项目；四次打腿的配合可以减少腿的负担量；两次打腿配合技术有利于发挥两臂作用，加快臂的动作频率。四次打腿和两次打腿技术在中长距离项目中多见。

（二）自由泳的练习方法

自由泳动作形象地接近人们在陆上的行走动作，臂、腿动作简单易学。学习方法一般以打腿为先，然后是臂部技术、呼吸及配合技术。其中打腿是基础，臂划水是重点，呼吸是关键。

1. 腿部动作练习方法

目的是建立打腿的概念，体会鞭状打腿（踢腿）的感觉和动作过程。

（1）陆上模仿练习：①坐在池边或岸上，双手后撑，做绷直腿的打水练习，体会上下打水的感觉和双脚间距；②俯卧池边、台阶或长凳上做大腿带小腿的打水练习；③坐在池边，双手后撑，双脚插入水中，做向前踢水的动作，先做单脚的踢水动作，然后再做双脚交替动作。体会用脚尖踢水的感觉（下鞭动作）。

（2）水中练习

①手推池槽，身体成俯卧水平姿势，做直腿打水练习。要求：脚面绷直，双腿勿弯曲，上下打水间距不要过大。如不能漂浮者，可由另一人托腹部辅助练习。②反手握池槽，身体仰卧在水中，先做直腿打水，再做鞭状动作的向上踢水动作，体会脚尖踢水的感觉（类似颠球的感觉）。要求将水花向后踢，双腿间距不宜过大。③滑行打腿练习。身体俯卧水面，双臂前伸，头夹在两臂中间，进行打水练习，体会打水的推进作用。④扶板打水练习。双臂伸直放松，双手扶板或平贴在打水板面上，肘不要超过板的末端，身体平卧，双肩在水面下，脸向前，目视前方，做打水练习。可以进行头入水闭气打腿，也可以配合转头呼吸练习。

2. 手臂动作练习方法

手臂动作和手臂与呼吸配合动作的教学目的：学习体会动作，建立划水（抱水、拉水、推水）、移臂的正确概念。

（1）陆上模仿练习

两脚原地开立，上体前倾做直臂划水模仿练习。重点体会空中移臂动作和臂入水动作的练习，两臂交替练习。

（2）水中练习

①站立浅水中，做手臂练习。向侧转头吸气时，头不要抬高。②同上练习，由原地过渡到走动练习。要求划水适当用力，手掌对水，推水时掌心向后。③蹬边滑行。做两臂配合的划水动作，可下肢夹板，帮助身体平衡。先闭气，然后逐步增加呼吸次数。

（3）完整配合动作练习

学习、体会完整配合的节奏、时机及要求。

第五节 健美运动

一、健美运动简介

（一）什么是健美运动

健美运动是以表现人体健、力、美，采用器械或徒手的各种练习手段，有效地发达肌肉，改善体型、体态，增强体质，陶冶情操的一项体育运动。最初又叫"健身运动"，英文为"Body building"，意为"身体建设"。

（二）起源

早在古希腊时代热衷展示力量的人们就用举重物来锻炼身体，并得到强壮健美的体型，这些健美的运动员，被雕塑家"记录"下来并留存至今。这是健美运动的早期萌芽。现代健美运动起源于欧洲，19 世纪晚期，德国人山道（Eugen Sandow）首创了通过各种姿态来展示人体美，为现代健美运动的发展奠定了基础，所以他被公认为"国际健美运动的创始人"和"世界上第一位健美运动员"。

（三）健美与健身的区别

健美和健身是两个不同的概念。健身是健美的初级阶段，要求简单：身体健康、身姿端正、动作协调等就可以了，健身大多数人能够做到。而健美，不仅要达到健身的目的，还需要具有超常的健康和毅力来进行训练，以使身体各肌肉群的肌肉饱满、形状美观，肌肉线条清晰，全身匀称，并且运动员的肩、背、腹、腿等各个肌肉的围度也是审美的参考依据。健美对于腿部力量和肌肉的分离度与质感要求比较严格。而健身往往要求一种综合素质的体现，不光是发达的肌肉，而且要求整体的线条美。

（四）健美体型标准

根据我国具体情况，健美专家和人体美学研究人员提出了一个博采众家的健美十条标准：

1. 骨骼发育正常，身体各部位结构和谐，比例适度、匀称和给人以健壮之感。

2. 男子肌肉发达均衡，有较好的力度和清晰度。女子体态丰满而无肥胖臃肿之感，肌肉有一定力度。

3. 五官端正，头部与五官位置比例协调。

4. 双肩对称，男宽女圆，微显下削。无耸肩、垂肩或缩脖。

5. 脊柱呈正常生理弯曲。肩胛骨无翼状隆起和上翻之感。

6. 胸部宽厚，比例协调。

7. 腰围呈圆柱形，腹部扁平，腹肌垒块隐现，左右对称。女子腰围比臀围细二分之一。

8. 臀部圆满结实，男子鼓实微呈上翘，女子丰满而不显下坠。

9. 下肢修长且不纤细，大腿肌肉结实但线条清晰柔和，小腿肌肉丰满圆实，腓肠肌位置较高并稍突出。两脚无内扣和外撇之不足，且足弓高。直立时两腿并拢两大腿间无缝隙。

10. 整体观看给人以健壮而不臃肿，苗条而不纤细，丰满而不肥胖，形态适度，比例匀称，俊美靓丽之感。

归纳起来：就是骨骼美、肌体美、姿态美和心态美。

二、各部位肌肉的主要锻炼方法

（一）手臂肌肉群练习方法

1. 小臂屈伸练习

主要发展肱二头肌。

方法：两手握住杠铃，两肘高抬，肘尖向上，置杠铃于颈后；然后用伸前臂的力量将肘伸直，将杠铃举过头顶。拉起时屏住呼吸或呼气，下落时吸气（图17-11）。

要点：肘部不要外展，上提时稍快，下落缓慢。

2. 弯举练习

主要发展肱二头肌、肱肌、前臂肌群。

方法：双手反握杠铃，手臂自然下垂伸直，然后用力屈臂使杠铃举到胸前，再慢慢还原。屈肘时呼气，放下时吸气（图17-12）。

要点：练习时上体不可摇摆不定，弯曲时稍快，伸臂时稍慢。

图17-11　　　　　　图17-12　弯举

3. 腕弯举练习

主要发展小臂屈（伸）腕肌、屈指肌、手肌等。

方法：两脚开立，两手反握杠铃，将肘关节垫放在凳上或膝关节上面，成固定状，手腕伸腕由下往上翻卷，然后还原，练习时呼吸保持自然。

要点：每个动作幅度尽量做到最大，快慢节奏要控制好。

（二）肩部肌肉练习方法

1. 后肩上推举练习

主要发展三角肌、斜方肌。

方法：两手握住杠铃架在后肩上，然后用力把杠铃推起，至手臂完全伸直后再还原，注意动作从呼气开始，还原时吸气（图17-13）。

要点：推起杠铃时，身体应直立，放下杠铃时，动作应慢些，注意放下的位置，不要碰到颈椎。

图17-13　肩上推举

2. 手臂绕环练习

主要发展三角肌中部、前部肌肉。

方法：两臂伸直持哑铃在体前交叉，做双臂向外大绕环，向上举开始吸气，向下还原时呼气（图17-14）。

要点：不要耸肩，下放要彻底；动作要自然，幅度尽量大。

图 17-14　手臂绕环　　　　　　　　　　图 17-15　俯卧展翅

3. 俯卧展翅练习

主要发展三角肌后部、斜方肌。

方法：俯卧在凳上，两臂向上抬举哑铃至水平位置成飞鸟姿势，然后还原。振臂前吸气，放松还原后呼气（图 17-15）。

要点：飞鸟时维持最大肌紧张 6 秒左右。

（三）胸部肌肉练习方法

1. 俯卧撑练习

主要发展胸大肌、肱三头肌和三角肌。

方法：练习时，屈肘身体前探，身体挺直，手撑距比肩宽，起呼落吸。

要点：用力时要注意胸大肌发力，上撑时腰部不得下塌或屈体。

2. 卧推举练习

主要发展胸大肌、三角肌、肱三头肌和前锯肌。

方法：仰卧在专用运动凳上，双手握杠铃与肩同宽或稍宽于肩，放在胸部上，两肘自然外展，然后用力将杠铃垂直往上推，推至手臂伸直，上推时应憋气，推出后呼气（图 17-16）。

要点：在整个发力过程中，躯干呈桥型，做到挺胸、沉肩，使胸大肌彻底收缩。

图 17-16　卧推举

3. 仰卧扩胸练习

主要发展胸部中沟的肌肉。

方法：仰卧在专用运动凳上，双手握哑铃（两手相对）于胸前，臂与身体垂直，开始两臂慢慢向侧下分开（微屈肘）至于体侧下，胸部要挺起，腰部不着凳，仅肩背部和臀部着凳；胸大肌用力收缩，两臂内收到胸上伸直，然后两臂侧分（图 17-17）。

要点：在上举过程中，手臂不要翻转，下落要缓慢。

257

图 17-17　仰卧扩胸

（四）背部肌群练习方法

1. 拉力后划练习

主要发展背阔肌的肌肉。

方法：坐好后，拉住拉力器，上体前屈，可屈膝，脸朝下置于双臂之间；然后双臂向后拉动牵引绳，同时上体后仰、挺胸。当拉力器的把手触及胸腹部后，还原重新开始。

要点：向后拉引时吸气，还原时呼气。

2. 宽握引体向上练习

主要发展背阔肌上、中部的肌肉。

方法：正握住宽约 40 厘米的单杠，两臂伸直悬垂；然后两臂用力把身体往上引起，肩部触到单杠时头稍向前伸。

要点：下肢应放松，还原下落过程应缓慢有控制，不可猛然放松下落。

3. 提铃耸肩练习

主要发展斜方肌、肩胛提肌、菱形肌。

方法：两手垂直将杠铃提起，身体直立，直臂用力向上耸肩至最高点，运用时保持胸部挺直，不能内扣，双肩外靠，再自然还原。动作时吸气，还原时呼气（图 17-18）。

要点：耸肩时杠铃应贴紧身体，发力过程中不要过于屈臂，上下运动时应以最大限度来做动作。

图 17-18　提铃耸肩

（五）腰腹部肌肉练习方法

1. 仰卧起坐练习

主要发展腹直肌、腹内外斜肌、腹横肌。

方法：仰卧垫上（或斜位），可直腿或弯腿做，两手抱头，下肢固定，向后慢倒起身。

要点：当背触到垫时就用力收腹坐起，然后还原。

2. 俯立弯起

主要发展骶棘肌、腰后部肌肉。

方法：两脚开立同肩宽，把杠铃置于颈后肩上，两手紧握杠铃，身体直立，慢慢向下弯曲，直至背部与地面平行，稍停，头稍抬起，用力挺身还原。

要点：腰背部及膝盖应始终保持挺直，下落时动作应缓慢，以免因下落太快引起腰部肌肉受伤。

（六）腿部肌肉练习方法

1. 腿后屈练习

主要发展股二头肌。

方法：俯卧在专用运动凳上，两脚勾住拉力器的皮筋，双腿向后做屈伸动作，屈至90°时控制不可放松，然后伸直还原（图17-19）。

要点：注意动作过程缓慢进行，控制住肌肉的紧张度，到练完后才放松肌肉效果更佳。

图17-19　腿后屈

2. 负重深蹲练习

主要发展股四头肌。

方法：两脚左右分立，两手正握杠铃放置颈后，挺胸收腹立腰，慢慢屈膝下蹲（图17-20）。

要点：动作时保持上体的直立感，下至深蹲而后还原。

图17-20　负重深蹲　　　　图17-21　负重提踵

3. 负重提踵练习

主要发展小腿后群肌肉。

方法：肩部顶住负重物，两脚自然略微开立，脚背用力向上迅速推起，然后自然下落还原（图17-21）。

要点：上提和下放脚跟时动作幅度要大。

三、健美锻炼的原则与技巧

(一) 男子健美锻炼的原则

1. 以器械练习为主,以形体练习为辅。

2. 动作设计要符合解剖和生理特点。

3. 要循序渐进,因人而异。

4. 要全面匀称、协调地发展。

初学者半年内的训练安排,主要是掌握动作技术,体会肌肉感觉,发达上肢肌肉,使身体向均衡的方面发展,这一阶段一般每周安排 3 次训练(隔天训练),开始第一个月内每次训练 6~8 个基本动作,每个动作练 2~3 组,第 2 个月以后可增加到 8 个基本动作,每个动作练 2~3 组,重点动作练 3 组(重点动作不超过 4 个),第 3~4 个月,每个动作训练 3~4 组,第 5~6 个月,每个动作练 3~4 组,重点动作练 4 组(重点动作不超过 5 个),一堂训练课不超过 30 组。

(二) 女子健美锻炼的原则

1. 以器械练习和体形练习相结合。

2. 重点预防肥胖锻炼。

3. 突出胸部健美锻炼。

4. 加强全身柔韧性锻炼。

初学者一般每周训练 3 次,每次训练应安排健美操或形体的内容(约 30 分钟),器械练习 6~7 个动作,每个动作练 2~3 组,对发达肌肉者每组练 8~12 次,对着重减少脂肪者每组至少 30 次以上,一堂训练一般不超过 20 组。

(三) 健美技巧

1. 动作规范

在规范动作的前提下,充分刺激肌肉拉伸与收缩,慢举慢放。

2. 最有效组数

每组 5~10 次的最大负荷训练,更有利于增大肌肉体积。

3. 念动一致

注意力与意念要集中于所练肌肉上。

4. 注意安全

锻炼前应认真做好准备活动,大负荷练习要有保护,锻炼后要及时放松所练肌肉,并注意营养补充。

5. 呼吸方法

用力时吸气或屏气,放松时呼气。

6. 念动一致

注意力与意念要集中于所练肌肉。

7. 注意安全

锻炼前认真做好准备活动,大负荷练习时要有保护,锻炼后要及时放松所练肌肉,并注意营养恢复。

第六节 体育舞蹈

体育舞蹈也称国际标准交谊舞，体育运动项目之一，是以男女为伴的一种步行式双人舞的竞赛项目，分两个系列，十个舞种。其中摩登舞系列含有华尔兹、维也纳华尔兹、探戈、狐步和快步，拉丁舞系列包括伦巴、恰恰、桑巴、牛仔和斗牛。每个舞种均有各自舞曲、舞步及风格。体育舞蹈经历了民间舞、宫廷舞、交谊舞、国际标准交谊舞四个发展阶段。因篇幅有限这里只讲解两个舞系的技巧。

一、标准舞基本技术

（一）标准舞舞姿

在标准舞中华尔兹、维也纳华尔兹、狐步和快步的舞姿（闭式舞姿）是一样的。探戈舞与上述舞姿稍有区别。

1. 闭式舞舞姿

男女舞伴相对向左错半身位站立，双膝微屈，右脚对准对方两脚之间，与同伴脚尖距离10厘米，双脚并拢，也可以稍分开站立。腹部收紧轻轻接触，肩部放松，重心在前脚掌。男士头部中正，颈、头尽量上拉，胯部向左转15°。女士头部左转45°，拉紧胸锁乳突肌，颈部尽量向上牵伸，头向上顶向后伸，躯干背部肌肉收紧。这时可以看到男女舞伴右侧额头是拉开的。男士双臂侧平举，右大臂和小臂弯曲70°～80°，右手五指并拢置于女伴左肩胛骨外侧，右手腕放松，不要让女伴背部出现折皱。左大臂和小臂弯曲90°，左手高度齐女士右耳，男士左手虎口与女士右手虎口相交，轻轻相握，手掌鱼际相贴，掌心空。女士双臂侧平举，右臂弯曲150°与右耳齐，右手虎口与男士虎口相交轻握，掌心向前，手腕放松，左臂轻置于男士右臂上，左手大拇指与中指轻卡在男士右上臂三角肌的中部，其余三指上翘，五指成莲花手指状或弹指状。躯干要保持含胸、收复、挺背和收臀的基本之态。

2. 探戈舞舞姿

探戈舞舞姿总体框架上与华尔兹、维也纳华尔兹、狐步和快步的舞姿相似，区别在于：男女腹部的横位接触1/3；纵位胸下至膝关节接触。男女头均向左转45°。男女握持需要紧密。男士左前臂弯曲成锐角，左肘较其他舞姿稍高，左手略高于肩，右臂围绕女士背部，右手五指并拢且手掌置于女士肩胛骨下方，中指稍过脊柱。女士左臂环绕男士右臂外侧，左肘内侧包裹男士的右肘外侧，左手虎口张开架在男士右上臂下边靠近腋下，除拇指外的四指并拢。

（二）标准舞运步的方法

1. 向前运步

保持好基本舞姿，双脚平行站立，先向前移动重心，然后支撑腿的膝踝用力蹬伸，同时前脚向前移动时脚底贴着地面，踝关节放松，前脚脚跟脚掌依次落地，做到脚到重心到。

2. 后退运步

保持好基本舞姿，双脚平行站立，先向后移动重心，同时摆动腿大腿主动后伸，

然后支撑腿的膝关节主动向后蹬伸,当摆动腿前脚掌获得支撑重心时,原来蹬伸完的支撑腿膝踝关节放松,脚后跟做轻轻的拖地动作,移动到原来摆动腿获得支撑重心的脚旁边,同时原来摆动腿获得支撑重心的脚的脚跟落地进入下一个循环动作。

(三)标准舞的四大特点

在标准舞中华尔兹集升降、摆荡、反身、倾斜四大特点融为一体。探戈没有升降、摆荡,但有倾斜和强烈的反身动作。

1. 升降是指通过膝、踝、脚、趾的屈伸使身体重心由高到低或由低到高的转移。良好的升降技巧可增强体态表现力,使动作优雅,体现体育舞蹈的特色。

2. 摆荡是指身体横轴在空间位置的弧线运动。身体横轴像秋千一样,因带着运动脚从高位到低位,或从低位到高位。这使舞蹈的升降质量得到升华,使舞者重心的运动呈现出波动的韵律美。

3. 反身是指一侧腰胯转向另一侧运动脚的方向,并与之同进或同退的运动方式。它是舞者完成完美的身体流动的重要技巧。它是转动舞步开始、衔接其他技巧、协调身体的重要环节。反身动作是舞步转动的发力点,使整个身体的转动变得轻松自然。

4. 倾斜是指人体纵轴主动偏离地面垂直坐标的方法,有别于自然倾斜。它是身体主动运用技巧的方法,在身体产生自然倾斜的基础上,为了控制身体的前冲惯力,防止身体倾倒,身体侧面骨骼肌主动拉长收缩,使身体在保持自然倾斜的基础上,加大倾斜角度,使身体重新排列纵轴线,找到与地面垂直坐标重合的部分。此时身体虽然倾斜,但却保有垂直重心。倾斜起到制动和减速的作用。倾斜技巧充分展现了人体美,巧妙不露痕迹地实现了双脚的重心转移。

二、拉丁舞基本技术

(一)伦巴舞的基本技术

1. 伦巴舞的姿态

双脚自然靠拢站立,脚尖稍向外打开,双膝绷直。收臀、收腹、挺胸、压肩,两肩胛骨向后内关闭,胸腰上拔,颈部拉直,下颌微内收,两眼平视。

2. 预备姿势

身体重心男伴放在左脚(女伴在右脚)上,双膝伸直;男伴右脚(女伴左脚)拇指内侧点地,脚背绷直;骨盆向侧后方扭转,呈现拉丁舞特有的形体。

3. 伦巴舞的脚法

向前的脚步,都是以脚尖先接触地板,然后是前脚掌,同时对地板施加压力,脚跟在接近抵达定点之前时落下。后退的步法,则先以脚掌带动,再换成脚尖,最后脚跟随着重心跟上定点位降下。

4. 伦巴舞的持握姿势

(1)闭式相握姿势

男女相对侧点预备姿势站立,相距30厘米,男士右手放在女士的左肩胛骨上,女士左臂放在男士的右臂上,男士左臂稍抬起与女士的右手相握与眼齐高。

(2)开式相握姿势

男女相距一臂长,面对面侧点预备姿势站立。两人相握的手平举于胸骨略下的位置，微微弯曲。另一只手臂自然侧举。

（3）伞形姿势

在伦巴和恰恰舞中这种姿势用的比较多，女士在男士左侧一臂距离，女士左脚重心，男士右脚重心，男女左右肩斜对，男士左手轻握女士右手手背。

（二）恰恰舞的基本技术

1. 恰恰舞的姿态。和伦巴舞的姿态相同。

2. 侧点预备姿势。和伦巴舞的侧点预备姿势相同。

3. 恰恰舞的脚法。向前的脚步，都是以脚尖先接触地板，然后是前脚掌，同时对地板施加压力，脚跟在接近抵达定点之前时落下。向后的脚步则先以脚掌带动，再换成脚尖，最后脚跟随着重心跟上定点位时降下。在这一舞步的完成的过程中，另一不支撑体重的脚就可以自然地离开，但这不支撑体重的腿不可以弯曲。

（三）牛仔舞的基本技术

1. 牛仔舞的姿态与侧点预备姿势和伦巴舞相似。只是支撑腿的膝关节不要向后锁死。

2. 牛仔舞的追赶步。牛仔舞中的追赶步，是由三步组成，第二步移动脚是半靠在不移动脚的，同时胯向支撑腿外挤出，这样在完成追步后就会自然形成摆胯的动作。在牛仔舞中，重心主要是落在前脚掌上，摆动腿大腿的主动高抬随着快节奏音乐就会自然产生跳的动作。

（四）桑巴舞的基本技术

1. 桑巴舞的姿态与侧点预备姿势和伦巴舞相似。只是支撑腿的膝关节不要向后锁死。注意分式摇滚步、后退锁步和卷折步例外。

2. 桑巴舞的跳跃技术。桑巴舞的跳跃动作是靠膝、踝、胯关节的屈伸来完成的。但是这种跳跃是步法上的，不是身体重心方面的。身体重心的上下波动是很轻微的。

（五）斗牛舞的基本技术

1. 斗牛舞的身体姿态。斗牛舞没有胯部的动作。骨盆微前倾，重心由两个脚掌均匀承受，挺胸时合肋，使胸部肌肉上推，这样更加突出斗牛士的雄壮、挺拔。

2. 斗牛舞的基本步法。顿足是一种预备式舞步，它用在一个舞步的起头，目的是打破闭式相握的摆置。即在开始时摆好闭握式，两脚合并，男士重心落在左脚（女士重心落在右脚）。顿足也包括重心换到右脚，身体猛降，并通过适当的配合带领到下一步。

第七节　跆拳道

一、跆拳道简介

跆拳道是一种具有修心养性、强身健体、防身自卫功效的技击性运动，享有"世界第一搏击运动"美称，并被列为奥运会项目。

跆（TAE），意思为"脚踢、蹬踏"之意；拳（KWON），意指"用拳击打"；道（DO）即为"修炼的方法"，也为一种精神。跆拳道是利用拳和脚进行搏击的对抗性运

动,通过竞赛、品势和功力检验等形式,使修炼者达到增强体质,掌握技战术并培养坚韧不拔的意志品质的目的。

(一) 古代跆拳道的产生与发展

跆拳道源于远古时期人类祖先的生存需要,在原始社会生产力极为低下的条件下,人类为了生存,必须同自然界的野兽进行搏斗,久而久之便产生了各种搏斗动作,这就产生了搏斗的各种方法。随着社会的发展,不断变化的生存环境和不同种族之间的相互斗争,要求人们要有强健的体魄和掌握一定的搏斗技能,以摔及腿部的踢、劈、勾踢等为主要进攻动作,这就是跆拳道形成的雏形。

大约公元前1世纪,朝鲜最古老的三个国家先后兴起,新罗国在朝鲜的东南部,高句丽国在北部,百济国在西南部,三国连年互相征战不断。为了保家卫国和抵御外侵,三个国家的武士们都把跆拳道作为一项强身健体、保家卫国的搏击武艺来进行严格的训练。从高句丽后来的国都丸都出土的古墓中的舞俑冢和三室冢的玄室壁画上,可以看到有两人互相抓着对方进行角斗的场面;而在三室冢玄室的顶壁上则有两名身体强壮的男子用类似跆拳道的动作进行格斗的姿势。类似的壁画还有很多,这些都说明了跆拳道在当时已经相当盛行了。

在过去的历史时期中跆拳道深受人民的喜爱。从朝鲜史书记载中我们了解到新罗人的习武方式为:两人面对面直体站立,互相用腿去踢对方。当时分为三个训练层次:初学者先学会用脚去踢对方的腿(下段);技术稍熟练的则可用脚去踢对方的胸部(中段);技术高超的可用脚踢对方的发髻(上段)。

由于当时百济国兵力较弱,为了防范外敌入侵、增强自身国力,百济国在国内广泛推行马术、跆拳道、射箭等武技。后来,新罗国在唐朝的协助下吞并了百济国和高句丽国,公元918年,朝鲜半岛建立了一个统一的国家,同时跆拳道这一武技也被很好地保留与发展下去。

1390年,李朝时代开始。当时李德懋等编著的《武艺图谱通志》是记载跆拳道的优秀代表作之一。此书详细介绍了跆拳道的起源和发展过程以及各种兵器的使用方法,如书中提到,一个武士想成为武官,必须用跆拳道的技术踢倒三个人以上才有入选武官职位的资格。由此可见当时国家对跆拳道的重视程度。

1909年日本出兵侵占邻国朝鲜,李朝灭亡,同时日本建立了殖民政府。为防止朝鲜人民的反抗,消磨人民的意志,殖民政府禁止所有的朝鲜文化活动,其中包括跆拳道。当时许多朝鲜人被迫背井离乡,远涉中国或日本谋生,因此跆拳道这一武技传至亚洲一些国家。当然,跆拳道也吸收了许多国家的武艺精华,如中国的武术、日本的空手道等,这也进一步丰富了跆拳道的内容。

(二) 现代跆拳道运动的发展

1961年9月,韩国成立唐手道协会,后更名为跆拳道协会,并在世界各地宣传、推广该项运动。1966年,国际跆拳道联盟(ITF)成立,崔泓熙任首届联盟主席。1973年5月,世界跆拳道联盟(WTF)在韩国汉城成立,金云龙当选主席。截至到1998年,世界跆拳道联盟会员国达到144个。1975年,世界跆拳道联盟被正式接纳为国际体育联盟的会员。1980 年,国际奥委会正式承认了世界跆拳道联盟。在短短 20 多年里,跆拳道这项运动得到了迅猛发展。目前世界上约有 140 多个国家在进行着跆拳道的训练活动。跆拳道第一届世界锦标赛和第一届亚洲锦标赛分别于 1973 年和 1974 年在韩国汉城举行。跆拳道在 1986 年被列入为第 10 届亚运会的正式比赛项目,1988 年被列入奥运会表演项目,2000 年被列入奥运会正式比赛项目。

（三）中国跆拳道运动的发展

1992 年 10 月 7 日,中国跆拳道协会筹备小组成立,这标志着我国跆拳道运动的正式开始。1994 年 5 月,在河北保定举行了首届全国跆拳道教练员和裁判员学习班。同年 9 月,在云南昆明举行了第一届全国跆拳道比赛,当时有 15 个单位的 150 多名运动员参加了比赛。1995 年 8 月,我国正式成立了中国跆拳道协会,魏纪中当选为第一任协会主席。1999 年 6 月 7 日,在加拿大埃特蒙多举行的世界跆拳道锦标赛上,我国女运动员王朔战胜多名世界跆拳道高手,获得女子 55 公斤级冠军,这是我国运动员获得的第一个跆拳道世界冠军。2000 年悉尼奥运会,我国女运动员陈中获得第一枚跆拳道奥运金牌。2004 年雅典奥运会,我国女运动员陈中和罗微各获金牌。

二、跆拳道的基本动作

跆拳道以其变幻莫测、优美潇洒的腿法闻名于世,被世人称为"踢的艺术",这是跆拳道区别于其他格斗术的一个显著特点。跆拳道的腿法讲究变化多样和灵活多端,对人体的柔韧性、大脑反应的灵敏性、身体运动的稳定性都有很高的要求,它是对人体机能和体能的综合考验。跆拳道实战中脚踢进攻时一般使用的部位包括脚前掌、脚趾、脚背、足刀、脚后跟、脚后掌（脚跟底部）。利用这些部位可以进行站立踢、跳动踢、助跑踢、转身踢和飞踢等不同形式的踢法进攻,而且每种踢法踢击的部位各有不同。实战过程中,运用脚踢时要根据具体情况（如对方所处位置、暴露的部位、防守的姿势、双方的距离等）,选择不同的踢法。脚踢时要利用步法来保持身体平衡,并有效接近对方做出踢击动作,踢击完成马上回到准备姿势,准备下次的进攻和防守。其间注意两臂的防守,腿的回位动作要快,以免被对方抓住或抱住。脚踢的练习方法主要靠平时用各种腿法踢击悬挂的沙袋,经过反复练习来提高踢的力量、速度和高度。

三、跆拳道的教学方法与动作要领

以下内容以右腿为例,左腿动作与右腿动作一样,动作相反。

（一）前踢

以实战的基本姿势开始；右脚蹬地,髋关节向左旋转,双手握拳置于体侧；同时,右大腿以髋关节为轴屈膝上提,当大腿抬至水平或稍高时,关节向前送,向前顶；小腿以膝关节为轴快速向前上方踢出,力达腿尖,整条腿踢直；踢击后迅速放松,右腿沿原路线弹回（图 17-22）。

动作要领：膝关节夹紧,小腿放松,要有弹性；往前送,高踢时往上送；小腿的回收速度与前踢速度一样快。前踢亦可用于防守。将前踢发力部位由脚尖改换为脚跟时,前踢动作就变为前蹬动作,动作方法要点与前踢相同,只是脚的形状发生了变化。

前踢动作主要攻击部位有面部、下颏、腹部、裆部。

图 17-22

（二）侧踢

以实战的基本姿势开始；右脚蹬地并以髋关节为轴屈膝提起，两手握拳置于体侧，随即左脚以前脚掌为轴外旋180°，髋关节向左旋转；右腿以膝关节为轴向前蹬伸，右脚快速向右前上方直线踢出，力点在脚跟；发力后沿起腿路线收腿，放松，重心落下（原处或向前均可），再次回到实战姿势（图17-23）。

动作要领：起腿时大、小腿和膝关节要夹紧；踢出发力时头、肩、腰、髋、膝、腿和脚踝成一直线；大、小腿直线踢出，原路线收回。

侧踢动作的主要攻击部位有膝部、腹部、肋部、胸部和头、面部。

图 17-23

（三）后踢

实战姿势开始；转身右腿后撤背对对方，重心后移至左脚，左腿弯曲，右脚蹬地屈膝提起，右脚贴近左大腿，两手握拳置于胸前；随即左脚蹬地伸直，右脚自左大腿内侧向后方直线踢出，力达脚跟；踢击后右脚沿原路线快速收回或自然下落，成实战姿势（图17-24）。

图 17-24

动作要领：起腿后上体和大、小腿折叠收紧；后踢时动作用力延伸且延伸要长；转身、提腿、出脚动作要连贯，一次性完成，不能停顿；击打目标在正后偏右处。

后踢动作的主要攻击部位有膝部、腹部、裆部、胸部和头、面部。

（四）下劈

实战姿势开始；右脚蹬地，重心前移至左脚，同时，右腿以髋关节为轴屈膝上提，两手握拳置于胸前，随即充分送髋，上提膝关节至胸部；右小腿以膝关节为轴向上伸直，将右腿伸直举于体前，右脚过头；然后放松向下以右脚后跟（或脚掌）为力点劈击，一直到地面，成实战姿势（图 17-25）。

动作要领：腿尽量往高、往头后举，要向上送髋，重心往高起；脚放松往前落，落地要有控制；起腿要快速、果断；踝关节要放松。

劈腿的主要攻击部位有头顶、脸部和锁骨。

图 17-25

（五）勾踢

实战姿势开始；右脚蹬地，重心前移，右腿以髋关节为轴屈膝上提，两手握拳置于体侧，左脚以前脚掌为轴外旋180°；右腿以膝关节为轴继续向前上方伸成直线，顺势右脚的脚掌用力向右侧屈膝鞭打，顺鞭打之势上体右转，右腿屈膝回收，右脚落回原处，成实战姿势（图 17-26）。

动作要领：提膝、右（左）腿伸直、右（左）侧屈膝鞭打动作要连贯快速，没有停顿；击打点在体前偏右侧，以脚掌为击打点；左脚旋转支撑保持平衡，踢击后迅速将腿收回。

勾踢攻击的主要部位是头、面部，胸、腹部。

图 17-26

（六）推踢

实战姿势开始；右脚蹬地，重心前移，右脚以髋关节为轴提膝；用右脚掌向前蹬推，力点在脚掌，推力向正前方（图17-27）。

动作要领：提膝后尽量收紧膝关节；重心往前移，利用身体的重量和力量向前推；推的时候要送髋，腿往前伸展，水平地向前送出去。

推踢的主要攻击部位是腹部。

图17-27

（七）横踢

实战姿势开始；右脚蹬地，重心前移至左脚，右脚屈膝上提，两拳置于胸前；左脚前脚掌碾地外旋，髋关节左转，左膝内扣；随即左脚掌继续内旋至180°，右腿膝关节向前抬至水平状态，小腿快速向左前横向踢出；击打目标后迅速放松收回小腿，右腿落回原地或自然下落，成实战姿势（图17-28）。

动作要领：膝关节夹紧；向前提膝时尽量走直线；支撑脚内旋180°；髋关节往前顺，身体与大、小腿成直线；注意击打的力点要在正脚背；踝关节放松，击打的感觉是"面团""鞭梢"的感觉。

横踢攻击的主要部位有头部、胸部、腹部和肋部。

图17-28

四、跆拳道的规则

跆拳道的基本哲学思想是：练习者要修身养性，道德教育第一，运动技巧学习第二。此项运动是严格的礼仪与礼仪的严格的有趣结合。一方面，跆拳道运动起源于传统韩国社会的优雅礼仪，对手的头部、身体要按规定的角度弯下优雅地鞠躬。另一方面，规则要求运动员身上、头上戴护具，并建议在道服内腹股沟、前臂和胫骨上佩带护具并带护齿作为平衡的一部分。

（一）场地

竞赛场的表面须用指定的木板或被认可的材料铺着，要平滑。竞赛场以12米×12

米的正方形，表面不可有任何障碍物突出物为标准。为了需要，竞赛场也可设在高于地面 20 厘米以内的地方。竞赛场分为两个区域，两区域之间的界线称作境界线。竞赛场中央长 8 米、宽 8 米的区域为比赛区，其余部分为警戒区。警戒区和比赛区表面用两种不同颜色划分。

（二）得分

以踝关节以下的部位攻击对手髋关节以上的部位（不包括后背和后脑）称为合理攻击，每个合理的攻击将得分。下述为合理的攻击：

1. 击打对手的得分部位，除了头部外，得分部位包括腹部及身体两侧，这三个部位标于对手的护具上。禁止击打对方小腹以下部位。

2. 用规则允许的身体部位击打对手：须用正确紧握的拳头的食指和中指的前部或踝关节以下的部位击打对方。

若三位裁判中的至少两位对击打进行了认定并记录，则得分有效。

五、跆拳道的竞赛

跆拳道比赛中含有对抗两方："Chung"（蓝）和 "Hong"（红），双方以脚踢击打对手的头和身体或用拳击打对方的身体而得分。比赛分三个回合，每回合 3 分钟，两回合之间休息 1 分钟。选手可通过下述方法获胜：将对方击出场外，得分最高，使对手被罚分达到 3 分或对手被剥夺比赛资格。

跆拳道是一项身体全面接触的运动。比赛开始前，要求参赛选手穿防护服，头部、身上、前臂、胫骨、腹股沟佩带护具；所有参赛选手将接受检查以确保其穿上所要求的护具。裁判分别发出 "Cha-ryeot" 和 "Kyeong-rye" 指令后，双方立正并相互鞠躬，然后裁判喊 "Shi-jak" 宣布比赛开始。

犯规是跆拳道比赛中的一个重要因素，因为 1 个罚分就可左右比赛的胜负；如果被罚 3 分（在高水平比赛中极为罕见），意味着自动失败。

跆拳道犯规分两种：Kyong-go 和 Gam-jeom。最常见的一种犯规 Kyong-go 或警告被罚 0.5 分，若仅有一次这种犯规则不计入罚分。如果选手抓、抱、推对方，逃避性地背对对方，假装受伤等时，则判为 Kyong-go。

另一种更为严重的犯规称为 Gam-jeom，将被罚 1 分。典型的犯规行为包括扔对手，格斗中在对手双脚离地时故意将其放倒，故意攻击对手后背，用手猛击对手的脸部。

选手被击倒后裁判会像拳击比赛一样开始 10 秒的读秒。在跆拳道比赛中一方由于对手发力而使其脚底以外的其他任何部位触地则判为被击倒。裁判也可在选手无意或无法继续比赛时开始读秒。

一旦出现击倒，则裁判喊 "Kal-yeo"，意为"暂停"，指示另一方退后，裁判开始用韩语读秒从 1 至 10。即使被击倒的选手站起来欲继续比赛，也必须等待裁判继续读到 8 秒或喊 "yeo-dul"，然后裁判判定该选手是否能继续比赛，若其无法继续比赛，则另一方以击倒获胜。

除了决赛以外的其他比赛若以平局结束，则分数高的一方获胜。若双方仍旧平分秋色,则由裁判根据比赛中双方表现的主动性来决定在三回合各 3 分钟的比赛中哪一方占优。若为争夺金牌的决赛,则双方进行第四回合即突然死亡回合的较量,率先得分者获胜,若无人得分,则裁判判定通过判断谁在该回合中占优而决定最后的胜方。

第八节 软式排球

一、软式排球简介

(一) 起源

软式排球起源于 20 世纪 80 年代欧洲和日本。欧洲叫作自动充气球。日本称为亚式软式排球。

欧式排球有不同型号,重量为 200 克、230 克,球胆是由海绵充填。目前欧洲在瑞典和芬兰的国境线上,从 1984 年至 1994 年已举办 10 届比赛,有 5000 多名青少年参加,这项赛事从 7~17 岁按年龄分组进行比赛。亚式软式排球是用橡胶制做的,规格上有两种:圆周为 66 厘米和 78 厘米,重量为 200~230 克。

(二) 软式排球传入我国

1995 年北京体育大学钟秉枢教授从日本购进 Mikasa 软式排球。这种球是外皮为橡胶制成无内胆,需要充气的"亚式软式排球"。并于当年 5 月在北京体育大学举办了由教职工参加的第一届软式排球比赛,也是我国首次举办软式排球比赛。1999 年 6 月北京体育大学再次举办教职工软式排球比赛,开始使用了"欧式软式排球"。

二、软式排球在我国的现状

(一) 软式排球展望

2000 年到 2011 年全国参加培训的教师和体育骨干近千万,经常参加软式排球活动的人数已突破 1000 万人。软式排球运动广泛深入到学生当中,深受学生喜爱,这对硬式排球发展和提高打下了坚实的基础,使排球人口迅速增加。

(二) 软式排球进入课堂

2000 年 11 月国家教育部新颁布的中小学九年义务教育《体育与健康教学大纲》,将软式排球列入正式教材内容。对在全国开展排球运动起到了极其重要的作用和深远影响,这对我国排球事业的发展起到了十分重要的作用。

(三) 软式排球特性

1. 球体轻,质地柔软,气压小,飞行速度慢,不易挫手。

2. 技术容易掌握,失误少,有很强的趣味性和观赏性。

3. 有利于排球运动普及。软式排球运动是硬式排球的衍生项目,特别对培养少年儿童的现代排球兴趣起到积极作用,为打好排球作基础准备。软式排球运动不受年龄、性别、体质的限制,参加人数不限,场地设备简单,规则容易掌握,有利于排球运动的普及和提高。

4. 有利于激发学习软式排球的兴趣。软式排球轻盈柔软,初学者练习时,手和手臂没有疼痛感,手臂没有血淤现象。思想可集中在动作要领上,便于空间感的养成,使初学者有时间准备每一个动作，便于动作的规范，失误率减少，变数增大。因此，有利于激发学习软式排球的兴趣。

（四）软式排球对人体的锻炼价值

软式排球运动对人的新陈代谢有促进作用，加快细胞生成，肌纤维增粗，血液流通加快，排出体内垃圾。心脏每搏输出量增加，心肌有力，从而减少心肌单位时间内作功次数。肺活量提高，使供应大脑的氧气量增加，增强体质，提高工作学习效率。

（五）有利于增强团队精神

软式排球运动是集体项目，能培养团结和拼搏精神。项目决定了人与人之间要相互协同完成进攻与防守任务，比赛中要想战胜对手，就得发扬团队精神。

三、软式排球运动的方法

软式排球比赛分为A制和B制。A制为4人制，B制为6人制。是由两队人数相等的球队，在被球网隔开的排球场内根据规则要求用一只手或手臂将球从网上过网区直接击入对方场区，而使球不在本方场区内落地，集体的攻防对抗的体育项目。

比赛A制：2号位队员转至1号位发球，1号位队员转至4号位；B制：2号位队员转至1号位发球，1号位队员转至6号位。发球队员将球发过网后比赛即开始。每方最多可击球3次（拦网除外），使球必须过网，一名队员不能连续击球2次（拦网除外），直至球落地，出界或某队犯规。

发球队胜一球后，该队同一名队员继续发球。接发球队胜一球后，按预先登记在位置表上的位置站位，先按顺时针方向轮转一个位置，换由下一名队员发球。发球队胜一球得一分，接发球队胜一球既得发球权同时也得一分，实行每球得分制。

正式比赛采用三局两胜制，胜两局的队为胜一场，前两局25分为一局并同时超过对方2分的队胜一局。当比分24∶24时，比赛继续进行至某队领先对方2分为止，没有最高分限制。

四、场地、器材、设备

（一）比赛场地

排球比赛场地包括比赛场区和无障碍区及无障碍空间，其形状为对称的长方形。规定比赛场地的地面必须是平坦、水平，并且划一。不得有任何可能伤害队员的隐患。不得在粗糙、湿或滑的场地上进行比赛。

（二）球网和网柱

1. 球网

球网为黑色，长9.50米、宽1米架设在中心线的垂直面上，网眼直径10厘米。球网上沿缝有7厘米的双层白帆布带。用一根柔韧的钢丝从中穿过，将球网固定在网柱上。球网的高度男子为2.35米，女子为2.20米。少年比赛网高可适度降低。一般基层比赛或儿童比赛的网高可根据情况自行确定。

球网高度应用量尺在场地中间丈量。场地中间的高度必须符合规定网高，两条边线上空的球网高度必须相等，并不得超过规定网高2厘米。

2. 网柱

网柱应使用两根高 2.55 厘米的光滑圆柱。最好是能够调节高度，网柱固定在边线外 0.5～1 米处，禁止使用拉链固定网柱。一切危险设备或障碍物都必须排除。

3. 标志带

标志带是两条宽 5 厘米、长 1 米的白色带子，分别系在球网两端，垂直于边线，标志带被认为是球网的一部分。

4. 标志杆

标志杆是两根有韧性的杆子，长 1.80，直径 10 毫米，由玻璃纤维或类似质料制成，分别在标志带外沿球网的两侧。标志杆高出球网 80 厘米，高出部分每 10 厘米应涂有明显对比的颜色，最好为红白相间。标志杆被认为是球网的一部分，并视为过网区的边界。

5. 球

比赛用球是圆形的，由柔软材料制成，能适应室内外比赛，颜色可是一色的浅色，圆周为 65～67 厘米，青少年组为 63～65 厘米，重量为 220～240 克，少年组为 200～220 克。在一次比赛中所用的球，其特性包括圆周、重量、牌号及颜色等都必须是统一的。

6. 球的弹性

比赛用球应当有一定弹性，其标准为：在 2 米高处自由下落反弹高度不低于 50 厘米。国内正式比赛中所用的球必须是中国排球协会批准或指定的球。

五、软式排球基本技术

（一）准备姿势与移动

准备姿势和移动是软式排球运动中各项技术的基础，属于无球技术，任何一项软式排球技术在比赛中运用的效果很大程度取决于准备姿势和移动技术。

移动的目的是为了迅速接近球，取好人与球的合理位置，这是完成各项技术的重要条件，同时也是连接攻防技术的重要环节。准备姿势主要是为了更快的移动，而快速移动又必须先做好准备姿势。

1. 准备姿势

为了便于完成各种技术而采取的合理的身体姿势称为准备姿势。为完成某种有球技术之前的准备姿势，称为专项技术准备姿势。例如：后排防守、保护扣球、拦网、发球、传球等都采用了不同的准备姿势。一般情况下是按照身体重心的高低来区分的。

2. 移动

身体重心位移的过程叫移动。移动的目的是为了接近球，保持好人和球的合理位置，移动是由起动、移动步法、移动后的制动三部分组成的。

（二）传球

传球是软式排球运动中一项最基本的技术之一。它的主要作用是将接、防起的球传给进攻队员进攻。

传球是利用双手或单手在额的前部上方，或胸前适当位置，利用蹬地、展膝、伸臂的协调力量及手指手腕的弹力将球传出的技术动作。同时大拇指、食指、中指承担球的压力，无名指和小指控制出球方向。传球是一项要求精确的技术动作，传球技术好坏直接影响战术配合质量与进攻效果。

（三）垫球

垫球是软式排球运动中一项最基本的技术之一，是防守反击的基础，在软式排球比赛中占有重要地位。两脚左右开立，基本与肩同宽，习惯的一只脚放在前边，含胸收腹，两臂弯曲放在胸腹之间，接触球瞬间两臂夹紧手腕下压，用腕关节以上10公分位置垫球。同时蹬地展膝，腰腹控制将球垫出。垫球主要用于接发球、接扣球、吊球及拦回球，有时也用在处理球上。

（四）发球

发球是指队员站在发球区内抛球后用手将球直接击入对方场内的一种击球方法。发球是软式排球比赛主要得分技术之一。因此，它是一项先发制人的进攻性技术。

正面上手发球是面对球网，两脚前后站立，将球抛起头上大约1米高，体前一臂远位置，用身体协调力量，手掌击打球中下部位使球过网。正面上手发球速度快、弧度平，具有较强的攻击性。

（五）扣球

扣球是软式排球技术的重要部分，是队员在本方场区将球从过网区击入对方场内的一种击球动作。助跑扣球最后一步制动脚是右脚，跳起后空中展腹击球，手臂弯曲，手放在耳朵部位，击球时腰部带动手臂带动手腕，放松甩臂击打球的中上部。扣球从击球动作的形态，分为正面扣球和侧面扣球，还有单脚起跳扣球等。

（六）拦网

拦网是软式排球基本技术之一。拦网是队员在网前上沿用手或手臂阻挡对方击球过网的技术动作。拦网是跳起在网上阻挡对方进攻的形式。两手张开，中间不能让球通过即可，把球罩住手腕下压，拦网是被动的防守。

六、个人快球进攻

利用个人快速跑动和二传的配合完成的进攻，快球打法有多种。

1. 近体快球：3号位队员在二传体前起跳打刚出网球。

2. 短平快球：3号位队员快速跑动到网前距离二传3米左右起跳，在空中截击二传传过来的球。

3. 头后快球：3号位队员跑到二传身体后面起跳，打二传传出头后刚出网球。

4. 背飞：3号位队员跑动到二传体侧单脚起跳，利用前冲跳的惯性，空中位移到二传身体后面2米左右，扣小弧度球。

七、集体进攻战术

集体进攻战术有中一二、边一二、后排插上等几种形式，在运用战术形式时，根据技术、战术水平以及临场情况，可以组织多种多样的战术配合。

中一二进攻战术的基本配合方法是由前排3号位队员担任二传，将球传给4号或2号位队员进攻，这种进攻配合的方法称为中一二进攻战术。它是进攻战术中最基本的一种形式,是初学者常采用的进攻方法,除组织2、4号位扣一般高球外,还可以组织"一快一高""一平一快""交叉换位"等多种战术打法。

边一二进攻战术是一种比中一二进攻战术稍难的战术形式。即二传队员站在2、3号位之间将球传给3号位或4号位队员进攻,称之为边一二进攻战术。由于两名进攻队员的位置相邻,利用网上进攻区域的扩大便于进行互相掩护配合,组成更多的战术进攻。但此战术对一传和二传都有较高要求,在此进攻战术中的跑动配合就比中一二进攻战术要灵活得多。

后排插上进攻战术是现代软式排球先进战术的主要形式。即由站在后排的二传队员在对方发球击球后,或本队队员将球防起;或对方第三次击球无法组织进攻时,迅速到网前担任二传,将球传给前排三个进攻队员中任何一个队员扣球进攻,其他两个队员伴攻进行掩护,这种进攻战术称为后排插上进攻战术。

八、防守战术

根据软式排球比赛进程的发展阶段,防守战术可分为:接发球防守战术,接扣球防守战术,接拦回球防守战术和接处理球战术。

(一)接发球防守战术

根据参加接发球的人数和二传的位置不同,接发球有如下五种站法。

1. 五人接发球站位法:即"中二传"站位法,这种接发球站位除二传队员站在网下中间传球外,其余五人均参加接发球,2、4号位为主要进攻;是一种基本的站位法。

2. 五人接发球站位法:即"边二传"站位法,这种接发球站位除二传队员站在网下场边上传球外,其余五人均参加接发球,3、4号位为主要进攻,是一种基本的站位法。

3. 五人接发球站位法:即"反二传"站位法。这种接发球4号位为二传,当对方发球后4号位队员立即换到3号位或2号位传球组织进攻,变成"中二传"或"边二传"的阵形。

4. 五人接发球站位法:即"中间插上"成"中二传"阵形,后排队员"插上"做二传,如6号位队员从3号位队员身后"插上"成"中二传"阵型,其他队员进攻。

5. 五人接发球站位法:即边"插上"成"边二传"阵型;如1号位队员从2号位队员身后的右边"插上"成"边二传"阵型,其他队员分别进攻。

(二)接扣球防守战术

接扣球防守,是组织"反攻"的基础。是由前排拦网,后排防守两道防线组成。拦网是接扣球防守的第一道防线。后排防守是前排拦网的后盾,他要保护拦网,弥补拦网漏洞,所以只有前后排队员协调配合,方能收到预期的防守效果。

1. 无人拦网的防守战术形式,这是一种最初级、最简单的防守战术,适用于初学者或在双方无力进攻时采用,其站位方法与五人接发球的站位方法相同。

2. 单人拦网的防守战术,是在对方进攻变化较多,为保证有一道防线的情况下采用的防守战术。采用单人拦网,增加了后排防守和保护的力量,对转入进攻有利。但在对付进攻威力强的对手时,却减弱了第一道防线,反而会给转入进攻带来困难。

3. 双人拦网防守战术，是对方战术进攻威力大，路线变化多，单人拦网不足以阻拦对方进攻时采用的防守战术。它是接扣球防守战术中最主要的战术形式。

4. 三人拦网的防守战术，当对方调整进攻凶猛有力，采用双人拦网难以阻拦其进攻时，而拦网又来得及的情况下，可组织三人拦网，加强第一道防线，但要增加后排防守压力，还要有人防吊球，对组织反攻有局限，在比赛中不宜过多采用。

（三）接拦回球防守战术

接拦回球防守战术即常说的保护进攻。规则规定在对方场区上空进行拦网后，拦网由消极防守变为积极进攻性质。接拦回球的防守训练可多进行语言提示，每个队员要有防拦回球的准备意识。

（四）接处理球防守战术

比赛中除接发球、扣球、接拦回球外，还有一种对方无法组织进攻被迫用传、垫球处理过来的球，这种球在初学者或水平较低的比赛时，出现次数较多。在高水平的队，这种球的出现较少，这种来球攻击性小，本方已作准备，因而对高水平队来说是组成快变战术和争取得分的好机会。

第九节　野外生存

一、野外生存训练的意义

健身：在野外进行生存训练，空气新鲜，对人体的健康非常有益。大自然里有大量的阴离子，可以使人体血压平稳、呼吸次数减少、注意力集中、精神振奋、提高工作能力。通过跋山涉水、披荆斩棘、风餐露宿的野外生存训练，会感到全身的筋骨、肌肉得以超强的刺激和锻炼，经过阳光浴、森林氧吧浴后，大脑会得到最佳的休息。野外生存训练既是一种对身体的锻炼，又是一种心理享受和满足。当遇到苦闷、遭遇挫折、丧失勇气和信心时，若参加野外生存训练，就会融入到大自然的怀抱中得到新的感受和体验，轻松、畅快、喜悦、满足等情绪就会油然而生。这样既调节了心理状态，又锻炼了身体，有利于促进学生的身心健康。

增长知识：我国高校体育课程体系扩展到社会和大自然中，打破了体育课长期以来的封闭格局的教育形式。把野外生存与生活技能相结合，使学生在实践的体验中增长知识，系统地了解生存训练前的物质装备方面的知识及使用情况，掌握野外生存、急救、常见险情的处理措施。使学生在增长知识的同时学会学习、学会生存、学会做人。

激发趣味：大学生喜欢追求新兴的、时尚的、活泼的、富有激情的运动项目。野外生存训练内容丰富而充实，让学生回归自然、融入自然、适应自然，在形式灵活、方法多样、趣味性强、内容丰富而精彩的运动中，把趣味性与人文体育资源融入到现代体育课中。

二、野外生存训练前的准备

（一）编制具体生存方案

编制具体生存方案是对野外生存过程做个详细安排。其主要思路：

1. 野外生存行进路线。
2. 每日宿营地。
3. 饮食来源。
4. 可能遇险的情况及预防措施。
5. 日程和活动安排。
6. 需准备携带的装备及食物。
7. 团队人员名单、组建领导小组及小组成员分工。
8. 应注意的事项和安排。

（二）进行必要的生存前训练

野外生存是一项对人的心理、体能、生存技能要求很高的活动，没有必要的生存前训练，是很难适应的。勉强进行野外生存，很可能危害身心健康。野外生存前的训练，主要包括心理、体力和技能的训练。

（三）生存装备

齐全的装备会给生存者带来很大的帮助，有时面对灾难，一些装备可能会挽救你的生命。

生存装备的种类很多，一般在选择携带的装备时，应该根据生存地的需要，选择实用、必需的即可。通常而言，生存者携带的所有装备用品应在15～25公斤之间比较适宜，有利于行进和保存体力。常用生存装备有：

折叠刀、钢丝锯、钢索、钢丝、鱼线和鱼钩、绳子、针和线、火柴、打火机、手电筒、指南针、手表、地图、消炎药水、季节性疾病的药物、食物、防雨用具、睡袋、帐篷、背包、手机等。

需要注意一个极其重要的问题：在野外生存出发前，一定要将你的行动路线图和日程安排复印件留给你的家人或朋友，一旦发生无法预防的意外灾难，不能设法返回时，就会有营救者前去，否则，你的命运就很难掌握在自己和他人手中了。

三、野外行走方法

（一）山地行走的一般方法

山地一般斜面陡峻，地形复杂，谷狭岭窄，崖高石多。山地行走应有路走路，在无路可走时，可选择纵向的边缘以及树高林稀、草丛低疏、空隙大的地形行进。一般不要走纵深大的深沟峡谷和草丛繁茂、藤刺交织的地方。尽量走梁不走沟，走纵不走横。

（二）复杂陡峻的山地行走

在复杂陡峻的山地行走时，需判断和选择有利地形通过。一般情况下，应该避开高坎、壕沟，避开藤刺交织、蛛网密集、草高茅锋的地带，避开碎石坡。在爬30°以上的上坡时，直线上行会很吃力，不容易踩稳双脚，可采取"之"字形上升法。攀登生长有树木的陡坡时，一面用手抓住树木引身向上，一面将脚移至树的根部稳住身体。下陡坡时，为防滑倒，应待脚站稳后，再松开抓住树木的手。南方多竹林，下竹林陡坡时，因竹叶铺地光滑，应先伸手抓住竹子，使身体依靠竹子的牢固性稳住后，再移动脚靠上去，依次而行，既不会滑倒，又有一定速度。攀登生长杂草或小灌木的陡坡时，注意不要乱抓草蔓，以免连根拔出或枝断使人摔倒。若不小心滑倒时，应立即面向山坡，张开两臂，以减低滑行速度。除密林外，不要面朝外坐，因为那样会滑得更快，在较陡的斜坡上还容易翻滚。

穿越丛林时，最好着长衣长裤，有条件的可进行绑腿，尽量减少皮肤的暴露，以免被藤刺所伤。穿越草深林密、难度很大的丛林时，可采取绕、砍、压、打、钻等方法。

在沙漠中行走，最重要的是要备足水、食物和保暖衣服。因为沙漠深处常常是寸草不生、忽冷忽热、上无飞鸟、下无走兽的不毛之地，一旦缺水断粮，会立刻陷入危险的境地。

沙漠中行走宜用慢行法，即每小时休息10分钟的走法，以免体力消耗过大，有利于防疲劳。同时，要尽量避开沙丘、溪谷、峡谷，选择安全省力的路线行走。

沙漠地区日夜温差大，为保持体内水分，宜采取夜行晓宿的方法，避开烈日高温。白色或浅色的衣服有利于反射强光，减少身体水分蒸发。为免太阳直照，可用毛巾、衬衫、衣服遮盖头部，如有条件，应戴上墨镜，保护好眼睛。

如果人已极度疲劳并无法移动脚步前进，应及时进行休整并通过有效的联络请求帮助。如果必须继续前进，实在走不动时，爬行也是一个好方法，因为这时你的腿可能没有力量，但胳膊可能还有力量。

过沼泽地时，如不能确定走哪一条路，可先投石问路，向前投几块石头，看地面是否坚硬，或用力踩一踩脚，看地面是否颤动。沼泽中的草丛有一定浮力，应尽量踏着草丛前进。如果是团队行动，应分多条路线行走，必须走同一条路线时，彼此间要保持一定距离，并尽量不要踩着别人的脚印走，避免重力过于集中。过沼泽地时，最好手执一根长竿，先探一探前面沼泽的深浅和硬度，发觉不妙马上退回绕行，一旦陷入，可利用长竿支撑借力上移身体或递给同伴作借力之用。

四、野外生存训练的安全与保护

（一）野外迷失方向的处置

野外行走防止迷路的可靠方法是利用地图与现地进行对照，随时了解周围地形情况，每时每刻清楚自己所处的位置。如果没有地图，行走时应当注意观察和记住明显的标志物，多眺望附近的景观，以便遇到意外时心中有数。如果迷了路，首先不要惊惶失措，应立即停下来冷静地回忆一下自己所走过的路，想办法按一切能利用的标志重新定向，然后寻找道路。最可靠的办法是"迷途知返"，循着自己的足迹退回到原出发点，不要怕走回头路。但有时走回头路即使路线正确，由于观察角度的变化，也会出现标志物与记忆中的不一样，从而难以断定能否退回原出发点。如确实无法退回，就先登高望远，判明方向后再走。

野外迷失方向时的求救方法：

1. 燃烧烟火

夜间的灯火非常耀眼，在 1000 米内，可以看见香烟头火光，1500 米内可以看见手电筒的光亮，在 12100 米以上高空飞行的飞机，可以看见地面上的一盏普通照明灯。

2. 声音传导

试验表明，在 1000 米内可以听到汽车开动声和马蹄声，在 1500 米内可以听到人的呼喊声。但人在野外长时间呼喊，容易消耗体力，最好的方法是利用哨子。

3. 制作标记

在易于被空中、地面发现的开阔地段，如草地、雪地、海滩上，可以因地制宜制作地面标记——SOS 字母。

4. 为便于被人发现，应脱去与周围颜色相近的衣服，露出白色或其他色彩鲜艳的衣服。注意发出信号后，不要匆忙离开原地，否则，难以被搜索队发现或错过被救的机会。

（二）防蛇咬的方法

1. 预防方法

（1）根据蛇的特点，要防止被蛇咬伤，最好的办法是打草惊蛇。用棍棒拨打路边草丛，蛇一遇响动，就会逃之夭夭。

（2）注意观察。大多数蛇的皮色常与栖息处的背景色调相一致。灌木丛中攀缘的蛇，大多是绿色；栖息在树枝上的蛇，一般是棕色或灰色。

（3）要做好必要的防护工作。如穿长裤和高靴鞋，戴帽子和手套。防护器材越厚实越安全，即使被咬也不会伤及肉体以致中毒。

2. 毒蛇咬伤后的处置

被毒蛇咬伤后，切不要惊慌失措和奔跑。第一步，以最快速度挤血。第二步，应立刻用橡皮带、绳子、布条、手绢，或就近拾取适用的植物茎、藤结扎伤口的上方，减少毒液的扩散。第三步，结扎伤口上部后，立即用盐水、肥皂水或清水对伤口进行清洗，冲掉伤口周围的残余蛇毒和脏东西。第四步，现场用药。如果有蛇药，可按说明书使用，包括内服和外用。第五步，送医院救治。

第十节　橄榄球运动

一、橄榄球运动的起源与发展

橄榄球起源于英国，原名拉格比足球，简称拉格比（Rugby）。因其球形似橄榄，在中国称为橄榄球。1871 年英格兰橄榄球协会成立，并由当时参加协会的 17 个俱乐部共同商定了比赛规则。此后，英国橄榄球很快传入欧洲各国和美国、加拿大、澳大利亚、新西兰等国。1890 年成立国际橄榄球理事会。1987 年国际橄榄球理事会举办了第一届世界杯男子橄榄球锦标赛。1991 年又举办了第一届世界女子橄榄球锦标赛。橄榄球已成为 2016 年和 2020 年奥运会项目。

1990年年底，在北京市教育局和中国农业大学领导的支持下，成立了国内第一支橄榄球队——原北京农业大学橄榄球队。1997年3月，国际橄榄球理事会正式接纳中国加入国际橄榄球理事会，并成为该理事会第96个会员国。从此，中国橄榄球运动全面与国际橄榄球运动接轨，得到了迅速发展。

二、橄榄球比赛规则

（一）场地：（图17-29）

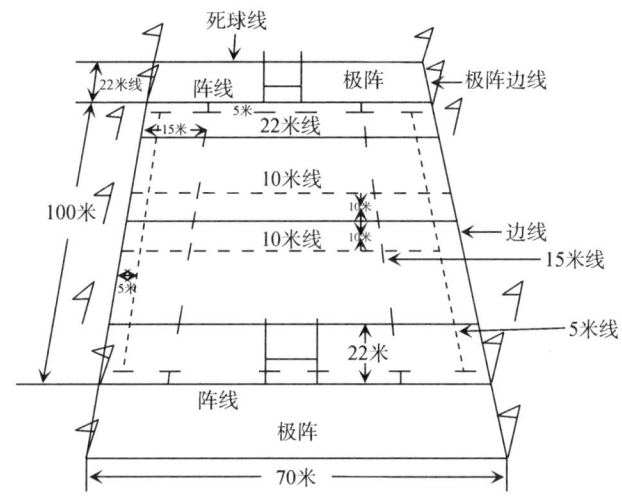

图17-29 橄榄球场地

（二）球

1. 形状如图17-30所示，球必须是椭圆形而且由四块材料制成。

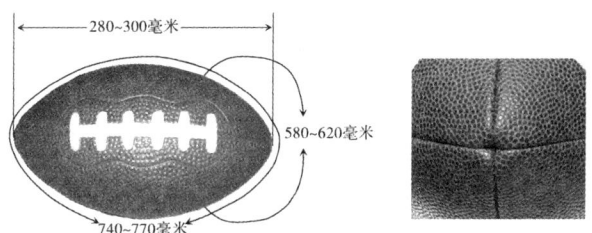

图17-30 球

2. 大小：长轴280～300毫米；长轴周长740～770毫米；短轴周长580～620毫米。

3. 重量：410～460克。

4. 比赛开始时球胆内气压：每平方厘米0.67～0.7千克，每立方英寸9.5～10磅。

（三）队员人数和比赛时间

每队上场队员不得超过7人，替补队员为3名。比赛时间为14分钟，分上下半场比赛。每个半场比赛各7分钟，中间休息1分钟。决赛时间为20分钟，上下半时各10分钟，中间休息2分钟。淘汰赛中如果出现平局，将进行延长期比赛。延长期比赛分上下半场，每个半场比赛各5分钟。上半时比赛结束后，双方交换场地，中间不休息。

（四）得分方式

1. 达阵得分

进攻队队员首先在对方极阵内压球触地时，就是达阵得分。达阵得分的分值为5分。

2. 惩罚达阵

如果没有对方队员的暴行，某队员或许可能达阵得分，在两球门柱之间判给惩罚达阵。惩罚达阵的分值为5分。

3. 追加射门

当队员达阵得分时，将给予进攻队一次踢球射门的机会，来争取将球踢进球门得分。追加射门的地点是在赛场内通过压球触地的地点线上任选一点踢球。追加射门的分值为2分。

4. 罚踢射门得分

队员通过罚踢将球踢进球门。罚踢射门的分值为3分。

5. 落踢射门得分

队员在比赛中，通过落踢射门将球踢进球门。落踢射门的分值为3分。

（五）开球方法

比赛以开球的方式开始，上下半时比赛开始时分别由赛前抛币选择开球的队和选择开球队的对方开球。得分以后，由得分队开球。

开球是在中线的中点以落踢的方式进行，开球时，所有踢球队队员都必须在球的后方，所有对方队员都必须站在10米线上或后方。踢球队踢出的球必须到达对方10米线。

（六）比赛中的技术运用方法

开球以后，所有队员都可以接球，带球跑，传球，踢球，倒地扑球，扑捉、肩顶、扑搂对方持球队员，参加集团争抢球，压球触地等方法进行比赛。

三、技术与定义

（一）传、接球技术分析

1. 传、接球技术是橄榄球比赛中运用最多的一项技术，它是组织进攻的纽带，实现其他各项技术的桥梁，是快速、灵活、多变的战术基础。

动作要点：五指自然张开，持球于身体侧部，两拇指相对成八字形，在球体横切面的中心部位（最凹的地方），两食指置于球体两侧，平行于球体纵轴线，其余手指自然伸张。掌心空出，两手的五指有力地控制球。两臂微屈，腕部伸直，使肘关节保持灵活自如地将球持于腰部的位置。

2. 前抛和前拍

比赛中，队员只能向后或向侧面传球，不能向前传球。接球时不能向前掉落。

前抛是指持球队员向对方阵线方向抛球。前拍是指当球碰触到手臂后，向对方阵线方向运行。但当队员踢球时，对方队员没有接球动作去封盖踢出的球，不属于前拍。

（二）扑搂

1. 定义

扑搂发生在持球队员同时被一个或几个对方队员所捕捉而倒地或球碰在地上的时

候。该持球队员成为被扑搂队员,与被扑搂队员一起倒在地上的对方队员为扑搂队员。

2. 当队员扑搂对方持球队员,而且两人同时倒地的情况下:

①扑搂队员必须立即释放被扑搂的对方队员,否则,由对方罚踢。

②被扑搂队员必须立即传球或释放球,否则由扑搂人的队罚踢。

③扑搂发生后,其他试图控制球的队员必须两脚站立,而且必须从球的后面或直接从最接近他们自己阵线的被扑搂队员,或扑搂队员后面来控制球。否则,将是犯规,由对方罚踢。

④扑搂发生后,其他试图控制球的队员不许倒在球上,或倒在双方倒卧在地上的队员身上。

(三) 司克兰

当比赛中出现前抛和前拍,或多人争抢球而球无法从人堆中显露出来时,裁判员将鸣哨停止比赛。双方将进行司克兰,由前抛或前拍队的对方或获得球权的队向司克兰中投球。投球队员将球投进司克兰后,双方队员互相顶推,中间的钩球队员用脚争抢球,将球向后钩出司克兰。投球队员绕到司克兰的后面将球拾取,或传球,或带球跑,比赛继续进行。

(四) 乱集团争球

1. 拉克

拉克是由两队各一名或多名队员双脚站立,身体互相接触,紧密围绕地上的球所形成的一种比赛局面。

2. 冒尔

冒尔发生在当持球队员被一名或几名对方所捕捉,而有一名或更多的持球队员的队友用手臂搂抱着该持球队员的时候,所有卷入冒尔的队员都是双脚站立而且向阵线方向移动。

(五) 出界和争边球

当球出界,双方每队至少两名队员在赛场内 5 米线以外、15 米线以内站成两列争边球队列。双方队员与队员之间相距 1 米。投球队员向双方争边球队列中间投球,双方队员互相争抢球,比赛重新开始。

(六) 反攻踢

反攻踢是防守队所做的一次落踢,可在 22 米线上任意一点或线后进行;反攻踢时,踢球方都必须在球的后方。踢球方在球被踢之前,不许超过 22 米线对球进行封盖。反攻踢踢出的球必须越过 22 米线,比赛才可继续进行。

第十一节　中华传统养生方法

一、简介

传统养生理论与方法是一门建立在中华民族传统、独特的认识生命模式之上的养护生命的理论与方法的学科,涵盖生活的各个方面,是中国古代流传下来的具有民族特色的宝贵文化遗产。它以阴阳五行学说、精气神论、天人合一论、脏象学说、经络学说等为理论基础，指导着各种养生方法的产生、应用、衍化和发展；以易筋经、五禽戏、八段锦、导引养生功、吐呐、太极拳等多种传统养生术的练习方法、动作特点、养生机理、功能作用及练功过程中必须遵循的要领和原则为基本手段，通过对传统养生理论的学习和理解，发挥人的主观能动性，依靠人体的自身能力，并通过肢体的运动，呼吸的调节，意念的运用，来增强人体各部分机能，调动和发挥人体内在的潜力，从而起到防病治病、延年益寿的作用。

二、作用

传统养生方法不仅是形体上的锻炼，而且能使人体机能得到改善和增强。外可利关节，强筋骨，壮体魄；内可调理脏腑，疏通经络，调精神，补元气。

传统养生方法习练要有坚持不懈和持之以恒的意志，通过长期的在不同环境和气候条件下的锻炼，不仅能磨练意志，提高对外界环境的适应能力，而且还能全面提高人体的体质水平。

传统养生方法强调调动全身内外几乎所有部位共同参与运动，并通过培补元气，锻炼真气，扶助正气，使人生命之源动力旺盛，从而强身健体，延年益寿。传统养生方法可以通过锻炼和心理调节使人稳定情绪，精神饱满，树立信心。

三、理论体系

传统养生的理论基础：

1. 天人合一观是传统养生思想的基本观点。
2. 阴阳学说是贯穿传统养生思想的主线。
3. 五行学说是人与自然的和谐基础。
4. 脏象学说是阴阳与五行学说在传统养生方法中的具体应用基础。
5. 经络学说是人体内环境贯穿联系的通道。
6. "精气神"是人体生命健康的三大要素。

中国传统医学认为生命是由形、精、气、神四个方面组成，养生应该围绕这四个方面采取多种实践方法并遵循多种思想理论的指导，完善人体的某些方面的功能使之得以专门发展，最终形成一个完备的体系。在漫长的历史发展过程中，中国古代劳动人民经过一代又一代的不懈努力，终于以自己的聪明睿智创造出了一系列与疾病和衰老抗衡的独特理论方法，逐渐使养生成为了一种极具华夏民族特色的文化现象，传统养生学在数千年漫长的历史进程中，不但形成了自己独特的理论体系，而且也积累了一整套实用，同时又充满了我国古代劳动人民聪明睿智的实践方法。中国养生学是自然科学和社会科学交叉的产物，其理论体系本身具有这两种学科所具有的双重特征，具体来说，中国养生文化的社会科学性质主要体现在其理论体系与中国古代哲学存在着千丝万缕的关系，中国养生文化的自然科学性质则主要体现在它与传统医学也有着一种血肉相联的关系。

总体上讲传统养生保健术融武术、医疗保健和气功于一体，不仅能强身健体，防疫治病，延缓衰老，还能开发智慧，挖掘人体潜能，而且包含的极为精湛的实践经验和理论，在几千年来，对中华民族的整个思想文化——包括哲学思想、政治思想、军事思想、文学思想、宗教思想，乃至身心修养、中医理论等，都有深刻的影响。

它包含饮食养生、生活起居养生、四季养生、导引养生、按摩养生等多方面。

传统养生理论和方法的特点：

养生，即"治未病"，唐代孙思邈说："善养生者，则治未病之病。是其意也。"传统养生强调自我调节，防病治病。并要通过放松平静来维持人体内环境的相对稳定，预防疾病的发生。《素问·上古天真论》说："恬淡虚无，真气从之，精神内守，病安从来。"

传统养生理论讲形神兼备，并把养神看得比养形更加重要。把形体视为生命之宅，而神，即精神思维活动，当作人体生命活动的主宰。所以在方法上以调节神经系统功能作为主要活动目标。

传统养生理论以整体观为核心，立足于中医理论——人体以脏腑为核心，经络相互联系的整体思想，并侧重于身体的养护，以促进健康、提高人体适应能力为主，不重于增强机体活动能力，即以内练为主。如《黄帝内经》所说："理血气而调诸逆顺，察阴阳而兼诸方，缓解柔筋而心和调者，可使导引行气。"

四、传统养生方法

传统养生方法种类繁多，但是大体可分为以"调身""调心""调息"三个方面各为主导的方法。如：练形调身法，练呼吸调息法，练神调心法。基本技术归纳起来可分为站式养生功、行式养生功、坐式养生功、卧式养生功。各种站桩和行桩为一切功法的基础。

（一）五禽戏

是东汉名医华佗根据古代导引、吐纳之术，研究了虎、鹿、猿、熊、鸟的活动特点，结合人体脏腑、经络和气血的功能，所创编的健身功法。

动作：虎戏；鹿戏；熊戏；猿戏；鸟戏。

（二）八段锦

是流传广泛的我国古代导引术。

动作：双手托天理三焦；左右开弓似射雕；调理脾胃需单举；五劳七伤往后瞧；摇头摆尾去心火；双手攀足固肾腰；攒拳怒目增气力；背后七颠百病消。

（三）易筋经

是我国古代流传下来的，在我国传统功法和民族体育发展中有着较大影响的，千百年来深受广大群众欢迎的健身养生方法。

动作：韦陀献杵；风摆荷叶；顶天立地；摘星捧月；喜鹊登枝；燕子抄水；回头望月；金刚捣锥；青龙出水；饿虎扑食；铁牛耕地；摆尾式。

（四）舒心平血功

是北京体育大学张广德教授以心血管系统发病的病因病理为依据，以祖国医学的整体观、阴阳五行、脏腑经络、气血理论和现代医学的有关理论为指导创编而成。

（五）健身气功——十二段锦（坐式）

是在挖掘整理"钟离八段锦"和"十二段锦"的基础上，由北京体育大学杨柏龙教授主持的课题组遵循气功固有规律,按照三调合一的原则,结合现代社会人们生活特点创编而成。

动作:冥心握固;叩齿鸣鼓;微撼天柱;掌抱昆仑;摇转辘轳;托天按顶;俯身攀足;背摩精门;前抚脘腹;温煦脐轮;摇身晃海;鼓漱吞津。

(六)马王堆导引术

是上海体育学院邱丕相教授主持的课题组根据我国20世纪70年代在长沙马王堆汉墓发掘的导引图为基础,参考相关文献编制而成。

动作:胎息;凫浴;燕息;挽弓;鹞北;引头风;燕飞;引腹中;引背痛;沐猴獾引热中;龙登;仰呼。

第十二节 台 球

台球运动至今已有五六百年历史,起源于哪国众说纷纭,但源于西欧是无可争辩的事实。台球运动传入我国是在清末民初。当时在"上等阶级"中十分流行,各大城市包括北京都有很多的台球厅或台球社。到1960年,在当时国家体委主任贺龙元帅的积极倡导下,举办了第一届全国台球比赛。近几年随着我国经济的发展,台球运动在全国蓬勃开展,各地纷纷成立台球协会,举办各种比赛。1996年中国台球协会的成立,标志着我国台球运动进入了一个新的发展时期。

一、台球的认识

1. 台球的特点

台球运动既不像其他球类运动那么激烈,又不像棋类活动那么安静。它不仅静中有动,而且还在动中求静。打台球时人的情绪会进入一种神宁、气足的境界,而这种境界,就是台球的"意",同时,打台球时还必须消除一切杂念,全神贯注发挥自己应有的球技,这种意识就是台球的"念"。因此台球的真实内涵,就是要以自身"心""意""念"的统一来提高自己的球技和锻炼自己的身心。

2. 台球的种类

台球大体可分为两大类。一种是无袋式台球,以击中球来计分,称为开伦球(Carom);另一类是有袋式台球,它有2红1白英式台球、有22个球的英式斯诺克,以及有16个球的美式台球三种。美式台球在全世界是最普遍的一种台球。

3. 台球的器材和设备

球台台面是凹进去的,四边高于台面的边沿,台面部分称"台盘",边沿部分称"台边"。台球台一般分为三种:开伦式球台(又称撞击式球台),从台盘内沿垂直测量,长2.85米,宽1.56米,高0.80米。美式落袋球台,它在角上和边腰上共有6个网袋,四角的叫"角袋",两腰的叫"腰袋",从台盘内沿垂直量,长2.72米,宽1.371米,高0.80米。英式落袋球台,从台盘内沿垂直测量,长3.65米,宽1.82米,高0.85米。

4. 球和球杆

开伦球的直径为65.5毫米,重230克。落袋球的直径为52.5毫米,重170克。对球杆的长度没有什么硬性规定。一般长 1.5 米左右，重 400~500 克，球杆一头粗一头细，杆头上安装角质的部分称为"光角"，光角的前端装有皮制的圆形"皮头"，皮头坚韧而有弹力，是球杆上直接撞击球的部分。色粉又名"巧克粉"，是由一种特殊的粉末压制而成的硬块，以便给皮头上粉，以防击球时滑杆。记分牌是专门用来记录击球得分的器具，如算盘一样立式计分。现代式记分方法是电子数字式记分显示。

表 17-3　台球设备表

名称	落袋式	开伦式（撞击式）
球台	长 2.72 米　宽 1.371 米　高 0.80 米 长 3.65 米　宽 1.82 米　高 0.85 米	长 2.85 米　宽 1.56 米　高 0.80 米
台球	直径 52.5 毫米　重 170 克	直径 65~68 毫米　重 230 克
球杆	长 160 厘米 杆头直径 8~10 毫米	底把直径 28 毫米　长 140 厘米 杆头直径 10~12 毫米　底把直径 32 毫米
托架	杆头装有"X"形托架，用金属制成。	金属制成，分长、中、短 3 种的高脚托架。
色粉与记分牌	色粉是由一种特殊的粉末压制而成的硬块，以便给皮头上粉，又称"巧克粉"。	记分牌是专门用来记录击球得分的器具。现代记分方法是电子数字式记分显示。

二、台球基本技术与技巧

1. 架杆手势

用手为球做成的各种支架称手杆架，它的重要作用在台球运动中往往被人们所忽视。要保证击球的准确性，必须有自然而稳定的杆架来支撑，它可以准确地引导球杆进行击球动作的导向。架杆手势有两种基本手法。第一种：凤眼式；第二种：平背式。此外，还有 V 形架杆手势、台边架杆手势等几种架杆手势，不过都是在特殊情况下使用的。由于球的位置变化多端，以及打法不同，仅靠几种常用的标准架杆手势，不可能是万能的，所以架杆手势也不可能千篇一律，而是多种多样的，有五花八门的名称。

2. 握杆手势

无论是右手握杆还是左手握杆，握杆的位置很重要，握得合适能轻松自如平稳击球，这是打台球开始的第一个重要因素。握杆时，不能握得太紧，不然手和手腕肌肉紧张，手臂僵硬，不能平顺滑动出杆击球。选择球杆时应注意长度，重量要合适，以右手握杆为例击球抽打时，要先把球杆轻轻送出接近主球的击点，抽送动作要连贯、自如。右手送出球杆时必须保持水平，不可左右上下摇动，抽打动作后的击球瞬间，利用手腕的爆发力出杆，才能将球击出较远的距离，手腕关节灵活且富有弹性是要诀。

3. 击球姿势

能否瞄得准、打必进，击球姿势起着重要的作用。而正确的击球姿势取决于以下几方面。

(1) 身体站立位置

身体站立的合适位置要根据球和球杆的方向、距离来决定。先用右手按照要求握好球杆，向球台上要打的主球方向站好，平握球杆，杆头指向主球，与主球相距 6~10 厘米左右。握杆的右手拇指要和裤子侧缝对齐。球杆的指向必须与主球行进方向成一条直线。

(2) 脚的位置

身体站立的位置确定后，握杆的右手原位不动，在两脚立正站立的姿势下，左脚向左稍前侧方迈一小步，宽度与肩宽略等（可根据身材高低调整），使左脚与球杆平行。左脚膝关节稍弯，轻踏在地上。右腿直立，右脚向右撇，与左脚成 70°~80°，分开站立，以支撑住身体的后半部体重。两脚平放在地面上，不要虚提或离开地面，右脚绷，构成一个稳固、坚定的击球姿势。

(3) 上身姿势

左臂稍弯，左手置于主球后方约 15 厘米处固定，上体尽量压低，球杆的中轴线在两眼中间。握杆的右手臂肘部向上抬起，前臂垂直向下与上臂成 90°角。击球时，右手切不可过胸部，身体应根据两脚的位置和架杆的位置取一个自然的姿势，使球杆沿水平方向做前后抽打动作。

(4) 面部位置

使面部的垂直中心线与球杆的中轴线保持在同一个垂直中心平面上。在瞄准时，将下颌对准球杆中轴线上，并与球杆相贴，用眼睛测定主球的进路，两眼保持水平，向前平视。这样面部中心，包括鼻子、嘴和下颌，便都能与球杆和右后臂进入同一个垂直平面里。

4.16 彩球的打法

美式 16 彩球有三种比较普遍的打法：

(1) 顺序打法

开球前先将 1 号、2 号、3 号和 15 号球按固定位置放置，其余 11 个球自由摆放在三角形内。白球为主球，开球人把主球放在开球起点上，然后打出主球先撞击三角形内的目标球。要求以 1 号球开始打，顺着球的号码由低至高顺序把目标球击入袋内。如击球者不能按顺序把球击入袋内，由对方击球，把不该进袋的球罚出。计分方法：打入 1 号球得 1 分，打入 2 号球得 2 分。依次类推，谁先打到 60 分以上谁就是胜利者。

(2) 色球打法

该种打法最简单易学。把 15 个目标球分成 2 组，一组为全色球，另一组为三色球，再加一个黑色球。要求先选择球色组后再开打，把一种颜色的球（7 个球）全部击入袋内后再打黑色球，最后定胜负。先进黑色球者为胜利者，如自己在击球过程中没有完成自己选定颜色球，把黑色球击入袋中，判对方胜。

(3) 呼唤打法

参加人数不限，击球者在击球前声明撞击哪一个球，进哪一个袋，如落错袋，球要罚出，失去击球权，最后进球多者为胜利者。

5. 开伦球简要规则

四球撞击式开伦台球是开伦台球中最有代表性和最基础的。台面上有四个球，两白两红，其中一个白球嵌有黑点。首先选择开球权，比赛时要采用吊球法。开球者以嵌有黑点的白球为主球，对方为白球。开球者必须先撞击自己面前的台球，然后可撞击任何球。主球撞到三个目标中的两个就可得 1 分，最后先达到规定的分数者为胜。

第十三节 瑜　　伽

一、起源与发展

1. 起源

瑜伽起源于印度，是印度六大经典哲学体系之一。瑜伽，又作瑜珈，原为梵文"yoga"的中文音译，有结合、联系之意，这也是瑜伽的宗旨和目的。"它"不仅是知性的、感性的，而且要理性地去实践，为达到冥想而集中意识让我们去身体力行的运动。"瑜伽"一词，最早出现在公元前 1500 年的婆罗门教经典——《梨俱吠陀》中。在《梨俱吠陀》中，"瑜伽"的意思是指"轭"或"伽"（牛、马拉车时架在脖子上的器具），具有用轭或伽把"马与车连结在一起"的含义。后来，它的词义逐渐扩大，引申出两种事物相互"连接""结合""合一""化一"等义。最早把"瑜伽"一词与宗教的解脱思想联系在一起的，是婆罗门教。婆罗门教把每个人的灵魂称之为"自我"，把宇宙的最高本体称为"梵"或"大我"，他们认为只要使两者结合在一起，就可实现人的解脱，而使两者结合的手段就是"瑜伽"。婆罗门教的经典《薄伽梵歌》对此作了明确的解释："瑜伽就是促使个人灵魂（小我）与宇宙灵魂（梵或大我）结合化一的手段。"因此，"瑜伽"就成为婆罗门教的专有名词，特指使个人灵魂与梵或神相互结合的手段，即实现解脱的一种修行方式。大约在公元前 300 年，印度圣者帕坦伽利（Patanjali）撰写了《瑜伽经》，收纳了瑜伽所有理论和知识，形成完整的理论体系和实践系统。在这部著作里，他阐述了瑜伽的定义、瑜伽的内容、瑜伽给身体内部带来的变化等等。虽然在帕坦伽利之前，瑜伽已经有了很长的实践期，但是没有任何人给瑜伽一个系统的解释，帕坦伽利的伟大在于他不加偏见地系统整理了当时流行的各种宗派，又结合古典数论的哲学体系，从而使瑜伽为印度正派哲学所承认，瑜伽也因此影响了印度的各种哲学，而取得了印度文明的核心地位，开创了一个整体的瑜伽体系，所以后人称帕坦伽利为瑜伽之祖。

2. 发展

（1）在印度本土的发展

瑜伽作为一种健身方式，目前已在全世界广泛传播。印度有很多专门研究瑜伽的学校，印度教社团等，所推广的瑜伽，也不是印度的传统瑜伽，而是一种与西方现代医学、心理学相结合的新型瑜伽。

（2）在西方社会的发展

瑜伽的学说与思想，早在古代就已传到欧洲。但是，西方人开始从事瑜伽活动还是在现代，尤其是上个世纪60年代以后。印度教的许多传教士来到美国传教，他们在美国各地创建印度教社团，兴建神庙，开办瑜伽中心，传播印度教文化。到了70年代，印度教向美国和西方世界的传播达到高潮。到了现代西方人已经把印度教的人生哲理、瑜伽修行和心灵净化作为自己生活的一部分。他们要求修习者不仅练习各种身型和坐姿，更重要的是静坐冥思，以此平抑杂念，松心缓性，最终达到内心的喜悦和精神的解脱。

（3）在我国的发展

近年来，随着改革开放，瑜伽也传入中国大陆，在各大城市中广为流行。许多青年朋友，尤其是女性青年，纷纷加入练习瑜伽的行列，以求调养身心、健美型体。

二、瑜伽的派系和种类

1. 瑜伽的派系

在具有五千多年历史的古老的瑜伽典籍《薄伽梵歌》中只记载了四种瑜伽派系：智瑜伽、信瑜伽、业瑜伽、王瑜伽，四种瑜伽的最终目的是一致的，即达到"梵我化一"或"人神合一"的理想境界，在方法上也有一些相同和相似的地方。它们的区别，主要是各自强调和修炼的方式有所不同。

（1）智瑜伽

强调意识清晰、头脑冷静、爱动脑筋，对感官很敏锐。

（2）信瑜伽

梵文的意思是诚信，虔诚。核心思想是"奉献与敬仰"，赞美仁慈，友爱，从而达到身、心、灵相结合的境界。

（3）业瑜伽

强调行为，工作，学习。即也有人将它译为行为瑜伽或有为瑜伽。

（4）王瑜伽

梵文是国王的意思，主张通过对身体和心思的控制，使人在生理和心理上得到修炼，从而实现解脱。它是简单、有效的瑜伽体系之一。

2. 现代瑜伽的种类

（1）热瑜伽

源于哈达瑜伽，适合任何身体健康的人，无论是初学者还是经验丰富的瑜伽者都要求在加热恒温在38～42℃的房间内完成整组动作，整个过程让肌肉和关节得以渐进且充分的加热，使韧带肌肉肌腱得到深层的锻炼。从而帮助人们排出体内毒素、强健体魄。

（2）普拉提

普拉提其实并不是一种瑜伽形式，但它很多的东西来源于瑜伽。

（3）力量瑜伽

不包括冥想和呼吸，但强调关注自己的身体变化，强调以力量、伸展、平衡动作为主在快速运动中完成富有挑战性的动作，目的在于提高心肺功能，使人感觉内心的平和与安宁。

（4）哈达瑜伽

强调利用辅助器材完成动作，以站姿为主的训练，增强腿力，提高平衡和协调能力。练习过程中要把以释放在动作和呼吸上。

（5）流瑜伽

强调运动与呼吸的和谐。吸取了众多流派中不同元素自成一体，整个修习过程充满活力，其姿势优美柔韧，其中包含很多倒置姿势。

（6）阿师汤加瑜伽

强调动作的连贯性，与人体呼吸保持协调一致。整套的动作都是经过精心设计后使用的，能在练习中获得力量和柔韧的平衡。并改善心肺血管机能，通过屏神凝气、调节气息去除心中杂念，达到内心平静。

（7）胜王瑜伽

瑜伽注重于身、心、灵的平静与和谐，追求宁静、平衡、放松。

3. 体位练习的方法

瑜伽练习的体位法有84000多种。体位练习的最终目的是将躯体、头、颈保持在一条直线上。不正确的身体姿势会影响脊柱，扰乱位于脊柱内的脊髓，生命能量流经脊髓就会受到阻碍，影响神经系统功能的正常。通过体位练习可以让头胸腰保持在一条直线上，因此每天都应该练习一些以体位为主的实践瑜伽。

三、练习瑜伽的作用

1. 现代生活节奏快，竞争激烈，压力较大。当然，适度的压力也是必要的，因为压力可以激发兴趣，振奋精神，使人精力充沛。但是，如果这种压力超过我们所能承受的限度，身体就会感到紧张不适，自我免疫力下降，体力不支，有时还包括心理上的挫败感、肌肉紧张（可导致脊椎疼痛）、疲累不堪、呼吸短促甚至神志不清等。有规律的瑜伽练习有助于消除心理紧张，以及由于疏忽身体健康或提早衰老而造成的体能下降。因此练习瑜伽能保持活力，令思路清晰。

2. 瑜伽包含伸展、力量、耐力和强化心肺功能的练习，促进身体健康，有协调整个机体的功能，学习如何使身体健康运作的同时也增加了身体的活力。此外，培养心灵和谐和情感稳定的状态也引导你改善自身的生理、感情、心理和精神状态，使身体协调平衡，保持健康。

3. 瑜伽的最终目标就是能控制自己，能驾驭肉身感官，以及能驯服似乎永无休止的内心。感官的集中点就是心意，能够驾驭心意，即代表能够驾驭感官；通过把感官、身体与有意识的呼吸相配合来实现对身体的控制。这些技巧不但对肌肉和骨骼的锻炼有益，也能强化神经系统、内分泌腺体和主要器官的功能，通过激发人体潜在能量来促进身体健康。

四、练习瑜伽的注意事项

1. 场地宽敞幽静，器材柔软，背景音乐以轻柔音乐为主，慎选歌曲。

2. 练习前后2小时禁止进食，练习前后30分钟不易沐浴。

3. 练习过程中不宜穿着束缚过紧的服装，不佩戴首饰。

4. 练习前要热身，练习时注意力在自己的身体上，尽量放松，动作要缓慢，不与人比较，尽量做到最大限度。

5. 没有特殊强调都用鼻子呼吸，以呼吸带动动作。

6. 治疗性瑜伽练习，要遵照医生和专业的瑜伽教练的建议。

7. 初学者应选择适合自己的难度系数动作，每周练习3～4次，最低不能少于2次。

五、瑜伽的练习

瑜伽的练习方式分为静坐冥想和身体实践（体位练习）。

1. 静坐冥想

真正的瑜伽冥想，指的是"凝神、入定、三摩地"三个阶段。不受任何场地，环境限制，可以在空旷的野外、山林、海边，也可以坐在沙发椅或靠背的椅子，甚至还能躺在床上练习。无论是刚醒来或将睡之时，醒着甚至睡着都能练习。闭眼、张眼也不拘。其实我们是可以静坐不动或站、或随瑜伽语音的韵律随意摆动肢体，毫无任何规则限制。只要将意识放在一物之上。当心灵放在一物之上，对其他的兴趣便减退，便能达到入定。只有冥想的对象存在，对自身的知觉消失。通过不同的阶段，以心灵控制的活动。当瑜伽的修持者在深沉的静坐中进入最深层次时，就会觉醒人生领悟与生命的至善境界，从而获得个体意识与宇宙意识的结合，唤醒内在沉睡的能量，得到最高开悟和最大愉悦。

2. 身体实践（体位练习）

简单的体位练习方法，包含以伸展、力量、耐力、平衡等内容的体位的练习，以强化心肺功能、促进身体健康和调整个机体能为宗旨目的。

● 站姿练习方法

1. 站式第一式

图 17-31　　　　　　图 17-32　　　　　　图 17-33

练习方法：

1）以山式站立，两脚自然开立，略宽于肩，两臂上举。保持动作时呼吸要平稳而深长（图 17-31）。

2）双臂上举，在头顶合十，吸气（图 17-32）。

3）身体右转（左转）90°，右腿慢慢抬起，直至左腿完全伸直。呼气，慢慢还原准备另一侧练习（图 17-33）。

2. 风吹树式

图 17-34　　　　　　　　图 17-35　　　　　　　　图 17-36

练习方法：

1）以山式站立，双腿并立，两臂自然下垂。

2）双臂上举，在头顶合十，吸气（图 17-34）。

3）身体右倾（左倾），两腿伸直，伸拉左侧腰侧肌群，呼气（图 17-35）。

4）呼气时身体慢慢还原成山式，准备进行另一侧练习（图 17-36）。

3. 单腿站立伸展式

图 17-37　　　　　　　　　　　　图 17-38

练习方法：

1）以直立开始，吸气，向外屈右膝，以右手的食指、拇指及中指抓住右脚大拇指，左手扶住左侧腰际维持平衡（图 17-37）。

2）呼气，脊柱伸展慢慢伸直并举起右腿，左手抬起成侧平举，维持身体平衡。再将举起的右腿慢慢向身体拉近，保持右腿伸直，保持两个呼吸。最后一次呼气时慢慢放下右腿回到直立，进行另一侧练习（图 17-38）。

4. 三角式

图 17-39　　　　　　　　　　　　图 17-40

练习方法：

1) 以山式站立，双脚开立略宽于肩，双手在体后合十，吸气。身体及右脚向右侧转动 90°，左脚略向右转完全伸直，上体保持正直，目视前方（图 17-39）。

2) 身体前倾，用头去碰触右膝，背部尽量伸直，慢慢逐渐向下伸展，尽量去碰触小腿前面，吸气，双腿伸直不许弯曲。呼气回到直立位置，放松换另一侧重复相同动作（图 17-40）。

5．舞王式

图 17-41

图 17-42

练习方法：

1) 以山式站立，左腿向后弯曲，左手抓住左脚踝，右手臂举过头顶向上伸展，吸气（图 17-41）。

2) 上身前屈左手用力拉左脚，转肩屈肘左手带动左小腿向上伸展，大腿与地面平行。身体稍前倾，维持平衡。呼气。慢慢收回，放松换另一侧重复相同动作（图 17-42）。

● 跪、坐姿练习方法

6．鸽式练习

图 17-43

图 17-44

图 17-45

练习方法：

1) 坐在地面上，双腿弯曲向左侧贴近右臀侧，臀部坐在地面上，双手自然放在双腿上（图 17-43）。

2) 躯干右转 90°，左臂伸直放于右膝关节处，右手置于体后，呼气。右肩后摆，使左手横过后背抓住右臂，同时头也向右转，眼睛越过右肩向后看，保持这个姿势做深呼吸，再回到跪坐的姿势换另一侧进行练习（图 17-44，图 17-45）。

7. 虎式练习

图 17-46　　　　　　图 17-47　　　　　　图 17-48

图 17-49　　　　　　图 17-50

练习方法：

1）跪立，手臂和双腿都与躯干成直角，抬头目视前方（图 17-46）。

2）右腿直腿向后伸展，抬头，眼睛向上看，吸气（图 17-47）。

3）呼气，右腿屈膝回摆，低头，背部向上拱起，用鼻子去碰触膝关节，再向后伸展，反复练习 4~8 次。完成后换另一侧进行练习（图 17-48，图 17-49，图 17-50）。

8. 双腿背部伸展式

图 17-51　　　　　　　　　　　　图 17-52

练习方法：

1）坐在地上，双腿伸直，两臂前平举，身体保持正直，吸气（图 17-51）。

2）呼气，身体慢慢前倾，将双肘贴近地面，伸展颈部和躯干，下颚贴近小腿，上体继续慢慢前伸，用面部去接近踝关节（图 17-52）。

9. 侧三角式

图 17-53　　　　　　图 17-54　　　　　　图 17-55

练习方法：

1）跪立，吸气，右脚向侧伸出同时两臂经侧平举（图 17-53，图 17-54）。

2）双手头上合十，身体向右侧倾，达到自己的极限，保持一段时间（图17-55）。

3）呼气，慢慢放松动作，换另一侧进行练习。

●卧姿练习方法

10. 半肩式

图17-56　　　　　图17-57　　　　　图17-58

练习方法：

1）仰卧，双腿并拢，两手平放在身体两侧。

2）吸气，慢慢举起双腿，在30°、60°、90°停留，继续上举达到极限，保持一会。慢慢返回，停在90°、60°、30°位置。最后回到90°保持一段时间，收回结束（图17-56，图17-57，图17-58）。

11. 蝗虫式

图17-59　　　　　　　　　图17-60

图17-61　　　　　　　　　图17-62

练习方法：

1）俯卧下颚贴地，双腿并拢伸直，脚掌向上（图17-59）。

2）吸气，上体用力上抬，头后仰，以髋着地（图17-60）。

3）呼气回到俯卧状态，左脚慢慢向上抬起，达到极限，保持一段时间，换右腿进行练习，两掌心向下，平放在身体两侧（图17-61）。

4）左右两侧完成动作后，上体和两腿同时抬起，吸气。保持一段时间，慢慢放下，呼气（图17-62）。

第十四节　滑雪运动

一、滑雪运动的起源与健身作用

（一）滑雪运动的起源

滑雪运动是从人类祖先原始的狩猎演变而来并逐渐成为一种交通方式。由于寒冷的冬天给山里人们的生活带来了不便，为了在这种恶劣的自然环境下求得生存，人们用皮带把大片兽骨绑在皮靴上，并利用雪在浩瀚的林海雪原中任意驰骋、追寻猎物，进而满足生活、生产以及战争的需要。据史料记载，滑雪起源于北欧的挪威，距今约4000年。也有资料称滑雪运动的发源地是中国与俄罗斯交界的阿勒泰地区。滑雪的踪迹最早可以在关于西伯利亚贝加尔湖以南的阿勒泰地域的历史记载中见到。在新疆阿勒泰地区及挪威的山洞岩石上都发现了古老的刻有穿滑雪板的人体雕刻。公元前4世纪，希腊历史学家在小亚细亚旅行时，见到有关记载说，亚美尼亚山民穿着原始的雪靴，就如同在马脚上扎着布袋一样在雪上走滑。

（二）滑雪运动的健身作用

滑雪运动属于有氧运动，对心肺功能有积极的改善作用，有利于腿部的锻炼，能提高人的平衡能力，能消耗脂肪，能增强人的抗寒能力，有利于锻炼坚强意志，有利于防治疾病，有利于健美体形及减肥。滑雪运动远离城市的喧嚣和污染，置身于雪山峻岭间及林海雪原中与大自然紧密地结合。白雪皑皑，空气清新，阳光明媚，视野开阔。滑雪者投身在"银装素裹"之中，与山、与林、与雪融为一体，"浴"雪共舞，顿时会将积滞的烦恼与疲劳一洗而净，在大自然中得以健身怡神、陶冶情操、清脑洗肺、净化心灵。

二、滑雪运动的分类

从历史沿革的角度分为原始滑雪、古代滑雪、近代滑雪、现代滑雪四个时期。

从滑雪的功能角度分为实用滑雪、竞技滑雪、大众休闲滑雪、特殊滑雪四大类。

实用滑雪在当代许多场合中已被现代化机械设备所替代；竞技滑雪的项目不断扩大、革新，其特点是惊险、壮观，有明显的功利色彩；大众休闲滑雪是当代人们所喜爱的体育运动之一，广为人们所推崇，覆盖面很广；特殊滑雪包括探险、表演等内容，非一般大众所及。

从竞赛项目的角度分为高山滑雪、单板滑雪、越野滑雪、自由式滑雪、冬季两项等，本节只对越野滑雪作以介绍。

三、越野滑雪的场地、器材

越野滑雪：越野滑雪是滑雪者借助滑雪用具，运用登山、滑降、转弯、滑行等基本技术，滑行于雪上的运动项目。

越野滑雪的场地是由山坡、平地、下坡各约占1/3的丘状起伏地形组成，雪道一般宽度在2.5～6米间，环形线路顺时针滑行。

越野滑雪的基本器材是滑雪板、滑雪鞋、滑雪杖（图17-63，17-64，17-65）。

图17-63 越野滑雪板

图17-64 越野滑雪鞋

图17-65 越野滑雪杖

四、越野滑雪的技术

（一）基本站立姿势与平地走滑

1. 越野滑雪基本的站立姿势应放松、自然。

2. 平地走滑是穿上滑雪板，手持滑雪杖在平地上如同步行，双腿前、后轮换后蹬与前滑，滑雪杖前、后轮换支撑（图17-66）。

（二）同时推进滑行

用双滑雪杖同时向后撑动，双雪板同时并齐向前滑动（图17-67）。

图17-66 平地走滑

图17-67 同时推进前滑

（三）二步交替滑行

二步交替滑行是两只雪板轮换向前滑动与向后蹬动一次，双雪杖配合轮换向后撑动与向前提动一次。二步交替滑行时，前板为滑行板，承担体重，膝部微弯曲；后雪板为蹬动板，推动滑行板前进。身体呈基本站立状态，二步交替滑行是越野滑雪的核心技术（图17-68）。

（四）蹬冰式滑行

蹬冰式滑行技术是近些年来出现的新技术，与滑冰动作很相似，有人称之为"雪地上的滑冰"。

在双雪板的斜向滑动与蹬动过程中，双滑雪杖同时向后撑动，增加动力。每只雪板滑行一步，双雪杖同时后撑一次的技术称为一步一撑滑行。两只雪板各滑行一步，双雪杖同时后撑一次的技术称为二步一撑滑行。蹬冰式滑行也是越野滑雪的核心技术（图17-69）。

图17-68 两步交替滑行

正向

侧向

图17-69 蹬冰式滑行

（五）登山技术

越野滑雪的登山（登坡）技术，通常有八字登山、走滑或二步交替登山、横板登山等，或单独或综合运用。八字登山、横板登山的技术动作要领与高山滑雪的相应技术相同，运用走滑或二步交替滑行技术登山时，步幅应小些，上体前倾。

（六）滑降技术

越野滑雪的滑降技术通常有双板平行直滑降、犁式滑降、斜滑降。技术动作要领与高山滑雪的相应技术类同（图17-70）。

（七）减速与停止

越野滑雪的减速、停止技术主要通过犁式制动技术（内八字刹车）减速。犁式制动是在直滑降的过程中完成的：上体放松，手握雪杖头在身前髋部的高度，双膝弯曲，内扣，重心在两脚之间，内侧踝关节内旋以使两支雪板的内侧刻入雪面，双板的板尾打开呈"V"字形，即八字形，加大阻力从而使自身下滑的速度减缓并最终停止（图17-71）。

图17-70 滑降技术

图17-71 犁式制动技术

（八）转弯技术

转弯技术包括犁式转弯、犁式摆动转弯、双板平行摆动转弯等等，这里我们只介绍犁式转弯技术。以向左转为例：将重心移到身体的右侧，右腿承担体重，膝关节要向内向下压，让右侧滑雪板立刃的同时用力向外蹬右侧滑雪板，身体就会慢慢地向左转动。犁式转弯适用于坡度不太陡的地形，由于它技术要领简单，很适合初学者使用。

五、滑雪者安全守则

1. 初到雪场时应先了解滑雪场的大概情况，记住地图上雪场设施的分布位置，认清警示标志，严格遵守滑雪场的有关安全管理的规定。注意索道开放时间，在无人看守时切勿乘坐。

2. 注意滑雪时器材和雪道的安全可靠性。事先要检查好滑雪板和滑雪杖，包括有无折裂的地方、固定器连接是否牢固、附件是否齐备等。在滑行中发觉器材异常或道路情况不明时应先停下来，待辨明情况后再前进。

3. 初学者应注意循序渐进，量力而行。在练习期间应听从教练和雪场工作人员的安排和指挥，在未达到一定水平时不可擅自到对技术要求较高的雪道滑雪，以免发生意外。

4. 应了解滑雪的有关规则。如在停下休息时要离开雪道以免影响他人，滑降时不能碰撞前面的人，否则将在事故中负主要责任。

5. 在区域较大的雪场滑雪时应早去早回，切忌不可擅自越过雪场界限或远离营地，以免发生意外。不要单独在森林中或容易发生雪崩的时间或地点滑行，最好三人以上集体行动，如单独出发，一定要告诉同伴或雪场管理人员。

6. 掌握运动强度，避免反复出汗而感冒，或因筋疲力尽而滑不回来。

7. 气候突变时（如突起大风、气温突然下降等），最好终止滑雪，采取应急措施。

一般在无可靠防备措施时,不要向无人烟地区和原始森林中深入太多,因为风雪弥散时,极易迷失方向,雪板痕迹被风吹平,回路不易找到。

8. 出发前学习一些基本的保健知识和自救、急救常识。滑雪易冻伤的部位是手指、脚、耳、鼻尖、生殖器,应选用保温效果较好的羊绒制品或化纤制品对上述部位进行保温。容易发生的创伤是拇指挫伤,易发生的疾病是胃疼、腹疼和雪盲。

9. 滑雪时万一跌倒,不要急于挣扎而起,最好举起四肢任其顺势滑动,这样不易受伤,应绝对避免滚动。从这一点考虑,初学者滑降时,固定器和鞋的连接不要过牢,较大幅度的跌倒后雪板最好能和鞋自动脱开。

第十五节　越野行走

越野行走(Nordic Walking)也称北欧式行走、持杖行走、"走杆"等,是一种借助两支手杖,使四肢同时参与行走的有氧运动。

一、越野行走的起源

越野行走起源于北欧的芬兰。20世纪30年代,滑雪运动员在夏季训练的时候,就开始使用两支滑雪杖进行行走、跑步及登山的锻炼。1997年,芬兰的艾塞尔公司(EXEL)率先对滑雪杖进行了改造,从而生产出世界上第一副越野行走手杖,随后又与芬兰索姆拉图大众体育和户外活动休闲中心、芬兰体育科学研究所共同创建了一种使用两支手杖行走的运动,并把它命名为"越野行走(Nordic Walking)"。2000年,国际越野行走协会(International Nordic Walking Association,简称INWA)在芬兰赫尔辛基成立,主席芬兰人阿迪(Aki Karihtala)。2003年,国家体育总局体育科学研究所把越野行走引入中国,开创了越野行走走进中国的历史。2005年,与国际越野行走联合会合作,正式在中国推广越野行走运动。目前,在全世界已经有40多个国家和地区开展这项运动,中国越野行走的人数也达到了10万余人。

二、越野行走的特点

(一)健身功能

使用两支手杖,可以使全身90%的肌肉同时参与运动,从而提高运动强度,很容易达到有氧代谢的有效心率。此外,还可以明显地提高肌肉耐力。因此,在提高心肺功能、减肥、降"三高"、预防心血管疾病等方面效果显著。利用两支手杖,还可以进行力量练习和拉伸运动,使身体得到全面的锻炼。

(二)休闲娱乐功能

使用两支手杖,使上肢参与行走和登山,下肢的负担减轻了,会感觉轻松、不累,适合较长时间的锻炼。因此,越野行走不仅是健身,而更像是一种娱乐,是"玩"的运动。越野行走健身游,寓健身于娱乐之中的"快乐运动",是越野行走的独特魅力。利用越野行走这个平台,还可以开展越野行走定向活动、越野行走比赛、手掌韵律操等丰富有趣的活动。

三、手杖与技术

(一)手杖

手杖的材质由碳纤维合成物或其他合成物制成,每支只有150克左右。既有很好的弹性，又具备足够的支撑力，是总量、弹性、支撑力的完美结合。杆体上粗下细的形状也充分考虑了杆体支撑的强度和重心分布，尽可能地提高使用的可操控性。

使用两支手杖，使人体由两点支撑变为四点支撑，减轻腰椎和膝关节的压力，无论是登山还是行走，都可以保护关节，预防骨关节病。

（二）手杖的使用方法

1. 持杖方法。分清左右手，防滑头尖朝后；虎口夹住手杖，拖着手杖行走；手臂下垂，以肩为轴前后摆动；走成手脚一顺边，先采用握住手杖中部，拎着手杖行走的方法辅助练习。

2. 拖手杖行走。这是越野行走的基础动作。掌握了拖手杖行走，就学会了基本行走技巧的50%。

3. 稍用力支撑行走。在保证动作不变形的前提下，找到手脚并用"四条腿"走路的感觉。

以手指的力量推地前行，保持第一步学会的技术动作不变形。

4. 戴上腕带行走。手掌通过腕带推手杖行进；手掌虚握手杖，通过腕带推动手杖行进。虎口控制手杖手柄，防止手杖左右摆动。

5. 用力支撑大步行走。手臂前后摆开，大步行走：后腿蹬直，前腿后脚跟先着地，再过渡到全脚掌着地。前摆腿多迈出5~10厘米，使用侧髋部前移。手臂以肩为轴前后摆开。前摆手推手杖时，手腕稍直立，以手掌压腕带，并逐步过渡到以虎口推腕带，推至腰后。前摆手的高度在肚脐附近，身体重心稍靠前，前摆手的上臂也要向前摆出；后摆手推过腰部，手掌离开手杖手柄。

6. 山地行走。使用两支越野行走手杖登山，可以减轻膝关节的压力。

（1）台阶行走。上台阶行走法（一拉一推）、下台阶行走法（两手交替在前）。

（2）休闲走与康复走。休闲走是在标准越野行走姿势的基础上，缩小步幅，放慢步频，前摆手可以高过肚脐，手杖稍直立，后摆手推至腰部即可。康复走是体弱或者腰腿行动不便人群的康复锻炼方法。在休闲走基础上，根据自己的身体情况，调整手杖直立的程度，主要减轻腰部关节压力，并使上下肢都得到运动为主要目的的行走。

思考题

1. 健身跑对大学生有哪些好处？
2. 什么是无痛苦跑步？
3. 正规游泳姿势有哪四种？
4. 健美与健身有什么区别？
5. 拉丁舞有哪几种基本内容？
6. 跆拳道的起源在哪里？
7. 软式排球有什么特点？
8. 中华传统养生观的思想精髓是什么？

主要参考资料

[1] 武术.北京:人民体育出版社,1989.6.
[2] 李振斌.体育教程.北京:高等教育出版社,2002.8.
[3] 中国武术段位制初级段位技术教程(1~3段).北京:北京体育大学出版社,1997.6.
[4] 郑孙勇.长拳、太极拳练习对男性大学生心肺功能的影响.中国体育科技,2008,44(6):51-55.
[5] 向珉.武术运动对青少年社会化的影响.搏击·武术科学,2009,6(6):14-15.
[6] 樊花梅.西安市高校太极拳运动的发展现状与对策研究.辽宁体育科技,2007(3)29:91-93.
[7] 杨黎明.焦作太极拳开展现状及对策研究.西安体育学院学报.西安体育学院学报,2004,21(3):40-43.
[8] 梅杭强.太极拳普修课教学效果的诊断与研究.天津体育学院学报,1994,9(4):86-89.
[9] 杨继星.影响高校简化太极拳教学质量的因素及对策探讨.浙江体育科学,2004,26(1):60-62.
[10] 卓大宏.练太极拳时心血管呼吸和代谢功能的改变.中国康复医学杂志,1987,2(6):241-244.
[11] 王颖.太极拳对心肺功能影响的探讨.搏击·武术科学,2006,3(8):32-34.
[12] 李宁.太极拳:现代人紧张情绪的动态缓冲剂.武汉体育学院学报,2006,40(11):48-50.
[13] 包雪鸣.太极拳课程对高校学生心理健康的影响研究.心理科学,2008,31(5):1251-1254.
[14] 篮球运动教程.北京:人民体育出版社,2001.
[15] 篮球运动.北京:高等教育出版社,2005.
[16] 球类运动——篮球.北京:高等教育出版社,2009.
[17] 田麦久,武福全,等.运动训练科学化探索.北京:人民体育出版社,1988.
[18] 黄辅周,钟秉枢,等.排球运动科学探蹊.北京:北京体育大学出版社,1996.
[19] 陈安槐,等.排球.北京:人民体育出版社,1997.
[20] 黄汉升,等.球类运动——排球.北京:高等教育出版社,2001.
[21] 国家体育总局,中国体育教练员岗位培训教材.北京:人民体育出版社,2003.
[22] 吴中量,李安格.球类运动——排球.北京:高等教育出版社,1998.
[23] 徐寅生,梁焯辉,等.现代乒乓球技术的研究.北京:人民体育出版社,1982.
[24] 田麦久,等.运动训练学.北京:人民体育出版社,2000.
[25] 苏丕仁.现代乒乓球运动教学与训练.北京:人民体育出版社,2003.
[26] 徐寅生.我与乒乓球.北京:中国社会科学出版社,1995.
[27] 邓树勋.运动生理学.北京:高等教育出版社,2005.
[28] 翁锡全.体育·环境·健康.北京:人民体育出版社,2004.
[29] 李重申.体育实践教程.北京:高等教育出版社,2003.
[30] 杨忠伟.体育运动与健康促进.北京:高等教育出版社,2004.
[31] 李振斌.体育教程.北京:高等教育出版社,2003.
[32] 冯国敏.体育与健康指南.广州:暨南大学出版社,2004.

本书编者为使读者更加直观地了解相关体育运动项目，而搜索了一些网络共享学习视频。所有二维码链接的视频内容均来源于视频网站（建议在 WiFi 环境下观看）。视频中所涉及的相关运动项目的训练方法、训练强度等，请读者根据自身条件、兴趣爱好，自行合理地选择。

散打	三路长拳	太极拳	越野行走
游泳	羽毛球运动	瑜珈	网球运动
体育舞蹈	台球	乒乓球运动	排球运动
美式橄榄球	轮滑运动	篮球运动	滑雪

足球运动

越野滑雪

第九套广播体操

中华传统健身